污染环境犯罪办案指引

WURAN HUANJING FANZUI
BANAN ZHIYIN

罗庆东 劳 娃 主编

中国检察出版社

图书在版编目（CIP）数据

污染环境犯罪办案指引 / 罗庆东，劳娃主编. --
北京：中国检察出版社，2025. -- ISBN 978-7-5102
-3262-6

Ⅰ.D924.364

中国国家版本馆 CIP 数据核字第 2025Z909H8 号

污染环境犯罪办案指引
罗庆东　劳　娃　主　编

责任编辑：杜英琴
技术编辑：王英英
封面设计：徐嘉武

出版发行：中国检察出版社
社　　址：北京市石景山区香山南路 109 号（100144）
网　　址：中国检察出版社（www.zgjccbs.com）
编辑电话：（010）86423766
发行电话：（010）86423726　86423727　86423728
　　　　　（010）86423730　86423732
经　　销：新华书店
印　　刷：河北宝昌佳彩印刷有限公司
开　　本：710mm×960mm　16 开
印　　张：31.5
字　　数：495 千字
版　　次：2025 年 8 月第一版　2025 年 10 月第二次印刷
书　　号：ISBN 978-7-5102-3262-6
定　　价：98.00 元

检察版图书，版权所有，侵权必究
如遇图书印装质量问题本社负责调换

《污染环境犯罪办案指引》
主编及编写人员

主　　编：罗庆东　劳　娃

编写人员：（按照姓氏笔画排序）

　　　　　叶林秀　李怡文　余　岚　林　峰

　　　　　罗　强　盛余煌　谢文文

目 录

第一部分 办理污染环境犯罪案件证据指引 …………… 1

一、最高人民检察院办公厅、公安部办公厅、生态环境部办公厅
　　关于印发《办理污染环境犯罪案件证据指引》的通知 ………… 3

二、《办理污染环境犯罪案件证据指引》的理解与适用 ………… 19

第二部分 办理污染环境犯罪案件司法文件解读 ………… 41

一、最高人民法院、最高人民检察院《关于办理环境污染刑事
　　案件适用法律若干问题的解释》………………………………… 43

二、《关于办理环境污染刑事案件适用法律若干问题的解释》的
　　理解与适用 ……………………………………………………… 50

三、最高人民法院、最高人民检察院、公安部、司法部、生态
　　环境部印发《关于办理环境污染刑事案件有关问题座谈会
　　纪要》的通知 …………………………………………………… 72

四、《关于办理环境污染刑事案件有关问题座谈会纪要》的理解
　　与适用 …………………………………………………………… 83

第三部分 办理污染环境犯罪案件重点问题 ……………… 99

一、污染环境罪的立法沿革 ………………………………………… 101

二、污染环境罪的概念和构成特征 ………………………………… 104

三、污染环境罪的追诉标准 ………………………………………… 108

四、污染环境罪的罪与非罪 …………………………………… 111

五、污染环境罪的此罪与彼罪 ………………………………… 123

六、污染环境罪的其他有关问题 ……………………………… 127

第四部分　污染环境犯罪案例选编 ……………………… 133

一、指导性案例 ………………………………………………… 135

1. 武汉卓航江海贸易有限公司、向阳等 12 人污染环境刑事附带民事公益诉讼案（指导性案例 202 号）…………… 135
2. 左勇、徐鹤污染环境刑事附带民事公益诉讼案（指导性案例 203 号）………………………………………………… 138

二、典型案例 …………………………………………………… 143

1. 宝勋精密螺丝（浙江）有限公司及被告人黄冠群等 12 人污染环境案（2019 年 2 月 20 日最高人民检察院发布）…… 143
2. 上海印达金属制品有限公司及被告人应伟达等 5 人污染环境案（2019 年 2 月 20 日最高人民检察院发布）………… 145
3. 上海云瀛复合材料有限公司及被告人贡卫国等 3 人污染环境案（2019 年 2 月 20 日最高人民检察院发布）………… 146
4. 贵州宏泰化工有限责任公司及被告人张正文、赵强污染环境案（2019 年 2 月 20 日最高人民检察院发布）………… 147
5. 刘土义、黄阿添、韦世榜等 17 人污染环境系列案（2019 年 2 月 20 日最高人民检察院发布）………………… 149
6. 安徽省池州市贵池区人民检察院诉原前江工业园固废污染刑事附带民事公益诉讼案（2019 年 10 月 10 日最高人民检察院发布）………………………………………………… 150
7. 上海市奉贤区卞某某等 4 人污染环境案（2019 年 11 月 21 日最高人民检察院发布）………………… 152
8. 重庆市涪陵区张某某、王某某跨省非法处置危险废物污染环境案（2019 年 11 月 21 日最高人民检察院发布）………… 155

9. 浙江省桐乡市人民检察院诉某制衣公司污染环境刑事
   附带民事公益诉讼案（2019年11月21日最高人民
   检察院发布） ………………………………………………… 158

10. 江苏省苏州市倪炳松、周文松等9人污染环境案
    （2020年10月28日最高人民检察院发布） ……………… 160

11. 四川省成都市成都益正环卫工程有限公司等单位、
    吕顺体等16人污染环境案（2020年10月28日
    最高人民检察院发布） …………………………………… 163

12. 广东省中山市彭伟权等4人污染环境案
    （2020年10月28日最高人民检察院发布） ……………… 166

13. 河北省承德市赵利冬等4人污染环境案
    （2020年10月28日最高人民检察院发布） ……………… 168

14. 重庆市万州区曹某某等3人污染环境刑事公诉案
    （2020年12月11日最高人民检察院发布） ……………… 170

15. 浙江省嘉兴市秀洲区人民检察院诉姚某某等污染环境
    刑事附带民事公益诉讼案（2020年12月11日最高人民
    检察院发布） ……………………………………………… 173

16. 甘肃省酒泉市肃州区人民检察院诉金塔县天亿化工有限
    公司、鑫海源化工有限公司、董某某等人污染环境刑事
    附带民事公益诉讼案（2021年9月9日最高人民检察院
    发布） ……………………………………………………… 175

17. 甘肃省张家川回族自治县汪某勇等7人污染环境刑事
    公诉案（2022年1月25日最高人民检察院发布） ………… 177

18. 浙江省嘉兴市嘉某化工原料有限公司、包某华等14人
    污染环境刑事公诉案（2022年7月19日最高人民检察院
    发布） ……………………………………………………… 179

19. 重庆市巨某环境工程有限责任公司、郑某强等5人污染
    环境刑事公诉案（2022年7月19日最高人民检察院
    发布） ……………………………………………………… 182

20. 浙江省台州市蔡某喜等49人利用网络平台跨省处置铝灰
    污染环境案（2023年5月29日最高人民检察院发布） …… 184

21. 山东省青州市刘某刚等44人非法处置废铁桶污染环境案
（2023年5月29日最高人民检察院发布）……………… 186
22. 北京市密云区夏某江等5人洗洞污染环境案
（2023年5月29日最高人民检察院发布）……………… 189
23. 天津市武清区李某文等26人跨省处置废铅蓄电池污染
环境案（2023年5月29日最高人民检察院发布）……… 192
24. 上海市青浦区谢某华等3人非法处置废料桶污染环境案
（2023年5月29日最高人民检察院发布）……………… 195
25. 江西省南昌市戴某兵等3人非法处置"副产盐"污染
环境案（2023年5月29日最高人民检察院发布）……… 198
26. 山东潍坊昌邑市人民检察院诉李某某环境污染刑事附带
民事公益诉讼案（2023年8月15日最高人民检察院
发布）……………………………………………………… 201
27. 山东省齐河县人民检察院诉高某宝、王某城等人污染环境
刑事附带民事公益诉讼案（2023年8月17日最高人民
检察院发布）……………………………………………… 203
28. 浙江省湖州市长兴新某地环保科技有限公司、夏某频等
4人使用试剂干扰自动监测设施污染环境案
（2023年10月19日最高人民检察院发布）…………… 205
29. 江苏省常熟市神某针织有限公司被告人周某兴等2人
稀释污水干扰自动监测设施污染环境刑事附带民事
公益诉讼案（2023年10月19日最高人民检察院发布）… 207
30. 山东省滕州市索某某等4人安装干扰装置干扰自动监测
设施破坏计算机信息系统案（2023年10月19日最高人民
检察院发布）……………………………………………… 209
31. 四川省攀枝花市钛某化工有限公司钱某广等3人篡改
自动监测设备参数破坏计算机信息系统案
（2023年10月19日最高人民检察院发布）…………… 211
32. 江苏省宜兴市人民检察院诉科某水处理有限公司、范某勤
等4人、陈某才等5人污染环境刑事附带民事公益诉讼案
（2024年5月16日最高人民检察院发布）…………… 214

33. 江西省宜春市彭某德等11人污染环境刑事公诉案
（2024年5月16日最高人民检察院发布） ………………… 217
34. 四川省成都市张某予等7人污染环境刑事公诉案
（2024年5月16日最高人民检察院发布） ………………… 219
35. 山东省青岛市林某鑫等4人提供虚假证明文件案
（2024年6月5日最高人民检察院发布） ………………… 221
36. 浙江省杭州市H检测科技有限公司、徐某好等3人
提供虚假证明文件案（2024年6月5日最高人民
检察院发布） …………………………………………………… 224
37. 广东省广州市G机动车检测有限公司、李某山等6人
提供虚假证明文件案（2024年6月5日最高人民
检察院发布） …………………………………………………… 226

第五部分　相关法律法规汇编 ……………………………… 229

一、法律 …………………………………………………………… 231

1. 《中华人民共和国刑法》（2023年12月29日修正）
（节录） ………………………………………………………… 231
2. 《中华人民共和国环境保护法》（2014年4月24日
修订） …………………………………………………………… 233
3. 《中华人民共和国大气污染防治法》（2018年10月26日
修正） …………………………………………………………… 244
4. 《中华人民共和国土壤污染防治法》（2018年8月31日）…… 267
5. 《中华人民共和国水污染防治法》（2017年6月27日
修正） …………………………………………………………… 286
6. 《中华人民共和国放射性污染防治法》（2003年6月
28日） …………………………………………………………… 306
7. 《中华人民共和国固体废物污染环境防治法》（2020年4月
29日修订） ……………………………………………………… 317
8. 《中华人民共和国海洋环境保护法》（2023年10月24日
修订） …………………………………………………………… 342

  9.《中华人民共和国环境影响评价法》（2018 年 12 月 29 日
   修正） ………………………………………………………… 368
 二、法规 …………………………………………………………… 377
  1.《危险废物经营许可证管理办法》（2016 年 2 月 6 日
   修订） ………………………………………………………… 377
  2.《排污许可管理条例》（2021 年 1 月 24 日） ………………… 383
  3.《中华人民共和国防治陆源污染物污染损害海洋环境管理
   条例》（1990 年 6 月 22 日） ………………………………… 395
  4.《碳排放权交易管理暂行条例》（2024 年 1 月 25 日） ……… 400
  5.《国家危险废物名录》（2025 年版）（2024 年 11 月 26 日）… 407

附　录 ……………………………………………………………… 459

 附录一　生态环境和资源保护检察白皮书（2018—2022） ……… 461
 附录二　刑事检察工作白皮书（2023）（节选） ………………… 487
 附录三　刑事检察工作白皮书（2024）（节选） ………………… 489

第一部分

办理污染环境犯罪案件证据指引

一、最高人民检察院办公厅、公安部办公厅、生态环境部办公厅关于印发《办理污染环境犯罪案件证据指引》的通知

（高检办发〔2024〕12号）

各省、自治区、直辖市人民检察院、公安厅（局）、生态环境厅（局），新疆生产建设兵团人民检察院、公安局、生态环境局：

  为深入贯彻习近平生态文明思想和习近平法治思想，认真落实习近平总书记在全国生态环境保护大会上的重要讲话精神和第十四届全国人大常委会第六次会议有关审议意见，依法从严惩治严重污染环境犯罪，进一步规范污染环境犯罪案件的审查工作，构建以证据为中心的刑事指控体系，提升案件办理质效，最高人民检察院、公安部、生态环境部在深入调查研究、广泛征求意见的基础上，共同制定了《办理污染环境犯罪案件证据指引》。现印发给你们，请认真组织学习，结合实际参照适用。

  具体办案过程中，各级检察机关、公安机关、生态环境部门要充分发挥职能作用，加强协作配合，形成惩治合力。生态环境部门在查处违法行为过程中，应妥善保存收集到的与违法行为有关的证据，涉嫌犯罪需要追究刑事责任的，应依法向公安机关移送案件及相关材料。公安机关侦办污染环境犯罪案件时要加强串并、研判，注重深挖彻查，依法收集、固定、完善相关证据，依法提请批准逮捕、移送审查起诉，不断提升办案质

量。检察机关对公安机关提请批准逮捕、移送审查起诉的案件,要全面客观审查事实和证据,依法作出决定。

最高人民检察院办公厅
公安部办公厅
生态环境部办公厅
2024 年 9 月 30 日

办理污染环境犯罪案件证据指引

为依法惩治污染环境犯罪行为,进一步规范污染环境案件办理工作,提高办案质效,根据有关法律规定,结合办理污染环境案件执法、司法实践,现就此类案件证据问题制定本指引。

一、基本原则

检察机关、公安机关要坚持严格依法办案,强化证据意识和程序意识,严格落实证据裁判、程序公正等法律原则,统一执法司法标准,确保办案质量和办案效率相统一。

(一)依法规范原则

要合法、科学规范地收集、固定、审查、运用证据,依法规范适用查封、扣押、冻结等措施,严禁刑讯逼供和以暴力、威胁、引诱、欺骗等非法手段收集证据,不得伪造、隐匿、毁灭证据。

(二)全面客观原则

要全面客观收集、提取、移送、审查与案件定罪量刑有关的证据材料,包括证明犯罪嫌疑人有罪、罪重的证据以及证明犯罪嫌疑人无罪、罪轻的证据,不得选择性取证和选择性移送证据。

(三)证据裁判原则

要将证据作为认定事实和适用法律的基础,以事实为根据、以法律为准绳,认定犯罪的事实和情节都应当有相应证据证明,无证据证明的事实和情节不得认定。

二、证明犯罪客观方面的证据

污染环境罪在客观方面表现为违反国家规定，排放、倾倒或者处置有放射性的废物、含传染病病原体的废物、有毒物质或者其他有害物质，严重污染环境的行为。应证明犯罪嫌疑人在客观上实施了污染环境的行为，且符合严重污染环境的情形。重点审查以下证据：

（一）证明实施排放、倾倒或者处置行为的证据

1. 现场勘验、检查笔录，提取、搜查、扣押笔录，扣押清单及现场照片、执法记录或相关视频等，证明排放、倾倒、处置行为和现场具体情况；

2. 聊天记录、通话记录、短信记录、监控录像等书证，视听资料、电子数据，证明排放、倾倒、处置的预谋和实施过程；

3. 排放、倾倒、处置污染物的内部记录，生产、排放日志，污染物处理协议，交易单据记录等，证明排放、倾倒、处置的客观事实；

4. 证人证言、被害人陈述、犯罪嫌疑人供述和辩解，叙述或说明上述情况。

（二）证明污染物种类的证据

1. 经批准或者备案的环境影响评价文件、排污许可证、排污登记表等书证；

2. 书证、物证，证明涉案污染物，及其产生工艺、生产流程、原辅材料；

3. 污染物处理经营许可资质证明；

4. 生态环境主管部门及其所属监测机构在行政执法过程中收集的现场笔录、勘验笔录、电子数据及视频、现场采样的登记表、监测数据；

5. 公安机关单独或者会同生态环境主管部门提取污染物样品的笔录、检测获取的数据；

6. 专业机构出具的检验、检测报告、监测数据；

7. 鉴定意见，地、市级以上生态环境主管部门、公安机关出具的报告，或者国务院生态环境主管部门、公安机关指定的机构出具的报告；

8. 有专门知识的人就案件的专门性问题出具的报告；

9.犯罪嫌疑人供述和辩解、证人证言,证明污染物来源、产生过程、种类、性质等。

(三)证明"严重污染环境"的证据

1.在饮用水水源保护区、自然保护地核心保护区等依法确定的重点保护区域排放、倾倒、处置有放射性的废物、含传染病病原体的废物、有毒物质的。

(1)国务院或者省、自治区、直辖市人民政府划定饮用水水源保护区的批准文件;

(2)国务院或者省、自治区、直辖市人民政府批准划定自然保护地核心保护区的批准文件;

(3)现场照片、视听资料或经纬度测试记录,证明地方人民政府设立的地理界标、警示标志及属于重点保护区范围;

(4)地方人民政府相关部门出具的证明文件、情况说明;

(5)现场勘验示意图、位置图,证明排放、倾倒或者处置污染物地点与饮用水水源保护区、自然保护地核心保护区位置情况;

(6)证人证言、犯罪嫌疑人供述和辩解,叙述或说明上述情况。

2.非法排放、倾倒、处置危险废物3吨以上的。

(1)称重笔录、称重照片、视频等,证明查获的危险废物重量;

(2)现场勘验、检查笔录,物证照片,视听资料等,证明扣押的运输车辆的载重量或容量;

(3)书证、电子数据等,证明非法处置危险废物合同约定、资金往来记录;

(4)经批准或者备案的环境影响评价文件、排污许可证、排污许可登记表、企业生产经营情况(如耗电量、耗水量、产品数量)等书证,证明生产工艺、物耗、能耗情况及产生的危险废物的重量;

(5)现场勘验、检查笔录,检验、检测报告等,证明非法排放、倾倒、处置危险废物的情况;

(6)证人证言、犯罪嫌疑人供述和辩解,叙述或说明上述情况。

3.排放、倾倒、处置含铅、汞、镉、铬、砷、铊、锑的污染物超过国家或者地方污染物排放标准3倍以上;含镍、铜、锌、银、钒、锰、钴的污染物超过国家或者地方污染物排放标准 10 倍以上的。

（1）生态环境监测机构出具的监测报告，专业机构出具的检验、检测报告，证明污染物含量；

（2）国家排放标准或者地方排放标准的相关规定；

（3）生产、处理记录书证等，证明企业生产情况、废物产生率及处理情况；

（4）证人证言、犯罪嫌疑人供述和辩解，叙述或说明上述情况。

4. 通过暗管、渗井、渗坑、裂隙、溶洞、灌注等逃避监管的方式，排放、倾倒、处置有放射性的废物、含传染病病原体的废物、有毒物质的。

（1）现场视频、照片、检查笔录、取样记录、侦查实验等，证明污染物进入外环境的具体方式、来源、去向，以及暗管、渗井、渗坑、裂隙、溶洞等被用于排放污染物；

（2）生态环境等行政主管部门出具的报告，证明排污方式类型；

（3）证人证言、犯罪嫌疑人供述和辩解，叙述或说明上述情况。

5. 通过非紧急情况下开启大气应急排放通道方式排放、倾倒、处置有放射性的废物、含传染病病原体的废物、有毒物质的。

（1）现场勘验、检查笔录，现场视频、照片，证明应急排放阀门开关状况、应急通道有无烟气排放、有无紧急情况等；

（2）生态环境主管部门出具的调查情况、生态环境监测机构监测数据，证明开启大气应急排放通道时间段无紧急情况；

（3）物证、书证等，证明生产工艺情况以判断是否处于紧急情况；

（4）证人证言、犯罪嫌疑人供述和辩解，叙述或说明上述情况。

6. 2 年内曾因在重污染天气预警期间，违反国家规定，超标排放二氧化硫、氮氧化物等实行排放总量控制的大气污染物受过 2 次以上行政处罚，又实施此类行为的。

（1）行政处罚决定书，证明犯罪嫌疑人 2 年内因上述行为受过 2 次以上行政处罚；

（2）生态环境监测机构监测数据，省、自治区、直辖市、设区的市人民政府发布的重污染天气预警信息，证明每次实施上述行为的时间段大气污染情况；

（3）国务院生态环境主管部门确定的重点大气污染物排放总量控制目标或省、自治区、直辖市人民政府确定的分解总量控制指标；

（4）生态环境监测机构监测数据，专业机构出具的检验、检测报告，证明此次超标排放的情况；

（5）证人证言、犯罪嫌疑人供述和辩解，叙述或说明上述情况。

7. 重点排污单位、实行排污许可重点管理的单位篡改、伪造自动监测数据或者干扰自动监测设施，排放化学需氧量、氨氮、二氧化硫、氮氧化物等污染物的。

（1）地、市级以上人民政府生态环境主管部门依法确定的应当安装、使用污染物排放自动监测设备的重点监控企业及其他单位的名录或清单，或生态环境等行政主管部门出具的情况说明、查询记录，证明涉案单位属于重点排污单位、实行排污许可重点管理的单位；

（2）监控录像，证明自动监测设备站房、监测点位案发时间段的情况；

（3）运维记录、台账，证明自动监测设备运行情况；

（4）自动监测设施上传环保部门监管平台的相关记录、涉案单位手动修改记录，现场查获时的检验、检测报告，证明自动监测数据被篡改的情况及污染物排放情况等；

（5）生态环境等行政主管部门出具的报告，证明自动监测设备被篡改、伪造数据或被干扰正常运行；

（6）证人证言、犯罪嫌疑人供述和辩解，叙述或说明上述情况。

8. 2年内曾因违反国家规定，排放、倾倒、处置有放射性的废物、含传染病病原体的废物、有毒物质受过2次以上行政处罚，又实施此类行为的。

（1）行政处罚决定书，证明犯罪嫌疑人2年内因上述行为受到2次以上行政处罚；

（2）证人证言、犯罪嫌疑人供述和辩解，叙述或说明上述情况。

9. 违法所得30万元以上的。

（1）收据、发票、账本、账单、转款记录、资金交易明细等书证或电子数据，证明通过排放、倾倒或者处置污染物获取的违法所得数额；

（2）证人证言、犯罪嫌疑人供述和辩解，叙述或说明上述情况。

10. 致使公私财产损失 30 万元以上的。

（1）鉴定意见、专家论证意见等，证明排放、倾倒或者处置污染物直接造成财产损毁、减少的实际价值；

（2）合同、收据、发票、账目、往来账本、账单、银行转款记录、资金交易明细、污染物处置的现场视频、照片等，证明为防止污染扩大、消除污染而采取必要合理措施所产生的费用，以及处置突发环境事件的应急监测费用；

（3）证人证言、犯罪嫌疑人供述和辩解，叙述或说明上述情况。

11. 致使乡镇集中式饮用水水源取水中断 12 小时以上的。

（1）县级以上人民政府突发环境事件应急领导机构、供水单位出具的情况说明，生态环境等行政主管部门出具的调查报告等；

（2）生态环境监测机构出具的监测报告、专业机构出具的检验、检测报告等；

（3）视听资料、电子数据等，证明当地饮用水水源取水中断的具体情形和时间；

（4）证人证言、犯罪嫌疑人供述和辩解，证明饮用水水源取水中断的时间及其他情况。

（四）证明"情节严重"的证据

1. 在饮用水水源保护区、自然保护地核心保护区等依法确定的重点保护区域排放、倾倒、处置有放射性的废物、含传染病病原体的废物、有毒物质，造成相关区域的生态功能退化或者野生生物资源严重破坏的。

除参考"证明'严重污染环境'的证据"部分第 1 条的证据外，还应重点审查鉴定意见，地、市级以上人民政府生态环境主管部门，公安机关，野生动物保护主管部门出具的报告，或者国务院生态环境主管部门、公安机关、野生动物保护主管部门等指定的机构出具的报告，证明相关区域生态功能退化、野生生物资源严重破坏等情况。

2. 向国家确定的重要江河、湖泊水域排放、倾倒、处置有放射性的废物、含传染病病原体的废物、有毒物质，造成相关水域的生态功能退化或者水生生物资源严重破坏的。

（1）国务院确定重要江河、湖泊水域的相关文件；

（2）现场勘验示意图、位置图，证明排放、倾倒或者处置污染物地点与重要江河、湖泊水域的位置情况；

（3）鉴定意见，地、市级以上人民政府生态环境主管部门、公安机关、水生生物保护主管部门出具的报告，或者国务院生态环境主管部门、公安机关，水生生物保护主管部门等指定的机构出具的报告，证明相关水域的生态功能退化或者水生生物资源严重破坏等情况；

（4）证人证言、犯罪嫌疑人供述和辩解，叙述或说明上述情况。

3.非法排放、倾倒、处置危险废物100吨以上的。

参考"证明'严重污染环境'的证据"部分第2条的证据要求。

4.违法所得或者致使公私财产损失100万元以上的。

参考"证明'严重污染环境'的证据"部分第9、10条的证据要求。

5.致使县级城区集中式饮用水水源取水中断12小时以上的。

参考"证明'严重污染环境'的证据"部分第11条的证据要求。

6.致使永久基本农田、公益林地10亩以上，其他农用地20亩以上，其他土地50亩以上基本功能丧失或者遭受永久性破坏的。

（1）土地利用总体规划、土地利用现状等文件，证明涉案地块的土地性质；

（2）土地承包协议、土地勘测定界技术报告书，现场勘验笔录，现场视频、照片等，证明涉案地块的面积和具体情况；

（3）鉴定意见，地、市级以上人民政府生态环境、公安、自然资源、林业等主管部门出具的报告，或者国务院生态环境、公安、自然资源、林业等主管部门及其指定的机构出具的报告，证明涉案地块基本功能丧失或者遭受永久性破坏；

（4）证人证言、犯罪嫌疑人供述和辩解，叙述或说明上述情况。

7.致使森林或者其他林木死亡50立方米以上，或者幼树死亡2500株以上的。

（1）鉴定意见，地、市级以上人民政府林业主管部门出具的报告，或者国务院林业主管部门、公安机关指定的机构出具的报告，现场视频、照片，现场勘验笔录等，证明森林或者其他林木、幼树的死亡情况；

（2）证人证言、犯罪嫌疑人供述和辩解，叙述或说明上述情况。

8.致使疏散、转移群众5000人以上的。

（1）县级以上人民政府突发环境事件应急领导机构、应急救援队伍、居委会、村委会、公安派出所出具的情况说明、公布的突发环境事件信息报告，生态环境等行政主管部门出具的调查报告等，证明转移、疏散群众的情况；

（2）证人证言、犯罪嫌疑人供述和辩解，叙述或说明上述情况。

9. 致使30人以上中毒的，致使1人以上重伤、严重疾病或者3人以上轻伤的。

（1）鉴定意见，专业机构出具的检验报告、生态环境部门或者其他行政主管机关出具的调查报告等，证明被害人中毒、染病、受伤的原因及损伤等级；

（2）病历、医疗诊断记录、诊断证明书等，证明患者中毒、染病、受伤情况；

（3）证人证言、犯罪嫌疑人供述和辩解，叙述或说明上述情况。

（五）证明"情节特别严重"的证据

参考"证明'严重污染环境'的证据"部分第1条，"证明'情节严重'的证据"部分第1条、第2条、第6条、第9条的证据要求。

（六）证明因果关系的证据

应当注意对环境污染与排放、倾倒、处置行为之间因果关系进行判断，即需要证实犯罪嫌疑人所排放、倾倒、处置的污染物与造成环境污染的污染物具有同一性。审查中需要结合经批准或者备案的环境影响评价文件，鉴定意见，生态环境、公安等行政主管部门出具的报告，生态环境监测机构出具的监测报告，专业机构出具的检验、检测报告，有专门知识的人的意见等综合判断。

三、证明犯罪主体方面的证据

本罪为一般主体，包括已满16周岁，且具有刑事责任能力的自然人和单位。准确区分单位犯罪和自然人犯罪，应当重点审查以下证据。

（一）证明自然人身份的证据

1. 户籍所在地公安机关出具的户籍证明材料，应附免冠照片以及同户家庭成员情况并加盖户籍专用章。未附照片的，应当审查犯罪嫌疑人亲属或者其他知情人员辨认犯罪嫌疑人或者其照片的笔录；

2.户口簿、居民身份证、居住证、工作证、护照等；

3.岗位任职文件、劳动合同、岗位职责等；

4.证人证言、犯罪嫌疑人供述和辩解，叙述或说明上述情况。

（二）证明单位身份的证据

重点审查单位是否为了实施犯罪而设立；单位设立后是否以实施污染环境犯罪为主要业务；犯罪所得是否进入单位所有、控制的账户；实施犯罪是单位意志，还是个人意志。

1.企业法人营业执照、工商注册登记证明，从事危险废物经营等特殊行业的，应审查相应的批文或许可证；

2.证明事业单位、社会团体性质的相应法律文件，机关、团体法人代码；

3.单位财务账目、银行账号证明、年检情况、审计或清理证明、转账记录等，证明单位管理及资产收益、流向、处分等情况；

4.单位内部组织的有关合同、章程、协议书等书证，证明单位的组织形式、直接负责的主管人员和其他直接责任人员等情况；

5.单位相关会议记录、会议纪要、签字记录等材料，以及营业执照、合同书、公章、印鉴、单位车辆、生产设备、原辅材料使用情况的记录，证明是否能够体现单位意志；

6.聊天记录等电子数据，证明单位直接负责的主管人员、直接责任人员授意实施污染环境行为的情况；

7.单位已经被撤销的，应有其主管单位出具的证明或工商注销登记资料；

8.单位直接负责的主管人员、其他直接责任人员的供述或证言，公司员工和业务合作方的证人证言等，重点审查单位基本情况和犯罪嫌疑人个人任职、职责等情况，查明犯罪活动是否经单位决策实施。

四、证明犯罪主观方面的证据

（一）犯罪嫌疑人供述和辩解

污染环境罪的主观罪过应重点审查犯罪嫌疑人供述中的犯罪动机、目的及预谋情况，以及行为的时间、地点、参与人、方式、经过、结果。关于违法性认识，仅需认识到自己的行为可能被法律负面评价，不需要认识到具体的违法情形或惩罚后果。

（二）其他证据

犯罪嫌疑人对污染环境的主观罪过存在辩解时，应当依据其任职情况、职业经历、专业背景、培训经历、本人因同类行为受到行政处罚或者刑事追究情况，以及污染物种类、污染方式、资金流向等证据，结合其他证据，进行综合分析判断。

如具有下列情形，且犯罪嫌疑人不能作出合理解释的，可以认定其故意实施环境污染犯罪，但有证据证明确系不知情的除外。结合具体案情，需要注意审查以下证据：

1.企业没有依法通过环境影响评价或未依法取得排污许可证，排放污染物的。

（1）企业应进行环境影响评价、排污申报的规范性文件，例如《建设项目环境影响分类管理目录》《固定污染源排污许可分类管理名录》等；

（2）生态环境等行政主管部门出具的情况说明、查询记录等，证明涉案企业未通过环境影响评价，或未取得排污许可证；

（3）证人证言，叙述或说明上述情况。

2.已经通过环境影响评价并且防治污染设施验收合格后，擅自更改工艺流程、原辅材料，导致产生新的污染物质的。

（1）企业环境影响评价材料，包括工艺流程、原辅材料、硬件设施、审查批复、自主验收等；

（2）物证，书证，现场勘验、检查笔录，照片，有专门知识的人出具的报告等，证明实施污染行为前后的工艺流程、原辅材料的差别；

（3）证人证言，叙述或说明上述情况。

3.不使用验收合格的防治污染设施或者不按规范要求使用的。

（1）验收合格的相关批复；

（2）被验收合格的防治污染设施或者规范要求；

（3）生态环境等行政主管部门出具的情况说明、现场执法录像，证明未使用验收合格的防治污染设施或不按规范要求使用；

（4）证人证言，证明未使用验收合格的防治污染设施或实际操作不规范。

4. 防治污染设施发生故障，发现后不及时排除，继续生产放任污染物排放的。

（1）书证、自动监测设备的电子数据等，证明设备故障被发现或者被上报的情况；

（2）监测数据，证明污染后果持续产生等情况；

（3）证人证言，叙述或说明上述情况。

5. 生态环境主管部门责令限制生产、停产整治或者予以行政处罚后，继续生产放任污染物排放的。

（1）行政处罚决定书，限制生产、停产整治通知书；

（2）生态环境主管部门出具的情况说明，证明被责令限制生产、停产整治或者予以行政处罚后，继续生产放任污染物排放的情况；

（3）证人证言，叙述或说明上述情况。

6. 将危险废物委托第三方处置，明知对方无危险废物经营许可证或者超出经营许可范围，或者故意不查验经营许可、委托处置费用明显低于市场价格或者处置成本的。

（1）危险废物委托处置协议、企业危险废物出入库证明等；

（2）正规危险废物处置企业负责人员的证言等，证明同期处置同类危险废物的市场价格合理区间；

（3）监控视频、运输车辆车牌核查情况，证明危险运输、处置废物的过程；

（4）资质查询情况等，证明处置危险废物的单位无危险废物经营许可证或者超出经营许可范围；

（5）证人证言，叙述或说明上述情况。

7. 通过暗管、渗井、渗坑、裂隙、溶洞、灌注、非紧急情况下开启大气应急排放通道等逃避监管的方式排放污染物的。

参考"证明'严重污染环境'"第4条、第5条的证据要求。

8.通过篡改、伪造监测数据的方式排放污染物的。

参考"证明'严重污染环境'"第7条的证据要求。

五、证明共同犯罪的证据

审查物证、书证、视听资料、电子数据、证人证言、犯罪嫌疑人供述和辩解等证据,证明各犯罪嫌疑人主观上是否知道或应当知道他人实施污染环境的行为,客观上是否参与污染物收集、运输、排放、倾倒、处置等环节,或向实行犯提供资金、场地、许可证明等帮助。应注意,主观上明知他人无危险废物经营许可证,客观上向其提供或者委托其收集、贮存、利用、处置危险废物,严重污染环境的,以共同犯罪论处。

六、证明量刑情节的证据

（一）证明法定量刑情节的证据

1.证明自首及其他发破案经过的证据

除公安机关出具的发破案经过、到案经过外,还应分情况审查以下证据：

（1）以上游犯罪嫌疑人供述为线索的,应审查上游犯罪嫌疑人供述、同案犯供述、证人证言、受案登记表等；

（2）因形迹可疑被盘查或者自动投案的,应审查犯罪嫌疑人供述、受案登记表、盘查或接受投案人员的证言等；

（3）公安机关工作中发现并立案的,应审查公安机关相关工作汇报、总结材料、受案登记表等；

（4）行政机关移送的,应审查案件受理、登记、审批、移送手续等。

2.证明共同犯罪地位、作用的证据

犯罪嫌疑人供述和辩解、证人证言、聊天记录等电子数据,证明决策、分工、获利情况等。

3.证明认罪认罚的证据

犯罪嫌疑人供述和辩解、认罪认罚具结书、退赃退赔证明等。

4.证明检举立功的证据

（1）犯罪嫌疑人检举揭发材料及来源材料；

（2）司法机关调查核实材料、被检举揭发人的供述和辩解等；

（3）立案决定书、起诉书、不起诉决定书、判决书等法律文书，证明被检举揭发案件的诉讼程序及处理结果。

5.证明前科劣迹的证据

刑事判决书（刑事附带民事公益诉讼判决书）、刑事裁定书、刑满释放证明、不起诉决定书等。

（二）证明酌定量刑情节的证据

1.阻挠环境监督检查或者突发环境事件调查的。

（1）行政执法部门出具的情况说明；

（2）检查、调查的执法录音录像等证据；

（3）证人证言、犯罪嫌疑人供述和辩解，叙述或说明阻挠环境监督检查或者突发环境事件调查的经过。

2.在人口集中的地区及其附近排放、倾倒、处置污染物的。

公安机关结合侦查、调查情况出具的情况说明，并附犯罪地点影像图、现场照片、常住人口统计证明等客观材料。

3.特定期间排放、倾倒、处置污染物的。

（1）生态环境等行政主管部门出具的情况说明，证明排放、倾倒、处置污染物的行为发生在突发环境处置等特定期间；

（2）环境行政执法部门作出"责令限期整改"等措施的行政处罚决定书等；

（3）监测数据、证人证言、现场检查笔录等，证明在特定期间依然排放、倾倒、处置污染物。

4.危险废物经营企业违规排放、倾倒、处置污染物的。

（1）危险废物经营许可证、营业执照等工商登记材料、查询记录，证明具备经营危险废物的资质；

（2）证人证言、犯罪嫌疑人供述和辩解，叙述或说明上述情况。

5.实行排污许可重点管理的企业事业单位和其他生产经营者未依法取得排污许可证，排放、倾倒、处置污染物的。

（1）生态环境等行政主管部门出具的情况说明、查询记录，证明排污单位为实行排污许可重点管理的企业事业单位和其他生产经营者未依法取得排污许可证；

（2）证人证言、犯罪嫌疑人供述和辩解，叙述或说明上述情况。

6.案发后及时采取措施，防止损失扩大、消除污染，积极修复生态环境，赔偿损失的。

（1）环境修复申请书、关于对污染场地采取临时防护措施申请书、生态环境损害赔偿协议、支付环境修复及损失费用收据等；

（2）污染治理合同、银行转款记录等；

（3）现场照片、生态修复验收报告等，证明修复情况；

（4）证人证言、犯罪嫌疑人供述和辩解，叙述或说明上述情况。

二、《办理污染环境犯罪案件证据指引》的理解与适用

劳 娃 谢文文 *

2024年9月30日，最高人民检察院办公厅、公安部办公厅、生态环境部办公厅联合印发《办理污染环境犯罪案件证据指引》（以下简称《指引》），于下发之日起施行。为便于执法司法实践中准确理解和适用，现就《指引》的制定背景和主要内容等说明如下。

一、《指引》的制定背景

良好生态环境是人类赖以生存和发展的基础。党的十八大以来，习近平总书记基于对人类文明发展规律、自然规律和经济社会发展规律的深刻认识，把生态文明建设作为关系中华民族永续发展的根本大计，大力推动生态文明理论创新、实践创新、制度创新，形成了习近平生态文明思想。习近平总书记强调，要实现经济发展、政治清明、文化昌盛、社会公正、生态良好，必须更好发挥法治引领和规范作用。2020年3月，中共中央办公厅、国务院办公厅印发《关于构建现代环境治理体系的指导意见》，要求强化对破坏生态环境违法犯罪行为的查处侦办，加大对破坏生态环境案件起诉力度。党的二十届三中全会专章部署深化生态文明体制改革，再次强调中国式现代化是人与自然和谐共生的现代化。

为进一步加大对污染环境犯罪的惩处力度，2021年3月1日起施行的《刑法修正案（十一）》对污染环境罪作出了重要修订，强调了对特定

---

* 劳娃，最高人民检察院检务督察局副局长、最高人民检察院普通犯罪检察厅原主办检察官；谢文文，四川省人民检察院普通犯罪检察部三级高级检察官。

区域生态环境的保护并增加了"处七年以上有期徒刑，并处罚金"这一档法定刑。最高人民法院、最高人民检察院于2023年8月及时调整司法解释，出台《关于办理环境污染刑事案件适用法律若干问题的解释》（以下简称《解释》），确保法律统一、有效实施。

检察机关高度重视破坏生态环境案件的办理工作，以"高质效办好每一个案件"作为基本价值追求。最高人民检察院与公安部、生态环境部等单位加强协作配合，通过开展重点领域专项行动、发布典型案例、督办重大环境案件等方式，从严惩治污染环境犯罪。各地坚持严格执法、公正司法，依法惩治污染环境违法犯罪行为，有力维护了良好生态环境这一最普惠的民生福祉，也积累了一定的执法司法经验。

在此背景下，为深入贯彻习近平生态文明思想、习近平法治思想，进一步明确污染环境罪及司法解释修改后的办案要求，规范污染环境犯罪案件的办理工作，构建以证据为中心的刑事指控体系，最高人民检察院会同公安部、生态环境部，经深入调研、共同协商，并征求最高人民法院意见，制定《指引》。

二、《指引》的总体要求和起草原则

（一）《指引》的总体要求

《指引》落实落细"四个坚持"。

一是坚持提高政治站位。以习近平新时代中国特色社会主义思想为指导，深入贯彻习近平生态文明思想和习近平法治思想，认真贯彻二十届三中全会精神和习近平总书记在全国生态环境保护大会上的重要讲话精神，始终坚持用最严格制度最严密法治保护生态环境，深入推进蓝天、碧水、净土三大保卫战，为生态文明建设提供有力法治保障。

二是坚持法律适用的延续性和系统性。《指引》立足解决司法实践办案人员的迫切需要，针对现行有效的污染环境罪司法解释、规范性文件等规定，通过条目化的清单，进一步明确证明污染环境定罪、量刑所需的证据，点对点式引导办案人员规范、高效收集和审查证据。

三是坚持问题导向。《指引》聚焦近年来执法司法办案中面临的新情况、新问题，梳理办案实践反映突出的证据争议及难点、重点，吸收、总结各地先进办案经验，并参考指导性案例、典型案例提取的规则经验，以当前污染环境犯罪案件取证技术为依托，统一基本证据要求。

四是坚持构建以证据为中心的指控体系。《指引》既重视各类型污染环境入罪证据，又兼顾法定刑升档证据；既注重犯罪构成要件证据，又关注量刑证据。建立从客观性证据到主观性证据的审查模式。

（二）《指引》的起草原则

上述要求贯彻于《指引》起草工作和文本始终。同时，《指引》提出收集、审查污染环境犯罪证据，要坚持严格规范、全面客观、证据裁判三个原则。

一是依法规范原则。办案机关要合法、科学、规范收集、固定、审查、运用证据，依法规范适用对物强制措施，严禁使用非法手段收集证据，不得伪造、隐匿、毁灭证据。由于《指引》的主要内容是列举证明污染环境犯罪的常见证据，本原则通过强调程序合法性，提示办案人员还应依照刑事诉讼法的相关规定审查取证合法性与办案合法性。

二是全面客观原则。办案机关要全面客观收集、提取、移送、审查与案件定罪量刑有关的证据材料。主要体现在既要重视有罪、罪重的证据，又要重视无罪、罪轻的证据，不得选择性取证和选择性移送证据。这一原则，是收集、审查《指引》所列全部证据的方向性要求，旨在提示检察人员应秉持保持客观公正立场，审查案件时不能遗漏证明无罪、罪轻的证据。

三是证据裁判原则。办案机关要将证据作为认定事实和适用法律的基础，贯彻"以事实为根据、以法律为准绳"这一诉讼法的基本原则，认定犯罪的事实和情节都应当有相应证据证明。这一原则，是收集、运用《指引》所列全部证据的目的性要求。由于《指引》所列证据是为污染环境案件达到"证据确实、充分"的证明标准指明方向，并不是最高或最低证据要求，本原则旨在提示办案中应根据个案具体情况，依托取证技术构建证据体系。

三、《指引》的主要内容

《指引》依照刑法、刑事诉讼法及相关司法解释规定，全面、系统列明证明环境污染犯罪各定罪量刑情节的重点证据。《指引》除第一部分基本原则外，分为证明犯罪客观方面的证据，证明犯罪主体方面的证据，证明犯罪主观方面的证据，证明共同犯罪的证据，证明量刑情节的证据。需重点关注以下内容。

（一）关于证明客观方面的证据

1. 证明发生《刑法》第338条规定的排放、倾倒、处置行为的证据

污染环境罪中的"排放""倾倒"均是指使未经处理的污染物直接进入外环境的行为，区别在于，"排放"是就地排出，"倾倒"则是将污染物转移了位置。而"处置"参考《固体废物污染环境防治法》的规定，是指使用物理、化学、生物特性的方法，达到减少已产生的污染物数量、缩小危险废物体积的行为。常见的证据是犯罪嫌疑人预谋、实施污染环境行为而形成的现场、书面或电子留痕。一般情况下，污染环境犯罪发生后，公安机关、生态环境执法部门单独或联合到现场检查，能够及时形成现场勘验、检查笔录、现场照片等证明实施污染行为的证据。需要注意的是，依据《公安机关现场执法视音频记录工作规定》第4条、《生态环境执法人员行为规范》第11条的规定，公安机关、生态环境执法部门现场取证应当留有视音频记录。必要时，该视听资料可以作为证据使用。

另外，当前跨境处置工业固体废物问题日趋严峻，逐渐形成非法产、运、销、处置的黑灰产业链。办理此类案件，在查明排放、倾倒、处置的现场情况后，还需重点审查书证、视听资料、电子数据等，进一步查明各环节的行为内容及参与人情况。例如，检察监督与生态环境执法协同推进长江保护修复典型案例中，江西省宜春市袁州区人民检察院办理彭某德等人污染环境案时，针对该案犯罪链条长、涉案人员多、污染物废铝灰来源不明等情况，引导侦查人员从提供场地的人员入手，通过固定手机微信聊天记录和转账记录等方式向前溯源，逐步查明了倾倒、运输、居间介绍、承接处置、产废各环节的参与人员身份，并明确各涉案人员具体行为及作用，实现全链条惩治违法犯罪。

2. 证明排放、倾倒、处置的污染物属性的证据

即证明污染物是否属于《刑法》第338条有放射性的废物、含传染病病原体的废物、有毒物质或者其他有害物质。鉴定意见、检测报告等能

够直接证明污染物属性。例如，最高检、公安部、生态环境部依法严惩危险废物污染环境犯罪典型案例中，北京市密云区人民检察院办理的夏某江等5人污染环境案，犯罪嫌疑人使用主要成分为有机氰化物，且标注"有机环保"字样的黄金选矿剂在废矿洞内非法采金，到案后辩解洗洞过程无毒。经鉴定，有机氰化物选矿剂，较之无机氰化物选矿剂毒性降低、稳定性更好，但二者化学反应原理基本一致，产生的废液冲洗过后形成的废渣属于《国家危险废物名录（2021年版）》HW33项的危险废物。办案机关据此认定了污染物的属性。

但是办案实践普遍反映鉴定贵、鉴定难等问题，且部分案件存在污染物缺失等特殊情形。起草组认为，具有真实性、合法性、关联性，能够证明污染物情况的一切材料都是证据。办案机关可以调取环境影响评价文件、生产流程示意图，以及《解释》第15条增加的排污许可证、排污登记表等证据，并综合其他在案证据排除合理怀疑，达到证据确实、充分的证明标准，亦能认定污染物的属性，不一定每案必须进行鉴定。同时，鉴于上述判断过程专业性较强，办案机关可指派、聘请有专门知识的人提供意见，进一步论证结论的准确性。例如，检察机关服务保障长江经济带发展典型案例（第四批）中，浙江省嘉兴市南湖区人民检察院办理嘉某化工原料有限公司等污染环境案时，因涉案危险废物由犯罪嫌疑人戴某兵自两省10余家产废企业处收集并储存。办案机关全面调取相关企业环评报告、验收批复文件、企业危险废物处置协议等证据，圈定涉案"副产盐"来源于其中7家产废企业，缩小需要鉴定的范围，减少了鉴定费用支出。

需要说明的是，起草过程中有意见提出，将《指引》中所列生态环境主管部门、公安机关出具的报告以及《解释》第15条规定的书面意见的出具主体限于地、市级以上单位。经研究认为，生态环境案件的执法权原则上归市级生态环境部门，且生态环境问题较为专业、复杂，基层执法力量和办案能力相对薄弱，从对等性、权威性的角度考虑，起草组采纳该意见，将出具报告的单位统一规定为地、市级以上生态环境主管部门、公安机关等。

3.证明符合犯罪成立条件的证据

该部分明确《解释》第1条中10种"严重污染环境"的具体情形、第2条中10种"情节严重"的具体情形、第3条中4种"情节特别严重"

具体情形应分别重点收集和审查的证据。本部分在《指引》中篇幅最长，下面重点说明以下几个问题：

（1）起草过程中，有意见建议调整体例，按照法定证据种类或取证过程分类，并列明取证重点、规范取证程序。

经研究，出台证据指引的目的是明确污染环境案件定罪量刑需重点审查的证据，与侦查指引有一定区别。一方面，证据分类上，检察机关审查证据、引导取证的通常思路，是使所证明的案件事实符合司法解释的入罪标准。以证据种类或取证过程进行分类，仅能体现取得了哪些证据，无法区分其中的定罪重点证据。故尽管将《解释》第1条、第2条、第3条的情形作为证据分类依据，证据重复、排序冲突等无法避免，但能够直观呈现各种污染环境犯罪行为的定罪证据，为司法办案提供指引。另一方面，程序要求上，作为专门为污染环境办案提供指引的文件，如规定详细的取证程序，应更多体现本罪的专门要求。考虑到污染环境案，证据收集程序专业，且行政主管部门、公安机关已出台一系列规范标准，再写入《指引》中，不仅可能重复，也会严重增加文件篇幅。故《指引》将取证程序的一般性要求写入原则中，具体程序可参见其他规范。故未采纳该意见。

（2）起草过程中，有意见建议增加证明污染后果的证据。

经研究，该问题涉及污染环境罪属于行为犯还是结果犯的理论争议。行为犯与结果犯的概念、区别在理论上存在多种解读。从污染环境罪的修改历程来看，逐渐呈现法益保护前置化、惩罚严厉化等特点，大部分入罪情况并不需要查明实害后果，只要具有环境污染的危险即可。此外，《关于办理环境污染刑事案件有关问题座谈会纪要》（以下简称《纪要》）第8条已明确"司法实践中认定非法排放、倾倒、处置行为时……从其行为方式是否违反国家规定或者行业操作规范、污染物是否与外环境接触、是否造成环境污染的危险或者危害等方面进行综合分析判断。"同时，排放、倾倒、处置却无造成环境污染可能的情况，实践中不常见，如要求每个案件均收集证据证明，会增加侦查取证的难度。故未采纳该意见。但办案中可依据《纪要》《解释》的相关规定，根据个案情况综合评判。例如，检察机关服务保障长江经济带发展典型案例（第二批）中，重庆市涪陵区人民检察院办理的张某某、王某某跨省非法处置危险废物污染环境案，经补充证据，查明未处置的 125 吨油水混合物被贮存在储油罐内，没有造成环境污染，不宜认定为非法处置，而作为了量刑因素，确保了准确定罪量刑。

（3）因证明"非法排放、倾倒、处置"行为和污染物属性的证据已在前面部分详细罗列，此部分列明其他待证事实需重点审查的证据。

（4）关于证明"在饮用水水源保护区、自然保护地核心保护区等依法确定的重点保护区域排放、倾倒、处置有放射性的废物、含传染病病原体的废物、有毒物质"的证据。

此部分重点审查证明行为地是否属"重点保护区"的证据，一般包括批准文件、证明文件。此外，现场勘验示意图能够直观反映案发地在重点保护区的具体位置、现场警示标志能够证明案发地为重点保护区且被一般人所知晓，均可重点审查。

本情形下"造成相关区域的生态功能退化或者野生生物资源严重破坏"的法定刑升格条件，一般而言不掌握专业知识的办案人员无法直接得出该结论，需要一定的专业性、权威性判断。常见证据包括鉴定意见、有关单位出具的报告等。

（5）关于证明"非法排放、倾倒、处置危险废物3吨（100吨）以上"的证据。

此类情形重点审查判断涉案危险废物的重量。称重笔录等无疑是反映重量的直接证据。但实践中存在污染物灭失或不具备称量条件等情况。应根据案件具体情况收集、审查证据。对于运输后倾倒、处置的情形，可审查运输危险废物的车辆的载重量、容量，结合运输中辆次，综合判断涉案危险废物重量；对于产废人出资委托他人排放、倾倒、处置的情形，可审查合同协议、资金往来记录等，根据单价、总价计算出涉案危险废物重量，等等。例如，检察机关服务保障长江经济带发展典型案例（第四批）中，浙江省嘉兴市南湖区人民检察院办理嘉某化工原料有限公司等污染环境案时，通过引导调取嘉某公司购进和运出副产盐酸的台账资料等书证，查明了嘉某公司为解决仓储积压的副产盐酸而将该种危险废物非法排入平湖塘的数量，为准确指控犯罪奠定基础。

起草过程中，有意见提出增加证明企业生产规模（如耗电量、耗水量、产品产量等）、生产时间、单位时间排污量的相关证据。经研究，在实践中，危险废物灭失且相关书证、电子数据被销毁的情况并不少见。仅凭言词证据，难以确定涉案危险废物的数量。根据企业生产规模、生产时间、排污量，能够计算生产危险废物的数据，结合其他证据，可客观得出某段时间内非法排放、倾倒、处置危险废物重量。故采纳该意见。当然，如使用上述证据计算出的危险废物重量有一定区间，按照有利于被告人的原则认定。

（6）关于证明"排放、倾倒、处置特定重金属严重超标"的证据。

此部分重点审查证明涉案污染物中特定重金属含量的证据，通常为检验、检测报告等。并对照审查国家排放标准或者地方排放标准，确定是否已超过铅、汞、镉、铬、砷、铊、锑的排放标准的3倍或镍、铜、锌、银、钒、锰、钴排放标准的10倍。例如，检察机关服务保障长江经济带发展典型案例（第三批）中，重庆市万州区人民检察院办理的曹某某污染环境案，曹某某等人开办电镀作坊生产，废水通过沟槽、管道流入废水池，后溢流排放至厂房外。经分时采样监测，外排废水总镍、总铬、总锌浓度分别超过《电镀污染物排放标准》限值标准10倍以上，其中总镍浓度最高超标2419倍，以此认定该案成立污染环境罪。

（7）关于证明"通过暗管、渗井、渗坑、裂隙、溶洞、灌注等逃避监管的方式，排放、倾倒、处置有放射性的废物、含传染病病原体的废物、有毒物质"的证据。

此部分重点审查判断排放、倾倒、处置的行为是否通过"暗管、渗井、渗坑、裂隙、溶洞、灌注"进行。现场勘验、检查笔录等能够证明污染物进入外环境的具体方式、来源、去向，以及涉案暗管、渗井、渗坑、裂隙、溶洞等被用于排放污染物。此外，应注意环境污染语义下的暗管、渗井、渗坑、裂隙、溶洞需要一定的专业性、权威性判断，比如"渗井"指在地层中开凿立式孔洞，将地面水和上层地下水引向更深的地下层，符合自然渗水规律，是一种立式地下排水设施。要证明使用"渗井"排放、倾倒、处置污染物，需要证据证明使用该设施后污水能够被引向更深的地下层。故宜由生态环境等行政主管部门出具的报告予以证明。

起草过程中，有意见建议删除征求意见稿中"施工合同、资金往来记录等书证"的内容，理由是实践中用以偷排的暗管、渗井等形式多样，有临时自行架设软管的，有利用既有的雨水或生活污水管网的，还有利用天然形成的管道、坑塘的。按照正规程序签署施工合同后修建暗管、渗井以逃避监管的情形较少。经研究，前述情况确实存在，例如，依法严惩重点排污单位自动监测数据弄虚作假犯罪典型案例中，江苏省常熟市人民检察院办理的神某针织有限公司等污染环境案，生产企业负责人安排该厂工人在气浮池的出水处私接埋入地下的管道，将部分未处理的超标污水直接通过水泵抽排至厂外窨井内，最终流入附近水域。此外，还考虑到在已查明暗管、渗井性质的情况下，无必要再查明这些设施的来源。故采纳该意见。

（8）关于证明"通过非紧急情况下开启大气应急排放通道方式排放、倾倒、处置有放射性的废物、含传染病病原体的废物、有毒物质"的证据。

《解释》依据《大气污染防治法》第20条第2款规定，新增该种入罪情形，实质是针对大气污染物被非法排放后会迅速逸散，难以取得污染物含量、重量等方面证据，而降低了入罪证明难度。《指引》将此类入罪情形单独规定了证据要求，指出需重点审查证明"非紧急情况下""开启大气应急排放通道"的证据。一般而言，办案机关通过现场勘验、检查、调取现场监控视频，以及生态环境主管部门出具调查报告能够证明前述两点。如果存在现场证据灭失、查处不够及时等情况，可以通过对设备中存储的数据及企业生产工艺进行综合性、专业性分析，判断是否可能发生紧急情况，以及是否曾开启大气应急排放通道。

起草过程中，有意见建议增加"现场视频、照片"等证据，理由是可能有排污企业安装了现场监控视频，或是他人自行拍照、录像，可直接反映开启大气应急排放通道的过程。经研究，案发后，办案人员进行现场勘验时所摄照片，以及其他途径所获取的视频、照片等材料，能够反映生产过程中大气应急排放通道开启的状态，均可以作为认定案件事实的依据。故采纳该意见。

（9）关于证明"2年内曾因在重污染天气预警期间，违反国家规定，超标排放二氧化硫、氮氧化物等实行排放总量控制的大气污染物受过2次以上行政处罚，又实施此类行为"的证据。

除重点审查证明行为和污染物种类的证据，并结合国家政策和法律法规规定判断是否属于"实行排放总量控制的大气污染物"外，还应重视证明"2年内因超标排放实行排放总量控制的大气污染物受过2次以上行政处罚"的前行为证据，和证明"重污染天气预警期间""超标"等现行为的证据。前者主要包括行政处罚决定书，及行政执法部门查处违法事实时所取得的材料；后者一般有生态环境监测机构的监测数据、预警信息，以及污染物的检验、检测报告等。

（10）关于证明"重点排污单位、实行排污许可重点管理的单位篡改、伪造自动监测数据或者干扰自动监测设施，排放化学需氧量、氨氮、二氧化硫、氮氧化物等污染物"的证据。

最高检、公安部、生态环境部已连续多年联合开展打击危险废物环境违法犯罪和重点排污单位自动监测数据弄虚作假违法犯罪专项行动。《指引》总结各地办案机关办理自动监测数据弄虚作假案件的经验，明确重点审查证明涉案单位性质，及犯罪嫌疑人"篡改、伪造""干扰"的证据。前者因行政主管部门对重点排污单位、实行排污许可重点管理的单位的管理完善，可通过查询名录等方式查明涉案单位是否在名录、名单内；后者可通过调取自动监测设施运行中产生的电子或书面留痕等，分析是否有认为篡改、伪造、干扰的痕迹。需要注意的是，"干扰"不仅包括物理方式，也可能通过化学等其他新型方式进行。例如，依法严惩重点排污单位自动监测数据弄虚作假犯罪典型案例中，浙江省湖州市人民检察院办理的长兴新某地环保科技有限公司等污染环境案，办案机关在现场发现企业仓库内存放"高效COD去除剂"的袋装药剂，在废水排放口发现投放"COD去除剂"的装置，进而查明被告单位通过投加"COD去除剂"的方式，干扰自动监测设施的正常运行，造成排放污水化学需氧量（即"COD"）自动监测数据下降的假象。

起草过程中，有意见提出，行政主管部门每年度对外公布重点排污单位名录，具有权威性，足以证明涉案单位性质，可删除情况说明等其他证明单位性质的证据。经研究，本情形下的行为主体除"重点排污单位"外，还有"实行排污许可重点管理的单位"。后者并未由行政主管部门每年更新名录并公示。此种情况下，行政主管部门盖鲜章的情况说明能够为证明涉案单位是否适格提供有力证明。故不采纳该意见。

（11）关于证明"2年内曾因违反国家规定，排放、倾倒、处置有放射性的废物、含传染病病原体的废物、有毒物质受过2次以上行政处罚，又实施此类行为"的证据。

此部分除重点审查证明行为和污染物种类的证据,并结合国家政策和法律法规规定判断是否属于"实行排放总量控制的大气污染物"外,还要审查行政处罚决定书,及行政主管部门查处违法事实时所取得的材料。

(12)关于证明"违法所得30万元(100万元)以上"的证据。

《解释》第19条规定,"违法所得"指实施污染环境犯罪行为所得和可得的全部违法收入。故能够证明违法收入达到上述数额的收据、发票、账本、账单、转款记录、资金交易明细等均可作为证据。大部分案件的违法所得可通过简单的计算得出。但违法所得与合法所得相交织、账目混乱等特殊情况下,可通过会计鉴定报告予以证明。

起草过程中,一些意见对征求意见稿将"减少的治污费用"作为违法所得提出异议,认为该费用是否可以认定为积极的违法所得有争议,且《解释》修改后将"违法减少防治污染设施运行支出100万元以上的"这一入罪情形删除,不能再以减少治污费用30万元入罪。经研究,该问题确存在法律适用争议,不宜在证据指引中明确规定,故采纳上述意见。

(13)关于证明"致使公私财产损失30万元(100万元)以上"的证据。

《解释》第19条规定,"公私财产损失",包括实施污染环境行为直接造成财产损毁、减少的实际价值,为防止污染扩大、消除污染而采取必要合理措施所产生的费用,以及处置突发环境事件的应急监测费用。因环境污染而导致的财产损毁、减少的实际价值等难以通过计算得出。实践中为提高办案效率与准确性,常常通过鉴定意见、评估报告、专家论证意见等证据证明污染行为所造成的直接损失数额。同时,相关合同、收据、发票、账目、往来账本、账单、银行转款记录、资金交易明细等均是证明产生直接损失的基础证据,同样应当重点审查。

需要注意的是,对于存在多个独立污染环境行为,且不构成共同犯罪的情形,鉴定意见、评估报告等证明"公私财产损失"的证据应根据具体案件情况,准确区分各案件行为人应分别承担的损失责任。例如,检察监督与生态环境执法协同推进长江保护修复典型案例中,江苏省宜兴市人民检察院办理的科某水处理有限公司、陈某才等污染环境案,在涉案区域先后发现"绿泥""黄泥"两种污染物,且由不同案件行为人倾倒在未重合地块。但案发后由有关部门一并处置。检察机关审查后,请第三方机构根据两种污染物重量的占比分别确定两案的应急处置费用,进而准确认定两案公私财产损失数额。

（14）关于证明"致使乡镇（县级城区）集中式饮用水水源取水中断12小时以上"的证据。

该部分重点审查证明饮用水水源取水是否中断,及中断的时间、范围的证据。除行政主管部门出具的调查报告、情况说明能够直接证明该事实外,专业机构的检验、检测报告,以及自来水供水水质监测设备、管理系统等设施或平台存储的电子数据亦能够证明该集中式饮用水水源恢复可饮用标准的时间、取水中断持续的时间等。

（15）关于证明"向国家确定的重要江河、湖泊水域排放、倾倒、处置有放射性的废物、含传染病病原体的废物、有毒物质,造成相关水域的生态功能退化或者水生生物资源严重破坏"的证据。

该部分重点审查证明行为地是否为"国家确定的重要江河、湖泊水域",行为结果是否"造成相关水域的生态功能退化或者水生生物资源严重破坏"的证据。前者由国务院下发的相关文件等直接予以证明,而现场勘验示意图等证据能够证明直观反映案发地属于重要江河、湖泊的范围内;后者一般而言需要一定的专业性、权威性判断,常见证据包括鉴定意见、有关单位出具的报告等。

（16）关于证明"致使永久基本农田、公益林地10亩以上,其他农用地20亩以上,其他土地50亩以上（或基本农田50亩以上）基本功能丧失或者遭受永久性破坏"的证据。

此类情形重点审查证明涉案土地性质、面积及污染后果的证据。土地利用总体规划、土地利用现状等文件能够证明土地性质,土地承包协议、土地勘测定界技术报告书、现场勘验笔录等证据能够证明土地面积等,实践中均较易直接取得。污染后果判断具有专业性、权威性特点,不具备专业知识的办案人员难以直观得出已造成土地的基本功能丧失或者遭受永久性破坏的结论,故常常需要鉴定意见、有关单位出具的报告等依据相关标准通过专业知识予以判断的证据提供支撑。

（17）关于证明"致使森林或者其他林木死亡50立方米以上,或者幼树死亡2500株以上"的证据。

该部分重点审查判断污染后果，即森林及其他林木的立木蓄积量、死亡数量。因判断林木死亡、计算立木蓄积量等问题较专业，且判断幼树、计算死亡林木的立木蓄积量、数量需要专门的工具、器材，故一般通过鉴定意见、有关单位出具的报告等予以证明。

（18）关于证明"致使疏散、转移群众5000人以上"的证据。

该部分重点审查证明发生了"疏散、转移"后果，及"疏散、转移"人数的证据，一般是由有关部门出具情况说明、报告等。需要说明的是，此情形下，被疏散、转移群众的证言也是重要证据。

（19）关于证明"致使30人以上中毒的，致使1人以上重伤、严重疾病或者3人以上轻伤""致使三人以上重伤、严重疾病，或者一人以上严重残疾、死亡"的证据。

上述情形重点审查证明中毒、损伤程度、死亡人数及情况的证据。与伤害类案件常见的证据类似，一般包括鉴定意见、检验报告、有关单位的报告，以及病历、医疗诊断记录、诊断证明书等证据。

4.证明因果关系的证据

污染环境罪中的因果关系，是环境污染与排放、倾倒、处置行为之间引起与被引起的关系。通常情况下，污染环境案件因果关系的判断不具有争议性。例如，全国检察机关服务保障打好污染防治攻坚战典型案例中，四川省彭州市人民检察院办理成都某环卫工程有限公司等污染环境案时，在涉案污水已灭失的情况下，根据案发时间段被告单位（人）向污水井内倾倒工业废水的情况，地下污水管道与自来水公司取水口的连通情况，分析自来水公司实时记录每次水样异常的时间与排污的时间等，由此确定被告单位（人）的非法排污行为与自来水厂因水污染停产结果之间的因果关系。当然，因果关系较复杂的案件，可请有专门知识的人提供意见。例如，全国检察机关服务保障打好污染防治攻坚战典型案例中，广东省中山市人民检察院办理的彭某权等4人污染环境案中，为阐明被告人倾倒的废弃胶纸的危害性，请有专门知识的人出庭，对废弃胶纸中所含镉离子的物理、化学特性及对土壤环境的影响等专业问题进行了解释，为指控犯罪提供了有力支持。

但是在非封闭式排污、连续性排污等可能存在多个行为主体同时或先后实施排污行为导致污染后果的情况下，如何认定以及能否认定因果关系就存在比较大的争议。起草过程中,有意见提出,为解决上述特殊情形下因果关系认定的难题,在证明因果关系的证据标准上,除需证明具有同一性外,还应证明具有排他性或唯一性。经研究,因果关系的理论非常复杂,个案的情形也复杂多样,如行为无法造成环境污染,则不属于污染环境罪的行为,无需考虑是否存在因果关系;如行为有造成环境污染的危险或危害,即使多个污染行为共同导致环境污染,亦不能排除刑法上的因果关系。故未采纳该意见。但是,多因一果情况下能否成立犯罪,还应进一步审查行为人主观等方面的证据。

(二)关于证明主体方面的证据

1.证明自然人身份的证据

该部分与其他普通犯罪的证据要求相同。需要注意的是,因大部分污染环境犯罪发生在生产及其关联领域,即使不成立单位犯罪,也可能与一定的职业或职位相关,因此应审查行为人岗位任职文件、劳动合同、岗位职责等证据,查明犯罪嫌疑人具有实施污染行为的条件、职责。

2.证明单位身份的证据

应重点审查两方面的证据:一是单位是否适格。审查企业营业执照、工商登记资料、许可证,以及事业单位、社会团体等主体的设立文件、法人代码,证明涉案单位属于《刑法》第30条规定的"公司、企业、事业单位、机关、团体",且并非为实施犯罪设立或设立后以实施犯罪为主要活动。二是是否以单位名义,为单位谋取利益。重点审查证明决定、批准、组织、策划污染环境犯罪行为的合同、章程、协议书、会议记录、会议纪要、签字记录等;证明指挥、授意、纵容污染环境犯罪行为的聊天记录等;证明实施污染环境犯罪行为使用单位公章、印鉴、车辆的记录等;证明获利情况的财务账目、转账记录等证据。另外,应根据在案证据明确单位犯罪的直接负责的主管人员和其他直接责任人员。例如,依法严惩重点排污单位自动监测数据弄虚作假犯罪典型案例中,四川省攀枝花市仁和区人民检察院办理钛某化工有限公司等篡改自动监测设备案时,通过引导公安机关补充钱某广担任钛某化工有限公司安全环保部部长的职责、具体履职情况等方面的证据材料,认定其在授权范围内作出篡改自动监测设备参数的决定,实质是代表了单位意志,结合其他证据,认定该案构成单位犯罪。

（三）关于证明主观方面的证据

1. 审查犯罪嫌疑人的供述和辩解

除审查动机、目的、预谋情况，以及时间、地点、参与人、方式、经过、结果等与犯罪事实相关的内容外，还应审查犯罪嫌疑人是否具有违法性认识。污染环境罪虽然具有行政犯属性，但是基于数十年严厉打击生态环境犯罪的政策背景和宣传，社会民众对某类行为是否可能触犯环境领域相关法律法规应当具有一定程度的认知，又由于环境领域的专业性，在认定犯罪嫌疑人是否具有违法性认识时，仅需证明其认识到自己的行为可能被法律负面评价，不需要证明其认识到具体的违法情形或惩罚后果。

2. 审查其他证据

《纪要》"关于主观过错的认定"部分规定，判断犯罪嫌疑人、被告人是否具有环境污染犯罪的故意，应当依据犯罪嫌疑人、被告人的任职情况、职业经历、专业背景、培训经历、本人因同类行为受到行政处罚或者刑事追究情况以及污染物种类、污染方式、资金流向等证据，结合其供述，进行综合分析判断。《指引》主要明确此情形下，7种常见主观推定情节应分别重点审查的证据。本部分涉及以下几个重点问题：

（1）起草过程中，有意见建议在此部分单独列出证明单位犯罪主观方面的证据，并重点论证"行为系由单位集体研究决定，或者由单位的负责人授权或被授权的其他人员决定、同意的，谋取的不正当利益归属单位所有。"

经研究，虽然"单位意志""为了单位利益的目的"涉及单位犯罪的主观方面，但相关证据与审查判断思路同样适用于区分单位犯罪与个人犯罪，以及确定单位犯罪直接负责的主管人员和其他直接责任人员。故未采纳该意见。

（2）关于证明"企业没有依法通过环境影响评价或未依法取得排污许可证，排放污染物"的证据。

重点审查证明企业"没有依法"的证据，以及"未通过环境影响评价""未取得排污许可证"的证据。前者指规定企业应当通过环境影响评价或取得排污许可证的规范性文件；后者一般由企业生态环境等行政主管部门出具的情况说明、查询记录等予以直接证明。

（3）关于证明"已经通过环境影响评价并且防治污染设施验收合格后，擅自更改工艺流程、原辅材料，导致产生新的污染物质"的证据。

一方面，审查企业环境影响评价材料，证明生产企业应当采用的工艺流程、原辅材料等；另一方面，应审查办案中实际查获的原辅材料，以及现场勘验、检查笔录、相关书证，以及有专门知识的人据此出具的关于实际工艺流程的意见等，对照得出结论。

（4）关于证明"不使用验收合格的防治污染设施或者不按规范要求使用"的证据。

重点审查生产企业有"验收合格的防治污染设施"，以及"不使用""不按规范使用"的证据。前者一般是行政主管部门验收合格后出具的相关批复，后者需要审查现场勘验、检查笔录、书证、物证、知情人的证言等证据，查明防治污染设施的实际使用情况，或对比规范的使用要求与实际操作情况。

（5）关于证明"防治污染设施发生故障，发现后不及时排除，继续生产放任污染物排放"的证据。

重点审查证明发生设施故障及其时间等证据，以及继续生产污染的证据。前者主要包括故障发生后，在自动监测等设备中形成的电子数据等证据；后者包括环境监测等设备监测到的污染物浓度上升后持续一段时间的数据等。

（6）关于证明"生态环境主管部门责令限制生产、停产整治或者予以行政处罚后，继续生产放任污染物排放"的证据。

除证明非法排污的证据外，重点审查生态环境主管部门所作责令限制生产、停产整治、行政处罚的决定书、通知书等证据。

（7）关于证明"将危险废物委托第三方处置，明知对方无危险废物经营许可证或者超出经营许可范围，或者故意不查验经营许可、委托处置费用明显低于市场价格或者处置成本"的证据。

重点审查证明犯罪嫌疑人将危险废物委托第三方处置的证据，包括危险废物委托处置协议、企业危险废物出入库等；第三方无资质、超出经营许可的证据，一般为查询记录；费用明显过低的证据，一般通过询价记录等证明同期处置同类危险废物的市场价格合理区间。例如，最高检、公安部、生态环境部依法严惩危险废物污染环境犯罪典型案例中，上海铁路运输检察院办理的谢某华等3人污染环境案，通过固定行为人处置危险废物模式违背市场交易规律，交由他人处置不仅未支付费用反而获利的证据，追加认定谢某华既往处置废料桶50余吨，获利31万余元的事实。

（四）关于证明共同犯罪的证据

污染环境犯罪多为共同犯罪。《指引》专门设置"证明共同犯罪的证据"章节，旨在提示办案人员在审查前述证明犯罪构成要件事实的证据时，还应重点关注其中证明共犯主观上明知他人实施污染环境行为，客观上参与污染环境行为的相关环节，或提供资金、场地、许可证明等帮助的内容，确保准确划定"共同犯罪圈"。例如，最高检、公安部、生态环境部依法严惩危险废物污染环境犯罪典型案例中，山东省潍坊市检察机关在办理刘某刚等44人污染环境案时，依据《解释》之规定，将收购、贩卖沾染危险废物铁桶的人员、作业场地的出租人认定为共犯，并考虑对非法处置危险废物所起的重要作用，准确区分主、从犯，确保罪责刑相适应。

起草过程中，有意见建议，将与共同犯罪有关的证据分为"证明共同犯罪的证据"与"证明共同犯罪地位、作用的证据"。经研究认为，二者确存在差别，前者侧重于共同犯罪的成立条件，且仅需提示证据审查方式；后者侧重于对各共同犯罪人区别量刑，且还需列明重点审查的证据。故采纳该意见，并将"证明共同犯罪地位、作用的证据"放入"证明量刑情节的证据"条目下。

（五）关于证明量刑情节的证据

1. 证明法定量刑情节的证据

污染环境犯罪案件中常见的法定量刑情节包括自首、立功、从犯、认罪认罚、累犯等。由于被动到案、主犯、具有累犯以外的前科劣迹等情节，系办理案件应当查明的事实，且与前述法定量刑情节需要审查的证据相似。为减少内容重复，《指引》将前面两类量刑情节合并，分别明确判断自首及其他发破案经过、共同犯罪地位和作用、认罪认罚、检举立功、前科劣迹等情节应重点审查的证据。本部分有以下几个重点问题：

（1）起草过程中，有意见提出，增加"犯罪未遂"这一法定量刑情节。

经研究，《纪要》规定污染环境罪有未遂情形。但证明"已经着手实施非法排放、倾倒、处置有毒有害污染物的行为，由于有关部门查处或者其他意志以外的原因未得逞"的证据，可参考前面证明犯罪构成要件的证据，无需单独规定。故未予采纳该意见。

（2）关于证明自首及其他发破案经过的证据。

所有案件均应有公安机关出具的发破案经过、到案经过等材料。此外，还应根据不同情形审查受案登记表等其他相关证据。污染环境案件，侦查机关最常发现案件的情形有串案线索、犯罪嫌疑人自首、其他工作中发现、行刑衔接等。对于窝案、串案中发现的案件，应审查提供该线索的犯罪嫌疑人供述、同案犯供述、证人证言；对于各类自首到案的，应审查犯罪嫌疑人供述、盘查或接受投案人员的证言；对于公安机关在工作中发现的，应审查呈请立案报告、结案报告等材料；对于行政机关移送的，应审查《环境保护行政执法与刑事司法衔接工作办法》第6条规定的案件移送方面的相关材料。

（3）关于证明共同犯罪地位、作用的证据。

该部分重点审查预谋阶段犯意由谁提出或决定、方案由谁制定；实施阶段由谁安排、指挥，由谁具体实施及其分工；因污染环境而获得的违法所得如何分配，等等。一般而言，除犯罪嫌疑人供述和辩解、证人证言等言词证据外，聊天记录等电子数据也能证明上述情况。

（4）关于证明认罪认罚的证据。

污染环境案件中的认罪认罚，包括犯罪嫌疑人自愿如实供述自己的罪行，对指控的犯罪事实没有异议；真诚悔罪，愿意接受处罚，并自愿开展生态环境修复或生态环境损害赔偿。故除认罪认罚具结书外，还应重点审查犯罪嫌疑人供述和辩解、退赃退赔证明等证据，从实质上判断犯罪嫌疑人是否自愿、真实认罪认罚。例如，检察监督与生态环境执法协同推进长江保护修复典型案例中，四川省成都市东部新区人民检察院办理的张某予等人污染环境案，开展认罪认罚工作时，将生态环境损害修复、赔偿情况作为犯罪嫌疑人认罪认罚考量因素，引导涉案人员积极与成都市生态环境局达成生态环境损害赔偿磋商协议，缴纳生态环境损害赔偿费用等共计100万余元，并用于支付应急处置等费用，使被污染区域得到及时修复。

（5）关于证明检举立功的证据。

最高人民法院《关于处理自首和立功若干具体问题的意见》详细规定了认定立功应审查的证据材料。一般应包括犯罪嫌疑人检举揭发材料及证明其来源的材料、司法机关的调查核实材料、被检举揭发人的供述等。被检举揭发案件已立案、侦破，被检举揭发人被采取强制措施、公诉或者审判的，还应审查相关的法律文书。证据材料应加盖接收被告人检举揭发材料的单位的印章，并有接收人员签名。

（6）关于证明前科劣迹的证据。

即曾因违法犯罪受到刑事处罚、行政处罚，或作酌定不起诉的相关文书。需要注意的是，为查明犯罪嫌疑人是否为累犯，对于上一次系故意犯罪被判处有期徒刑以上刑罚，且判决执行日或羁押日距本次犯罪之日已超过5年的，应审查刑满释放证明。

2.证明酌定量刑情节的证据

该部分明确《解释》第5条规定的5种从重情节及第6条规定的"积极修复生态环境"从宽情节应分别重点审查的证据。本部分有以下几个重点问题：

（1）起草过程中，有意见建议，在《指引》中明确《纪要》第10条规定的从重处罚情节，即"发生在长江经济带11省""（1）跨省（直辖市）排放、倾倒、处置有放射性的废物、含传染病病原体的废物、有毒物质或者其他有害物质的；（2）向国家确定的重要江河、湖泊或者其他跨省（直辖市）江河、湖泊排放、倾倒、处置有放射性的废物、含传染病病原体的废物、有毒物质或者其他有害物质的"应重点审查的证据。

研究后认为，一方面，目前实践中，跨省（直辖市）排放、倾倒、处置行为已作为所有污染环境案件的酌定从重情节，不限于长江经济带11省，且证明该情节的证据无太大争议；另一方面，"向国家确定的重要江河、湖泊水域排放、倾倒、处置有放射性的废物、含传染病病原体的废物、有毒物质"应重点审查的证据已在《指引》"关于证明客观方面的证据"部分列明，办案中可参考。故从条文的实用性与简洁性考虑，未采纳该意见。

（2）关于证明"阻挠环境监督检查或者突发环境事件调查"的证据。

因环境监督检查等工作应使用移动执法系统，故可由执法录音录像证明存在阻挠行为。此外，可由行政执法部门出具的证明执法性质、被阻挠情况等情况的说明。

（3）关于证明"在医院、学校、居民区等人口集中地区及其附近排放、倾倒、处置污染物"的证据。

最常见的是现场照片、侦查机关关于案发地所处位置、人口密度等情况的说明。起草过程中，有意见建议删除征求意见稿中"卫星影像图"这一证据。经研究，卫星影像图是证明人口集中程度的最直观证据，但不是必要证据。因调取卫星影像图的工作量较大，为避免写入《指引》后使办案人员产生每案必调取的倾向，影响办案效率，故采纳该意见，不在《指引》中示明"卫星影像图"，修改为"影像图"。

（4）关于证明"在重污染天气预警期间、突发环境事件处置期间限期整改期间，违反国家规定排放、倾倒、处置有放射性的废物、含传染病病原体的废物、有毒物质或者其他有害物质"的证据。

重点审查判断是否处于前述特定期间。一般包括生态环境等行政主管部门出具的情况说明、作出的行政处罚决定书等。此外，监测数据、现场检查笔录等能够证明排放、倾倒、处置污染物的时间发生在前述特定期间，同样需要重视。

（5）关于证明"危险废物经营企业违规排放、倾倒、处置污染物"的证据。

重点审查该企业是否具有危险废物经营资质。许可证、工商登记材料、查询记录等证据能够予以直接证明。

（6）关于证明"实行排污许可重点管理的企业事业单位和其他生产经营者未依法取得排污许可证，排放、倾倒、处置污染物"的证据。

重点审查排污单位取得排污许可证的情况。生态环境等行政主管部门出具的证明、情况说明、查询记录等证据，能够直接予以证明。

（7）《指引》"积极修复生态环境"部分的表述参考了《解释》修改前的内容。

原因是"及时采取措施，防止损失扩大、消除污染，赔偿损失"属积极修复生态环境的题中之义，《解释》为简化表述予以删除，但是从证据指引的角度考虑，宜通过全面表述待证事实所包含的内容，引导办案人员充分收集、审查证明犯罪嫌疑人开展生态修复、赔偿生态环境损失等情况及效果的证据。环境修复申请书等能够证明修复的程序，生态环境损害赔偿协议、污染治理合同、银行转款记录等能够证明修复或赔偿的过程及犯罪嫌疑人的积极性，现场勘验笔录、照片能够证明修复的效果。需要说明的是，污染环境犯罪生态环境修复工作的方式较多、周期较长，应根据具体案件、诉讼进度选择恰当的方式，固定相应的证据。例如，检察机关服务保障长江经济带发展典型案例（第二批）中，上海铁路运输检察院办理上海市奉贤区卞某某等4人污染环境案时，以鉴定评估报告为基础，以应赔尽赔为原则，通过多次研讨，采用在诉前先行支付保证金的形式，确保了污染造成的直接财产损失和修复费用都赔付到位。

起草过程中，有意见建议增加"支付损失费用收据""生态修复验收报告"这两种证据。前者理由是生态环境损害赔偿不仅包括防止损失扩大、消除污染及修复生态环境方面，也包括生态环境受到损害至修复完成期间服务功能丧失导致的损失、生态环境功能永久性损害造成的损失；后者理由是在可修复环境污染案件中，通过生态修复验收，考察生态修复的实质性和有效性，有地方增加验收环节，由此形成的验收报告等材料，可作为证明有效修复的证据。经研究，采纳以上意见。

第二部分

办理污染环境犯罪案件司法文件解读

一、最高人民法院、最高人民检察院《关于办理环境污染刑事案件适用法律若干问题的解释》

（2023年3月27日最高人民法院审判委员会第1882次会议、2023年7月27日最高人民检察院第十四届检察委员会第十次会议通过，2023年8月8日公布，自2023年8月15日起施行　法释〔2023〕7号）

为依法惩治环境污染犯罪，根据《中华人民共和国刑法》、《中华人民共和国刑事诉讼法》、《中华人民共和国环境保护法》等法律的有关规定，现就办理此类刑事案件适用法律的若干问题解释如下：

第一条　实施刑法第三百三十八条规定的行为，具有下列情形之一的，应当认定为"严重污染环境"：

（一）在饮用水水源保护区、自然保护地核心保护区等依法确定的重点保护区域排放、倾倒、处置有放射性的废物、含传染病病原体的废物、有毒物质的；

（二）非法排放、倾倒、处置危险废物三吨以上的；

（三）排放、倾倒、处置含铅、汞、镉、铬、砷、铊、锑的污染物，超过国家或者地方污染物排放标准三倍以上的；

（四）排放、倾倒、处置含镍、铜、锌、银、钒、锰、钴的污染物，超过国家或者地方污染物排放标准十倍以上的；

（五）通过暗管、渗井、渗坑、裂隙、溶洞、灌注、非紧急情况下开启大气应急排放通道等逃避监管的方式排放、倾倒、处置有放射性的废物、含传染病病原体的废物、有毒物质的；

（六）二年内曾因在重污染天气预警期间，违反国家规定，超标排放二氧化硫、氮氧化物等实行排放总量控制的大气污染物受过二次以上行政处罚，又实施此类行为的；

（七）重点排污单位、实行排污许可重点管理的单位篡改、伪造自动监测数据或者干扰自动监测设施，排放化学需氧量、氨氮、二氧化硫、氮氧化物等污染物的；

（八）二年内曾因违反国家规定，排放、倾倒、处置有放射性的废物、含传染病病原体的废物、有毒物质受过二次以上行政处罚，又实施此类行为的；

（九）违法所得或者致使公私财产损失三十万元以上的；

（十）致使乡镇集中式饮用水水源取水中断十二小时以上的；

（十一）其他严重污染环境的情形。

第二条 实施刑法第三百三十八条规定的行为，具有下列情形之一的，应当认定为"情节严重"：

（一）在饮用水水源保护区、自然保护地核心保护区等依法确定的重点保护区域排放、倾倒、处置有放射性的废物、含传染病病原体的废物、有毒物质，造成相关区域的生态功能退化或者野生生物资源严重破坏的；

（二）向国家确定的重要江河、湖泊水域排放、倾倒、处置有放射性的废物、含传染病病原体的废物、有毒物质，造成相关水域的生态功能退化或者水生生物资源严重破坏的；

（三）非法排放、倾倒、处置危险废物一百吨以上的；

（四）违法所得或者致使公私财产损失一百万元以上的；

（五）致使县级城区集中式饮用水水源取水中断十二小时以上的；

（六）致使永久基本农田、公益林地十亩以上，其他农用地二十亩以上，其他土地五十亩以上基本功能丧失或者遭受永久性破坏的；

（七）致使森林或者其他林木死亡五十立方米以上，或者幼树死亡二千五百株以上的；

（八）致使疏散、转移群众五千人以上的；

（九）致使三十人以上中毒的；

（十）致使一人以上重伤、严重疾病或者三人以上轻伤的；

（十一）其他情节严重的情形。

第三条 实施刑法第三百三十八条规定的行为,具有下列情形之一的,应当处七年以上有期徒刑,并处罚金:

(一)在饮用水水源保护区、自然保护地核心保护区等依法确定的重点保护区域排放、倾倒、处置有放射性的废物、含传染病病原体的废物、有毒物质,具有下列情形之一的:

1. 致使设区的市级城区集中式饮用水水源取水中断十二小时以上的;

2. 造成自然保护地主要保护的生态系统严重退化,或者主要保护的自然景观损毁的;

3. 造成国家重点保护的野生动植物资源或者国家重点保护物种栖息地、生长环境严重破坏的;

4. 其他情节特别严重的情形。

(二)向国家确定的重要江河、湖泊水域排放、倾倒、处置有放射性的废物、含传染病病原体的废物、有毒物质,具有下列情形之一的:

1. 造成国家确定的重要江河、湖泊水域生态系统严重退化的;

2. 造成国家重点保护的野生动植物资源严重破坏的;

3. 其他情节特别严重的情形。

(三)致使永久基本农田五十亩以上基本功能丧失或者遭受永久性破坏的;

(四)致使三人以上重伤、严重疾病,或者一人以上严重残疾、死亡的。

第四条 实施刑法第三百三十九条第一款规定的行为,具有下列情形之一的,应当认定为"致使公私财产遭受重大损失或者严重危害人体健康":

(一)致使公私财产损失一百万元以上的;

(二)具有本解释第二条第五项至第十项规定情形之一的;

(三)其他致使公私财产遭受重大损失或者严重危害人体健康的情形。

第五条 实施刑法第三百三十八条、第三百三十九条规定的犯罪行为,具有下列情形之一的,应当从重处罚:

(一)阻挠环境监督检查或者突发环境事件调查,尚不构成妨害公务等犯罪的;

（二）在医院、学校、居民区等人口集中地区及其附近，违反国家规定排放、倾倒、处置有放射性的废物、含传染病病原体的废物、有毒物质或者其他有害物质的；

（三）在突发环境事件处置期间或者被责令限期整改期间，违反国家规定排放、倾倒、处置有放射性的废物、含传染病病原体的废物、有毒物质或者其他有害物质的；

（四）具有危险废物经营许可证的企业违反国家规定排放、倾倒、处置有放射性的废物、含传染病病原体的废物、有毒物质或者其他有害物质的；

（五）实行排污许可重点管理的企业事业单位和其他生产经营者未依法取得排污许可证，排放、倾倒、处置有放射性的废物、含传染病病原体的废物、有毒物质或者其他有害物质的。

第六条 实施刑法第三百三十八条规定的行为，行为人认罪认罚，积极修复生态环境的，可以从宽处罚。

第七条 无危险废物经营许可证从事收集、贮存、利用、处置危险废物经营活动，严重污染环境的，按照污染环境罪定罪处罚；同时构成非法经营罪的，依照处罚较重的规定定罪处罚。

实施前款规定的行为，不具有超标排放污染物、非法倾倒污染物或者其他违法造成环境污染的情形的，可以认定为非法经营情节显著轻微危害不大，不认为是犯罪；构成生产、销售伪劣产品等其他犯罪的，以其他犯罪论处。

第八条 明知他人无危险废物经营许可证，向其提供或者委托其收集、贮存、利用、处置危险废物，严重污染环境的，以共同犯罪论处。

第九条 违反国家规定，排放、倾倒、处置含有毒害性、放射性、传染病病原体等物质的污染物，同时构成污染环境罪、非法处置进口的固体废物罪、投放危险物质罪等犯罪的，依照处罚较重的规定定罪处罚。

第十条 承担环境影响评价、环境监测、温室气体排放检验检测、排放报告编制或者核查等职责的中介组织的人员故意提供虚假证明文件，具有下列情形之一的，应当认定为刑法第二百二十九条第一款规定的"情节严重"：

（一）违法所得三十万元以上的；

（二）二年内曾因提供虚假证明文件受过二次以上行政处罚，又提供虚假证明文件的；

（三）其他情节严重的情形。

实施前款规定的行为，在涉及公共安全的重大工程、项目中提供虚假的环境影响评价等证明文件，致使公共财产、国家和人民利益遭受特别重大损失的，应当依照刑法第二百二十九条第一款的规定，处五年以上十年以下有期徒刑，并处罚金。

实施前两款规定的行为，同时索取他人财物或者非法收受他人财物构成犯罪的，依照处罚较重的规定定罪处罚。

第十一条 违反国家规定，针对环境质量监测系统实施下列行为，或者强令、指使、授意他人实施下列行为，后果严重的，应当依照刑法第二百八十六条的规定，以破坏计算机信息系统罪定罪处罚：

（一）修改系统参数或者系统中存储、处理、传输的监测数据的；

（二）干扰系统采样，致使监测数据因系统不能正常运行而严重失真的；

（三）其他破坏环境质量监测系统的行为。

重点排污单位、实行排污许可重点管理的单位篡改、伪造自动监测数据或者干扰自动监测设施，排放化学需氧量、氨氮、二氧化硫、氮氧化物等污染物，同时构成污染环境罪和破坏计算机信息系统罪的，依照处罚较重的规定定罪处罚。

从事环境监测设施维护、运营的人员实施或者参与实施篡改、伪造自动监测数据、干扰自动监测设施、破坏环境质量监测系统等行为的，依法从重处罚。

第十二条 对于实施本解释规定的相关行为被不起诉或者免予刑事处罚的行为人，需要给予行政处罚、政务处分或者其他处分的，依法移送有关主管机关处理。有关主管机关应当将处理结果及时通知人民检察院、人民法院。

第十三条 单位实施本解释规定的犯罪的，依照本解释规定的定罪量刑标准，对直接负责的主管人员和其他直接责任人员定罪处罚，并对单位判处罚金。

第十四条 环境保护主管部门及其所属监测机构在行政执法过程中

收集的监测数据，在刑事诉讼中可以作为证据使用。

公安机关单独或者会同环境保护主管部门，提取污染物样品进行检测获取的数据，在刑事诉讼中可以作为证据使用。

第十五条　对国家危险废物名录所列的废物，可以依据涉案物质的来源、产生过程、被告人供述、证人证言以及经批准或者备案的环境影响评价文件、排污许可证、排污登记表等证据，结合环境保护主管部门、公安机关等出具的书面意见作出认定。

对于危险废物的数量，依据案件事实，综合被告人供述、涉案企业的生产工艺、物耗、能耗情况，以及经批准或者备案的环境影响评价文件等证据作出认定。

第十六条　对案件所涉的环境污染专门性问题难以确定的，依据鉴定机构出具的鉴定意见，或者国务院环境保护主管部门、公安部门指定的机构出具的报告，结合其他证据作出认定。

第十七条　下列物质应当认定为刑法第三百三十八条规定的"有毒物质"：

（一）危险废物，是指列入国家危险废物名录，或者根据国家规定的危险废物鉴别标准和鉴别方法认定的，具有危险特性的固体废物；

（二）《关于持久性有机污染物的斯德哥尔摩公约》附件所列物质；

（三）重金属含量超过国家或者地方污染物排放标准的污染物；

（四）其他具有毒性，可能污染环境的物质。

第十八条　无危险废物经营许可证，以营利为目的，从危险废物中提取物质作为原材料或者燃料，并具有超标排放污染物、非法倾倒污染物或者其他违法造成环境污染的情形的行为，应当认定为"非法处置危险废物"。

第十九条　本解释所称"二年内"，以第一次违法行为受到行政处罚的生效之日与又实施相应行为之日的时间间隔计算确定。

本解释所称"重点排污单位"，是指设区的市级以上人民政府环境保护主管部门依法确定的应当安装、使用污染物排放自动监测设备的重点监控企业及其他单位。

本解释所称"违法所得"，是指实施刑法第二百二十九条、第三百三十八条、第三百三十九条规定的行为所得和可得的全部违法收入。

本解释所称"公私财产损失",包括实施刑法第三百三十八条、第三百三十九条规定的行为直接造成财产损毁、减少的实际价值,为防止污染扩大、消除污染而采取必要合理措施所产生的费用,以及处置突发环境事件的应急监测费用。

本解释所称"无危险废物经营许可证",是指未取得危险废物经营许可证,或者超出危险废物经营许可证的经营范围。

第二十条 本解释自2023年8月15日起施行。本解释施行后,《最高人民法院、最高人民检察院关于办理环境污染刑事案件适用法律若干问题的解释》(法释〔2016〕29号)同时废止;之前发布的司法解释与本解释不一致的,以本解释为准。

二、《关于办理环境污染刑事案件适用法律若干问题的解释》的理解与适用[*]

周加海　喻海松　李振华[**]

2023年8月8日，最高人民法院、最高人民检察院联合发布《关于办理环境污染刑事案件适用法律若干问题的解释》（法释〔2023〕7号，以下简称《解释》），自2023年8月15日起施行。《解释》的施行，对于依法惩治环境污染犯罪，扎实推进生态文明建设、加快建设美丽中国，必将发挥重要作用。为便于司法实践中正确理解和适用，现就《解释》的制定背景、起草中的主要考虑和主要内容介绍如下。

一、《解释》的制定背景

生态文明建设是关系中华民族永续发展的根本大计，是亿万中国人民的福祉所在。党的十八大以来，以习近平同志为核心的党中央深刻把握生态文明建设在新时代中国特色社会主义事业中的重要地位和战略意义，大力推进生态文明理论创新、实践创新、制度创新，提出一系列新理念新思想新战略，形成了习近平生态文明思想，为新时代生态文明建设提供了根本遵循。2023年7月，习近平总书记在全国生态环境保护大会上发表重要讲话，深刻阐述了新征程上推进生态文明建设需要处理好的五个重大关系，进一步深化和拓展了我们党对生态文明建设的规律性认识，在实践基础上丰富发展了习近平生态文明思想。习近平总书记强调，要始终坚持

---

[*] 本文原载于《人民司法》2023年第25期。

[**] 周加海，最高人民法院研究室主任；喻海松，最高人民法院研究室副主任；李振华，最高人民法院研究室刑事处一级调研员。

用最严格制度最严密法治保护生态环境，健全美丽中国建设的保障体系。

人民法院高度重视生态环境的司法保护。最高人民法院会同最高人民检察院，于 2016 年 12 月联合发布了《关于办理环境污染刑事案件适用法律若干问题的解释》（法释〔2016〕29 号，以下简称《2016 年解释》）。《2016 年解释》施行以来，各级公检法机关和环保部门准确认定事实，正确适用法律，依法惩处环境污染犯罪，取得了良好的社会效果。近五年来（2018 年至 2022 年），全国法院审结相关环境污染刑事案件 11880 件，生效判决人数 24756 人。其中，污染环境刑事案件 11860 件，生效判决人数 24724 人。

为进一步加大对污染环境犯罪的惩处力度，2021 年 3 月 1 日起施行的《刑法修正案（十一）》将污染环境罪的法定刑由过去的两档增至三档，并明确对承担环境影响评价、环境监测等职责的中介组织的人员可以适用提供虚假证明文件罪。在《刑法修正案（十一）》施行后，有必要根据修改后《刑法》第 338 条的规定，对《2016 年解释》及时作出调整，以确保法律统一、有效实施。同时，《2016 年解释》施行以来，中央和地方有关部门也反映在办案中存在一些问题，亟须完善补充司法解释的规定，以更好适应司法实践需要。

在此背景下，最高人民法院会同最高人民检察院，在公安部、生态环境部、水利部、海关总署、国家林业和草原局等有关部门的大力支持下，深入调查研究，广泛征求意见，反复论证完善，制定了《解释》。《解释》于 2023 年 3 月 27 日由最高人民法院审判委员会第 1882 次会议、2023 年 7 月 27 日由最高人民检察院第十四届检察委员会第十次会议审议通过，自 2023 年 8 月 15 日起施行。需要提及的是，这是 1997 年刑法施行以来最高司法机关就环境污染犯罪第四次出台专门司法解释，充分体现了"两高"依法严惩环境污染犯罪、助力生态文明建设的坚定立场，对于全面推进美丽中国建设、加快推进人与自然和谐共生的现代化具有重要意义。

二、《解释》起草中的主要考虑

《解释》坚持以习近平新时代中国特色社会主义思想为指导，深入贯彻习近平生态文明思想和习近平法治思想，认真贯彻落实全国生态环境保护大会精神,根据实践反映的问题和社会关切,坚持问题导向、坚持依法解释、坚持宽严相济。为确保内容科学合理,能够适应形势发展、满足实践需要,《解释》的起草坚持了以下原则:

一是深入贯彻习近平生态文明思想,进一步强化生态环境司法保护。习近平总书记指出:"保护生态环境必须依靠制度、依靠法治""让制度成为刚性的约束和不可触碰的高压线"。司法是保护环境的重要手段,在推进环境治理体系现代化进程中发挥着不可替代的作用。《解释》依法严惩各类环境污染犯罪,进一步强化对生态环境的刑事司法保护,以最严格制度最严密法治保护生态环境,保持常态化外部压力,为推进生态文明建设提供有力法治保障。

二是严密刑事法网,进一步完善环境污染犯罪定罪量刑标准。《解释》切实贯彻刑法修改精神,重新设定污染环境罪的入罪标准和升档量刑条件,并对发生在环境领域的证明文件犯罪的有关问题进一步细化,以进一步统一法律适用,有力惩治、震慑相关犯罪行为。

三是坚持罪责刑相适应,进一步落实宽严相济刑事政策要求。《解释》衔接环境保护行政法律法规的规定,将实行排污许可重点管理的单位未取得排污许可非法排污的,增加规定为从重处罚情形,彰显宽严相济刑事政策"严"的一面。同时,为适应具体案件的复杂情况,避免简单机械,专门设置从宽处罚条款,允许根据认罪认罚、修复生态环境情况,综合评估行为社会危害程度,在必要时作出罪或者其他从宽处理,彰显宽严相济刑事政策"宽"的一面,以保证案件处理取得良好效果。

三、《解释》的主要内容

《解释》针对当前办案实践反映的新情况新问题,依照刑法、刑事诉讼法、环境保护法等法律的有关规定,对环境污染犯罪的定罪量刑标准和有关法律适用问题作了全面系统的规定。《解释》共20条,主要可以归纳为十个方面的问题。

(一)关于污染环境罪的定罪量刑标准

《刑法修正案(十一)》对《刑法》第338条作了修改,将原来的两档法定刑("3年以下有期徒刑或者拘役""3年以上7年以下有期徒刑")

调整为三档法定刑("3年以下有期徒刑或者拘役""3年以上7年以下有期徒刑""7年以上有期徒刑");在维持严重污染环境的入罪门槛的基础上,将第二档法定刑适用条件由原来的"后果特别严重"修改为"情节严重",并明确了第三档法定刑适用的4种具体情形。根据修法精神和修改后《刑法》第338条的规定,《解释》重新设置了污染环境罪的定罪量刑标准。

1.关于污染环境罪的入罪门槛

《2016年解释》第1条对污染环境罪的入罪门槛"严重污染环境"共列出18项具体情形:第(1)项至第(7)项为行为入罪,第(8)项至第(17)项基本为结果入罪,第18项为兜底项。为体现加大污染环境犯罪惩治力度的立法精神,《解释》第1条将污染环境罪的入罪门槛由"行为入罪+结果入罪"调整为主要以行为入罪。修改后,污染环境罪的入罪标准"严重污染环境"共列有11项情形,与《2016年解释》相比:

(1)有7项是沿用《2016年解释》规定

具体包括:第(2)项"非法排放、倾倒、处置危险废物3吨以上的";第(3)项"排放、倾倒、处置含铅、汞、镉、铬、砷、铊、锑的污染物,超过国家或者地方污染物排放标准3倍以上";第(4)项"排放、倾倒、处置含镍、铜、锌、银、钒、锰、钴的污染物,超过国家或者地方污染物排放标准10倍以上";第(8)项"2年内曾因违反国家规定,排放、倾倒、处置有放射性的废物、含传染病病原体的废物、有毒物质受过2次以上行政处罚,又实施此类行为的";第(9)项"违法所得或者致使公私财产损失30万元以上的";第(10)项"致使乡镇集中式饮用水水源取水中断12小时以上的";第(11)项"其他严重污染环境的情形"。

(2)有3项规定在《2016年解释》基础上作了修改完善

一是第(1)项,为了加大对饮用水水源和自然保护地的保护,将《2016年解释》规定的"在饮用水水源一级保护区、自然保护区核心区排放、倾倒、处置有放射性的废物、含传染病病原体的废物、有毒物质的",修改为"在饮用水水源保护区、自然保护地核心保护区等依法确定的重点保护区域……"。需要说明的是,《刑法修正案(十一)》共新增4项污染环境罪的第三档量刑条件,除涉及上述关于在依法确定的重点保护区域污染环境的情形外,还包括向国家确定的重要江河、湖泊水域非法排污情节特别严重、大量毁坏基本农田和致使人员伤亡3项。《解释》未针对后3项设置相关入罪情形,主要考虑是:国家确定的重要江河、湖泊水域面积广大,实际覆盖我国大部分国土,远超饮用水水源保护区、自然保护地核心保护区涉及范围,如采行为入罪模式,处罚范围过宽,难以保证罪刑均衡,故未将在相关水域非法排污的行为直接作为污染环境犯罪处理;对于毁坏基本农田和致使人员伤亡,《2016年解释》均将其作为结果入罪的情形,考虑到实践中相关案件并不多见,为进一步提升条文的针对性,《解释》将此两项调整为升档量刑情形,切实贯彻刑法修改精神、加大处罚力度。

二是第(5)项,为加大对隐蔽排污的规制力度,进一步严惩以逃避监管方式排放大气污染物的行为,在《2016年解释》规定的"通过暗管、渗井、渗坑、裂隙、溶洞、灌注等逃避监管的方式排放、倾倒、处置有放射性的废物、含传染病病原体的废物、有毒物质的"基础上,新增通过"非紧急情况下开启大气应急排放通道"隐蔽排污情形。《大气污染防治法》第20条第2款规定:"禁止通过偷排、篡改或者伪造监测数据、以逃避现场检查为目的的临时停产、非紧急情况下开启应急排放通道、不正常运行大气污染防治设施等逃避监管的方式排放大气污染物。"作出以上修改,可以更好地衔接《大气污染防治法》的相关规定。

三是第(7)项,为进一步规制妨碍、破坏自动监测,污染环境的行为,在《2016年解释》规定的"重点排污单位篡改、伪造自动监测数据或者干扰自动监测设施,排放化学需氧量、氨氮、二氧化硫、氮氧化物等污染物的"基础上,新增"实行排污许可重点管理的单位"的行为主体。《排污许可管理条例》第20条第1款规定:"实行排污许可重点管理的排污单位,应当依法安装、使用、维护污染物排放自动监测设备,并与生态环境主管部门的监控设备联网。"《解释》作出上述补充,有利于与前置法规定更好衔接,保障环境自动监测制度严格落实。

(3)新增1项规定

即第(6)项"2年内曾因在重污染天气预警期间,违反国家规定,超标排放二氧化硫、氮氧化物等实行排放总量控制的大气污染物,受过2次以上行政处罚,又实施此类行为的"。增加该项规定,旨在推动解决人民群众感受最为直接、反映最为强烈的大气污染问题，为打赢蓝天保卫战提供有力刑事司法保障。需要注意的是，"实行排放总量控制的大气污染物"，目前主要为二氧化硫和氮氧化物，这一规定能否扩展适用于其他大气污染物，应严格依据相关国家政策和法律法规的明确规定，结合污染物检测技术水平依法作出判断。如果没有明确的国家政策和法律法规依据，或者不具备与上述两类污染物相当的检测技术，无法准确识别、有效检测的，不宜直接作为实行排放总量控制的大气污染物，以防不当扩大污染环境罪的适用范围，偏离罪责刑相适应原则。

（4）删去2项入罪情形

一是"造成生态环境严重损害的"。生态环境损害是指因污染环境、破坏生态造成大气、地表水、地下水、土壤、森林等环境要素和植物、动物、微生物等生物要素的不利改变，以及上述要素构成的生态系统功能退化。根据最高人民法院《关于审理生态环境损害赔偿案件的若干规定（试行）》（法释〔2019〕8号，2020年修正）第12条第2款的规定，"生态环境修复费用包括制定、实施修复方案的费用，修复期间的监测、监管费用，以及修复完成后的验收费用、修复效果后评估费用等"。因此，生态环境损害程度的认定情况，往往与公私财产损失存在交叉关系，也与违法所得存在一定关联，故另行依据生态环境损害程度入罪必要性不大。而且，生态环境损害程度的认定程序复杂、周期长、费用高，是办理环境污染案件公认的难题。正因如此，实践中迄今尚无依据生态环境损害程度入罪的污染环境刑事案件。该项规定的象征意义大于实际意义，基于此，根据司法实务部门的建议，《解释》删去"造成生态环境严重损害"的入罪要件。

二是"违法减少防治污染设施运行支出100万元以上的"规定。起草过程中，有意见提出是否减少防治污染设施运行支出以及减少的数额与严重污染环境之间并无必然联系；对于违法减少防治污染设施运行支出的行为，完全可以通过加强行政监管解决，建议删去《2016年解释》第1条"违法减少防治污染设施运行支出100万元以上的"规定。经研究，考虑到实践中少有根据"违法减少防治污染设施运行支出100万元以上"入罪的情况，故删去这一规定。

此外，为适应《刑法修正案（十一）》对污染环境罪的修改，合理确定污染环境罪的定罪量刑体系、标准，《解释》第1条将《2016年解释》第1条规定中的部分结果入罪情形，如农田、森林毁坏，人员疏散、转移、中毒等，规定为加重法定刑情形。

2.关于污染环境罪的升档量刑标准

如前所述，《刑法修正案（十一）》将《刑法》第338条规定的污染环境罪由原来的两档法定刑增加为三档，并将第二档法定刑（3年以上7年以下有期徒刑）的适用条件由"后果特别严重"修改为"情节严重"。在此情形下，污染环境罪第二档法定刑"情节严重"的适用标准不能继续适用《2016年解释》第3条关于"后果特别严重"的具体情形。据统计，近十年来（2013年至2022年），污染环境刑事案件基本适用第一档法定刑，升档量刑的不足7%，确有必要降低升档量刑标准，以加大惩治力度，贯彻刑法修改精神。基于此，《解释》重新设置污染环境罪第二档法定刑适用标准"情节严重"的具体情形，修改后的升档量刑情形也有11项，除兜底项外，还包括：第一，针对排放危险废物、违法所得或致公私财产损失以及致饮用水水源取水中断3项入罪情形，分别设置升档量刑标准；第二，针对污染环境罪新增的4项第三档量刑情形，相应规定所涉行为适用第二档法定刑的标准；第三，沿用《2016年解释》相关规定，针对森林毁坏、疏散、转移群众以及致人中毒3种情况，设置相关升档量刑情形，并对数量标准作出完善。需要重点说明以下问题：

（1）《解释》调整《2016年解释》第3条关于"后果特别严重"的相关适用情形，适当加大刑罚力度

例如，将原规定"致使100人以上中毒"才可以适用3年以上7年以下有期徒刑的标准，调整为"致使30人以上中毒"；同理，将"致使3人以上重伤、中度残疾或者器官组织损伤导致严重功能障碍"，调整为"致使1人以上重伤、严重疾病或者3人以上轻伤"。

（2）补充相应适用情形，实现三个量刑档次的有序衔接

保护区域内的生态功能和野生生物资源，是依法确定相关重点保护区域和重要江河、湖泊水域的重要目的，污染环境行为造成相关区域内生态功能退化、野生生物资源破坏程度，是评价行为社会危害的重要考量。基于此，设置"在饮用水水源保护区、自然保护地核心保护区等依法确定的重点保护区域排放、倾倒、处置有放射性的废物、含传染病病原体的废

物、有毒物质，造成相关区域的生态功能退化或者野生生物资源严重破坏的"〔第（1）项〕、"向国家确定的重要江河、湖泊水域排放、倾倒、处置有放射性的废物、含传染病病原体的废物、有毒物质，造成相关水域的生态功能退化或者水生生物资源严重破坏的"〔第（2）项〕两项升档量刑情形，以衔接污染环境罪第三档法定刑的相应适用情形，进一步完善对相关重点保护区域的司法保护措施。

（3）调整涉土地数量的量刑标准，确保与其他环境资源犯罪处罚平衡

与非法占用农用地罪（5年以下有期徒刑）的入罪标准相比，《2016年解释》关于污染环境罪"致使基本农田、防护林地、特种用途林地5亩以上，其他农用地10亩以上，其他土地20亩以上基本功能丧失或者遭受永久性破坏的"升档量刑（3年以上7年以下有期徒刑）标准设置，可能导致两罪对涉及毁坏农用地的行为处罚不够平衡。基于此，《解释》将污染环境罪的相关升档量刑标准由致使永久基本农田、公益林地，其他农用地，其他土地基本功能丧失或者遭受永久性破坏"5亩以上""10亩以上""20亩以上"，分别提升至"10亩以上""20亩以上""50亩以上"，以与非法占用农用地的入罪标准形成合理的梯度，保持必要协调。

此外，根据《解释》第1条关于入罪情形的规定，对第2条升档量刑情形作出相应调整，删去"造成生态环境特别严重损害"的升档量刑情节。

3. 关于污染环境罪第三档法定刑的具体适用情形

《刑法修正案（十一）》有针对性地提高了部分严重污染环境犯罪的法定刑，明确列举了应当处7年以上有期徒刑的行为类型，划出不得触碰的高压线，体现了刚性约束，同时也有利于司法实践中的具体认定。据此，根据修改后刑法规定，结合司法实践，《解释》第3条对适用7年以上有期徒刑的情形作了明确，具体而言：

（1）针对"在饮用水水源保护区、自然保护地核心保护区等依法确定的重点保护区域排放、倾倒、处置有放射性的废物、含传染病病原体的废物、有毒物质，情节特别严重的"规定，从取水中断情况、生态系统影响、国家重点保护物种及其栖息地、生长环境破坏等方面，细化为"情节特别严重"3目具体适用情形；同时考虑实践情况复杂，设置兜底规定交

由司法实践裁量把握。相对于《解释》第 2 条规定的相应升档量刑情形，第三档量刑情形对应的行为社会危害性更为严重，对生态环境、生态系统结构及其要素的损害程度更深。例如，"造成自然保护地主要保护的生态系统严重退化"，已突破对一般生态功能的损害，危及生态系统本身，生态环境功能、质量的恢复更加困难；再如，"造成国家重点保护的野生动植物资源或者国家重点保护物种栖息地、生长环境严重破坏的"，涉及对珍贵濒危野生生物资源的破坏，可能引发其他多物种连锁衰退甚至灭绝，对生物多样性、生态平衡的影响较之损害其他野生生物资源更为严重、明显。

（2）针对"向国家确定的重要江河、湖泊水域排放、倾倒、处置有放射性的废物、含传染病病原体的废物、有毒物质，情节特别严重的"规定，从对生态系统影响、国家重点保护野生动植物种危害等方面，细化了情节特别严重的适用情形，明确为"造成国家确定的重要江河、湖泊水域生态系统严重退化的""造成国家重点保护的野生动植物资源严重破坏的"两目，并作了兜底规定。

（3）针对"致使大量永久基本农田基本功能丧失或者遭受永久性破坏的"规定，将"大量"量化为"50 亩以上"。同时，这一规定也与第二档法定刑适用情形"致使永久基本农田、公益林地 10 亩以上……基本功能丧失或者遭受永久性破坏"之间形成 5 倍的倍数关系，实现有序衔接。

（4）针对"致使多人重伤、严重疾病，或者致人严重残疾、死亡的"规定，将"致使 3 人以上重伤、严重疾病，或者 1 人以上严重残疾、死亡"明确为第三档刑的适用情形之一，彰显依法严惩污染环境犯罪、保障人民群众生命健康安全的坚定立场。

起草过程中，有意见提出吸收完善最高人民法院、最高人民检察院、公安部、司法部、生态环境部《关于办理环境污染刑事案件有关问题座谈会纪要》第 10 条的规定，增加"跨省（自治区、直辖市）向国家确定的重要江河、湖泊水域排放、倾倒、处置有放射性废物、含传染病病原体的废物、有毒物质的"规定，作为污染环境罪第三档法定刑的适用情形。

经研究认为，有的污染行为本就发生在省界附近，极易造成跨省界污染，此种行为与普通的污染环境犯罪行为在社会危害性程度方面并无明显差异，作为从重处罚情节尚无问题，但作为升档量刑情节则明显不妥。

据此，未将上述跨省界向重要江河、湖泊排污的行为设置为污染环境罪第三档法定刑的适用情形，以保证案件处理符合罪责刑相适应原则的要求。

（二）关于涉危险废物环境污染行为的处理规则

如前所述，危险废物损害环境、危害健康的风险极大，实践中相关污染环境案件高发多发，有效规制非法处置危险废物等行为，对于遏制污染环境犯罪、提升生态环境治理成效意义重大。基于此，《解释》多个条文对涉危险废物行为的处理作出规定。除污染环境罪、非法处置进口的固体废物罪之中涉危险废物行为的定罪量刑标准之外，还主要包括以下内容：

1. 关于危险废物的含义

《解释》第17条根据《固体废物污染环境防治法》修订情况，专门对危险废物的定义作出调整，将"具有危险特性的废物"修改为"具有危险特性的固体废物"。危险废物是《固体废物污染环境防治法》规定的一种特定类型的固体废物，刑法规制的危险废物应当与前置法的规定保持一致，不能超出固体废物的范围。需要说明的是，固体废物并不限于物理上的固态废物，根据《固体废物污染环境防治法》规定，还包括半固态和置于容器中的气态的物品、物质以及法律、行政法规规定纳入固体废物管理的物品、物质。

2. 关于危险废物的认定

对于危险废物如何认定，特别是对于危险废物是否需要鉴别，甚至鉴定或者检验，往往存在不同认识。考虑到《国家危险废物名录》对于废物类别、行业来源（危险废物的产生源）、废物代码、危险特性（指腐蚀性、毒性、易燃性、反应性和感染性）以及产生阶段均有明确描述，原则上，对于列入《国家危险废物名录》的废物，可以直接依据目录认定。但是，如果该危险废物已经同非危险废物混合，或者系未列入目录的，则原则上应当对物品的特征进行鉴别，符合相应特征的，才能认定为危险废物。基于此，《2016年解释》对《国家危险废物名录》所列废物的认定依据作了规定。

《解释》起草过程中，有意见建议将环境保护设施验收报告、排污许可证或者排污登记表增加规定作为认定相关危险废物的依据。经研究，目前，环境保护设施验收可由企业自行组织或者委托第三方进行，实践中，此种验收结论还存在一些问题，权威性难于完全保证，故不宜一概纳入认定危险废物的依据。而生态环境部发布的《排污许可证申请与核发技术规范 工业固体废物（试行）》（HJ 1200-2021）等技术标准，规定了产生工业固体废物的排污单位与工业固体废物相关的基本情况填报要求、污染防控技术要求、环境管理台账及排污许可证执行报告编制要求等，故排污许可证、排污登记表对相关企业排放危险废物情况具有一定证明功能。基于此，《解释》采纳这一建议，在第15条第1款规定："对国家危险废物名录所列的废物，可以依据涉案物质的来源、产生过程、被告人供述、证人证言以及经批准或者备案的环境影响评价文件、排污许可证、排污登记表等证据，结合环境保护主管部门、公安机关等出具的书面意见作出认定。"

3. 关于危险废物数量的认定

对于行为人非法排放、倾倒、处置危险废物的数量，除当场查获的外，还可以依据其他证据材料予以综合认定。为了加大对危险废物产生企业非法处置等行为的规制力度，《解释》第15条第2款沿用《2016年解释》的规定，重申了对危险废物数量的认定规则，规定："对于危险废物的数量，依据案件事实，综合被告人供述，涉案企业的生产工艺、物耗、能耗情况，以及经批准或者备案的环境影响评价文件等证据作出认定。"

4. 关于非法利用危险废物行为的定性

司法实践中，对于非法处置危险废物的行为，特别是处置行为与利用行为之间的关系，存在不同认识。经研究认为，"利用"本身也是一种处置行为，但核心在于判断是否违法造成环境污染。为统一认识，《解释》第18条沿用《2016年解释》的规定，明确："无危险废物经营许可证，以营利为目的，从危险废物中提取物质作为原材料或者燃料，并具有超标排放污染物、非法倾倒污染物或者其他违法造成环境污染的情形的行为，应当认定为'非法处置危险废物'。"

5. 关于非法处置危险废物行为的处理

非法处置危险废物以未取得经营许可证为前提，对于是否以违法造成环境污染为要件，则存在不同认识。经研究认为，污染环境罪的社会危害性主要体现在对生态环境的破坏上，如果未取得经营许可证处置危险废物，在处置过程中没有违法造成环境污染的，无疑不应以污染环境罪论处。

此外，对于无资质处置危险废物，没有违法造成环境污染，不构成污染环境罪的情形，是否可以非法经营罪论处，实践中亦存在不同认识。考虑到无资质处置危险废物，未违法造成环境污染的，适用非法经营罪，通常情况下可能会比污染环境罪判处更重的刑罚，为避免罪刑失衡，统一法律适用，《解释》沿用《2016年解释》的规定，在第7条规定："无危险废物经营许可证从事收集、贮存、利用、处置危险废物经营活动，严重污染环境的，按照污染环境罪定罪处罚；同时构成非法经营罪的，依照处罚较重的规定定罪处罚。实施前款规定的行为，不具有超标排放污染物、非法倾倒污染物或者其他违法造成环境污染的情形的，可以认定为非法经营情节显著轻微危害不大，不认为是犯罪；构成生产、销售伪劣产品等其他犯罪的，以其他犯罪论处。"

申言之，《解释》坚持对环境法益的实质考量：一方面，确立无危险废物经营许可证从事收集、贮存、利用、处置危险废物经营活动的入罪以违法造成环境污染为实质要件，未违法造成环境污染的，可以认定为情节显著轻微危害不大，不认为是犯罪（当然，构成生产、销售伪劣产品等其他犯罪的，可以其他犯罪论处）。另一方面，针对当前危险废物污染环境犯罪的严峻形势，加大对此类行为的刑事惩处力度，对无资质处置危险废物、违法造成环境污染的情形允许适用非法经营罪，对同时符合污染环境罪和非法经营罪的情形择一重罪处断。

6. 关于涉危险废物共同犯罪的认定

实践中，一些单位、个人非法排放、倾倒、处置危险废物，以降低生产成本、牟取不法利益。而且，行为人分工明确，相互配合，呈现"一条龙"作业、明显的产业化迹象。对此，不仅要依法惩治直接污染环境的行为人，更要打源头、追幕后，依法追究危险废物提供者的刑事责任。为此，《解释》第8条重申《2016年解释》的规定，明确对此类共同犯罪的处理规则，规定："明知他人无危险废物经营许可证，向其提供或者委托其收集、贮存、利用、处置危险废物，严重污染环境的，以共同犯罪论处。"考虑到此种情形可能构成非法经营罪的共同犯罪，故未再限制为以污染环境罪的共同犯罪论处。

（三）关于环境污染关联犯罪的处理规则

《解释》对环境污染关联犯罪的规定，主要涉及环境领域的提供虚假证明文件罪和破坏计算机信息系统罪，现结合实践情况，分述如下：

1. 关于环境领域提供虚假证明文件罪的适用规则

为有效惩治环境影响评价机构及其人员提供虚假证明文件行为，《2016年解释》立足当时刑法规定，明确："环境影响评价机构或其人员，故意提供虚假环境影响评价文件，情节严重的，或者严重不负责任，出具的环境影响评价文件存在重大失实，造成严重后果的，应当依照刑法第二百二十九条、第二百三十一条的规定，以提供虚假证明文件罪或者出具证明文件重大失实罪定罪处罚。"《刑法修正案（十一）》吸收上述规定，对《刑法》第229条作出修改完善，明确对承担环境影响评价、环境监测等职责的中介组织人员适用该条规定；同时，增加一档法定刑（5年以上10年以下有期徒刑）。根据修改后《刑法》第229条的规定，《解释》在《2016年解释》规定的基础上，对环境领域提供虚假证明文件罪的适用规则作了进一步完善。具体而言：

（1）明确行为主体

《解释》第10条第1款规定："承担环境影响评价、环境监测、温室气体排放检验检测、排放报告编制或者核查等职责的中介组织的人员故意提供虚假证明文件，具有下列情形之一的，应当认定为刑法第二百二十九条第一款规定的'情节严重'：……"，明确将承担环境影响评价、环境监测等职责的中介组织的人员纳入提供虚假证明文件罪的规制范围，切实贯彻刑法修改精神。

（2）将涉碳排放数据造假行为纳入刑事规制范围

为应对气候变化和促进绿色低碳发展，推动运用市场机制实现控制温室气体排放行动目标，我国建立了碳排放权交易市场，并于2021年7月16日正式启动上线。碳排放权交易市场的健康运行对于实现"双碳"目标具有重要意义，而温室气体排放报告及相关检测检验结论的真实性、可靠性，则是保证碳排放权交易公平公信的重要基础。当前，相关技术服务机构在编制、核查温室气体排放报告或者就温室气体排放情况进行检验检测过程中，故意伪造、篡改相关检测、报告数据的问题较为突出，严重影响碳排放权交易市场健康运行。有意见建议,对此类与温室气体排放相关的造假行为,也应当依法适用提供虚假证明文件罪。经研究,采纳上述建议,将承担"温室气体排放检验检测、排放报告编制或者核查等职责的中介组织的人员故意提供虚假证明文件"的行为,纳入《解释》规定的提供虚假证明文件罪的适用范围。主要有以下考虑:

第一,中介组织及其人员就温室气体排放提供的技术服务与环境影响评价、环境监测的性质、功能具有相当性:一是相关中介服务的内容均涉及污染物排放水平、环境质量或者生态服务功能;二是就环境保护而言,相关中介组织提供的技术服务均具有一定的公共属性,涉及与生态环境相关的公共利益。

第二,涉碳排放造假行为具有一定社会危害性,依法规制确有必要。相关技术服务机构及其人员在编制、核查温室气体排放报告或者与温室气体排放相关的检测检验过程中,实施伪造数据等造假行为,逃避履约义务、甚至骗取碳排放权配额盈余牟利,破坏碳排放权交易市场秩序,不利于碳排放权交易市场长远健康运行,依法规制此类造假行为,已成为实践的迫切需要。

第三,将涉碳排放造假行为纳入刑事规制范围符合刑法修改精神。《刑法修正案(十一)》将"承担环境影响评价、环境监测等职责的中介组织的人员"纳入《刑法》第229条规定的提供虚假证明文件罪的主体范围,进一步强化对环境保护领域提供虚假证明文件行为的惩治力度,有利于促进相关中介组织及其人员依法履职,推动环境保护事业健康发展。将针对温室气体排放提供技术服务的机构作为承担环境影响评价、环境监测等职责的中介组织,符合推动环境保护领域中介服务公信公平的实践需要,对规范碳排放权交易市场秩序、落实"双碳"目标具有重要意义,有利于贯彻刑法修改精神。

(3)规定定罪量刑标准

第一,明确了环境领域提供虚假证明文件罪的入罪条件。《解释》第10条第1款从违法所得数额〔第(1)项〕、前科情况〔第(2)项〕两方面设置了入罪标准,考虑到司法实践的复杂情况,专门设置了兜底项〔第(3)项〕。需要说明的是,根据最高人民检察院、公安部《关于公安机关管辖的刑事案件立案追诉标准的规定(二)》(以下简称《立案追诉标准（二）》的规定，提供虚假证明文件行为违法所得数额在10万元以上的，即应立案追诉；而《解释》将环境污染罪的入罪标准明确为违法所得或者致公私财产损失30万元以上。一般来说，提供虚假证明文件行为的入罪门槛不宜低于污染环境罪，故直接采用《立案追诉标准（二）》的规定可能存在不协调之处。基于此，《解释》第10条将环境领域提供虚假证明文件罪的入罪数额标准确定为"违法所得30万元以上"。

第二，明确了环境领域提供虚假证明文件罪的升档量刑条件。从《刑法》第229条规定的三项升档量刑情形来看，承担环境影响评价、环境监测等职责的中介组织的人员可能适用的是第（三）项"在涉及公共安全的重大工程、项目中提供虚假的安全评价、环境影响评价等证明文件，致使公共财产、国家和人民利益遭受特别重大损失的"，故《解释》第10条第2款对上述规定表述略作调整，规定为升档量刑情形。

第三，根据《刑法》第229条第2款"有前款行为，同时索取他人财物或者非法收受他人财物构成犯罪的，依照处罚较重的规定定罪处罚"的规定，《解释》第10条第3款专门规定了择一重罪处断规则。

此外，考虑到环境领域出具证明文件重大失实的情况并不突出，规定该罪定罪量刑标准的必要性不强，且缺乏研究确定相关标准的实践条件，故《解释》未对此问题作出规定。

2. 关于破坏环境质量监测系统行为的处理规则

环境监测数据是环境决策的重要基础。个别地方破坏环境质量监测系统，影响监测系统正常运行，损害政府公信力，误导环境决策，危害严重。对此，《2016年解释》第10条规定对实施修改参数、干扰采样等破坏环境质量监测系统的相关行为，适用破坏计算机信息系统罪。这一规定对于依法惩治破坏环境质量监测系统犯罪、维护环境质量监测数据安全、强化生态环境质量监管，发挥了重要作用。

适用过程中存在的主要问题是，对于干扰环境质量监测系统采样的行为，能否适用破坏计算机信息系统罪，仍存在不同认识。一种意见认为，单纯改变监测系统取样外部物理环境的行为，没有对监测系统本身的功能造成破坏，并未造成监测系统不能正常运行，将此类行为认定为破坏计算机信息系统罪，超越了刑法条文的文义，建议删除。另一种意见认为，就破坏计算机信息系统功能而言，只要干扰行为与删除、修改和增加行为具有相当性，导致计算机信息系统运行失常的，亦可以适用破坏计算机信息系统罪。

经研究，采纳后一种意见，《解释》第11条第1款在《2016年解释》规定的基础上，仅对相关表述作了微调，规定："违反国家规定，针对环境质量监测系统实施下列行为，或者强令、指使、授意他人实施下列行为，后果严重的，应当依照刑法第二百八十六条的规定，以破坏计算机信息系统罪定罪处罚：（一）修改系统参数或者系统中存储、处理、传输的监测数据的；（二）干扰系统采样，致使监测数据因系统不能正常运行而严重失真的；（三）其他破坏环境质量监测系统的行为。"主要有以下考虑：

第一，根据最高人民法院、最高人民检察院《关于办理危害计算机信息系统安全刑事案件应用法律若干问题的解释》（法释〔2011〕19号）第11条的规定，计算机信息系统是指具备自动处理数据功能的系统，包括计算机、网络设备、通信设备、自动化控制设备等。采用物理方式妨害自动监控系统采样、稀释采集的污染物样等行为，实际上是对计算机信息系统功能进行干扰，造成计算机不能正常运行，符合《刑法》第286条第1款的规定，造成严重后果的，均可以破坏计算机信息系统罪论处。

第二，在此基础上，增加"后果严重的"规定，以与《刑法》第286条关于破坏计算机信息系统罪入罪条件的规定保持一致。

第三，对具体行为方式的表述作了微调，将"修改参数或者监测数据"调整为"修改系统参数或者系统中存储、处理、传输的监测数据"，将"干扰采样，致使监测数据严重失真"调整为"干扰系统采样，致使监测数据因系统不能正常运行而严重失真"。

3. 涉环境监测数据造假犯罪的适用界限

根据《解释》第1条、第10条和第11条的规定，相关伪造环境监测数据的行为，可能涉及3个罪名：污染环境罪、提供虚假证明文件罪和破坏计算机信息系统罪。实践中，宜立足犯罪构成，区分行为主体、行为对象、行为方式等，准确评价行为社会危害性，依法妥当适用相关罪名，保证良好办案效果。

（1）关于污染环境罪与破坏计算机信息系统罪的竞合适用规则

《解释》第11条第2款规定："重点排污单位、实行排污许可重点管理的单位篡改、伪造自动监测数据或者干扰自动监测设施，排放化学需氧量、氨氮、二氧化硫、氮氧化物等污染物，同时构成污染环境罪和破坏计算机信息系统罪的，依照处罚较重的规定定罪处罚。"这明确了污染环境罪与破坏计算机信息系统罪的竞合适用规则。实践中，重点排污单位、实行排污许可重点管理的单位所干扰的自动监测设施，主要是企业根据相关法律规定在内部自行设置的污染源监测设施，用于监测企业日常污染物排放情况。理论上而言，如果相关监测设施符合计算机信息系统的认定要求，对相关行为可以适用破坏计算机信息系统罪。对于上述竞合情形，自然应当适用择一重罪处断规则。这也正是《解释》第11条第2款规定的依据。但是，从直接侵犯的法益来看，适用污染环境罪更能准确评价所涉行为，也更能全面反映行为性质；特别是，所涉行为主要是出于违法排放污染物等动机，造成的后果也是污染环境，实际更符合污染环境罪的性质。故而，实践中对上述行为通常可以直接适用污染环境罪定罪处罚，仅在适用污染环境罪难以罚当其罪的情形之下，考虑依据择一重罪处断规则适用破坏计算机信息系统罪。

（2）关于提供虚假证明文明罪与破坏计算机信息系统罪的界分

在《刑法修正案（十一）》就承担环境监测职责的中介组织的人员适用提供虚假证明文件罪作出专门规定后，对于《解释》第11条针对环境质量监测系统规定的干扰环境监测系统采样、删改环境监测系统数据等行为，能否也适用提供虚假证明文件罪，实践中存在一定困惑。对此，需要厘清行为界限，依法准确定性。

第一，从行为主体上看，两罪存在明显区别。就伪造环境监测数据而言，提供虚假证明文件罪的主体限于《刑法》第229条规定的承担环境监测职责的中介组织的人员。根据环保机构监测执法垂直管理改革的要求，"本省（自治区、直辖市）及所辖各市县生态环境质量监测、调查评价和考核工作由省级环保部门统一负责，实行生态环境质量省级监测、考核。"实践中，实施干扰环境质量监测采样、伪造环境质量监测数据的多是环境保护主管部门及其所属监测站点或者受委托对系统设备进行技术运维的人员，与中介组织的人员存在明显不同。

第二，从行为对象上看。根据《环境保护法》《噪声污染防治法》《大气污染防治法》《水污染防治法》及《环境监测管理办法》的相关规定，环境质量监测的对象涉及大气、水、土壤、噪声、辐射等多种环境要素，由环境保护主管部门会同有关部门统一规划建设监测网络，按照统一的标准规范开展监测和评价。《解释》第11条规定的环境质量监测系统，限于自动进行环境采样并统一做数据分析的计算机系统。目前，这一系统由省级以上生态环境主管部门统一管理使用，尚不涉及委托第三方中介组织利用该系统代为监测的问题。故而，从当前实践来看，相关破坏环境质量监测系统的行为，一般不具备适用提供虚假证明文件罪的空间。当然，如果未来环境质量监测体制、机制作出改革、调整，相应监测职责可以委托给第三方中介组织承担，那么对于实际承担环境质量监测职责的中介组织的人员故意提供虚假的监测报告等证明文件的，则可依法适用提供虚假证明文件罪。

（四）关于环境污染犯罪宽严相济刑事政策的把握

1. 关于环境污染犯罪的从重处罚情形

《解释》第5条沿用《2016年解释》的规定，列举了4项从重处罚情形。同时，根据自2021年3月1日起施行的《排污许可管理条例》，增加第（5）项规定："实行排污许可重点管理的企业事业单位和其他生产经营者未依法取得排污许可证，排放、倾倒、处置有放射性的废物、含传染病病原体的废物、有毒物质或者其他有害物质的"，以进一步衔接前置法规定，推动排污许可制度落实，遏制非法排污行为。此外，考虑到《解释》第1条新增了关于重污染天气预警期间相关违规排污行为入罪的规定，删去《2016年解释》第4条第（3）项"重污染天气预警期间"的表述，以保证司法解释内部条文相互协调。

2. 关于从宽处理规则

刑罚不是目的，只是手段。就环境污染犯罪而言，根据宽严相济刑事政策的要求，要实现对生态环境的有效保护和恢复，应当坚持惩罚犯罪与修复生态并重，全面推行恢复性司法机制。基于此，《解释》第6条根据恢复性司法的要求，进一步完善了对环境污染犯罪的从宽处理规则，明确："实施刑法第三百三十八条规定的行为，行为人认罪认罚，积极修复生态环境的，可以从宽处罚。"主要有以下考虑：

第一，《2016年解释》第5条规定的"全部赔偿损失""确有悔罪表现"可纳入对行为人认罪认罚的评价之中，为简化表述予以删去。实践中，对环境污染行为造成实际损失的赔偿情况，仍是从宽裁量的重要考量因素。

第二，《2016年解释》规定的"及时采取措施，防止损失扩大、消除污染"，属积极修复生态环境的题中之义，亦不再专门规定。

第三，环境污染行为实践情况多样复杂，新情况新问题不断涌现，为确保罪责刑相适应，应根据具体案情，结合行为的主客观因素，综合评估行为社会危害性，依法妥当、综合把握相关从宽处罚条件，避免唯数量论、机械失当，故删去"刚达到应当追究刑事责任的标准"表述。

需要说明的是，关于《刑法》第339条规定的非法处置进口的固体废物罪、擅自进口固体废物罪，实践中案件较少，近五年，仅有2件非法处置进口的固体废物刑事案件。随着我国全面禁止进口固体废物，相关案件势必进一步减少，对其专门规定从宽处罚情节的必要性不强。基于此，不再就《刑法》第339条规定专门的从宽处罚情节。

（五）关于非法处置进口的固体废物罪的升档量刑

《刑法》第339条第1款、第2款及第408条分别规定了非法处置进口的固体废物罪、擅自进口固体废物罪和环境监管失职罪。针对《刑法》第339条规定的"致使公私财产遭受重大损失或者严重危害人体健康"和《刑法》第408条规定的"致使公私财产遭受重大损失或者造成人身伤亡的严重后果"，《2016年解释》第2条统一规定了具体适用情形。根据实践中的新情况，《解释》第2条对相关规定作出调整，具体而言：

1. 不再针对《刑法》第339条第2款和第408条作出规定

《刑法》第339条第2款规定的擅自进口固体废物罪，实践中已无适用空间。生态环境部、商务部、发展改革委、海关总署联合发布《关于全面禁止进口固体废物有关事项的公告》，自2021年1月1日起施行，公告规定："禁止以任何方式进口固体废物""生态环境部停止受理和审批限制进口类可用作原料的固体废物进口许可证的申请"。据此，我国自2021年起禁止进口固体废物用作原料，相关固体废物已不存在合法进口的问题，《刑法》第339条第2款规定的擅自进口固体废物罪已无适用空间。基于此，不再就擅自进口固体废物罪的定罪量刑作出专门解释。实践中，对擅自进口固体废物的行为，符合《刑法》第152条第2款规定的，可以走私废物罪（处刑更重）定罪处罚。此外，对于《刑法》第408条规定的环境监管失职罪，考虑到与其他渎职犯罪定罪量刑标准的统一协调问题，亦未在《解释》中作规定，留待未来交由其他司法解释予以明确。

2.明确《刑法》第339条第1款"致使公私财产遭受重大损失或者严重危害人体健康"的适用情形

第一，适当提升致使公私财产损失的数额标准。考虑到该款规定的"致使公私财产遭受重大损失或者严重危害人体健康"系非法处置进口的固体废物罪的升档量刑条件，对应的法定刑为5年以上10年以下有期徒刑，相对于《2016年解释》第2条一并规定的擅自进口固体废物罪（第一档刑，5年以下有期徒刑或者拘役）和环境监管失职罪（只一档刑，3年以下有期徒刑或者拘役）量刑更重，适用行为的社会危害性相应地也更为严重，为确保罪刑均衡，将"致使公私财产遭受重大损失"的适用情形，由《2016年解释》第2条规定的致使公私财产损失30万元以上提升至100万元以上。

第二，调整其他适用情形。对于"致使公私财产遭受重大损失或者严重危害人体健康"，《2016年解释》规定直接适用污染环境罪的相关结果入罪情形。由于《解释》对污染环境罪定罪量刑标准作出调整，《解释》第4条第（2）项将相应规定调整为"具有本解释第2条第（5）项至第（10）项规定情形之一的"，并增加兜底项，以适应实践复杂情况。

（六）关于环境监测、检测数据的审查使用规则

《解释》第14条沿用《2016年解释》的规定，对环境保护主管部门收集的监测数据、公安部门提取污染物样品的检测数据等的证据资格问题作出明确，规定："环境保护主管部门及其所属监测机构在行政执法过程中收集的监测数据，在刑事诉讼中可以作为证据使用。公安机关单独或者会同环境保护主管部门，提取污染物样品进行检测获取的数据，在刑事诉讼中可以作为证据使用。"

（七）关于有毒物质的适用范围

《解释》第17条明确了有毒物质的范围，基本沿用《2016年解释》

第 15 条的规定，并根据实践情况对相关情形作出调整。具体而言：

一是调整危险废物定义，如前所述，将"具有危险特性的废物"修改为"具有危险特性的固体废物"，增加"固体"表述。

二是将《2016 年解释》第 15 条"含重金属的污染物"的规定，修改为"重金属含量超过国家或者地方污染物排放标准的污染物"。主要考虑：重金属种类多、使用广泛，其毒性和对人体的危害程度差异较大；此外，自然环境中本身就含有部分重金属成分，但并非来源于相关的非法排放、倾倒、处置行为，故含重金属的污染物并非都当然属于有毒物质，而应根据含量或者浓度是否超过相应标准判断。原表述的含义过于宽泛，修改后规定更便于实践操作。

（八）关于行刑反向衔接规则

对于实施相关环境污染行为，被不起诉或者免予刑事处罚的行为人，需要给予行政处罚、政务处分或者其他处分的，《解释》第 12 条明确依法移送有关主管机关处理，避免"不刑不罚"、变相放纵环境污染的违法行为，以进一步强化刑事司法与行政执法部门的工作合力，完善"刑""行"双向衔接的治理体系。

（九）关于专门性问题的认定规则

《解释》第 16 条明确了环境污染犯罪案件专门性问题的认定规则。具体而言，基于当前司法鉴定机构的现实情况，确立了鉴定与报告"两条腿走路"原则，既可以出具鉴定意见，也允许由国务院环境保护主管部门、公安部门指定的机构出具报告。

（十）关于环境污染犯罪的其他问题

根据司法实践的情况，《解释》还对环境污染犯罪的其他问题作了明确。

一是环境污染犯罪的竞合适用规则。违反国家规定，排放、倾倒、处置含有毒害性、放射性、传染病病原体等物质的污染物，可能同时构成污染环境罪、非法处置进口的固体废物罪、投放危险物质罪等犯罪，对此，《解释》第 9 条明确"依照处罚较重的规定定罪处罚"。

二是单位犯罪的处理规则。《解释》第 13 条明确了单位实施相关环境污染犯罪的,适用自然人犯罪的定罪量刑标准,以切实加大对单位环境污染行为的惩治力度。

三是相关术语的涵义。《解释》第 19 条还对"二年内""重点排污单位""违法所得""公私财产损失""无危险废物经营许可证"的涵义作了明确。需要注意的是,《2016 年解释》关于违法所得的界定,并未针对《刑法》第 229 条,考虑到实践所需,此次作了拓展。具体而言,根据《解释》第 19 条的规定,实施《刑法》第 229 条规定的行为,所得和可得的全部违法收入均属于违法所得的范畴。

四是《解释》的时间效力问题。《解释》自 2023 年 8 月 15 日起施行。《解释》施行后,《2016 年解释》同时废止;之前发布的司法解释与《解释》不一致的,以《解释》为准。需要注意的是,根据"举重以明轻"的法理,之前发布的规范性文件与《解释》不一致的,也应当以《解释》为准。

三、最高人民法院、最高人民检察院、公安部、司法部、生态环境部印发《关于办理环境污染刑事案件有关问题座谈会纪要》的通知

各省、自治区、直辖市高级人民法院、人民检察院、公安厅（局）、司法厅（局）、生态环境厅（局），解放军军事法院、解放军军事检察院，新疆维吾尔自治区高级人民法院生产建设兵团分院，新疆生产建设兵团人民检察院、公安局、司法局、环境保护局：

　　为深入学习贯彻习近平生态文明思想，认真落实党中央重大决策部署和全国人大常委会决议要求，全力参与和服务保障打好污染防治攻坚战，推进生态文明建设，形成各部门依法惩治环境污染犯罪的合力，2018年12月，最高人民法院、最高人民检察院、公安部、司法部、生态环境部在北京联合召开座谈会。会议交流了当前办理环境污染刑事案件的工作情况，分析了遇到的突出困难和问题，研究了解决措施，对办理环境污染刑事案件中的有关问题形成了统一认识。现将会议纪要印发，请认真组织学习，并在工作中遵照执行。执行中遇到的重大问题，请及时向最高人民法院、最高人民检察院、公安部、司法部、生态环境部请示报告。

最高人民法院
最高人民检察院
公安部
司法部
生态环境部
2019 年 2 月 20 日

最高人民法院、最高人民检察院、公安部、司法部、生态环境部关于办理环境污染刑事案件有关问题座谈会纪要

2018年6月16日,中共中央、国务院发布《关于全面加强生态环境保护坚决打好污染防治攻坚战的意见》。7月10日,全国人民代表大会常务委员会通过了《关于全面加强生态环境保护依法推动打好污染防治攻坚战的决议》。为深入学习贯彻习近平生态文明思想,认真落实党中央重大决策部署和全国人大常委会决议要求,全力参与和服务保障打好污染防治攻坚战,推进生态文明建设,形成各部门依法惩治环境污染犯罪的合力,2018年12月,最高人民法院、最高人民检察院、公安部、司法部、生态环境部在北京联合召开座谈会。会议交流了当前办理环境污染刑事案件的工作情况,分析了遇到的突出困难和问题,研究了解决措施。会议对办理环境污染刑事案件中的有关问题形成了统一认识。纪要如下:

一

会议指出,2018年5月18日至19日,全国生态环境保护大会在北京胜利召开,习近平总书记出席会议并发表重要讲话,着眼人民福祉和民族未来,从党和国家事业发展全局出发,全面总结党的十八大以来我国生态文明建设和生态环境保护工作取得的历史性成就、发生的历史性变革,深刻阐述加强生态文明建设的重大意义,明确提出加强生态文明建设必须坚持的重要原则,对加强生态环境保护、打好污染防治攻坚战作出了全面部署。这次大会最大的亮点,就是确立了习近平生态文明思想。习近平生态文明思想站在坚持和发展中国特色社会主义、实现中华民族伟大复兴中国梦的战略高度,把生态文明建设摆在治国理政的突出位置,作为统筹推

进"五位一体"总体布局和协调推进"四个全面"战略布局的重要内容，深刻回答了为什么建设生态文明、建设什么样的生态文明、怎样建设生态文明的重大理论和实践问题，是习近平新时代中国特色社会主义思想的重要组成部分。各部门要认真学习、深刻领会、全面贯彻习近平生态文明思想，将其作为生态环境行政执法和司法办案的行动指南和根本遵循，为守护绿水青山蓝天、建设美丽中国提供有力保障。

会议强调，打好防范化解重大风险、精准脱贫、污染防治的攻坚战，是以习近平同志为核心的党中央深刻分析国际国内形势，着眼党和国家事业发展全局作出的重大战略部署，对于夺取全面建成小康社会伟大胜利、开启全面建设社会主义现代化强国新征程具有重大的现实意义和深远的历史意义。服从服务党和国家工作大局，充分发挥职能作用，努力为打好打赢三大攻坚战提供优质法治环境和司法保障，是当前和今后一个时期人民法院、人民检察院、公安机关、司法行政机关、生态环境部门的重点任务。

会议指出，2018年12月19日至21日召开的中央经济工作会议要求，打好污染防治攻坚战，要坚守阵地、巩固成果，聚焦做好打赢蓝天保卫战等工作，加大工作和投入力度，同时要统筹兼顾，避免处置措施简单粗暴。各部门要认真领会会议精神，紧密结合实际，强化政治意识、大局意识和责任担当，以加大办理环境污染刑事案件工作力度作为切入点和着力点，主动调整工作思路，积极谋划工作举措，既要全面履职、积极作为，又要综合施策、精准发力，保障污染防治攻坚战顺利推进。

二

会议要求，各部门要正确理解和准确适用刑法和《最高人民法院、最高人民检察院关于办理环境污染刑事案件适用法律若干问题的解释》（法释〔2016〕29号，以下称《环境解释》）的规定，坚持最严格的环保司法制度、最严密的环保法治理念，统一执法司法尺度，加大对环境污染犯罪的惩治力度。

1. 关于单位犯罪的认定

会议针对一些地方存在追究自然人犯罪多，追究单位犯罪少，单位犯罪认定难的情况和问题进行了讨论。会议认为，办理环境污染犯罪案件，认定单位犯罪时，应当依法合理把握追究刑事责任的范围，贯彻宽严相济刑事政策,重点打击出资者、经营者和主要获利者,既要防止不当缩小追究刑事责任的人员范围,又要防止打击面过大。

为了单位利益,实施环境污染行为,并具有下列情形之一的,应当认定为单位犯罪:(1)经单位决策机构按照决策程序决定的;(2)经单位实际控制人、主要负责人或者授权的分管负责人决定、同意的;(3)单位实际控制人、主要负责人或者授权的分管负责人得知单位成员个人实施环境污染犯罪行为,并未加以制止或者及时采取措施,而是予以追认、纵容或者默许的;(4)使用单位营业执照、合同书、公章、印鉴等对外开展活动,并调用单位车辆、船舶、生产设备、原辅材料等实施环境污染犯罪行为的。

单位犯罪中的"直接负责的主管人员",一般是指对单位犯罪起决定、批准、组织、策划、指挥、授意、纵容等作用的主管人员,包括单位实际控制人、主要负责人或者授权的分管负责人、高级管理人员等;"其他直接责任人员",一般是指在直接负责的主管人员的指挥、授意下积极参与实施单位犯罪或者对具体实施单位犯罪起较大作用的人员。

对于应当认定为单位犯罪的环境污染犯罪案件,公安机关未作为单位犯罪移送审查起诉的,人民检察院应当退回公安机关补充侦查。对于应当认定为单位犯罪的环境污染犯罪案件,人民检察院只作为自然人犯罪起诉的,人民法院应当建议人民检察院对犯罪单位补充起诉。

2. 关于犯罪未遂的认定

会议针对当前办理环境污染犯罪案件中,能否认定污染环境罪(未遂)的问题进行了讨论。会议认为,当前环境执法工作形势比较严峻,一些行为人拒不配合执法检查、接受检查时弄虚作假、故意逃避法律追究的情形时有发生,因此对于行为人已经着手实施非法排放、倾倒、处置有毒有害污染物的行为,由于有关部门查处或者其他意志以外的原因未得逞的情形,可以污染环境罪(未遂)追究刑事责任。

3. 关于主观过错的认定

会议针对当前办理环境污染犯罪案件中,如何准确认定犯罪嫌疑人、被告人主观过错的问题进行了讨论。会议认为,判断犯罪嫌疑人、被告人是否具有环境污染犯罪的故意,应当依据犯罪嫌疑人、被告人的任职情况、职业经历、专业背景、培训经历、本人因同类行为受到行政处罚或者刑事追究情况以及污染物种类、污染方式、资金流向等证据，结合其供述，进行综合分析判断。

实践中，具有下列情形之一，犯罪嫌疑人、被告人不能作出合理解释的，可以认定其故意实施环境污染犯罪，但有证据证明确系不知情的除外：（1）企业没有依法通过环境影响评价，或者未依法取得排污许可证，排放污染物，或者已经通过环境影响评价并且防治污染设施验收合格后，擅自更改工艺流程、原辅材料，导致产生新的污染物质的；（2）不使用验收合格的防治污染设施或者不按规范要求使用的；（3）防治污染设施发生故障，发现后不及时排除，继续生产放任污染物排放的；（4）生态环境部门责令限制生产、停产整治或者予以行政处罚后，继续生产放任污染物排放的；（5）将危险废物委托第三方处置，没有尽到查验经营许可的义务，或者委托处置费用明显低于市场价格或者处置成本的；（6）通过暗管、渗井、渗坑、裂隙、溶洞、灌注等逃避监管的方式排放污染物的；（7）通过篡改、伪造监测数据的方式排放污染物的；（8）其他足以认定的情形。

4. 关于生态环境损害标准的认定

会议针对如何适用《环境解释》第一条、第三条规定的"造成生态环境严重损害的""造成生态环境特别严重损害的"定罪量刑标准进行了讨论。会议指出，生态环境损害赔偿制度是生态文明制度体系的重要组成部分。党中央、国务院高度重视生态环境损害赔偿工作，党的十八届三中全会明确提出对造成生态环境损害的责任者严格实行赔偿制度。2015年，中央办公厅、国务院办公厅印发《生态环境损害赔偿制度改革试点方案》（中办发〔2015〕57号），在吉林等7个省市部署开展改革试点，取得明显成效。2017年，中央办公厅、国务院办公厅印发《生态环境损害赔偿制度改革方案》（中办发〔2017〕68号），在全国范围内试行生态环境损害赔偿制度。

会议指出，《环境解释》将造成生态环境损害规定为污染环境罪的定罪量刑标准之一，是为了与生态环境损害赔偿制度实现衔接配套，考虑到该制度尚在试行过程中，《环境解释》作了较原则的规定。司法实践中，一些省市结合本地区工作实际制定了具体标准。会议认为，在生态环境损害赔偿制度试行阶段，全国各省（自治区、直辖市）可以结合本地实际情况，因地制宜，因时制宜，根据案件具体情况准确认定"造成生态环境严重损害"和"造成生态环境特别严重损害"。

5. 关于非法经营罪的适用

会议针对如何把握非法经营罪与污染环境罪的关系以及如何具体适用非法经营罪的问题进行了讨论。会议强调，要高度重视非法经营危险废物案件的办理，坚持全链条、全环节、全流程对非法排放、倾倒、处置、经营危险废物的产业链进行刑事打击，查清犯罪网络，深挖犯罪源头，斩断利益链条，不断挤压和铲除此类犯罪滋生蔓延的空间。

会议认为，准确理解和适用《环境解释》第六条的规定应当注意把握两个原则：一要坚持实质判断原则，对行为人非法经营危险废物行为的社会危害性作实质性判断。比如，一些单位或者个人虽未依法取得危险废物经营许可证，但其收集、贮存、利用、处置危险废物经营活动，没有超标排放污染物、非法倾倒污染物或者其他违法造成环境污染情形的，则不宜以非法经营罪论处。二要坚持综合判断原则，对行为人非法经营危险废物行为根据其在犯罪链条中的地位、作用综合判断其社会危害性。比如，有证据证明单位或者个人的无证经营危险废物行为属于危险废物非法经营产业链的一部分，并且已经形成了分工负责、利益均沾、相对固定的犯罪链条，如果行为人或者与其联系紧密的上游或者下游环节具有排放、倾倒、处置危险废物违法造成环境污染的情形，且交易价格明显异常的，对行为人可以根据案件具体情况在污染环境罪和非法经营罪中，择一重罪处断。

6. 关于投放危险物质罪的适用

会议强调，目前我国一些地方环境违法犯罪活动高发多发，刑事处罚威慑力不强的问题仍然突出，现阶段在办理环境污染犯罪案件时必须坚决贯彻落实中央领导同志关于重典治理污染的指示精神，把刑法和《环境解释》的规定用足用好，形成对环境污染违法犯罪的强大震慑。

会议认为，司法实践中对环境污染行为适用投放危险物质罪追究刑事责任时，应当重点审查判断行为人的主观恶性、污染行为恶劣程度、污染物的毒害性危险性、污染持续时间、污染结果是否可逆、是否对公共安全造成现实、具体、明确的危险或者危害等各方面因素。对于行为人明知其排放、倾倒、处置的污染物含有毒害性、放射性、传染病病原体等危险物质，仍实施环境污染行为放任其危害公共安全，造成重大人员伤亡、重大公私财产损失等严重后果,以污染环境罪论处明显不足以罚当其罪的,可以按投放危险物质罪定罪量刑。实践中,此类情形主要是向饮用水水源保护区,饮用水供水单位取水口和出水口、南水北调水库、干渠、涵洞等配套工程,重要渔业水体以及自然保护区核心区等特殊保护区域,排放、倾倒、处置毒害性极强的污染物,危害公共安全并造成严重后果的情形。

7. 关于涉大气污染环境犯罪的处理

会议针对涉大气污染环境犯罪的打击处理问题进行了讨论。会议强调,打赢蓝天保卫战是打好污染防治攻坚战的重中之重。各级人民法院、人民检察院、公安机关、生态环境部门要认真分析研究全国人大常委会大气污染防治法执法检查发现的问题和提出的建议,不断加大对涉大气污染环境犯罪的打击力度,毫不动摇地以法律武器治理污染,用法治力量保卫蓝天,推动解决人民群众关注的突出大气环境问题。

会议认为,司法实践中打击涉大气污染环境犯罪,要抓住关键问题,紧盯薄弱环节,突出打击重点。对重污染天气预警期间,违反国家规定,超标排放二氧化硫、氮氧化物,受过行政处罚后又实施上述行为或者具有其他严重情节的,可以适用《环境解释》第一条第十八项规定的"其他严重污染环境的情形"追究刑事责任。

8. 关于非法排放、倾倒、处置行为的认定

会议针对如何准确认定环境污染犯罪中非法排放、倾倒、处置行为进行了讨论。会议认为,司法实践中认定非法排放、倾倒、处置行为时,应当根据《固体废物污染环境防治法》和《环境解释》的有关规定精神,从其行为方式是否违反国家规定或者行业操作规范、污染物是否与外环境接触、是否造成环境污染的危险或者危害等方面进行综合分析判断。对名为运输、贮存、利用,实为排放、倾倒、处置的行为应当认定为非法排放、倾倒、处置行为,可以依法追究刑事责任。比如,未采取相应防范措施将没有利用价值的危险废物长期贮存、搁置,放任危险废物或者其有毒有害成分大量扬散、流失、泄漏、挥发,污染环境的。

9. 关于有害物质的认定

会议针对如何准确认定刑法第三百三十八条规定的"其他有害物质"的问题进行了讨论。会议认为,办理非法排放、倾倒、处置其他有害物质的案件,应当坚持主客观相一致原则,从行为人的主观恶性、污染行为恶

劣程度、有害物质危险性毒害性等方面进行综合分析判断，准确认定其行为的社会危害性。实践中，常见的有害物质主要有：工业危险废物以外的其他工业固体废物；未经处理的生活垃圾；有害大气污染物、受控消耗臭氧层物质和有害水污染物；在利用和处置过程中必然产生有毒有害物质的其他物质；国务院生态环境保护主管部门会同国务院卫生主管部门公布的有毒有害污染物名录中的有关物质等。

10. 关于从重处罚情形的认定

会议强调，要坚决贯彻党中央推动长江经济带发展的重大决策，为长江经济带共抓大保护、不搞大开发提供有力的司法保障。实践中，对于发生在长江经济带十一省（直辖市）的下列环境污染犯罪行为，可以从重处罚：（1）跨省（直辖市）排放、倾倒、处置有放射性的废物、含传染病病原体的废物、有毒物质或者其他有害物质的；（2）向国家确定的重要江河、湖泊或者其他跨省（直辖市）江河、湖泊排放、倾倒、处置有放射性的废物、含传染病病原体的废物、有毒物质或者其他有害物质的。

11. 关于严格适用不起诉、缓刑、免予刑事处罚

会议针对当前办理环境污染犯罪案件中如何严格适用不起诉、缓刑、免予刑事处罚的问题进行了讨论。会议强调，环境污染犯罪案件的刑罚适用直接关系加强生态环境保护打好污染防治攻坚战的实际效果。各级人民法院、人民检察院要深刻认识环境污染犯罪的严重社会危害性，正确贯彻宽严相济刑事政策，充分发挥刑罚的惩治和预防功能。要在全面把握犯罪事实和量刑情节的基础上严格依照刑法和刑事诉讼法规定的条件适用不起诉、缓刑、免予刑事处罚，既要考虑从宽情节，又要考虑从严情节；既要做到刑罚与犯罪相当，又要做到刑罚执行方式与犯罪相当，切实避免不起诉、缓刑、免予刑事处罚不当适用造成的消极影响。

会议认为，具有下列情形之一的，一般不适用不起诉、缓刑或者免予刑事处罚：（1）不如实供述罪行的；（2）属于共同犯罪中情节严重的主犯的；（3）犯有数个环境污染犯罪依法实行并罚或者以一罪处理的；（4）曾因环境污染违法犯罪行为受过行政处罚或者刑事处罚的；（5）其他不宜适用不起诉、缓刑、免予刑事处罚的情形。

会议要求，人民法院审理环境污染犯罪案件拟适用缓刑或者免予刑事处罚的，应当分析案发前后的社会影响和反映，注意听取控辩双方提

出的意见。对于情节恶劣、社会反映强烈的环境污染犯罪，不得适用缓刑、免予刑事处罚。人民法院对判处缓刑的被告人，一般应当同时宣告禁止令，禁止其在缓刑考验期内从事与排污或者处置危险废物有关的经营活动。生态环境部门根据禁止令，对上述人员担任实际控制人、主要负责人或者高级管理人员的单位，依法不得发放排污许可证或者危险废物经营许可证。

三

会议要求，各部门要认真执行《环境解释》和原环境保护部、公安部、最高人民检察院《环境保护行政执法与刑事司法衔接工作办法》（环环监〔2017〕17号）的有关规定，进一步理顺部门职责，畅通衔接渠道，建立健全环境行政执法与刑事司法衔接的长效工作机制。

12. 关于管辖的问题

会议针对环境污染犯罪案件的管辖问题进行了讨论。会议认为，实践中一些环境污染犯罪案件属于典型的跨区域刑事案件，容易存在管辖不明或者有争议的情况，各级人民法院、人民检察院、公安机关要加强沟通协调，共同研究解决。

会议提出，跨区域环境污染犯罪案件由犯罪地的公安机关管辖。如果由犯罪嫌疑人居住地的公安机关管辖更为适宜的，可以由犯罪嫌疑人居住地的公安机关管辖。犯罪地包括环境污染行为发生地和结果发生地。"环境污染行为发生地"包括环境污染行为的实施地以及预备地、开始地、途经地、结束地以及排放、倾倒污染物的车船停靠地、始发地、途经地、到达地等地点；环境污染行为有连续、持续或者继续状态的，相关地方都属于环境污染行为发生地。"环境污染结果发生地"包括污染物排放地、倾倒地、堆放地、污染发生地等。

多个公安机关都有权立案侦查的，由最初受理的或者主要犯罪地的公安机关立案侦查，管辖有争议的，按照有利于查清犯罪事实、有利于诉讼的原则，由共同的上级公安机关协调确定的公安机关立案侦查，需要提请批准逮捕、移送审查起诉、提起公诉的，由该公安机关所在地的人民检察院、人民法院受理。

13. 关于危险废物的认定

会议针对危险废物如何认定以及是否需要鉴定的问题进行了讨论。会议认为，根据《环境解释》的规定精神，对于列入《国家危险废物名录》的，如果来源和相应特征明确，司法人员根据自身专业技术知识和工作经验认定难度不大的，司法机关可以依据名录直接认定。对于来源和相应特征不明确的，由生态环境部门、公安机关等出具书面意见，司法机关可以依据涉案物质的来源、产生过程、被告人供述、证人证言以及经批准或者备案的环境影响评价文件等证据，结合上述书面意见作出是否属于危险废物的认定。对于需要生态环境部门、公安机关等出具书面认定意见的，区分下列情况分别处理：（1）对已确认固体废物产生单位，且产废单位环评文件中明确为危险废物的，根据产废单位建设项目环评文件和审批、验收意见、案件笔录等材料，可对照《国家危险废物名录》等出具认定意见。（2）对已确认固体废物产生单位，但产废单位环评文件中未明确为危险废物的，应进一步分析废物产生工艺，对照判断其是否列入《国家危险废物名录》。列入名录的可以直接出具认定意见；未列入名录的，应根据原辅材料、产生工艺等进一步分析其是否具有危险特性，不可能具有危险特性的，不属于危险废物；可能具有危险特性的，抽取典型样品进行检测，并根据典型样品检测指标浓度，对照《危险废物鉴别标准》（GB5085.1-7）出具认定意见。（3）对固体废物产生单位无法确定的，应抽取典型样品进行检测，根据典型样品检测指标浓度，对照《危险废物鉴别标准》（GB5085.1-7）出具认定意见。对确需进一步委托有相关资质的检测鉴定机构进行检测鉴定的，生态环境部门或者公安机关按照有关规定开展检测鉴定工作。

14. 关于鉴定的问题

会议指出，针对当前办理环境污染犯罪案件中存在的司法鉴定有关问题，司法部将会同生态环境部，加快准入一批诉讼急需、社会关注的环境损害司法鉴定机构，加快对环境损害司法鉴定相关技术规范和标准的制定、修改和认定工作，规范鉴定程序，指导各地司法行政机关会同价格主管部门制定出台环境损害司法鉴定收费标准，加强与办案机关的沟通衔接，更好地满足办案机关需求。

会议要求，司法部应当根据《关于严格准入严格监管提高司法鉴定质量和公信力的意见》(司发〔2017〕11号)的要求，会同生态环境部加强对环境损害司法鉴定机构的事中事后监管，加强司法鉴定社会信用体系建设，建立黑名单制度，完善退出机制，及时向社会公开违法违规的环境损害司法鉴定机构和鉴定人行政处罚、行业惩戒等监管信息，对弄虚作假造成环境损害鉴定评估结论严重失实或者违规收取高额费用、情节严重的，依法撤销登记。鼓励有关单位或者个人向司法部、生态环境部举报环境损害司法鉴定机构的违法违规行为。

会议认为，根据《环境解释》的规定精神，对涉及案件定罪量刑的核心或者关键专门性问题难以确定的，由司法鉴定机构出具鉴定意见。实践中，这类核心或者关键专门性问题主要是案件具体适用的定罪量刑标准涉及的专门性问题，比如公私财产损失数额、超过排放标准倍数、污染物性质判断等。对案件的其他非核心或者关键专门性问题，或者可鉴定也可不鉴定的专门性问题，一般不委托鉴定。比如，适用《环境解释》第一条第二项"非法排放、倾倒、处置危险废物三吨以上"的规定对当事人追究刑事责任的，除可能适用公私财产损失第二档定罪量刑标准的以外，则不应再对公私财产损失数额或者超过排放标准倍数进行鉴定。涉及案件定罪量刑的核心或者关键专门性问题难以鉴定或者鉴定费用明显过高的，司法机关可以结合案件其他证据，并参考生态环境部门意见、专家意见等作出认定。

15. 关于监测数据的证据资格问题

会议针对实践中地方生态环境部门及其所属监测机构委托第三方监测机构出具报告的证据资格问题进行了讨论。会议认为，地方生态环境部门及其所属监测机构委托第三方监测机构出具的监测报告，地方生态环境部门及其所属监测机构在行政执法过程中予以采用的，其实质属于《环境解释》第十二条规定的"环境保护主管部门及其所属监测机构在行政执法过程中收集的监测数据"，在刑事诉讼中可以作为证据使用。

四、《关于办理环境污染刑事案件有关问题座谈会纪要》的理解与适用[*]

周加海　喻海松[**]

2019年2月20日，最高人民法院、最高人民检察院、公安部、司法部、生态环境部联合印发《关于办理环境污染刑事案件有关问题座谈会纪要》（以下简称《纪要》）。这是习近平生态文明思想确立以来，"两高三部"第一次就办理环境污染刑事案件有关问题联合出台专门文件。为便于司法实践中正确理解和适用，现就《纪要》的制定背景与经过、起草中的主要考虑和主要内容介绍如下。

一、《纪要》的制定背景与经过

2018年5月18日至19日，全国生态环境保护大会在北京胜利召开，习近平总书记出席会议并发表重要讲话，着眼人民福祉和民族未来，从党和国家事业发展全局出发，全面总结党的十八大以来我国生态文明建设和生态环境保护工作取得的历史性成就、发生的历史性变革，深刻阐述加强生态文明建设的重大意义，明确提出加强生态文明建设必须坚持的重要原则，对加强生态环境保护、打好污染防治攻坚战作出了全面部署。这次大会最大的亮点，就是确立了习近平生态文明思想。习近平生态文明思想站在坚持和发展中国特色社会主义、实现中华民族伟大复兴中国梦的战略高度，把生态文明建设摆在治国理政的突出位置，作为统筹推进"五位一体"总体布局和协调推进"四个全面"战略布局的重要内容，深刻回

---

[*] 本文原载于《人民司法》2019年第16期。
[**] 周加海，最高人民法院研究室主任；喻海松，最高人民法院研究室副主任。

答了为什么建设生态文明、建设什么样的生态文明、怎样建设生态文明的重大理论和实践问题，是习近平新时代中国特色社会主义思想的重要组成部分。

  1997年刑法施行以来，最高人民法院单独或者会同最高人民检察院，就环境污染犯罪先后三次出台专门司法解释，充分体现了最高司法机关对环境保护的高度重视。特别是，最高人民法院、最高人民检察院《关于办理环境污染刑事案件适用法律若干问题的解释》（法释〔2016〕29号，以下简称《解释》①）自2017年1月1日施行以来，各级公检法机关和环保部门依法查处环境污染犯罪，进一步加大惩治力度，取得了良好效果。以污染环境罪为例，人民法院审理的刑事案件量持续增长，年均超过2000件。据统计，2017年、2018年人民法院新收污染环境刑事案件2344件、2409件，审结2258件、2204件。与之同时，在环境污染犯罪的惩治向纵深推进过程中，司法实践中也出现了一些新的情况和问题，如追究自然人犯罪多、单位犯罪少，非法经营罪的适用标准不统一，危险废物如何认定以及是否需要鉴定存在不同认识，司法鉴定亟须规范和收费过高，等等。有效解决办理环境污染刑事案件中的有关难题，进一步统一法律适用标准，是充分发挥生态环境行政执法和司法办案的职能作用，为守护绿水青山蓝天、建设美丽中国提供有力保障的前提和基础。

  2018年6月16日，中共中央、国务院下发《关于全面加强生态环境保护坚决打好污染防治攻坚战的意见》。同年7月10日，全国人民代表大会常务委员会通过了《关于全面加强生态环境保护依法推动打好污染防治攻坚战的决议》。为深入学习贯彻习近平生态文明思想，认真落实党中央重大决策部署和全国人大常委会决议要求，全力参与和服务保障打好污染防治攻坚战，推进生态文明建设，形成各部门依法惩治环境污染犯罪的合力，2018年12月，最高人民法院、最高人民检察院、公安部、司法部、生态环境部在北京联合召开座谈会。会议交流了当前办理环境污染刑事案件的工作情况，分析了遇到的突出困难和问题，研究了解决措施。会议对办理环境污染相关案件中的有关问题达成统一认识，形成《纪要》，于

---

  ① 鉴于该《纪要》的重要性，本书对其理解与适用予以收录，文中所提及的《解释》均指2016年"两高"《关于办理环境污染刑事案件适用法律若干问题的解释》。——编者注

2019年2月以"两高三部"名义正式对外发布。

二、《纪要》起草中的主要考虑

为确保《纪要》的内容科学合理，能够适应形势发展、满足司法实践需要，在起草过程中，着重注意把握了以下几点：

一是坚持以习近平生态文明思想为根本遵循。习近平生态文明思想内涵十分丰富，用最严格的制度保护生态环境的严密法治观是其重要组成部分。习近平总书记指出，只有实行最严格的制度、最严密的法治，才能为生态文明建设提供可靠保障。这也是研究起草《纪要》的指导思想。针对当前一些地方环境违法犯罪活动高发多发，刑事处罚威慑力不强的问题，《纪要》突出了从严惩治环境污染犯罪的精神，要求坚持最严格的环保司法制度、最严密的环保法治理念，统一执法司法尺度，加大对环境污染犯罪的惩治力度。

二是贯彻体现宽严相济刑事政策。《纪要》根据实践情况，要求正确贯彻宽严相济刑事政策，充分发挥刑罚的惩治和预防功能。特别是，在刑罚适用方面，要全面把握犯罪事实和量刑情节，既要考虑从宽情节，又要考虑从严情节，严格依照刑法和刑事诉讼法规定的条件适用刑罚，确保罪责刑相适应。

三是切实解决办案实际中的难题。针对当前办理环境污染刑事案件中的重点难点问题，特别是对单位犯罪的认定、非法经营罪的适用、涉大气污染环境犯罪的处理、司法鉴定等近年来地方执法司法机关反映比较集中的具体问题，《纪要》作出明确规定，以有效解决此类犯罪取证难、鉴定难、认定难等实际问题。

三、《纪要》的主要内容

《纪要》根据当前办理环境污染刑事案件的工作情况，依照刑法、刑事诉讼法的规定，对办案过程中遇到的突出问题作了具体规定。大体而言，《纪要》的相关规定可以归纳为如下15个方面的问题：

（一）关于单位犯罪的认定

当前，一些地方办理环境污染犯罪案件，存在追究自然人犯罪多，追究单位犯罪少,单位犯罪认定难的问题。对此,《纪要》作了专门规定。

一是依法合理把握追究刑事责任的范围。《纪要》要求在办理单位环境污染刑事案件时贯彻宽严相济刑事政策的要求,依法合理把握追究刑事责任的范围,"重点打击出资者、经营者和主要获利者,既要防止不当缩小追究刑事责任的人员范围,又要防止打击面过大"。特别是,要合理把握单位犯罪中直接负责的主管人员和其他直接责任人员的范围。根据《纪要》的规定,单位犯罪中的直接负责的主管人员,一般是指对单位犯罪起决定、批准、组织、策划、指挥、授意、纵容等作用的主管人员,包括单位实际控制人、主要负责人或者授权的分管负责人、高级管理人员等;其他直接责任人员,一般是指在直接负责的主管人员的指挥、授意下积极参与实施单位犯罪或者对具体实施单位犯罪起较大作用的人员。

二是单位犯罪的认定情形。根据《纪要》的规定,为了单位利益,实施环境污染行为,并具有下列情形之一的,应当认定为单位犯罪:(1)经单位决策机构按照决策程序决定的;(2)经单位实际控制人、主要负责人或者授权的分管负责人决定、同意的;(3)单位实际控制人、主要负责人或者授权的分管负责人得知单位成员个人实施环境污染犯罪行为,并未加以制止或者及时采取措施,而是予以追认、纵容或者默许的;(4)使用单位营业执照、合同书、公章、印鉴等对外开展活动,并调用单位车辆、船舶、生产设备、原辅材料等实施环境污染犯罪行为的。

三是单位犯罪的补充起诉机制。《纪要》规定:"对于应当认定为单位犯罪的环境污染犯罪案件,公安机关未作为单位犯罪移送审查起诉的,人民检察院应当退回公安机关补充侦查。对于应当认定为单位犯罪的环境污染犯罪案件,人民检察院只作为自然人犯罪起诉的,人民法院应当建议人民检察院对犯罪单位补充起诉。"需要注意的是,根据最高人民法院《关于适用〈中华人民共和国刑事诉讼法〉的解释》(法释〔2012〕21号)第283条的规定,在建议人民检察院对犯罪单位补充起诉的情形下,如果人民检察院仍以自然人犯罪起诉的,人民法院应当依法审理,按照单位犯罪中的直接负责的主管人员或者其他直接责任人员追究刑事责任,并援引刑法分则关于追究单位犯罪中直接负责的主管人员和其他直接责任人员刑事责任的条款。

（二）关于犯罪未遂的认定

司法实践中，对于污染环境未遂的认定和处理，存在不同认识。对此，《纪要》规定："对于行为人已经着手实施非法排放、倾倒、处置有毒有害污染物的行为，由于有关部门查处或者其他意志以外的原因未得逞的情形，可以污染环境罪（未遂）追究刑事责任。"司法适用中，需要注意的是：（1）对于犯罪未遂的认定，以行为人着手实施非法排放、倾倒、处置有毒有害污染物的行为为前提，故应当准确判断"着手"。对于排放、倾倒危险废物"着手"的判断，通常不存在问题。相比之下，处置危险废物"着手"的判断较为复杂，须妥当把握。（2）根据《刑法》第 23 条第 2 款的规定，对于未遂犯，可以比照既遂犯从轻或者减轻处罚。鉴于未遂造成的社会危害性相对较小，参照以往司法解释的相关规定，实践中对未遂的定罪量刑标准可以把握为既遂标准的 3 倍以上。（3）实践中存在部分既遂、部分未遂的情形，参照以往司法解释的规定，对此不宜将数量简单相加，可以分别评价既遂情节和未遂情节，在认定全案既遂的前提下，在处罚较重的法定刑幅度内酌情从重处罚。例如，行为人用罐车装有 10 吨的危险废物并开往某河流旁倾倒，在倾倒完 1 吨时被环保执法人员及时制止，对于此案可以依法认定行为人非法倾倒危险废物既遂 1 吨、未遂 9 吨，依照上述规则作出处理。

（三）关于主观过错的认定

司法实践中，对于环境污染犯罪特别是污染环境罪的主观罪过形式，存在不同认识。鉴于司法实践中环境污染犯罪的主观罪过形式通常表现为故意，故《纪要》对判断行为人是否具有环境污染犯罪的故意作出专门规定。

一是综合分析判断规则。《纪要》规定："判断犯罪嫌疑人、被告人是否具有环境污染犯罪的故意，应当依据犯罪嫌疑人、被告人的任职情况、职业经历、专业背景、培训经历、本人因同类行为受到行政处罚或刑事追究情况以及污染物种类、污染方式、资金流向等证据，结合其供述，进行综合分析判断。"

二是主观故意推定规则。根据《纪要》的规定，具有下列情形之一，犯罪嫌疑人、被告人不能作出合理解释的，可以认定其故意实施环境污染犯罪,但有证据证明确系不知情的除外:(1)企业没有依法通过环境影响评价,或者未依法取得排污许可证,排放污染物,或者已经通过环境影响评价并且防治污染设施验收合格后,擅自更改工艺流程、原辅材料,导致产生新的污染物质的;(2)不使用验收合格的防治污染设施或者不按规范要求使用的;(3)防治污染设施发生故障,发现后不及时排除,继续生产放任污染物排放的;(4)生态环境部门责令限制生产、停产整治或者予以行政处罚后,继续生产放任污染物排放的;(5)将危险废物委托第三方处置,没有尽到查验经营许可的义务,或者委托处置费用明显低于市场价格或者处置成本的;(6)通过暗管、渗井、渗坑、裂隙、溶洞、灌注等逃避监管的方式排放污染物的;(7)通过篡改、伪造监测数据的方式排放污染物的;(8)其他足以认定的情形。

(四)关于生态环境损害标准的认定

生态环境损害赔偿制度是生态文明制度体系的重要组成部分。党的十八届三中全会明确提出对造成生态环境损害的责任者严格实行赔偿制度。2015年,中央办公厅、国务院办公厅印发《生态环境损害赔偿制度改革试点方案》(中办发〔2015〕57号),在吉林等7个省市部署开展改革试点,取得明显成效。2017年,中央办公厅、国务院办公厅印发《生态环境损害赔偿制度改革方案》(中办发〔2017〕68号),在全国范围内试行生态环境损害赔偿制度。《生态文明体制改革总体方案》提出:"严格实行生态环境损害赔偿制度。强化生产者环境保护法律责任,大幅度提高违法成本。""对造成生态环境损害的,以损害程度等因素依法确定赔偿额度;对造成严重后果的,依法追究刑事责任。"根据这一要求,《解释》将生态环境损害因素纳入考量范围,第1条第(10)项将"造成生态环境严重损害"规定为严重污染环境的情形,第3条第(6)项将"造成生态环境特别严重损害"规定为后果特别严重的情形。

需要注意的是,《解释》将造成生态环境损害规定为污染环境罪的定罪量刑标准之一,是为了与生态环境损害赔偿制度实现衔接配套。考虑到该制度尚在试行过程中,《解释》作了较原则的规定。司法实践中,一些省市结合本地区工作实际制定了具体标准。《纪要》规定:"在生态环境损害赔偿制度试行阶段,全国各省(自治区、直辖市)可以结合本地实际情况,因地制宜,因时制宜,根据案件具体情况准确认定'造成生态环境严重损害'和'造成生态环境特别严重损害'。"《解释》第17条第5款规定:"本解释所称'生态环境损害',包括生态环境修复费用,生态环境修复期间服务功能的损失和生态环境功能永久性损害造成的损失,以及其他必要合理费用。"因此,实践中可以根据上述界定,结合本地实际情况,准确判断污染环境行为造成生态环境损害的程度,准确认定是否达到造成生态环境严重损害和造成生态环境特别严重损害。

(五)关于非法经营罪的适用

《解释》第6条规定:"无危险废物经营许可证从事收集、贮存、利用、处置危险废物经营活动,严重污染环境的,按照污染环境罪定罪处罚;同时构成非法经营罪的,依照处罚较重的规定定罪处罚。实施前款规定的行为,不具有超标排放污染物、非法倾倒污染物或者其他违法造成环境污染的情形的,可以认定为非法经营情节显著轻微危害不大,不认为是犯罪;构成生产、销售伪劣产品等其他犯罪的,以其他犯罪论处。"《纪要》要求坚持全链条、全环节、全流程对非法排放、倾倒、处置、经营危险废物的产业链进行刑事打击,查清犯罪网络,深挖犯罪源头,斩断利益链条,不断挤压和铲除此类犯罪滋生蔓延的空间。特别是,针对《解释》第6条规定的准确理解和适用,《纪要》要求注意把握两项原则。

一是坚持实质判断原则,对行为人非法经营危险废物行为的社会危害性作实质性判断。《解释》第6条确立了无危险废物经营许可证从事收集、贮存、利用、处置危险废物经营活动的入罪以违法造成环境污染为实质要件,未违法造成环境污染的,通常可以认定为情节显著轻微危害不大,不认为是犯罪。比如,一些单位或者个人虽未依法取得危险废物经营许可证,但其收集、贮存、利用、处置危险废物经营活动,没有违法造成环境污染情形的,则不宜以非法经营罪论处,也不宜以污染环境罪论处。需要注意的是,对于违法造成环境污染要件的判断应当采取相对宽泛的标准,即不要求一定达到《解释》第1条第(2)项以外其他项规定的严重污染环境的具体情形。例如,未按照规定安装特定污染防治设施,处置过程中超过标准排放污染物(虽然未达到超过特定标准3倍以上),或者将处置剩余的污染物违反规定倾倒的,可以认定为具备违法造成环境污染的要件。

二要坚持综合判断原则，对行为人非法经营危险废物行为根据其在犯罪链条中的地位、作用综合判断其社会危害性。比如，有证据证明单位或者个人的无证经营危险废物行为属于危险废物非法经营产业链的一部分，并且已经形成了分工负责、利益均沾、相对固定的犯罪链条，如果行为人或者与其联系紧密的上游或者下游环节具有排放、倾倒、处置危险废物违法造成环境污染的情形，且交易价格明显异常的，对行为人可以根据案件具体情况，在污染环境罪和非法经营罪中择一重罪处断。

（六）关于投放危险物质罪的适用

违规排放、倾倒或者处置有放射性的废物、含传染病病原体的废物、有毒物质，不仅严重污染环境，还可能危害公共安全，此时污染环境罪就可能与投放危险物质罪竞合，宜择一重罪处断。因此，《解释》第8条规定："违反国家规定，排放、倾倒、处置含有毒害性、放射性、传染病病原体等物质的污染物，同时构成污染环境罪、非法处置进口的固体废物罪、投放危险物质罪等犯罪的，依照处罚较重的规定定罪处罚。"在此基础上，《纪要》对投放危险物质罪的适用作了专门规定。

一是用足用好刑法和《解释》的规定。目前，我国一些地方环境违法犯罪活动高发多发，刑事处罚威慑力不强的问题仍然突出。因此，《纪要》要求，现阶段在办理环境污染犯罪案件时必须坚决贯彻落实中央领导同志关于重典治理污染的指示精神，把刑法和《解释》的规定用足用好，形成对环境污染违法犯罪的强大震慑。

二是准确适用投放危险物质罪。司法适用中，对污染环境的行为应当原则上适用污染环境罪，适用投放危险物质罪的，应当特别慎重，准确查明主客观方面的情况。《纪要》规定："司法实践中对环境污染行为适用投放危险物质罪追究刑事责任时，应当重点审查判断行为人的主观恶性、污染行为恶劣程度、污染物的毒害性危险性、污染持续时间、污染结果是否可逆、是否对公共安全造成现实、具体、明确的危险或者危害等各方面因素。"而且，对污染环境行为适用投放危险物质罪，主要是基于罪责刑相适应的考虑，对此应当特别注意把握。基于此，《纪要》专门规定，对于行为人明知其排放、倾倒、处置的污染物含有毒害性、放射性、传染病病原体等危险物质，仍实施环境污染行为放任其危害公共安全，造成重大人员伤亡、重大公私财产损失等严重后果，以污染环境罪论处明显不足以罚当其罪的，可以依照《解释》第 8 条的规定，以投放危险物质罪定罪量刑。具体而言，实践中此类情形主要是向饮用水水源保护区，饮用水供水单位取水口和出水口，南水北调水库、干渠、涵洞等配套工程，重要渔业水体以及自然保护区核心区等特殊保护区域，排放、倾倒、处置毒害性极强的污染物，危害公共安全并造成严重后果的情形。

（七）关于涉大气污染环境犯罪的处理

大气污染是人民群众感受最为直接、反映最为强烈的环境问题。但是，由于大气污染物流动性大、稀释速度快等原因，提取固定证据困难，给查处此类犯罪带来较大实际困难。基于此，《纪要》要求抓住关键问题，紧盯薄弱环节，突出打击重点，推动解决人民群众关注的突出大气环境问题。《大气污染防治法》第 93 条第 1 款规定："国家建立重污染天气监测预警体系。"第 96 条第 1 款规定："县级以上地方人民政府应当依据重污染天气的预警等级，及时启动应急预案，根据应急需要可以采取责令有关企业停产或者限产、限制部分机动车行驶、禁止燃放烟花爆竹、停止工地土石方作业和建筑物拆除施工、停止露天烧烤、停止幼儿园和学校组织的户外活动、组织开展人工影响天气作业等应急措施。"可见，在重污染天气预警期间，违反国家规定，超标排放二氧化硫、氮氧化物，社会危害性更大。为切实加大对涉大气污染环境犯罪的打击力度，《纪要》规定，受过行政处罚后又实施上述行为或者具有其他严重情节的，可以适用《解释》第 1 条第（18）项规定的其他严重污染环境的情形追究刑事责任。司法适用中需要妥当把握《纪要》上述规定与《解释》第 4 条第（3）项规定的"在重污染天气预警期间、突发环境事件处置期间或者被责令限期整改期间，违反国家规定排放、倾倒、处置有放射性的废物、含传染病病原体的废物、有毒物质或者其他有害物质"这一从重处罚情节的关系，对于对重污染天气预警期间，违规超标排放二氧化硫、氮氧化物，受过行政处罚后又实施上述行为或者具有其他严重情节的，如果根据《纪要》的规定适用《解释》第 1 条第（18）项规定的其他严重污染环境的情形追究刑事责任的，不能再适用《解释》第 4 条第（3）项的规定从重处罚，以避免重复评价。

（八）关于非法排放、倾倒、处置行为的认定

根据《刑法》第338条的规定，污染环境罪的客观方面限于排放、倾倒、处置三种行为方式。司法实践中，一方面要严格遵循罪刑法定原则的要求，避免将非法运输、贮存等其他行为不当以污染环境罪追究刑事责任；另一方面，也要准确认定非法排放、倾倒、处置行为，特别是防止名为运输、贮存，实为排放、倾倒、处置的行为逃脱刑事法律制裁。基于此，《纪要》要求根据《固体废物污染环境防治法》和《解释》的有关规定精神准确认定非法排放、倾倒、处置行为，特别是"应当从其行为方式是否违反国家规定或者行业操作规范、污染物是否与外环境接触、是否造成环境污染的危险或者危害等方面进行综合分析判断。对名为运输、贮存、利用，实为排放、倾倒、处置的行为应当认定为非法排放、倾倒、处置行为，可以依法追究刑事责任。比如，未采取相应防范措施将没有利用价值的危险废物长期贮存、搁置，放任危险废物或者其有毒有害成分大量扬散、流失、泄漏、挥发，污染环境的。"

（九）关于有害物质的认定

根据《刑法》第338条的规定，构成污染环境罪，排放、倾倒或者处置的须为"有放射性废物、含传染病病原体的废物、有毒物质或者其他有害物质"。鉴于其他有害物质的范围十分宽泛，交由司法实践裁量把握可以更好地适应具体案件的复杂情况，《解释》未作明确界定。根据当前司法适用中的具体情况，《纪要》对如何准确认定《刑法》第338条规定的其他有害物质作了专门规定。

一是坚持主客观相一致原则。《纪要》规定："办理非法排放、倾倒、处置其他有害物质的案件，应当坚持主客观相一致原则，从行为人的主观恶性、污染行为恶劣程度、有害物质危险性毒害性等方面进行综合分析判断，准确认定其行为的社会危害性。"

二是把握常见的有害物质形式。根据《纪要》的规定，实践中常见的有害物质主要有：工业危险废物以外的其他工业固体废物；未经处理的生活垃圾；有害大气污染物、受控消耗臭氧层物质和有害水污染物；在利

用和处置过程中必然产生有毒有害物质的其他物质；国务院生态环境保护主管部门会同国务院卫生主管部门公布的有毒有害污染物名录中的有关物质等。

（十）关于从重处罚情形的认定

长江是中华民族的母亲河，也是中华民族发展的重要支撑。推动长江经济带发展是党中央作出的重大决策，是关系国家发展全局的重大战略。服务长江生态高水平保护和经济社会高质量发展，为长江经济带共抓大保护、不搞大开发提供有力保障，是司法等有关部门肩负的重大政治责任、社会责任和法律责任。为充分发挥刑法的威慑功能，体现宽严相济刑事政策依法从"严"的政策要求，《纪要》明确对于发生在长江经济带十一省（直辖市）的下列环境污染犯罪行为，可以从重处罚：(1)跨省（直辖市）排放、倾倒、处置有放射性的废物、含传染病病原体的废物、有毒物质或者其他有害物质的；(2)向国家确定的重要江河、湖泊或者其他跨省（直辖市）江河、湖泊排放、倾倒、处置有放射性的废物、含传染病病原体的废物、有毒物质或者其他有害物质的。

（十一）关于严格适用不起诉、缓刑、免予刑事处罚

环境污染刑事案件的刑罚适用直接关系加强生态环境保护打好污染防治攻坚战的实际效果。从近年来环境污染刑事案件的刑罚适用情况来看，各级人民法院、人民检察院准确把握宽严相济刑事政策的要求，准确适用刑罚，严格适用不起诉、缓刑、免予刑事处罚。特别是，准确依法适用缓刑，环境污染犯罪的缓刑适用率与全部刑事案件的缓刑适用率基本持平。为更好地体现宽严相济刑事政策的要求，《纪要》对环境污染犯罪案件的刑罚适用，特别是不起诉、缓刑、免予刑事处罚的适用作出专门规定。

一是依法适用刑罚。《纪要》规定："要在全面把握犯罪事实和量刑情节的基础上严格依照刑法和刑事诉讼法规定的条件适用不起诉、缓刑、免予刑事处罚，既要考虑从宽情节，又要考虑从严情节；既要做到刑罚与犯罪相当，又要做到刑罚执行方式与犯罪相当，切实避免不起诉、缓刑、免予刑事处罚不当适用造成的消极影响。"

二是明确一般不适用不起诉、缓刑或者免予刑事处罚的情形。根据《纪要》的规定，具有下列情形之一的，一般不适用不起诉、缓刑或者免予刑事处罚：（1）不如实供述罪行的；（2）属于共同犯罪中情节严重的主犯的；（3）犯有数个环境污染犯罪依法实行并罚或者以一罪处理的；（4）曾因环境污染违法犯罪行为受过行政处罚或者刑事处罚的；（5）其他不宜适用不起诉、缓刑、免予刑事处罚的情形。

三是严格适用不起诉、缓刑或者免予刑事处罚。根据《纪要》的规定，人民法院审理环境污染刑事案件拟适用缓刑或者免予刑事处罚的，应当分析案发前后的社会影响和反映，注意听取控辩双方提出的意见。对于情节恶劣、社会反映强烈的环境污染犯罪，不得适用缓刑、免予刑事处罚。人民法院对判处缓刑的被告人，一般应当同时宣告禁止令，禁止其在缓刑考验期内从事与排污或者处置危险废物有关的经营活动。生态环境部门根据禁止令，对上述人员担任实际控制人、主要负责人或者高级管理人员的单位，依法不得发放排污许可证或者危险废物经营许可证。

（十二）关于管辖的问题

实践中，一些环境污染犯罪案件属于典型的跨区域刑事案件，容易存在管辖不明或者有争议的情况。基于此，《纪要》专门对环境污染犯罪案件的管辖问题作出专门规定。

一是跨区域环境污染犯罪案件管辖地。《纪要》规定："跨区域环境污染案件由犯罪地的公安机关管辖。如果由犯罪嫌疑人居住地的公安机关管辖更为适宜的，可以由犯罪嫌疑人居住地的公安机关管辖。犯罪地包括环境污染行为发生地和结果发生地。'环境污染行为发生地'包括环境污染行为的实施地以及预备地、开始地、途经地、结束地以及倾倒、排放污染物的车船停靠地、始发地、途经地、到达地等地点；环境污染行为有连续、持续或者继续状态的，相关地方都属于环境污染行为发生地。'环境污染结果发生地'包括污染物排放地、倾倒地、堆放地、污染发生地等。"

二是管辖争议的处理。《纪要》规定："多个公安机关都有权立案侦查的，由最初受理的或者主要犯罪地的公安机关立案侦查，管辖有争议的，按照有利于查清犯罪事实、有利于诉讼的原则，由共同的上级公安机关协调确定的公安机关立案侦查，需要提请批准逮捕、移送审查起诉、提起公诉的，由该公安机关所在地的人民检察院、人民法院受理。"

（十三）关于危险废物的认定

根据《解释》第 15 条第（1）项的规定，危险废物是指列入《国家危险废物名录》，或者根据国家规定的危险废物鉴别标准和鉴别方法认定的，具有危险特性的废物。《解释》第 13 条规定："对国家危险废物名录所列的废物，可以依据涉案物质的来源、产生过程、被告人供述、证人证言以及经批准或者备案的环境影响评价文件等证据，结合环境保护主管部门、公安机关等出具的书面意见作出认定。"具体适用中，对危险废物如何认定以及是否需要鉴定，仍存在不同认识。为统一司法适用，《纪要》对此规定区分情况作出处理。

一是对于列入《国家危险废物名录》的，如果来源和相应特征明确，司法人员根据自身专业技术知识和工作经验认定难度不大的，司法机关可以依据名录直接认定。《国家危险废物名录》对于废物类别、行业来源（危险废物的产生源）、废物代码、危险特性（指腐蚀性、毒性、易燃性、反应性和感染性）均有明确描述，特别是对废物系在何生产阶段产生均有叙述。因此，实践中，如果根据涉案物品来源和相应特征可以认定确系列入名录的危险废物的，可以依据名录直接认定为危险废物。

二是对于来源和相应特征不明确的，由生态环境部门、公安机关等出具书面意见，司法机关可以依据涉案物质的来源、产生过程、被告人供述、证人证言以及经批准或者备案的环境影响评价文件等证据，结合上述书面意见作出是否属于危险废物的认定。根据《解释》第 13 条的规定，此种情形下应当由生态环境部门、公安机关等对涉案物品是否系危险废物出具书面意见。具体而言，对于需要生态环境部门、公安机关等出具书面认定意见的，区分下列情况分别处理：

1. 对已确认固体废物产生单位，且产废单位环评文件中明确为危险废物的，根据产废单位建设项目环评文件和审批、验收意见、案件笔录等材料，可对照《国家危险废物名录》等出具认定意见。

2. 对已确认固体废物产生单位，但产废单位环评文件中未明确为危险废物的，应进一步分析废物产生工艺，对照判断其是否列入《国家危险废物名录》。列入名录的可直接出具认定意见；未列入名录的，应根据原辅材料、产生工艺等进一步分析其是否具有危险特性,不可能具有危险特性的,不属于危险废物;可能具有危险特性的,抽取典型样品进行检测,并根据典型样品检测指标浓度,对照《危险废物鉴别标准》(GB5085.1-7)出具认定意见。

3. 对固体废物产生单位无法确定的,应抽取典型样品进行检测,根据典型样品检测指标浓度,对照《危险废物鉴别标准》(GB5085.1-7)出具认定意见。对确需进一步委托有相关资质的检测鉴定机构进行检测鉴定的,生态环境部门或者公安机关按照有关规定开展检测鉴定工作。

(十四)关于鉴定的问题

鉴定难是困扰环境污染刑事案件办理的难题之一。为解决这一实际困难,《解释》第14条规定:"对案件所涉的环境污染专门性问题难以确定的,依据司法鉴定机构出具的鉴定意见,或者国务院环境保护主管部门、公安部门指定的机构出具的报告,结合其他证据作出认定。"据此,对环境污染专门性问题确立了鉴定与检验"两条腿走路"的原则。在此基础上,《纪要》针对环境污染犯罪案件的司法鉴定问题作出进一步规定。

一是规范环境损害司法鉴定工作。2016年1月,最高人民法院、最高人民检察院、司法部和环境保护部就环境损害司法鉴定实行统一登记管理和规范环境损害司法鉴定工作作出明确规定。司法部会同生态环境部,依法准入了一批诉讼急需、社会关注的环境损害司法鉴定机构。截至2019年1月底,全国经省级司法行政机关审核登记的环境损害司法鉴定机构达109家,鉴定人2000余名,基本实现省域全覆盖,环境损害司法鉴定的供给能力大大提升,为打击环境违法犯罪提供了有力支撑。顺带提及的是,环境保护部依据《解释》规定,于2014年1月、2016年2月分两批指定推荐的29家环境损害鉴定评估推荐机构(第一批12家机构,协作单位7家;第二批17家机构,协作单位2家),目前大多数已审核登记成为环境损害司法鉴定机构。《纪要》要求进一步规范环境损害司法鉴定工作,加快准入一批诉讼急需、社会关注的环境损害司法鉴定机构,加快对环境损害司法鉴定相关技术规范和标准的制定、修改和认定工作,规范鉴定程序,指导各地司法行政机关会同价格主管部门制定出台环境损害司法鉴定收费标准,加强与办案机关的沟通衔接,更好地满足办案机关需求。

二是强化对环境损害司法鉴定机构的监管。《纪要》要求司法部会同生态环境部,加强对环境损害司法鉴定机构的事中事后监管,加强司法鉴定社会信用体系建设,建立黑名单制度,完善退出机制,及时向社会公开违法违规的环境损害司法鉴定机构和鉴定人行政处罚、行业惩戒等监管信息,对弄虚作假造成环境损害鉴定评估结论严重失实或者违规收取高额费用、情节严重的,依法撤销登记。鼓励有关单位和个人向司法部、生态环境部举报环境损害司法鉴定机构的违法违规行为。

三是妥当把握司法鉴定的范围。根据《解释》和《纪要》的规定,司法鉴定限于涉及案件定罪量刑的核心或关键专门性问题难以确定的情形。实践中,这类核心或关键专门性问题主要是案件具体适用的定罪量刑标准涉及的专门性问题,比如公私财产损失的数额、超过排放标准的倍数、污染物性质判断等。对案件的其他非核心或关键专门性问题,或者可鉴定也可不鉴定的专门性问题,一般不委托鉴定。比如,适用《解释》第1条第(3)项"非法排放、倾倒、处置危险废物三吨以上"的规定对当事人追究刑事责任的,除可能适用公私财产损失第二档定罪量刑标准的以外,则不应再对公私财产损失数额或者超过排放标准倍数进行鉴定。涉及案件定罪量刑的核心或关键专门性问题难以鉴定或者鉴定费用明显过高的,司法机关可以结合案件其他证据,并参考生态环境部门意见、专家意见等作出认定。

(十五)关于监测数据的证据资格问题

《解释》第12条第1款规定:"环境保护主管部门及其所属监测机构在行政执法过程中收集的监测数据,在刑事诉讼中可以作为证据使用。"据此,环境保护主管部门及其所属监测机构在行政执法和查办案件过程中收集的监测数据具有刑事证据资格。但是,对于地方生态环境部门及其所属监测机构委托第三方检测机构出具报告的证据资格问题,实践中存在不同认识。为统一司法适用,《纪要》明确,地方生态环境部门及其所属监测机构委托第三方检测机构出具的监测报告,地方生态环境部门及其所属监测机构在行政执法过程中予以采纳的,其实质属于《解释》第12条规定的"环境保护主管部门及其所属监测机构在行政执法过程中收集的监测数据",在刑事诉讼中可以作为证据使用。

第三部分

办理污染环境犯罪案件重点问题

一、污染环境罪的立法沿革

我国关于污染环境罪的立法沿革大致经历了1979年《刑法》的分散式规定、1997年《刑法》"重大环境污染事故罪"的增设、2011年《刑法修正案（八）》"污染环境罪"的独立以及2021年《刑法修正案（十一）》明确破坏环境资源将入刑定罪严惩四个阶段。污染环境罪在这四个阶段经历了从无到有、从粗到细、从分散到集中、从规制滞后到规制前置，不断完善的蜕变过程。

第一阶段，关于污染环境犯罪的规定散布于其他章节、相关的单行刑法和附属刑法当中，对于刑事处罚污染环境行为具有萌芽意义，但立法目的并非基于专门保护环境资源法益的角度，保护环境资源力度明显欠缺。

第二阶段，刑法将分散凌乱的污染环境犯罪的规定加以整合并冠以"重大环境污染事故罪"，提高了污染环境犯罪的法律位阶，但是在适用对象和危害结果上均作出了限制性规定，保护环境资源力度仍需提高。

第三阶段，污染环境的行为独立成罪，并且取消了"致使公私财产遭受重大损失或者人身伤亡的严重后果"的限制，这种重构性的修改体现刑法更加注重对环境本身的保护。此外，"环境法益"概念的提出，使得污染环境犯罪的刑事立法理念发生重大转变。而随着"两高"于2013年及2016年两次发布《关于办理环境污染刑事案件适用法律若干问题的解释》（以下简称《2013年解释》《2016年解释》），以及《关于办理环境污染刑事案件有关问题座谈会纪要》（以下简称《2019年纪要》）、《环境保护行政执法与刑事司法衔接工作办法》等规范性文件的相继出台，细化了罪状表述，提升了对污染环境犯罪的打击力度。

第四阶段，十三届全国人大第一次会议第三次全体会议，审议通过宪法修正案，将"生态文明"写入宪法。制定了《土壤污染防治法》《长江保护法》《资源税法》，修改《固体废物污染环境防治法》等12部生态环境领域专项法律。同时打造"绿色"民法典，将绿色原则确立为民法典的基本原则，特别是在侵权责任编"环境污染和生态破坏责任"一章中，对污染环境、破坏生态行为规定了较为完善的民事侵权责任制度。《刑法修正案（十一）》在《刑法》第338条基础上对"污染环境罪"做了三点修改：一是增加了特别严重情形；二是相应增加了更高的刑罚；三是补充了法条竞合及从一重处罚规则。一般情形的污染环境罪，是指违反国家规定，排放、倾倒或者处置有放射性的废物、含传染病病原体的废物、有毒物质或者其他有害物质，严重污染环境的，处3年以下有期徒刑或者拘役，并处或者单处罚金。情节严重的污染环境罪，是指违反国家规定，排放、倾倒或者处置有放射性的废物、含传染病病原体的废物、有毒物质或者其他有害物质，情节严重的，处3年以上7年以下有期徒刑，并处罚金。情节特别严重的污染环境罪，是指违反国家规定，排放、倾倒或者处置有放射性的废物、含传染病病原体的废物、有毒物质或者其他有害物质，情节特别严重的，处7年以上有期徒刑，并处罚金。所谓"情节特别严重"包括四种具体情节：（1）在饮用水水源保护区、自然保护地核心保护区等依法确定的重点保护区域排放、倾倒、处置有放射性的废物、含传染病病原体的废物、有毒物质，情节特别严重的；（2）向国家确定的重要江河、湖泊水域排放、倾倒、处置有放射性的废物、含传染病病原体的废物、有毒物质，情节特别严重的；（3）致使大量永久基本农田基本功能丧失或者遭受永久性破坏的；（4）致使多人重伤、严重疾病，或者致人严重残疾、死亡的。法条竞合的定罪量刑，是指行为人实施了违反国家规定，排放、倾倒或者处置有放射性的废物、含传染病病原体的废物、有毒物质或者其他有害物质，构成污染环境罪，同时其他行为方式或者结果触犯刑法其他相关法条，又构成其他犯罪，依照处罚较重的规定定罪处罚。修正案的出台反映了立法者直面现实、严惩犯罪的态度，同时也是对生效施行的民法典"绿色原则"的回应，真正将保护人民环境利益落到制度层面，守护人类共同的碧水蓝天。

习近平总书记强调，要始终坚持用最严格制度最严密法治保护生态环境，健全美丽中国建设的保障体系。在《刑法修正案（十一）》施行后，有必要根据修改后《刑法》第338条的规定，对《2016年解释》及时作出调整，以确保法律统一、有效实施。2023年8月8日，"两高"第三次发布《关于办理环境污染刑事案件适用法律若干问题的解释》（以下简称《2023年解释》），自2023年8月15日（首个全国生态日）起施行，充分体现了"两高"依法严惩环境污染犯罪、助力生态文明建设的坚定立场，对于全面推进美丽中国建设、加快推进人与自然和谐共生的现代化具有重要意义。

二、污染环境罪的概念和构成特征

污染环境罪是指违反防治环境污染的法律规定,造成环境污染,后果严重,依照法律应受到刑事处罚的行为。

(一)客体特征

本罪的犯罪客体为国家对环境污染防治的管理制度。国家为了保护环境、防治环境污染制定了《环境保护法》《水污染防治法》《大气污染防治法》《固体废物污染环境防治法》《海洋环境保护法》等法律,及《放射性同位素与射线装置安全和防护条例》《危险化学品安全管理条例》和《农药管理条例》等法规。违反这些环境法律、法规构成犯罪的行为,就是对国家环境保护和环境污染防治管理制度的侵犯。

(二)客观方面特征

本罪在客观方面表现为违反国家规定,向土地、水体、大气排放、倾倒或者处置有放射性的废物、含传染病病原体的废物、有毒物质或者其他有害物质,严重污染环境的行为。具体包括三个方面的要件:

1. 违反国家规定。这是构成污染环境罪的前提条件,即违反《环境保护法》《大气污染防治法》《水污染防治法》等环境保护相关国家规定。

2. 排放、倾倒或者处置有放射性的废物、含传染病病原体的废物、有毒物质或者其他有害物质。"排放"是指将有放射性的废物、含传染病病原体的废物、有毒物质或者其他有害物质排入土地、水体和大气的行为,包括泵出、溢出、泄出、喷出等。"倾倒"是指通过船舶、航空器、平台或者其他运载工具,向土地、水体、大气倾卸上述污染物的行为。"处置"是指以焚烧、填埋或其他改变污染物的物理、化学、生物特性的方法处理污染物，以达到减少其数量、缩小其体积、减少或者消除其危险成分的活动，或者将污染物置于特定场所或者设施并不再取回的活动。"处置"行为一般针对固体污染物。

3. 对污染物的理解。认定有放射性的废物、含传染病病原体的废物、有毒物质或者其他有害物质，需要注意以下问题：

（1）有放射性的废物。《放射性污染防治法》规定，贮存、处置和向环境排放放射性废气、废液，必须符合国家放射性污染防治标准；禁止利用渗井、渗坑、天然裂隙、溶洞或者国家禁止的其他方式排放放射性废液。《放射性污染防治法》第62条第（8）项规定："放射性废物，是指含有放射性核素或者被放射性核素污染，其浓度或者比活度大于国家确定的清洁解控水平，预期不再使用的废弃物。"关于《刑法》第338条规定的"有放射性的废物"，应当按照上述界定予以把握。当然，鉴于"有放射性的废物"认定较为复杂，专业性强，故通常应当依据上述规定，结合鉴定意见或者检验报告予以把握。

（2）含传染病病原体的废物。《传染病防治法》规定对含传染病病原体的废物实行严格消毒处理，严禁非法排放、倾倒或者处置。所谓传染性病病原体，是指能在人体或者动物体内生长、繁殖，通过空气、饮食、接触等方式传播，能对人体健康造成危害的传染病菌种和毒种。而含传染病病原体的废物，是指含有传染病病菌的污水、粪便等废弃物。根据《传染病防治法》第3条的规定，传染病分为甲类、乙类和丙类。无论是哪一类传染病病原体的废物，都应该认定为《刑法》第338条规定的"含传染病病原体的废物"。同样，鉴于"含传染病病原体的废物"的认定较为复杂，专业性强，通常应当以鉴定意见或者检验报告为基础加以认定。

（3）有毒物质。《刑法修正案（八）》施行后，污染环境罪涉及的"有毒物质"与重大环境污染事故罪涉及的"有毒物质"差异较大。为统一法律适用，《2016年解释》第15条在《2013年解释》第10条规定的基础上，对"有毒物质"的范围作了明确。《2023年解释》第17条基本沿用《2016年解释》第15条的规定，并根据实践情况对相关情形作了调整。具体而言，下列物质应当认定为"有毒物质"：①危险废物，是指列入国家危险废物名录，或者根据国家规定的危险废物鉴别标准和鉴别方法认定的，具有危险特性的固体废物；②《关于持久性有机污染物的斯德哥尔摩公约》附件所列物质；③重金属含量超过国家或者地方污染物排放标准的污染物；④其他具有毒性，可能污染环境的物质。

（4）其他有害物质。《刑法修正案（八）》将"其他危险废物"修改为"其他有害物质"，拓展了污染物的范围。需要注意的是，在具体把握"有害物质"的范围时，应当充分考虑《刑法修正案（八）》扩展污染环境罪排放、倾倒、处置对象的立法背景，只要所涉物质会对土地、大气、水体造成危害，污染环境，就可以认定为有害物质。特别是一些本身无害的东西，但直接在环境中排放、倾倒、处置，会对环境造成危害，可以认定为"有害物质"。

（三）主体特征

本罪的主体为一般主体，即凡是达到刑事责任年龄具有刑事责任能力的人，均可以构成本罪。单位可以成为本罪主体。

（四）主观方面特征

1. 主观罪过的形式。污染环境罪的主观方面为复合罪过，即包括故意和过失两种罪过形式。司法适用中需要注意的是，故意是通常的罪过形式，即污染环境罪通常由故意构成；过失是例外的罪过形式，即污染环境罪在一定条件下也可以由过失构成。而且，在过失污染环境的案件中，通常而言，行为人对于违反国家规定是明知故犯，而且限于造成实害后果的情形。此外在共同犯罪中，也限于共同故意犯罪，对于两人以上共同过失污染环境犯罪的，不以共同犯罪论处，应当负刑事责任的，按照他们所犯的罪分别处罚。

2. 主观故意的认定。行为人到案后对主观心态的供述是认定其主观罪过形式的重要证据。但是，如果行为人到案后否认其主观上的罪过，则无法直接根据其供述认定主观罪过形态。"主观见之于客观"，司法实践宜注重结合客观证据推定主观罪过形态，特别是行为人实施行为与正常经营活动明显不同的，可以认定其具有污染环境的主观故意。

3. 违法性认识的问题。目前，我国刑法学界主张犯罪故意的明知只要求行为人明知其行为及结果的危害性，而不要求行为人明知行为及结果的违法性。但是，例外情况下，可以因行为人无违法认识而否定其主观故意，即某种行为一向不为法律所禁止，后来在某个特殊时期或者某种特定情况下为刑法所禁止，如果行为人确实不知道法律所禁止，因为不具有对违法性认识的期待可能性，难以直接认定行为人具有犯罪的故意。对污染环境犯罪亦应坚持这一立场，即行为人对所实施污染环境行为是否构成犯罪以及构成何种犯罪的认识，通常不影响污染环境犯罪故意的认定。

三、污染环境罪的追诉标准

（一）一般追诉标准

污染环境罪是环境污染犯罪中最为基础和核心的罪名。《刑法修正案（十一）》实质上对《刑法》第338条在刑罚档次上进行了修改，从污染环境罪原来的两个法定刑档次修改为三个法定刑档次。一是严重污染环境的，处3年以下有期徒刑或者拘役，并处或者单处罚金；二是情节严重的，处3年以上7年以下有期徒刑，并处罚金；三是具有4种具体情形之一的，处7年以上有期徒刑，并处罚金。《2023年解释》第1条将污染环境罪的入罪门槛由"行为入罪+结果入罪"调整为主要以行为入罪，对污染环境罪的入罪门槛"严重污染环境"的具体认定标准作了规定；第2条对污染环境罪第二档法定刑适用标准"情节严重"的具体情形作了规定；第3条对污染环境罪第三档法定刑的具体适用情形作了进一步明确。

（二）"严重污染环境"认定标准

《2023年解释》第1条设定了11项具体情形，对污染环境罪的入罪门槛，即"严重污染环境"的具体认定标准作了规定，具体如下：（1）在饮用水水源保护区、自然保护地核心保护区等依法确定的重点保护区域排放、倾倒、处置有放射性的废物、含传染病病原体的废物、有毒物质的；（2）非法排放、倾倒、处置危险废物3吨以上的；（3）排放、倾倒、处置含铅、汞、镉、铬、砷、铊、锑的污染物，超过国家或者地方污染物排放标准3倍以上的；（4）排放、倾倒、处置含镍、铜、锌、银、钒、锰、钴的污染物，超过国家或者地方污染物排放标准10倍以上的；（5）通过暗管、渗井、渗坑、裂隙、溶洞、灌注、非紧急情况下开启大气应急排放通道等逃避监管的方式排放、倾倒、处置有放射性的废物、含传染病病原体的废物、有毒物质的；（6）二年内曾因在重污染天气预警期间，违反国家规定，超标排放二氧化硫、氮氧化物等实行排放总量控制的大气污染物受过二次以上行政处罚，又实施此类行为的；（7）重点排污单位、实行排污许可重点管理的单位篡改、伪造自动监测数据或者干扰自动监测设施，排放化学需氧量、氨氮、二氧化硫、氮氧化物等污染物的；（8）二年内曾因违反国家规定，排放、倾倒、处置有放射性的废物、含传染病病原体的废物、有毒物质受过二次以上行政处罚，又实施此类行为的；（9）违法所得或者致使公私财产损失30万元以上的；（10）致使乡镇集中式饮用水水源取水中断12小时以上的；（11）其他严重污染环境的情形。

（三）"情节严重"的认定

《2023年解释》第2条对污染环境罪第二档法定刑适用标准"情节严重"的具体情形作了明确，规定了11项升档量刑情形，具体如下：（1）在饮用水水源保护区、自然保护地核心保护区等依法确定的重点保护区域排放、倾倒、处置有放射性的废物、含传染病病原体的废物、有毒物质，造成相关区域的生态功能退化或者野生生物资源严重破坏的；（2）向国家确定的重要江河、湖泊水域排放、倾倒、处置有放射性的废物、含传染病病原体的废物、有毒物质，造成相关水域的生态功能退化或者水生生物资源严重破坏的；（3）非法排放、倾倒、处置危险废物100吨以上的；（4）违法所得或者致使公私财产损失100万元以上的；（5）致使县级城区集中式饮用水水源取水中断12小时以上的；（6）致使永久基本农田、公益林地10亩以上，其他农用地20亩以上，其他土地50亩以上基本功能丧失或者遭受永久性破坏的；（7）致使森林或者其他林木死亡50立方米以上，或者幼树死亡2500株以上的；（8）致使疏散、转移群众5000人以上的；（9）致使30人以上中毒的；（10）致使1人以上重伤、严重疾病或者3人以上轻伤的；（11）其他情节严重的情形。

（四）第三档法定刑的具体适用情形

《刑法修正案（十一）》规定了第三档法定刑的四种具体情形，具体如下：（1）在饮用水水源保护区、自然保护地核心保护区等依法确定的重点保护区域排放、倾倒、处置有放射性的废物、含传染病病原体的废物、有毒物质,情节特别严重的;(2)向国家确定的重要江河、湖泊水域排放、倾倒、处置有放射性的废物、含传染病病原体的废物、有毒物质,情节特别严重的;(3)致使大量永久基本农田基本功能丧失或者遭受永久性破坏的;(4)致使多人重伤、严重疾病,或者致人严重残疾、死亡的。

《2023年解释》第3条对第三档法定刑的具体适用情形作了进一步明确,具体包括:(1)在饮用水水源保护区、自然保护地核心保护区等依法确定的重点保护区域排放、倾倒、处置有放射性的废物、含传染病病原体的废物、有毒物质,具有下列情形之一的:①致使设区的市级城区集中式饮用水水源取水中断12小时以上的;②造成自然保护地主要保护的生态系统严重退化,或者主要保护的自然景观损毁的;③造成国家重点保护的野生动植物资源或者国家重点保护物种栖息地、生长环境严重破坏的;④其他情节特别严重的情形。(2)向国家确定的重要江河、湖泊水域排放、倾倒、处置有放射性的废物、含传染病病原体的废物、有毒物质,具有下列情形之一的:①造成国家确定的重要江河、湖泊水域生态系统严重退化的;②造成国家重点保护的野生动植物资源严重破坏的;③其他情节特别严重的情形。(3)致使永久基本农田50亩以上基本功能丧失或者遭受永久性破坏的。(4)致使3人以上重伤、严重疾病,或者1人以上严重残疾、死亡的。

四、污染环境罪的罪与非罪

（一）《刑法修正案（十一）》对污染环境罪的修改

修改后的《刑法》第338条不但将污染环境罪的法定刑增加到7年以上，最高可判处15年有期徒刑，还将3年以上7年以下有期徒刑所对应的"后果特别严重"情节修改为"情节严重"。同时，还规定了同一行为构成其他犯罪的，"择一重罪"的处罚原则。解决了污染环境罪量刑偏低的现状，加大了对污染环境犯罪的惩处力度。

（二）重点保护区域排污构成"严重污染环境"的情形

《2023年解释》第1条第（1）项将"在饮用水水源保护区、自然保护地核心保护区等依法确定的重点保护区域排放、倾倒、处置有放射性的废物、含传染病病原体的废物、有毒物质的"规定为"严重污染环境"的情形之一。

1. 重点保护区域的认定

为了加大对饮用水水源和自然保护地的保护，《2023年解释》第1条第（1）项将《2016年解释》规定的"在饮用水水源一级保护区、自然保护区核心区……"，修改为"在饮用水水源保护区、自然保护地核心保护区等依法确定的重点保护区域……"。

关于饮用水水源保护区，《水污染防治法》第63条规定，"国家建立饮用水水源保护区制度。饮用水水源保护区分为一级保护区和二级保护区；必要时，可以在饮用水水源保护区外围划定一定的区域作为准保护区。""饮用水水源保护区的划定，由有关市、县人民政府提出划定方案，报省、自治区、直辖市人民政府批准……"。根据《2023年解释》第1条第（1）项规定，不管是在饮用水水源一级保护区还是二级保护区，排放、倾倒、处置有放射性的废物、含传染病病原体的废物、有毒物质的，均符合该项入罪情形。

需要注意的是，《2023年解释》第1条第（1）项规定中的"自然保护地核心保护区"与《2016年解释》规定中的"自然保护区核心区"属于不同的概念。根据2019年6月26日中共中央办公厅、国务院办公厅印发的《关于建立以国家公园为主体的自然保护地体系的指导意见》，国家按照自然生态系统原真性、整体性、系统性及其内在规律，依据管理目标与效能并借鉴国际经验，将自然保护地按生态价值和保护强度高低依次分为三类，包括国家公园、自然保护区、自然公园。国家公园和自然保护区实行分区管控，原则上核心保护区内禁止人为活动，一般控制区内限制人为活动。自然公园原则上按一般控制区管理，限制人为活动。而《自然保护区条例》第18条规定，"自然保护区可以分为核心区、缓冲区和实验区。自然保护区内保存完好的天然状态的生态系统以及珍稀、濒危动植物的集中分布地，应当划为核心区，禁止任何单位和个人进入……"。根据上述规范性文件及法律规定，"自然保护地核心保护区"包括了国家公园和自然保护区中的核心保护区。除了饮用水水源保护区和自然保护地核心保护区，如需将《2023年解释》第1条第（1）项规定扩展至其他重点保护区域，必须严格依据国家政策、法律法规的明确规定。

2. 对重点保护区域排污对象的理解

《2023年解释》第1条第（1）项规定的重点保护区域排污的对象是有放射性的废物、含传染病病原体的废物、有毒物质，不包括一般污染物等其他有害物质。

实践中，适用该项规定构成污染环境罪的案例较少。例如，被告人杨某某开办废旧塑料加工点，从事废旧塑料加工处置，每年收购的废旧塑料中含有大量一次性注射器、一次性输液器等医疗废物。杨某某对医疗废物进行分拣，再将医疗废物及性质相近的其他废旧塑料一起进行破碎加工，然后将破碎的废料出售。经认定，杨某某的塑料加工点位置在一级水源保护区范围。2013年7月，环保部门在执法过程中两次发现杨某某的塑料加工点存有大量医疗废物，并进行封存。2013年8月，公安机关在对杨某某的塑料加工点现场勘查时，发现存有约290件一次性输液器等医疗废物尚未处置破碎。①

本案主要涉及医疗废弃物的属性认定和在饮用水水源一级保护区处置医疗废物行为的入罪标准两个问题。根据《医疗废物分类目录》的规定，使用后的一次性医疗器械，不论是否剪除针头，是否被病人体液、血液、排泄物污染，均应作为医疗废物进行管理。根据《国家危险废物名录》规定，医疗废物属于危险废物。根据案发时适用的《2013年解释》第10条规定，危险废物属于有毒物质。另外，杨某某的塑料加工点位于沙河地下水一级水源保护区范围内。根据《2013年解释》第1条第（1）项的规定，在饮用水水源一级保护区处置有毒物质的，应当认定为"严重污染环境"。

（三）排放、倾倒、处置危险废物超标构成"严重污染环境"的情形

《2023年解释》第1条第（2）项将"非法排放、倾倒、处置危险废物3吨以上的"规定为"严重污染环境"的情形之一。

1. 非法处置危险废物的认定

《2023年解释》第7条专门规定："无危险废物经营许可证从事收集、贮存、利用、处置危险废物经营活动，严重污染环境的，按照污染环境罪定罪处罚；同时构成非法经营罪的，依照处罚较重的规定定罪处罚。实施前款规定的行为，不具有超标排放污染物、非法倾倒污染物或者其他违法造成环境污染的情形的，可以认定为非法经营情节显著轻微危害不大，不认为是犯罪；构成生产、销售伪劣产品等其他犯罪的，以其他犯罪论处。"

（1）处置危险废物的形式多样。《固体废物污染环境防治法》第124条第（9）项规定："处置，是指将固体废物焚烧和用其他改变固体废物的物理、化学、生物特性的方法，达到减少已产生的固体废物数量、缩小固体废物体积、减少或者消除其危险成分的活动，或者将固体废物最终置于符合环境保护规定要求的填埋场的活动。""焚烧"属于其中之一，未取得危险废物处置许可证，焚烧危险废物，违法造成环境污染的，应当认定为非法处置危险废物。

---

① 参见河北省新乐市人民法院（2013）新刑公初字第142号刑事判决书。

（2）非法处置危险废物以违法造成环境污染为实质要件。根据《2023年解释》第1条第（2）项的规定，"非法处置危险废物3吨以上"是认定"严重污染环境"的具体情形之一。同时，第7条作了明确规定，一方面，确立无危险废物经营许可证从事收集、贮存、利用、处置危险废物经营活动的入罪以违法造成环境污染为实质要件，未违法造成环境污染的，可以认定为情节显著轻微危害不大，不认为是犯罪；另一方面，加大对此类行为的刑事惩处力度，允许适用非法经营罪，对同时符合污染环境罪和非法经营罪的情形，择一重罪处断。

（3）非法处置危险废物"违法造成环境污染"的判定。非法处置危险废物应当以违法造成环境污染为要件，不具有超标排放污染物、非法倾倒污染物或者其他违法造成环境污染情形的，可以认定为情节显著轻微危害不大，不认为是犯罪。需要注意的是，对于"违法造成环境污染"要件的判断应当把握相对宽泛的标准，即不要求一定达到《2023年解释》第1条其他项规定的"严重污染环境"的具体情形。例如，未按规定安装特定污染防治设施，处置过程中超过标准排放污染物（虽然未达到超过特定标准3倍以上），或者将处置剩余的污染物违反规定倾倒的，可以认定为具备"违法造成污染环境"的要件，以污染环境罪论处；相反，如果在处置危险废物的过程中采取了特定的污染防治措施，未违法造成环境污染的，通常情况下应当认定为情节显著轻微危害不大，不认为是犯罪。

（4）非法利用危险废物的定性。《固体废物污染环境防治法》第124条第（8）项规定："利用，是指从固体废物中提取物质作为原材料或者燃料的活动。"司法实践中，对于非法处置危险废物的认定，特别是处置危险废物与利用危险废物之间的关系，存在较大认识分歧。经研究认为，"利用"本身也是一种处置行为，其核心在于判断是否违法造成环境污染。为尽量扩充"非法处置危险废物"的范围，统一相关案件的处理，《2023年解释》第18条专门规定："无危险废物经营许可证，以营利为目的，从危险废物中提取物质作为原材料或者燃料，并具有超标排放污染物、非法倾倒污染物或者其他违法造成环境污染的情形的行为的，应当认定为'非法处置危险废物'。"

2. 危险废物的数量认定

根据《2023年解释》第1条第（2）项规定，非法排放、倾倒、处置危险废物 3 吨以上的，才认定为"严重污染环境"。因此，"3 吨以上"成为非法排放、倾倒、处置危险废物构成污染环境罪的入罪门槛。

（1）危险废物数量的累计。对于行为人多次排放、倾倒、处置危险废物的，原则上应当将数量累计计算。同样，行为人一次将危险废物在不同地点分别排放、倾倒、处置的，数量也应当累计计算。

（2）非法排放、倾倒、处置危险废物未遂的处理。对于行为人未来得及倾倒的危险废物，可以依法认定为犯罪未遂。对于行为人未遂部分，可以从轻或者减轻处罚。

（3）危险废物数量综合全案证据的认定。《2023 年解释》确立了对危险废物数量的认定规则，其第 15 条第 2 款规定，"对于危险废物的数量，依据案件事实，综合被告人供述，涉案企业的生产工艺、物耗、能耗情况，以及经批准或者备案的环境影响评价文件等证据作出认定"。

（四）排放、倾倒、处置重金属污染物超标构成"严重污染环境"的情形

《2023 年解释》第 1 条第（3）项、第（4）项将"排放、倾倒、处置含铅、汞、镉、铬、砷、铊、锑的污染物，超过国家或者地方污染物排放标准 3 倍以上的"以及"排放、倾倒、处置含镍、铜、锌、银、钒、锰、钴的污染物，超过国家或者地方污染物排放标准 10 倍以上的"规定为"严重污染环境"的情形之一。

1. 地方污染物排放标准优于国家污染物排放标准适用

地方污染物排放标准优于国家污染物排放标准适用，是环境保护法及相关法律确立的原则。根据《刑法》第 338 条规定，构成污染环境罪的前提条件是"违反国家规定"，而根据《刑法》第 96 条的规定，违反国家规定，是指违反全国人民代表大会及其常务委员会制定的法律和决定，国务院制定的行政法规、规定的行政措施、发布的决定和命令。需要注意的是，国务院环境保护行政主管部门的规章和规定本身并非"国家规定"。因此，单纯违反国务院环境保护行政主管部门的规章和规定的行为，不能认定为"违反国家规定"。但是，环境保护法已经授权国务院环境保护行政主管部门制定国家污染排放标准。因此，违反了国家污染物排放标准，也就相应违反了环境保护法的规定，属于"违反国家规定"。因此，从严

格意义上来讲，判断排放污染物超标程度从而认定是否构成污染环境罪的标准，应当是国务院环境保护行政主管部门依照环境保护法的规定，根据国家环境质量标准和国家经济、技术条件制定的国家污染物排放标准。但是，地方污染物排放标准不同于其他类型的地方标准，是省、自治区、直辖市人民政府根据环境保护法及相关法律授权制定的标准，且法律明确规定了其优于国家污染物排放标准适用。因此，违反地方污染物排放标准排放污染物的行为，相应地违反了环境保护法及相关法律的规定，也应当认定为"违反国家规定"。

2. "非法排放"的认定

对于《2023年解释》第1条第（3）项、第（4）项应当作为整体解释，不能人为割裂其中的内容。经过批准的排放污染物行为，仅仅是批准在污染物排放标准范围内排放污染物，并未批准其超标排放，因此对于排放相关污染物超过污染物排放标准的，自然就属于"非法排放"。

3. 超过污染物排放标准的认定

《刑法》第99条规定，"本法所称以上、以下、以内，包括本数。"相应地，对于"超过"，则应当理解为不包括本数。因此，对于《2023年解释》第1条第（3）项、第（4）项规定的"超过国家污染物排放标准或者地方污染物排放标准3倍/10倍以上"，则应当理解为不包括本数在内，对于非法排放有关污染物浓度恰好为国家或者地方污染物排放标准3倍/10倍的情形，不能认定为"严重污染环境"。

4. 监测取样点的选定

关于监测取样点的问题，应当依据环境监测的相关规定，不一定要以最终排入外环境点位标准。对于依照有关规定对污染物进行监测，在不同取样点获取不同值的，应当以最高值进行评价。但同时应当注意的是，要排除由于其他原因形成的含量明显异于标准的情形，如根据工艺排除所排放的污染物为监测最高值的可能（最高值可能是由于沉淀物累积而成），则应当根据实际情况选择适当的监测值。

5. 不可避免的超标排污行为不宜认定为犯罪

构成污染环境罪需存在主观罪过，对于主观上无罪过的事件不能进行刑事归责。而从污染物的排放实践来看，受技术条件和各种因素限制，确实存在行为人意志无法左右的超标排污行为。对此种情形，应当根据刑法规定和刑法理论，实事求是地处理，即使超过污染物排放标准3倍/10倍以上，也不能认定为犯罪。具体而言，主要有如下两种情形：（1）防治污染设施及相关设备的安装、调试期间发生的超标排放情形；（2）防治污染设施及相关设备发生故障，在故障发生后、发现前这段时间内的超标排放也是人力所不能抗拒的，不能认定为犯罪。但是，如果行为人明知防治污染设施及相关设备发生故障，而故意或者违反有关规定未及时采取措施，则可能构成污染环境罪或者其他相应犯罪。

（五）隐蔽排污构成"严重污染环境"的情形

《2023年解释》第1条第（5）项将"通过暗管、渗井、渗坑、裂隙、溶洞、灌注、非紧急情况下开启大气应急排放通道等逃避监管的方式排放、倾倒、处置有放射性的废物、含传染病病原体的废物、有毒物质"规定为"严重污染环境"的情形之一。该项规定针对当前较为普遍且危害性较大的隐蔽排放、倾倒、处置污染物行为专门作出了隐蔽排污情形的认定。关于《2023年解释》第1条第（5）项的理解和适用问题，主要注意两点：一是排污的方式，即通过暗管、渗井、渗坑、裂隙、溶洞、灌注、非紧急情况下开启大气应急排放通道等逃避监管的方式；二是排污的对象，特指有放射性的废物、含传染病病原体的废物以及有毒物质。

1. 对"暗管"等隐蔽排污方式的理解

对《2023年解释》第1条第（5）项规定的排污方式（注意含"等"字）的理解，重点在于隐蔽式排污的本质特征在于通过隐蔽的方式达到逃避监管的目的。"暗管"等逃避监管方式是污染环境罪入罪行为方式之一，直接关系到案件罪与非罪的认定，但是司法实践中却存在重大分歧。在"暗管"的定义、内涵等没有法律明确规定的情况下，一方面要考虑其字面含义，另一方面在相关法律法规中探寻其本意，对其进行实质解释。

首先，"暗"的本质在于未经审批。"暗管"概念最早出现在《2013年解释》中，该解释却没有规定明确的定义，这是实务中分歧较大的直接原因。2014年公安部、工业和信息化部、环境保护部等部门发布《行政主管部门移送适用行政拘留环境违法案件暂行办法》第5条第2款规定："暗管是指通过隐蔽的方式达到规避监管目的而设置的排污管道，包括埋入地下的水泥管、瓷管、塑料管等，以及地上的临时排污管道。"由此规定可以看出,"暗管"包含以下三个要素:隐蔽方式、规避监管、排污管道。"暗"字本身具有隐蔽的含义,"管"字意味着排污管道,隐蔽的目的在于逃避监管方式,似乎"暗管"的定义已经非常明确。但是,隐蔽的含义却并不是十分明确,是以肉眼能否看见为标准,还是以是否经环保等主管部门许可为标准,存在争议。[①]2016年10月27日,环境保护部出台的《关于逃避监管违法排污情形认定有关问题的复函》中明确规定:"通过暗管等逃避监管的方式违法排放污染物,是指通过暗管等不经法定排放口排放污染物等逃避监管的方式违法排放污染物"。该《回复》直接明确"不经法定排放口排放"属于逃避监管方式,由此可知隐蔽的本质在于未经环保等部门审批。同时,司法解释规定通过暗管等逃避监管方式排放即达到严重污染环境程度,主要是因为暗管等方式没有经过环保等主管部门审批,而现实中这也很难被监管,对环境潜在危害极大。如果将暗管的隐蔽性停留在肉眼可见的判断标准,会造成打击范围过于缩小。[②]

其次,"管"的本质不应局限于成型管道。"管"本身的字面含义是管道。根据司法解释规定,"管"是与坑、井、缝、洞等在形态上不同但性质上相同的排污方式。实践中,逃避监管的排污方式花样百出,如果仅将"管"局限为成型管道,则利用不符合坑、井、缝、溶洞等外形特征的沟、渠进行排污的,必然无法受到打击,有放纵犯罪之嫌,也违背立法本义。我们认为,"管"的认定不应局限于表义,而应从法律角度进行认定,沟、渠等只要具有一定的逃避监管、隐蔽性或者未经环保机关等允许,均可以认定为是暗管的一种形式。对"管"不能狭义地理解为仅指成型管道,应当界定为所有具有排放流动性物质功能的通道,包括为逃避监管目的而利用的沟、渠等排放方式。[③]

2. 对隐蔽式排污对象的理解

隐蔽式排污的对象,是有放射性的废物、含传染病病原体的废物、有毒物质,不包括一般污染物等其他有害物质。但对于"有毒物质"应

---

① 钱小平:《环境法益与环境犯罪司法解释之应然立场》,载《社会科学》2014年第8期。

② 史运伟:《污染环境罪司法适用疑难问题研究》,载《重庆理工大学学报(社会科学版)》2020年第8期。

③ 薄晓波:《污染环境罪司法解释评析》,载《环境经济》2013年第10期。

当从实质上加以把握，而不应从形式上理解。如《2023年解释》规定的有毒物质中的"重金属含量超过国家或者地方污染物排放标准的污染物"，由于国家允许达标排放含重金属的污染物，故不应认为只要污染物中含有重金属即属"有毒物质"，而应限于重金属含量超过国家或者地方污染物排放标准的污染物。对于通过暗管、渗井、渗坑、裂隙、溶洞、灌注、非紧急情况下开启大气应急排放通道等逃避监管的方式排放含重金属的物质，但经监测发现重金属含量并未超过国家或者地方污染物排放标准的案件，由于隐蔽式排污的对象并不属于刑法意义上的有毒物质，不宜认定为污染环境犯罪。①

（六）多次污染环境构成"严重污染环境"的情形

《2023年解释》第1条第（6）项、第（8）项将"二年内曾因在重污染天气预警期间，违反国家规定，超标排放二氧化硫、氮氧化物等实行排放总量控制的大气污染物受过二次以上行政处罚，又实施此类行为的"以及"二年内曾因违反国家规定，排放、倾倒、处置有放射性的废物、含传染病病原体的废物、有毒物质受过两次以上行政处罚，又实施前列行为的"规定为"严重污染环境"的情形之一。该条款针对受过行政处罚后屡教不改仍实施污染环境的行为作出专门规定，彰显了污染环境罪情节犯的立法宗旨。

1. "二年内"的把握

《2023年解释》第19条第1款规定："本解释所称'二年内'，以第一次违法行为受到行政处罚的生效之日与又实施相应行为之日的时间间隔计算确定。"需要注意以下两点：（1）"两次以上行政处罚"均应当处于二年内。"二年内"的起算时间以第一次行政处罚发生法律效力之日为标准。具体而言：应以第一次行政处罚生效而非行政立案查处之日作为起算时间；如果行政相对人针对第一次行政处罚提起行政复议或者行政诉讼的，除复议或者诉讼不停止执行的情形外，应以行政复议决定或者行政诉讼裁决生效之日作为起算之日。（2）第三次实施的同类行为也应当发生在二年内。

---

① 喻海松：《污染环境罪若干争议问题之厘清》，载《法律适用》2017年第23期。

2. "两次以上行政处罚"的认定

《2023年解释》第1条第（6）项、第（8）项并未将"两次以上行政处罚"的主体范围限定为环境保护主管部门。因此，"两次以上行政处罚"不限于环境保护主管部门的行政处罚，也可能包括其他部门，如水行政主管部门对违反水污染防治法行为的行政处罚，甚至是公安机关的行政处罚。

3. 行为对象的把握

《2023年解释》第1条第（6）项、第（8）项规定的无论是受过两次以上行政处罚的行为，还是又实施的同类行为，都必须针对特定的行为对象。《2023年解释》第1条第（6）项针对的行为对象为"二氧化硫、氮氧化物等实行排放总量控制的大气污染物。值得关注的是，当前"实行排放总量控制的大气污染物"主要包括二氧化硫与氮氧化物。如需将这一规定扩展至其他大气污染物，必须严格依据国家政策、法律法规的明确规定，同时结合污染物检测技术水平依法判定。如缺乏明确的政策法规依据，或不具备与二氧化硫、氮氧化物相当的检测技术，无法实现准确识别与有效检测，则不应直接将其纳入实行排放总量控制的大气污染物范围。《2023年解释》第1条第（8）项针对的行为对象限于"有放射性的废物、含传染病病原体的废物、有毒物质"。需要注意的是，上述规定针对的行为对象不要求每次行为所涉物质为同种物质。

（七）篡改、伪造自动监测数据排污构成"严重污染环境"的情形

《2023年解释》第1条第（7）项将"重点排污单位、实行排污许可重点管理的单位篡改、伪造自动监测数据或者干扰自动监测设施，排放化学需氧量、氨氮、二氧化硫、氮氧化物等污染物的"规定为"严重污染环境"的情形之一。

1. 行为主体的认定

该项规定针对特定的行为主体，即重点排污单位、实行排污许可重点管理的单位。《2023年解释》第19条第2款专门规定："本解释所称'重点排污单位'，是指设区的市级以上人民政府环境保护主管部门依法确定的应当安装、使用污染物排放自动监测设备的重点监控企业及其他单

位"。可见，重点监控企业属于重点排污单位的主要组成部分，具体包括国家重点监控企业、省级重点监控企业和市级重点监控企业。

《2023年解释》第1条第（7）项在《2016年解释》规定的基础上，新增"实行排污许可重点管理的单位"的行为主体，是为了与前置行政法规实现更好衔接，保障环境自动监测制度严格落实。《排污许可管理条例》第20条第1款规定："实行排污许可重点管理的排污单位，应当依法安装、使用、维护污染物排放自动监测设备，并与生态环境主管部门的监控设备联网。"

2. 行为方式的认定

根据《2023年解释》第1条第（7）项的规定，具体行为方式包括篡改、伪造自动监测数据和干扰自动监测设施。自动监测数据造假大致可以分为两类：一类是有形方式，又称"硬手段"，主要表现为通过破坏采样系统等硬件手段造假，如在设备采样管上私接稀释装置或者通过其他方式稀释采集的污染物样品（如废气样品）；另一类是采取无形方式，又称"软手段"，即通过对自动监控系统中存储、处理、传输的数据和应用程序进行删除、修改、增加的，主要表现为修改自动监测设施工作参数，或者利用造假软件模拟数据等。

需要注意以下几点。第一，当前自动监测设施主要监测化学需氧量、氨氮、二氧化硫、氮氧化物，而这些物质并不必然属于"有毒物质"，故该项并未要求排放有毒物质。第二，考虑到未来自动监测设施监测的污染物范围可能会拓展，故该项的表述为"化学需氧量、氨氮、二氧化硫、氮氧化物等污染物"，为未来的发展留有适当的空间。第三，该项只是要求"篡改、伪造自动监测数据或者干扰自动监测设施"的同时"排放化学需氧量、氨氮、二氧化硫、氮氧化物等污染物"，即行为人篡改、伪造自动监测数据或者干扰自动监测设施的同时还在排放上述污染物即可，并未要求超标排放。

（八）违法所得或者致使公私财产损失构成"严重污染环境"的情形

《2023年解释》第1条第（9）项将"违法所得或者致使公私财产损失30万元以上的"规定为"严重污染环境"的情形之一。实践中，公私财产损失数额往往需要进行司法鉴定，而行为人实施污染环境行为除客观上造成公私财产损失外，其主要目的是牟利，而这通常表现为增加收入（违法所得），所以违法所得的计算在一些案件中更具可操作性。

（九）致使取水中断构成"严重污染环境"的情形

《2023年解释》第1条第（10）项将"致使乡镇集中式饮用水水源取水中断12小时以上的"规定为"严重污染环境"的情形之一。根据环境保护部《集中式饮用水水源环境保护指南（试行）》的规定，集中式饮用水水源是指进入输水管网送到用户的和具有一定供水规模（供水人口大于1000人）的饮用水水源。因此，对于未进入输水管网或者供水规模较小的饮用水水源，虽然供附近的单位或者居民取水使用，但也不能认定为该项规定中的"集中式饮用水水源"。

实践中还需要注意，一些地方存在饮用水备用水源，在集中式饮用水水源被污染无法正常饮用、饮用水水源不能正常供水的情况下，根据应急机制的相关规定，有关部门会及时启用备用水源，通过备用水源取水进入输水管网送到用户。此种情况下面临的问题是，即使被污染的乡镇集中式饮用水水源取水中断12小时以上，但通过启用备用水水源使得居民仍能正常用水的，能否认为符合《2023年解释》第1条第（10）项的规定。我们认为，此种情况下，虽然由于及时启用备用水源使得居民用水未受到影响，但行为人对饮用水水源的污染是客观存在的，如果致使该乡镇集中式饮用水水源经及时、正常处理（须排除由于人为原因未及时处理污染的情形）在12小时后才达到正常供水要求的，仍应认定为"致使乡镇集中式饮用水水源取水中断12小时以上"，构成严重污染环境。

五、污染环境罪的此罪与彼罪

(一) 污染环境罪与非法经营罪

《2013年解释》施行以后,司法机关发现无危险废物经营许可证从事收集、贮存、利用、处置危险废物经营活动,是污染环境犯罪案件高发的源头。《2016年解释》出台,明确了在无证经营危险废物污染环境刑事案件中可以适用非法经营罪,与污染环境罪择一重罪处罚。《2023年解释》继续沿用《2016年解释》的规定。

1. 非法经营罪在环境污染刑事案件中的适用依据

《2023年解释》第7条规定:"无危险废物经营许可证从事收集、贮存、利用、处置危险废物经营活动,严重污染环境的,按照污染环境罪定罪处罚;同时构成非法经营罪的,依照处罚较重的规定定罪处罚。实施前款规定的行为,不具有超标排放污染物、非法倾倒污染物或者其他违法造成环境污染的情形的,可以认定为非法经营情节显著轻微危害不大,不认为是犯罪;构成生产、销售伪劣产品等其他犯罪的,以其他犯罪论处。"根据这一规定,无证收集、贮存、利用、处置危险废物的环境污染刑事案件,将会产生污染环境罪和非法经营罪的竞合,可能会面临最高刑15年有期徒刑的处罚。明确判断是否在环境污染刑事案件中适用非法经营罪,要以违法造成环境污染为实质要件,否则即认定为非法经营情节轻微,不认定为犯罪。

2. 非法经营罪在环境污染刑事案件中的适用原则

污染环境罪与非法经营罪竞合适用要注意把握两个原则:一是要坚持实质性判断原则。对行为人非法经营危险废物行为的社会危害性作实质性判断。如一些单位或者个人虽未依法取得危险废物经营许可证,但其收集、贮存、利用、处置危险废物经营活动,没有超标排放污染物、非法倾倒污染物或者其他违法造成环境污染情形的,则不宜以非法经营罪论处。二是要坚持综合判断原则。对行为人非法经营危险废物行为,根据其在犯罪链条中的地位、作用综合判断其社会危害性。比如,有证据证明单位或个人的无证经营危险废物行为属于危险废物非法经营产业链的一部分,并且已形成了分工负责、利益均沾、相对固定的犯罪链条,如果行为人或者与其联系紧密的上游或者下游环节具有排放、倾倒、处置危险废物违法造成环境污染的情形,且交易价格明显异常的,对行为人可以根据案件具体情况在污染环境罪和非法经营罪中择一重罪处断。

例如,阿散酸是一种兽药的药物饲料添加剂,属于农业部严格限制生产的产品。于某甲未经批准于2009年4月开始生产阿散酸,非法经营额共计194万元。于某甲将生产过程中产生的含砷量严重超标的废水存放于已做防渗处理的专用蓄水池内,未进行净化处理。于某甲明知生产阿散酸产生的是高浓度含砷剧毒废水,也明知排放该剧毒废水可能产生的严重后果,仍指使时任该公司生产厂长的许某某、时任公司采购员的于某乙二人将池内的有毒废水在适当时予以排出。2009年7月,许某某、于某乙分两次将蓄水池内700余立方米的废水排至南涑河中,致使高新区、罗庄区、南涑河、老涑河、五里河等主要河流严重污染,造成经济损失共计人民币3700余万元。法院认为,三被告人的行为危害了公共安全,使国家财产遭受重大损失,均已构成投放危险物质罪。此外,被告人于某甲还构成非法经营罪。对被告人于某甲以投放危险物质罪、非法经营罪数罪并罚。①

本案的处理结果体现了《2023年解释》第7条规定的,在无证经营危险废物污染环境刑事案件中可以适用非法经营罪,与污染环境罪择一重罪处罚。

(二)污染环境罪与投放危险物质罪

1. 处理原则

投放危险物质罪,是指故意投放毒害性、放射性、传染病病原体等

---

① 参见吴献萍:《我国水污染犯罪刑法适用的困境及其解决途径——以盐城水污染案为视角》,载《河北法学》2011年第11期。

物质，危害公共安全的行为。从实践来看，违反国家规定，故意排放、倾倒、处置含有毒害性、放射性、传染病病原体等物质的污染物，实质上是直接投放毒害性、放射性、传染病病原体等物质，根据刑罚理论，属于想象竞合犯，可依照《刑法》第114条、第115条第1款的规定，以投放危险物质罪定罪处罚。

《刑法修正案（八）》将重大环境污染事故罪修改为污染环境罪后，一般认为污染环境罪的主观方面通常系故意，即行为人的非法排放、倾倒、处置行为对环境污染主观上系故意。但是，对于违反国家规定，排放、倾倒、处置含有毒害性、放射性、传染病病原体等物质的污染物，造成十分严重后果的，是否适用投放危险物质罪，实践中存在不同认识。针对上述情况，司法解释有必要对此予以明确，以统一法律适用。经研究认为，污染环境的行为能否构成其他犯罪，关键取决于所涉行为是否同时符合污染环境罪与其他犯罪的构成要件。这并不违反罪刑法定原则，罪刑法定原则也并不意味着某种行为只符合某一个犯罪构成，否则，就不可能存在竞合犯的问题了。行为人违反国家规定，排放、倾倒、处置污染物，严重污染环境的行为，原则上只能定性为污染环境罪，但如果所涉犯罪同时符合了投放危险物质罪的构成要件，如污染物系含有毒害性、放射性、传染病病原体等物质的污染物，可以认定为投放危险物质罪的对象"危险物质"；污染行为构成对公共安全的危害的，则应当认定该行为同时符合污染环境罪与投放危险物质罪，以处罚较重的犯罪定罪处罚。基于此，《2013年解释》第8条规定："违反国家规定，排放、倾倒、处置含有毒害性、放射性、传染病病原体等物质的污染物，同时构成污染环境罪、非法处置进口的固体废物罪、投放危险物质罪等犯罪的，依照处罚较重的犯罪定罪处罚。"《2016年解释》第8条以及《2023年解释》第9条继续沿用上述规定。

2. 污染环境罪与投放危险物质罪的竞合

污染环境罪与投放危险物质罪竞合，必须满足下列条件：（1）排放、倾倒或者处置的废物必须是有放射性、含传染病病原体、有毒物质。如果排放、倾倒或者处置的是其他有害物质，只是污染环境，不致于危害公共安全。（2）排放、倾倒或者处置的有放射性的废物、含传染病病原体的废物、有毒物质，必须是已造成危害公共安全的后果或者存在足以危害人生命和健康的可能。如果没有证据证明排放、倾倒或者处置的污染物足以危害人体健康，也就无法认定危害公共安全。比如将有害物质排放到湖泊、河流中，稀释后含量极低，对人体健康已构不成危害，也就不能危害公共安全。（3）排放、倾倒或者处置有放射性废物、含传染病病原体的废物、有毒物质，主观方面必须系故意，过失不能构成投放危险物质罪。

3.需要注意的其他问题

司法适用中需要特别注意，对污染环境的行为，原则上应当适用污染环境罪，投放危险物质罪的适用，应当特别慎重。

（1）认定行为人主观方面应综合行为人供述、认知能力、犯罪行为等证据，不能仅以犯罪危害后果严重反推行为人的主观方面具有危害公共安全的故意。

（2）对涉案行为人主观上是否符合投放危险物质罪所要求的要件，客观上是否对公共安全造成危害的判断，需从严把握。特别是排放、倾倒、处置的污染物的危害程度，可能影响行为的定性。

例如，胡某某、丁某某投放危险物质案。本案中，法院以被告人胡某某、丁某某明知其公司在生产过程中所产生的废水含有毒害性物质，仍然直接或间接地向其公司周边的河道大量排放，放任危害不特定多数人的生命、健康和公私财产安全结果的发生，使公私财产遭受重大损失，构成投放危险物质罪为由，判处胡某某有期徒刑10年。[①]

由此可见，发生了污染环境和生态损害事件后，触犯的罪名不仅仅是污染环境罪这一个罪名，还有可能是其他较重的罪名。在量刑方面，虽然《刑法修正案（十一）》已经将污染环境罪的刑期提高至15年，但如果同时触犯其他罪名，比如投放危险物质罪，最高量刑可能就是死刑。

---

① 参见江苏省盐城市中级人民法院（2009）盐刑一终字第0089号刑事判决书。

六、污染环境罪的其他有关问题

(一) 单位污染环境犯罪的问题

1. 单位污染环境犯罪的认定

关于单位污染环境犯罪的认定，需要根据案件具体情况准确把握，重点从是否为了单位利益和是否经单位集体研究决定，或者由单位负责人决定、同意，或者被授权的其他人决定、同意实施两个方面进行判断。

2. 直接负责的主管人员和其他直接责任人员的认定

对于单位犯污染环境罪、非法处置进口的固体废物罪、擅自进口固体废物罪的，刑法明确规定实行"双罚制"，即对单位判处罚金，并对其直接负责的主管人员和其他直接责任人员依照自然人犯罪的规定处罚。所谓直接负责的主管人员，主要是指单位犯罪内对单位犯罪起了主要决策作用的主管人员。所谓直接责任人员，主要是指在直接负责的主管人员的授意、指挥下积极参与实施单位犯罪的一般工作人员。

(二) 污染环境共同犯罪的认定

在污染环境案件中，两人以上具有共同的污染环境故意，通过分工配合，共同实施污染环境犯罪行为，即成立污染环境罪的共同犯罪。在污染环境案件的共同犯罪中，既有实施污染环境行为的实行犯，也有教唆犯以及帮助犯，如明知行为人实施非法倾倒、处置危险废物污染环境犯罪行为，而为其提供场地、帮助看管场地、望风的，构成帮助犯。

实践中，一些单位和个人非法排放、倾倒、处置危险废物，行为人分工明确，相互配合，呈现出明显的产业化迹象，甚至形成了"一条龙"作业。对于此类犯罪，不仅要依法惩治直接污染环境的行为人，更要打源头、追幕后，依法追究危险废物提供者的刑事责任。为此，《2023年解释》第 8 条明确规定："明知他人无危险废物经营许可证，向其提供或者委托其收集、贮存、利用、处置危险废物，严重污染环境的，以共同犯罪论处。"关于本条的适用，办案中需要注意以下几点：

1. 上游单位或个人构成污染环境罪共犯的认定

针对上游单位或个人构成污染环境罪的共犯，司法机关只需要证明行为人明知对方无危险废物经营许可证，不需要证明行为人明知对方后续会实施非法排放、倾倒、处置行为。根据《固体废物污染环境防治法》第 80 条的规定，从事收集、贮存、利用、处置危险废物经营活动的单位，应当按照国家有关规定申请取得许可证。许可证的具体管理办法由国务院制定。禁止无许可证或者未按照许可证规定从事危险废物收集、贮存、利用、处置的经营活动。禁止将危险废物提供或者委托给无许可证的单位或者其他生产经营者从事收集、贮存、利用、处置活动。从该规定可知，从事危险废物经营活动只能以单位形式不能以个人形式，从事危险废物经营活动必须按照有关规定申领许可证，将危险废物提供或者委托给其他单位处理必须查验对方有无许可证。危险废物经营行业是需要准入门槛的技术行业，无危险废物许可证的个人后续实施非法排放、倾倒、处置行为的可能性极大。因此，行为人作为危险废物行业人员，只要其明知对方无危险废物许可证，就可以推定其明知对方后续会实施非法排放、倾倒、处置行为。

2. 委托人与被委托人构成污染环境罪共犯的认定

无论经过多少层委托，只要行为人主观上具有污染环境的故意，委托人与被委托人都依法构成污染环境罪，而且，委托人系犯意的提起者，被委托人系污染环境行为的实行者，可依法不区分主从犯进行定罪量刑。

（三）打击关联违法犯罪行为

对于排污单位存在自动监测数据弄虚作假的污染环境案件，不仅要重点打击篡改、伪造自动监测数据或者干扰自动监测设施中涉及的破坏计算机信息系统犯罪，还应当通过执法司法联动机制，要求公安机关、生态环境执法部门对违法案件中出具比对监测报告的第三方监测单位进行检查，依法严肃查处提供虚假证明文件或出具证明文件重大失实的环境领域违法犯罪行为。

（四）环境污染犯罪相关术语

《2023年解释》在《2016年解释》的基础上，对"有毒物质"的规定作出调整，其第17条规定："下列物质应当认定为刑法第三百三十八条规定的'有毒物质'：（一）危险废物，是指列入国家危险废物名录，或者根据国家规定的危险废物鉴别标准和鉴别方法认定的，具有危险特性的固体废物；（二）《关于持久性有机污染物的斯德哥尔摩公约》附件所列物质；（三）重金属含量超过国家或者地方污染物排放标准的污染物；（四）其他具有毒性，可能污染环境的物质。"

1. 危险废物

（1）危险废物的范围。根据《危险废物鉴别标准通则》第3.2条规定，危险废物指列入国家危险废物名录或者根据国家规定的危险废物鉴别标准和鉴别方法认定的具有危险特性的固体废物。

（2）危险废物豁免管理清单。《危险废物豁免管理清单》仅豁免了危险废物在特定环节的部分管理要求，在豁免环节的前后环节，仍应按照危险废物进行管理；在豁免环节内，可以豁免的内容也仅限于满足所列条件下列明的内容，其他危险废物或者不满足豁免条件的此类危险废物的管理，仍需执行危险废物管理的要求。

（3）危险废物的认定。对于危险废物的认定问题不宜一概而论，而应区分不同情况处理。原则上，对于列入《国家危险废物名录》的废物，可以直接依据目录认定，无须通过鉴定等方式进行鉴别。如果该危险废物已经同非危险废物混合，或者未列入目录的，则原则上应当对物品的特性进行鉴别，符合相应特征的，才能认定为危险废物。

（4）危险废物的鉴别。一是对于危险废物和非危险废物的混合物，需要根据国家危险废物鉴别标准和鉴别方法进行鉴别，如果仍然具有危险特性，则应当将混合物全部认定为危险废物；如果混合物已不具有危险特性，则不再认定为危险废物。而且，该问题系环境污染专门性问题，在难以确定的情况下，应当由司法鉴定机构出具鉴定意见，或者由环境保护部、公安部指定的机构出具检验报告。二是危险废物利用处置后的属性判定，应当根据《危险废物鉴别标准通则》第6条规定的"危险废物利用处置后判定规则"进行判定，具有毒性和感染性等一种或一种以上危险特性的危险废物处置后的废物仍属于危险废物，国家有关法规、标准另有规定的除外。仅具有腐蚀性、易燃性或反应性的危险废物处理后，经GB5085.1、GB5085.4和GB5085.5鉴别不再具有危险特性的，不属于危险废物。

（5）危险废物的鉴别程序。《危险废物鉴别标准通则》第4.4条规定，对未列入《国家危险废物名录》且根据危险废物鉴别标准无法鉴别，但可能对人体健康或生态环境造成有害影响的固体废物，由国务院生态环境主管部门组织专家认定。

2. 其他有害物质

污染环境罪的对象包含放射性废物、含传染病病原体废物、有毒物质和其他有害物质。该规定有两层解读，第一，有害物质是对环境危害程度与其他三种物质相当的其他物质。第二，有害物质作为兜底条款性质的规定。对于有害物质的认定，因缺少法律规定成为空白，2019年最高人民法院、最高人民检察院、公安部、司法部、生态环境部《关于办理环境污染刑事案件有关问题座谈会纪要》规定，办理非法排放、倾倒、处置其他有害物质的案件，应当坚持主客观相一致原则，从行为人的主观恶性、污染行为恶劣程度、有害物质危险性毒害性等方面进行综合分析判断，准确认定其行为的社会危害性。实践中，常见的有害物质主要有：工业危险废物以外的其他工业固体废物；未经处理的生活垃圾；有害大气污染物、受控消耗臭氧层物质和有害水污染物；在利用和处置过程中必然产生有毒有害物质的其他物质；国务院生态环境保护主管部门会同国务院卫生主管部门公布的有毒有害污染物名录中的有关物质等。我们认为，有害物质的认定应当与有毒物质等认定的逻辑思维一致，就物质本身的有害性进行探究，该有害性程度与其他物质的放射性、传染性、有毒性程度方面具有一致性。有毒物质通常被认为一定是有害物质，但是有害物质的范围要远远大于有毒物质的范围。具体评价某种物质的有害性，需要专业机构作出专业的认定。例如，养猪场排放的废水中经监测氨氮、总磷等物质超标，该废水是否认定为有害物质，则需要环保等主管部门出具关于氨氮、总磷等物质超标对生态环境造成危害的评估报告，该危害一方面要考虑氨氮、总磷等超标对环境的潜在危害后果，另一方面也要考虑具体的排放量对环境造成的实际危害后果。所以有害物质的认定，同时要考虑物质的潜在有害性和现实危害性，潜在有害性需要环境专家出具专家意见来解决，实际危害性则需要实际危害后果鉴定来解决。

（五）"公私财产损失"的计算

1. "公私财产损失"的范围

《2023年解释》第19条第4款规定："本解释所称'公私财产损失'，包括实施刑法第三百三十八条、第三百三十九条规定的行为直接造成财产损毁、减少的实际价值，为防止污染扩大、消除污染而采取必要合理措施所产生的费用，以及处置突发环境事件的应急监测费用"。司法实践中，对于污染环境行为造成人体损伤的，不应根据医疗费用的数额定罪量刑，而应当从中毒人数、致人伤害的人数和程度等方面作出判断，从而准确定罪量刑。

2. 对"为防止污染扩大、消除污染而采取必要合理措施所产生的费用"的把握

为防止污染扩大而采取必要合理措施所产生的费用，实际上是在污染发生后，针对未受到污染的周边环境采取防范措施所产生的费用。

3. "公私财产损失"计算的适格主体

对于环境污染刑事案件公私财产损失的计算，可以由环境损害司法鉴定机构出具鉴定意见，也可以由环境保护部、公安部指定机构出具报告。

第四部分

污染环境犯罪案例选编

一、指导性案例

1. 武汉卓航江海贸易有限公司、向阳等 12 人污染环境刑事附带民事公益诉讼案（指导性案例 202 号）

（最高人民法院审判委员会讨论通过　2022 年 12 月 30 日发布）

【关键词】

刑事　刑事附带民事公益诉讼　船舶偷排含油污水　损害认定　污染物性质鉴定

【裁判要点】

1. 船舶偷排含油污水案件中，人民法院可以根据船舶航行轨迹、污染防治设施运行状况、污染物处置去向，结合被告人供述、证人证言、专家意见等证据对违法排放污染物的行为及其造成的损害作出认定。

2. 认定船舶偷排的含油污水是否属于有毒物质时，由于客观原因无法取样的，可以依据来源相同、性质稳定的舱底残留污水进行污染物性质鉴定。

【相关法条】

《中华人民共和国刑法》（根据 2011 年 5 月 1 日起施行的《中华人民共和国刑法修正案（八）》修正）第 338 条

《中华人民共和国水污染防治法》（2017 年 6 月 27 日修正）第 59 条

【基本案情】

被告单位武汉卓航江海贸易有限公司（以下简称卓航公司）通过租赁船舶从事国内水上货物定线运输业务，其经营的国裕 1 号船的航线为从江苏省南京市经安徽省芜湖市至浙江省台州市以及宁波市北仑港返回南京市。

依照法律法规，被告单位卓航公司制定《防止船舶造成污染管理须知》，该须知规定国裕 1 号船舱底含油污水可通过油水分离器处理达标后排放，也可由具备接收资质的第三方接收。被告单位卓航公司机务部常年不采购、不更换油水分离器滤芯，船舶油水分离器无法正常工作，分管机务部的副总经理等人指示工作人员用纯净水替代油水分离器出水口水样送检，纵容船舶逃避监管实施偷排；其亦未将含油污水交给有资质第三方处理，含油污水长期无合法处置去向。

2017 年 8 月至 2019 年 3 月期间，先后担任国裕 1 号船船长的被告人向阳、担任轮机长的被告人殷江林、胡国政伙同同案其他被告人违反法律规定，先后五次偷排船舶含油污水。后又购买污水接收证明自行填写后附于油类记录簿应付检查。2019 年 3 月，经举报，国裕 1 号船将含油污水偷排入长江的行为及作案工具被查获。

归案后，被告人向阳等各被告人供述了国裕 1 号船轮机长等为公司利益多次指使轮机部管轮、机工等人逃避监管，拒不执行法律法规规定的防污措施，于 2017 年 8 月至 2019 年 3 月五次将舱底含油污水不经油水分离器处理偷排至长江及近海自然水域的事实。各被告人供述能够相互印证，并有证人证言佐证，亦与涉案船舶常年定线运行，含油污水积累速度和偷排频率相对稳定的情形相符，足以认定案件相关事实。

因排入外界的含油污水因客观原因已无法取样，鉴于案涉船舶常年定线运输、偷排频次稳定，设备及操作规程没有变化，舱底残留含油污水与排入外界的含油污水，来源相同且性质稳定，不存在本质变化，故就舱底残留含油污水取样送检。经鉴定，国裕 1 号船舱底含油污水属于"有毒物质"。生态环境损害的专家评估意见证实，以虚拟治理成本法计算得出五次偷排含油污水造成的生态环境损害数额为 10000 元至 37500 元。

江苏省南京市鼓楼区人民检察院同时提起刑事附带民事公益诉讼，指控被告单位卓航公司及各被告人犯污染环境罪，并请求判令被告卓航公司承担本案环境损害赔偿费用 23750 元、专家评估费用 9000 元及公告费用 700 元。

【裁判结果】

江苏省南京市玄武区人民法院于 2020 年 7 月 16 日以（2020）苏 0102 刑初 24 号刑事附带民事判决，认定被告单位卓航公司犯污染环境罪，判处罚金人民币 4 万元；以污染环境罪分别判处被告人向阳等十二名被告人有期徒刑一年六个月至八个月，并处罚金人民币3万元至1万元；判令附带民事公益诉讼被告卓航公司支付生态环境损害赔偿费用人民币23750元及专家评估费用人民币9000元、公告费用人民币700元，合计人民币33450元。宣判后，被告人向阳提出上诉。南京市中级人民法院于2020年12月23日以（2020）苏01刑终575号刑事附带民事裁定，驳回上诉，维持原判。

【裁判理由】

法院生效裁判认为：根据水污染防治法等法律法规，被告单位卓航公司虽制定了舱底含油污水等污染环境防治措施，但相关措施在实际运行中流于形式，没有实际执行，用于防治污染的油水分离器不能正常使用。被告单位卓航公司弄虚作假获取油水分离器水样合格的检测报告、低价购置含油污水接收证明逃避监管。案涉船舶常年定线运输，航线上千公里，随着航程增加必然产生并持续累积含油污水，但含油污水既未经油水分离器处理又未交由有资质第三方接收。各被告人供述、证人证言及在案物证关于偷排污水行为的方式、时间、参与人员的内容互相吻合，足以认定各被告人实施了将含油污水排至长江及近海水域的污染环境行为。涉案含油污水的性质稳定，案涉船舶常年定线运输，设备、操作规程及含油污水产生机理稳定，舱底残留含油污水与被偷排的污水系同一整体、性状一致，可以取样据以进行污染物性质鉴定。经鉴定，该含油污水系有毒物质。

案涉污染环境行为系为了被告单位卓航公司的单位利益，在公司分管副总经理指使下，由国裕1号船船长、国裕1号船轮机长、机工等多人参与，共同将未经处理的舱底含油污水偷排至驶经的长江及近海水域，应当认定为单位犯罪。卓航公司违反国家规定，以逃避监管的方式排放有毒物质，严重污染环境，其行为构成污染环境罪。被告人向阳等各被告人系单位犯罪中直接负责的主管人员或其他直接责任人员，应当以污染环境罪对其定罪处罚。

附带民事公益诉讼被告卓航公司污染环境，依法应承担生态环境损害赔偿责任。卓航公司将未经处理的舱底含油污水多次偷排至自然水域，专家意见以虚拟治理成本法量化生态环境损害数额并无不当，卓航公司对此不持异议。经评估，案涉船舶五次将未经处理的舱底含油污水偷排至驶经的长江及近海水域行为造成的生态环境损害数额为10000元至37500元。公益诉讼起诉人南京市鼓楼区人民检察院取其中间值主张的生态环境损害赔偿费用数额，具有法律和事实依据，依法予以支持。公益诉讼起诉人主张的专家评估费用及公告费用，属于为诉讼支出的合理费用，依法予以支持。

2. 左勇、徐鹤污染环境刑事附带民事公益诉讼案（指导性案例203号）

（最高人民法院审判委员会讨论通过 2022年12月30日发布）

【关键词】

刑事 刑事附带民事公益诉讼 应急处置措施 必要合理范围 公私财产损失 生态环境损害

【裁判要点】

对于必要、合理、适度的环境污染处置费用，人民法院应当认定为属于污染环境刑事附带民事公益诉讼案件中的公私财产损失及生态环境损害赔偿范围。对于明显超出必要合理范围的处置费用，不应当作为追究被告人刑事责任，以及附带民事公益诉讼被告承担生态环境损害赔偿责任的依据。

【相关法条】

《中华人民共和国刑法》（根据2011年5月1日起施行的《中华人民共和国刑法修正案（八）》修正）第338条

【基本案情】

自2018年6月始，被告人左勇在江苏省淮安市淮安区车桥镇租赁厂房，未经审批生产铝锭，后被告人徐鹤等人明知左勇无危险废物经营许可证，仍在左勇上述厂房中筛选铝灰生产铝锭，共计产生约100吨废铝灰。2019年4月23日，左勇、徐鹤安排人员在淮安市淮安区车桥镇大兴村开挖坑塘倾倒上述废铝灰。在倾倒20余吨时，因废铝灰发热、冒烟被群众发现制止并报警。

同年4月24日，淮安市淮安区原环境保护局委托江苏新锐环境监测有限公司司法鉴定所对坑塘内废铝灰进行取样鉴定、委托淮安翔宇环境检测技术有限公司对涉案坑塘下风向的空气与废气进行取样检测。4月28日，经淮安翔宇环境检测技术有限公司检测，涉案坑塘下风向氨超标。4月29日，经江苏新锐环境监测有限公司司法鉴定所鉴定，涉案倾倒的废铝灰13个样品中，有4个样品氟化物（浸出毒性）超出标准值，超标份样数超出了《危险废物鉴别技术规范》（HJ/T298-2007）中规定的相应下限值，该废铝灰为具有浸出毒性特性的危险废物。《国家危险废物名录》（2021版）规定再生铝和铝材加工过程中，废铝及铝锭重熔、精炼、合金化、铸造熔体表面产生的铝灰渣及其回收铝过程产生的盐渣和二次铝灰属于危险废物。

同年4月27日，淮安市淮安区车桥镇人民政府组织人员对上述燃烧的废铝灰用土壤搅拌熄灭，搅拌后的废铝灰与土壤的混合物重453.84吨。

2019年11月，江苏省环境科学研究院受淮安市淮安区车桥镇人民政府委托，编制应急处置方案认为：涉案废铝灰与土壤的混合物因经费及时间问题未进行危险废物属性鉴别工作，根据《国家危险废物名录》（2016版）豁免管理清单第10条规定，建议采用水泥窑协同处置方式进行处置。该院对此次事件生态环境损害评估认为：本次污染事件无人身损害，存在财产损害，费用主要包括财产损害费用、应急处置费用和生态环境损害费用。财产损害费用为清理过程中造成农户的小麦、油菜、蚕豆、蔬菜损失共计3400元；应急处置费用包括应急监测费用7800元（实收7200元）、废铝灰与土壤的混合物的清理费用76161元、处置费用因暂未处置暂按1000元/吨估算；生态环境损害费用18000元（坑塘回填恢复，即填土费用）。

2020年3月18日，淮安市淮安区车桥镇人民政府委托南京中联水泥有限公司对废铝灰与土壤的混合物按照危险废物进行处置，处置单价为2800元/吨，该价格含税、含运费。此外还产生江苏新锐环境监测有限公司鉴定费用80000元、江苏省环境科学研究院应急处置方案费用70000元及生态环境损害评估费用250000元，合计400000元。

关于本案应急处置的相关问题，江苏省环境科学研究院出庭鉴定人明确，应急处置方案针对的是已经清挖出的废铝灰与土壤的混合物，该混合物不能直接判定为危险废物，按照豁免程序处理可提高经济性和实操性，本案受污染的土壤采用水泥窑协同处置的价格为1000元/吨。出庭有专门知识的人认为，铝灰不会大面积燃烧，只需用土壤将明火掩盖即可，20吨废铝灰经土壤混合搅拌后，清理出的混合物应在60吨至120吨范围内，否则属于过度处置。

淮安市淮安区人民检察院提起刑事附带民事环境公益诉讼，指控被告人左勇、徐鹤犯污染环境罪，请求判令被告左勇、徐鹤共同赔偿污染环境造成的财产损害费用3400元、应急处置费用1431788元、生态环境损害费用18000元以及检验、鉴定等其他合理费用400000元，合计1853188元；判令被告左勇、徐鹤在淮安市级媒体上向社会公众公开赔礼道歉。

【裁判结果】

江苏省盱眙县人民法院于2021年6月24日以（2019）苏0830刑初534号刑事附带民事判决，认定被告人左勇犯污染环境罪，判处有期徒刑二年，并处罚金人民币5万元；被告人徐鹤犯污染环境罪，判处有期徒刑二年，并处罚金人民币5万元；责令被告人左勇退缴违法所得人民币13000元，上缴国库；被告人左勇、徐鹤连带赔偿财产损害费用人民币3400元、应急处置费用人民币156489元、生态环境损害费用人民币18000元、鉴定评估等事务性费用等人民币400000元，合计人民币577889元，于判决生效后十五日内履行；责令被告人左勇、徐鹤在淮安市级媒体上向社会公众公开赔礼道歉；驳回刑事附带民事公益诉讼起诉人淮安市淮安区人民检察院的其他诉讼请求。宣判后，没有上诉、抗诉，判决已生效。

【裁判理由】

法院生效裁判认为：被告人左勇、徐鹤违反国家规定，共同倾倒危险废物，严重污染环境，其行为均已构成污染环境罪。二被告人的行为造成了生态环境损害，损害了社会公共利益，除应受到刑事处罚外，还应依法承担相应的民事责任，包括赔偿损失和赔礼道歉，被告人左勇、徐鹤依法应对造成的生态环境损害后果承担连带赔偿责任。

为维护国家利益和社会公共利益，刑事附带民事公益诉讼起诉人主张两被告人承担生态环境损害赔偿责任，应予以支持，但生态环境损害数额的确定应当遵循合理、必要原则。检察机关在提起公益诉讼时，更应当基于社会公共利益目的、公平正义立场和节约资源、保护生态环境原则，合理提出诉求、准确审查证据。即环境污染事故发生后，行政机关采取应急处置措施应当以必要、合理、适度为原则。对必要、合理、适度的处置费用，应当作为追究被告人刑事责任、承担生态环境损害赔偿责任的依据。但明显超出必要、合理范围的处置费用，不应当认定为环境污染事故造成的公私财产损失，不能将此不合理处置费用作为追究被告人刑事责任的依据，也不能据此作为被告人承担生态环境损害赔偿责任的依据。本案的焦点在于应急处置措施是否超出了必要、合理的限度。

一、关于用400余吨土壤覆盖20余吨废铝灰的应急处置措施是否合理、必要问题

污染环境事故发生后，行政机关为消除危险、清除污染、防止损害后果进一步扩大所采取应急处置的手段和方式应当予以认可，但在条件允许的前提下，仍应当以必要、合理、适度处置为基本原则。本案中，相关行政机关接到报警赴现场勘查后已经确定倾倒的物质系废铝灰。废铝灰不会大面积燃烧，即使局部燃烧只需用土壤将明火掩盖即可。对废铝灰的处置技术即"泥土覆盖"技术相对简单且具有普适性，本案应急处置与污染事件发生间隔几天，时间上已经不具有紧迫性，应急处置人员有充足的时间研究、制定更加合理的方案。行政机关组织人员采用土壤混合搅拌的措施具有可行性，能够达到应急的效果，但使用的泥土量应当在合理、必要范围内，否则既会造成受污染的土壤过多，消耗国家资源，也会增加相应的处置费用。本案实际清挖出混合物数量是专家建议最高值的近4倍，差距过大，此次环境污染事件使用土壤搅拌后清理出混合物453.84吨属于处置过当。根据适度处置、节约资源的原则并结合专家意见，酌定此污染事件清理出混合物合理必要的数量为120吨。

二、关于将废铝灰与土壤的混合物直接按照危险废物以2800元/吨价格委托处置是否合理问题

江苏省环境科学研究院制作的应急处置方案明确载明，本案中涉案废铝灰混合物转移和处置可以根据《国家危险废物名录》（2016版）豁免管理清单第10条规定，不按危险废物进行管理，并建议采用水泥窑协同处置方式进行处置，处置费用估算为1000元/吨（含运费）。故该混合物的处置、利用可以不按危险废物进行管理，直接以受污染的土壤即1000元/吨的价格送交处置更加合理。但本案处置价格过高，对超出1000元/吨的部分，不予认定。

三、关于生态环境损害评估报告中未列入，但已实际发生的装车列支费用与运输费用是否应当计入应急处置费用的问题

经查，应急处置人员在实际处置废铝灰与土壤的混合物时，产生了混合物装车列支费用与运输费用。到庭的鉴定人明确表示生态环境损害评估报告中 1000 元／吨的处置费用包含运输费用但不包含装车列支费用，故实际处置中额外支付的运输费用，属于不合理、不必要范围，故不予支持；但装车列支费用属于《最高人民法院关于审理环境民事公益诉讼案件适用法律若干问题的解释》第十九条规定的"原告为停止侵害、排除妨碍、消除危险采取合理预防、处置措施而发生的费用"，予以支持。

四、关于公私财产损失数额认定及附带民事公益诉讼赔偿数额认定的问题

经查，本案的公私财产损失包括污染环境行为直接造成的财产损失、减少的实际价值，亦包括污染场地回填等为防止污染扩大、消除污染而采取必要合理措施所产生的费用，以及处置突发环境事件的应急监测费用。依据江苏省环境科学研究院评估，结合实际处置情况，认定被告人左勇、徐鹤污染环境行为造成的公私财产损失数额如下：1. 财产损害费用 3400 元：即清理过程中造成农户的小麦、油菜、蚕豆、蔬菜损失共计 3400 元。2. 应急处置费用：156489 元。应急处置费用包括：（1）应急监测费用 7200 元；（2）清理费用 20137 元；（3）处置费用 129152 元。3. 生态环境损害费用：18000 元。坑塘经过应急清理后已基本消除污染，但需要进行回填恢复，填土费用 18000 元。以上费用共计 177889 元。即公私财产损失数额应当认定为 177889 元，但未达到司法解释规定的 1000000 元，不属于后果特别严重情节。

附带民事公益诉讼起诉人主张赔偿的生态环境损害数额包括上述公私财产损失数额，同时还包括生态环境损害赔偿鉴定及评估费用、应急方案编制费用共计 400000 元。综上，被告人左勇、徐鹤应当承担的生态环境损害赔偿数额共计 577889 元。

二、典型案例

1. 宝勋精密螺丝（浙江）有限公司及被告人黄冠群等12人污染环境案（2019年2月20日最高人民检察院发布）

（一）基本案情

2002年7月，被告单位宝勋精密螺丝（浙江）有限公司（以下简称宝勋公司）成立，经营范围包括生产销售建筑五金件、汽车高强度精密紧固件、精冲模具等，该公司生产中产生的废酸液及污泥为危险废物，必须分类收集后委托具有危险废物处置资质的单位处置。被告人黄冠群自2008年起担任宝勋公司副总经理，负责公司日常经营管理，被告人姜家清自2016年4月起直接负责宝勋公司酸洗污泥的处置工作。

2016年7月至2017年5月，被告单位宝勋公司及被告人黄冠群、姜家清违反国家关于危险废物管理的规定，在未开具危险废物转移联单的情况下，将酸洗污泥交给无危险废物处置资质的被告人李长红、涂伟东、刘宏桂进行非法处置。被告人李长红、涂伟东、刘宏桂通过伪造有关国家机关、公司印章，制作虚假公文、证件等方式，非法处置酸洗污泥。上述被告人通过汽车、船舶跨省运输危险废物，最终在江苏省淮安市、扬州市、苏州市，安徽省铜陵市非法倾倒、处置酸洗污泥共计1071吨。其中，2017年5月22日，被告人姜家清、李长红、涂伟东伙同被告人汪和平、汪文革、吴祖祥、朱凤华、查龙你等人在安徽省铜陵市经开区将62.88吨酸洗污泥倾倒在长江堤坝内，造成环境严重污染。案发后，经鉴定评估，上述被告人非法倾倒、处置酸洗污泥造成环境损害数额为511万余元，产生应急处置、生态环境修复、鉴定评估等费用共计139万余元。

此外，2017年6月至11月，被告人李长红、涂伟东、刘宏桂、吴祖祥、朱凤华、查龙你等人在无危险废物处置资质的情况下，非法收集10余家江苏、浙江企业的工业污泥、废胶木等有毒、有害物质，通过船舶跨省运输至安徽省铜陵市江滨村江滩边倾倒。其中，倾倒废胶木313吨、工业污泥2525余吨，另有2400余吨工业污泥倾倒未遂。

（二）诉讼过程

本案由安徽省芜湖市镜湖区人民检察院于2018年7月16日以被告单位宝勋公司以及被告人黄冠群、姜家清、李长红、涂伟东等12人犯污染环境罪向安徽省芜湖市镜湖区人民法院提起公诉。2018年9月28日，安徽省芜湖市镜湖区人民法院依法作出一审判决，认定被告单位宝勋公司犯污染环境罪，判处罚金1000万元；被告人黄冠群犯污染环境罪，判处有期徒刑六年，并处罚金20万元；被告人姜家清犯污染环境罪，判处有期徒刑五年九个月，并处罚金20万元；判处被告人李长红等10人犯污染环境罪，判处有期徒刑六年至拘役四个月不等，并处罚金。一审宣判后，被告单位宝勋公司和被告人黄冠群等人提出上诉。2018年12月5日，安徽省芜湖市中级人民法院二审裁定驳回上诉，维持原判。判决已生效。

（三）典型意义

长江是中华民族的母亲河，也是中华民族发展的重要支撑。推动长江经济带发展是党中央作出的重大决策，是关系国家发展全局的重大战略。服务长江生态高水平保护和经济社会高质量发展，为长江经济带共抓大保护、不搞大开发提供有力保障，是公安司法机关肩负的重大政治责任、社会责任和法律责任。司法实践中，对发生在长江经济带十一省（直辖市）的跨省（直辖市）排放、倾倒、处置有放射性的废物、含传染病病原体的废物、有毒物质或者其他有害物质的环境污染犯罪行为，应当依法从重处罚。

本案中，被告单位宝勋公司及被告人黄冠群等12人在江苏、浙江、安徽等地跨省运输、转移危险废物，并在长江流域甚至是长江堤坝内倾倒、处置，危险废物数量大，持续时间长，给长江流域生态环境造成严重危害。涉案地办案机关加强协作配合，查清犯罪事实，对被告单位宝勋公司及被告人黄冠群等12人依法追究刑事责任，在办理长江经济带跨省（直辖市）环境污染案件，守护好长江母亲河方面具有典型意义。

2. 上海印达金属制品有限公司及被告人应伟达等 5 人污染环境案（2019 年 2 月 20 日最高人民检察院发布）

（一）基本案情

被告单位上海印达金属制品有限公司（以下简称印达公司），被告人应伟达系印达公司实际经营人，被告人王守波系印达公司生产部门负责人。

印达公司主要生产加工金属制品、小五金、不锈钢制品等，生产过程中产生的废液被收集在厂区储存桶内。2017 年 12 月，被告人应伟达决定将储存桶内的废液交予被告人何海瑞处理，并约定向其支付 7000 元，由王守波负责具体事宜。后何海瑞联系了被告人徐鹏鹏，12 月 22 日夜，被告人徐鹏鹏、徐平平驾驶槽罐车至公司门口与何海瑞会合，经何海瑞与王守波联系后进入公司抽取废液，三人再驾车至上海市青浦区白鹤镇外青松公路、鹤吉路西 100 米处，先后将约 6 吨废液倾倒至该处市政窨井内。经青浦区环保局认定，倾倒物质属于有腐蚀性的危险废物。

（二）诉讼过程

本案由上海铁路运输检察院于 2018 年 5 月 9 日以被告人应伟达、王守波等 5 人犯污染环境罪向上海铁路运输法院提起公诉。在案件审理过程中，上海铁路运输检察院对被告单位印达公司补充起诉。2018 年 8 月 24 日，上海铁路运输法院依法作出判决，认定被告单位印达公司犯污染环境罪，判处罚金 10 万元；被告人应伟达、王守波等 5 人犯污染环境罪，判处有期徒刑一年至九个月不等，并处罚金。判决已生效。

（三）典型意义

准确认定单位犯罪并追究刑事责任是办理环境污染刑事案件中的重点问题，一些地方存在追究自然人犯罪多，追究单位犯罪少，单位犯罪认定难的情况和问题。司法实践中，经单位实际控制人、主要负责人或者授权的分管负责人决定、同意，实施环境污染行为的，应当认定为单位犯罪，对单位及其直接负责的主管人员和其他直接责任人员均应追究刑事责任。

本案中，被告人应伟达系印达公司实际经营人，决定非法处置废液，被告人王守波系印达公司生产部门负责人，直接负责废液非法处置事宜。

本案中对被告单位印达公司及其直接负责的主管人员和其他直接责任人员被告人应伟达、王守波同时追究刑事责任,在准确认定单位犯罪并追究刑事责任方面具有典型意义。

3. 上海云瀛复合材料有限公司及被告人贡卫国等 3 人污染环境案（2019 年 2 月 20 日最高人民检察院发布）

（一）基本案情

被告单位上海云瀛复合材料有限公司（以下简称云瀛公司）在生产过程中产生的钢板清洗废液,属于危险废物,需要委托有资质的专门机构予以处置。被告人乔宗敏系云瀛公司总经理,全面负责日常生产及管理工作,被告人陶薇系云瀛公司工作人员,负责涉案钢板清洗液的采购和钢板清洗废液的处置。

2016 年 3 月至 2017 年 12 月,被告人乔宗敏、陶薇在明知被告人贡卫国无危险废物经营许可资质的情况下,未填写危险废物转移联单并经相关部门批准,多次要求被告人贡卫国将云瀛公司产生的钢板清洗废液拉回常州市并处置。2017 年 2 月至 2017 年 12 月,被告人贡卫国多次驾驶卡车将云瀛公司的钢板清洗废液非法倾倒于常州市新北区春江路与辽河路交叉口附近污水井、常州市新北区罗溪镇黄河西路等处；2017 年 12 月 30 日,被告人贡卫国驾驶卡车从云瀛公司运载钢板清洗废液至常州市新北区黄河西路 685 号附近,利用塑料管引流将钢板清洗废液非法倾倒至下水道,造成兰陵河水体被严重污染。经抽样检测,兰陵河增光桥断面河水超过 IV 类地表水环境质量标准。被告人贡卫国非法倾倒涉案钢板清洗废液共计 67.33 吨。

（二）诉讼过程

本案由江苏省常州市武进区人民检察院于 2018 年 8 月 9 日以被告单位云瀛公司以及被告人贡卫国等 3 人犯污染环境罪向江苏省常州市武进区人民法院提起公诉。2018 年 12 月 17 日,常州市武进区人民法院作出判决,认定被告单位云瀛公司犯污染环境罪,判处罚金 30 万元；被告人贡卫国犯污染环境罪,判处有期徒刑一年三个月,并处罚金 5 万元；被告人乔宗敏犯污染环境罪,判处有期徒刑一年,缓刑二年,并处罚金 5 万元；

被告人陶薇犯污染环境罪，判处有期徒刑一年，缓刑二年，并处罚金5万元；禁止被告人乔宗敏、陶薇在缓刑考验期内从事与排污工作有关的活动。判决已生效。

（三）典型意义

准确认定犯罪嫌疑人、被告人的主观过错是办理环境污染刑事案件中的重点问题。司法实践中，判断犯罪嫌疑人、被告人是否具有环境污染犯罪的故意，应当依据犯罪嫌疑人、被告人的任职情况、职业经历、专业背景、培训经历、本人因同类行为受到行政处罚或刑事追究情况以及污染物种类、污染方式、资金流向等证据，结合其供述，进行综合分析判断。

本案中，被告人乔宗敏、陶薇明知本单位产生的危险废物需要有资质的单位来处理，且跨省、市区域转移需填写危险废物转移联单并经相关部门批准，仍通过与有资质的单位签订合同但不实际处理，多次要求被告人贡卫国将云瀛公司产生的钢板清洗废液拉回常州市并处置，放任对环境造成危害。被告人贡卫国在无危险废物经营许可资质的情况下，跨省、市区域运输危险废物并非法倾倒于常州市内污水井、下水道中，严重污染环境。上述3名被告人均具有环境污染犯罪的故意。本案在准确认定犯罪嫌疑人、被告人的主观过错方面具有典型意义。

4. 贵州宏泰化工有限责任公司及被告人张正文、赵强污染环境案（2019年2月20日最高人民检察院发布）

（一）基本案情

被告单位贵州宏泰化工有限责任公司（以下简称宏泰公司），经营范围为重晶石开采和硫酸钡、碳酸钡、硝酸钡生产销售等。被告人张正文自2014年起任宏泰公司副总经理兼办公室主任，协助总经理处理全厂日常工作。被告人赵强自2014年起任宏泰公司环保专员，主管环保、消防等工作。

宏泰公司主要业务之一为生产化工原料碳酸钡，生产产生的废渣有氮渣和钡渣。氮渣属一般废弃物，钡渣属危险废物。宏泰公司在贵州省紫云自治县猫营镇大河村租赁土地堆放一般废弃物氮渣，将危险废物钡渣销往有危险废物经营许可证资质的企业进行处置。2014年底，因有资质企业经营不景气，加之新的环境保护法即将实施，对危险废物管理更加严格，各企业不再向宏泰公司购买钡渣，导致该公司厂区内大量钡渣留存，无法处置。被告人张正文、赵强在明知钡渣不能随意处置的情况下，通过在车箱底部垫钡渣等方式在氮渣内掺入钡渣倾倒在氮渣堆场，并且借安顺市某环保砖厂名义签署工业废渣综合利用协议，填写虚假的危险废物转移联单，应付环保行政主管部门检查。2015年10月19日至23日，环保部西南督查中心联合贵州省环保厅开展危险废物污染防治专项督查过程中，查获宏泰公司的违法行为。经测绘，宏泰公司废渣堆场堆渣量为72194立方米，废渣平均密度为1250千克/立方米，堆渣量达90242.5吨。经对堆场废渣随机抽取的50个样本进行检测，均检出钡离子，其中两个样本检测值超过100mg/L。

（二）诉讼过程

本案由贵州省安顺市平坝区人民检察院以被告单位宏泰公司及被告人赵强犯污染环境罪向贵州省安顺市平坝区人民法院提起公诉，后又以被告人张正文犯污染环境罪向安顺市平坝区人民法院追加起诉。2017年11月23日，贵州省安顺市平坝区人民法院依法作出判决，认定被告单位宏泰公司犯污染环境罪，判处罚金100万元；被告人张正文犯污染环境罪，判处有期徒刑三年，缓刑三年，并处罚金2000元；被告人赵强犯污染环境罪，判处有期徒刑三年，缓刑三年，并处罚金2000元。判决已生效。

（三）典型意义

准确认定非法排放、倾倒、处置行为是办理环境污染刑事案件中的重点问题。司法实践中认定非法排放、倾倒、处置行为时，应当根据法律和司法解释的有关规定精神，从其行为方式是否违反国家规定或者行业操作规范、污染物是否与外环境接触、是否造成环境污染的危险或者危害等方面进行综合分析判断。对名为运输、贮存、利用，实为排放、倾倒、处置的行为应当认定为非法排放、倾倒、处置行为，依法追究刑事责任。

本案中，被告单位宏泰公司及被告人张正文、赵强在明知危险废物钡渣不能随意处置的情况下，仍在氮渣内掺入钡渣倾倒在氮渣堆场，名为运输、贮存、利用，实为排放、倾倒、处置，放任危险废物流失、泄漏，严重污染环境。本案在准确认定非法排放、倾倒、处置行为方面具有典型意义。

5. 刘土义、黄阿添、韦世榜等17人污染环境系列案（2019年2月20日最高人民检察院发布）

（一）基本案情

被告人刘尾系广东省博罗县加得力油料有限公司的实际投资人和控制人，被告人黄阿添系该公司法定代表人。自2016年起，两被告人明知被告人刘土义没有处置废油的资质，仍将3192吨废油交给刘土义处理。

被告人黄应顺系广东省佛山市泽田石油科技有限公司的法定代表人。自2016年11月起，黄应顺为获取600元/车的装车费，擅自决定将存放在公司厂区近100吨废油交给刘土义处理。

被告人关伟平、冯耀明系广东省东莞市道滘镇鸿海润滑油经营部的合伙人。2017年2月，两被告人将加工过程中产生的酸性废弃物29.63吨交给刘土义处置。

除上述企业提供的废油外，被告人刘土义还联系广东其他企业提供废油，然后由被告人柯金水、韦苏文联系车辆将废油运送至广西壮族自治区来宾市兴宾区、武宣县、象州县等地，被告人韦世榜负责找场地堆放、倾倒、填埋。被告人梁全邦、韦武模应被告人韦世榜的要求，负责在武宣县境内寻找场地堆放废油并组织人员卸车，从中获取卸车费。被告人韦文林、张东来等5人应被告人韦世榜的要求，负责在象州县境内寻找场地倾倒废油并收取酬劳。

此外，被告人柯金水、韦世榜在武宣县境内建造炼油厂，从广东省运来30吨废油提炼沥青，提炼失败后，两被告人将13吨废油就地丢弃，其余废油转移至位于来宾市兴宾区的韦世榜炼油厂堆放，之后被告人柯金水又联系被告人刘土义将废油运至韦世榜的炼油厂堆放。在该堆放点被查处后，被告人柯金水、韦世榜决定将废油就地填埋。

经现场勘验及称量，本案中被告人在兴宾区、武宣县、象州县倾倒、填埋、处置的废油共计6651.48吨，需要处置的污染废物共计10702.95吨，造成直接经济损失3217.05万元，后续修复费用45万元。

（二）诉讼过程

刘土义、黄阿添、韦世榜等17人污染环境系列案由广西壮族自治区武宣县人民检察院向广西壮族自治区武宣县人民法院提起公诉。武宣县人民法院依法作出一审判决，认定被告人刘土义犯污染环境罪，判处有期徒刑五年，并处罚金 100 万元；被告人黄阿添犯污染环境罪，判处有期徒刑四年，并处罚金 80 万元；被告人韦世榜犯污染环境罪，判处有期徒刑四年，并处罚金 20 万元；其余被告人犯污染环境罪，判处有期徒刑四年至拘役三个月缓刑六个月不等，并处罚金。一审宣判后，被告人刘尾、黄阿添、柯金水、梁全邦提出上诉。2018 年 7 月 18 日，广西壮族自治区来宾市中级人民法院作出二审判决，驳回黄阿添、柯金水、梁全邦的上诉。鉴于刘尾主动交纳 400 万元给当地政府用于处置危险废物，二审期间又主动缴纳罚金 80 万元，交纳危险废物处置费 20 万元，认罪态度好，确有悔罪表现，认定刘尾犯污染环境罪，判处有期徒刑三年，缓刑四年，罚金 80 万元。判决已生效。

（三）典型意义

当前，有的地方已经形成分工负责、利益均沾、相对固定的危险废物非法经营产业链，具有很大的社会危害性。司法实践中，公安司法机关要高度重视此类型案件的办理，坚持全链条、全环节、全流程对非法排放、倾倒、处置、经营危险废物的产业链进行刑事打击，查清犯罪网络，深挖犯罪源头，斩断利益链条，不断挤压和铲除其滋生蔓延的空间。

本案中，被告人刘土义等 17 人形成了跨广东、广西两省区的非法排放、倾倒、处置、经营危险废物产业链，有的被告人负责提供废油，有的被告人负责收集运输废油，有的被告人负责寻找场所堆放、倾倒、填埋废油，废油数量大，持续时间长，涉及地区广，严重污染当地环境。本案在深挖、查实并依法惩处危险废物非法经营产业链方面具有典型意义。

6. 安徽省池州市贵池区人民检察院诉原前江工业园固废污染刑事附带民事公益诉讼案（2019 年 10 月 10 日最高人民检察院发布）

【关键词】

刑事附带民事公益诉讼　长江流域　固废　生态损害赔偿　共同侵权

【要旨】

长江沿岸固废违法堆放导致沿岸土壤和地下水污染，检察机关依法启动公益诉讼程序，追究污染者环境侵权责任，保护了人民群众人身财产安全，维护了国家利益和社会公共利益。

【基本案情】

2018年3月29日，安徽省池州市贵池区原前江工业园环境污染事件被新华社曝光，中央有关领导作出批示，最高检、公安部、生态环境部均挂牌督办。4月2日，池州市公安局贵池分局对该污染事件立案侦查，同年7月移送池州市贵池区人民检察院审查起诉。

检察机关经审查查明：2016年以来，位于池州市贵池区原前江工业园区内的安徽某物流园公司，在未采取地面硬化、防渗漏、防流失等措施的情况下，为多家公司提供水泥原料堆放场地（该水泥原料来自于上海、江苏、池州三家公司的工业固废）。后经生态环境部南京环境科学研究所鉴定，该批水泥原料总量达2.4万吨，属含有毒有害的可利用固体废物，因未采取"三防"措施已严重污染土壤和地下水，造成包括应急处置费用、污染处理技术服务费等公私财产损失共计1614.0941万元，生态环境恢复费用约1613.923万元。安徽某物流园公司等5家被告单位、刘某某等6名被告人涉嫌构成污染环境罪。

【调查和诉讼】

案件侦查阶段，检察机关提前介入，查阅证据材料，并指导公安机关重点围绕企业在处置固体废物过程中是否存在违法违规情形、是否尽到审慎注意义务等方面调查取证。

经查，刘某某等6名自然人将有毒有害水泥原料堆放在位于长江边的安徽某物流园公司场地，对长江生态环境造成了严重污染，损害了国家和社会公共利益。涉案的6家单位和3名自然人应承担共同侵权责任。

池州市贵池区人民检察院分别制作《起诉书》《刑事附带民事公益诉讼起诉书》，于2018年9月诉至池州市贵池区人民法院。检察机关指控5家被告单位、6名被告人构成污染环境罪，同时以公益诉讼起诉人身份请求法院判令6家单位、3名被告自然人就非法堆置固废造成环境污染所产生的应急处置费用、污染处理技术服务费、生态环境恢复费用等共计3228万余元，分别承担连带赔偿责任，并在安徽省省级新闻媒体上向社会公开赔礼道歉。

池州市贵池区人民法院经公开审理，于2018年12月29日作出一审判决：以污染环境罪判处被告单位20万至100万不等的罚金，判处被告自然人1年3个月至4年不等的有期徒刑，对检察机关提出的公益诉讼请求全部予以支持。部分被告不服，向安徽省池州市中级人民法院提出上诉，经调解，在满足检察机关公益诉讼请求后，该院遂对刑事部分作出部分改判，对刑事附带民事公益诉讼维持原判。

判决生效后，部分赔偿款已执行到位，其余部分正在执行过程中，当地检察机关将持续跟进监督。

【典型意义】

刑事附带民事公益诉讼对于提高办案效率、节约司法资源有积极意义。本案中，检察机关坚持"一案双查"，提前介入，对公益诉讼中需要补充调取的证据列出调查提纲，公安机关据此补充调取了涉案企业的有关证据，有力地促进了案件的办理。但是，我们不应刻意追求刑事附带民事公益诉讼的形式，要以保护公益的需要作为出发点进行考量。

另外，本案中检察机关提出应认定对造成污染存在过错的多家企业的共同侵权责任，提出数额达3000余万元的生态损害赔偿金并得到了法院的认可，有力地保护了国家和社会公共利益。

7. 上海市奉贤区卞某某等4人污染环境案（2019年11月21日最高人民检察院发布）

【关键词】

污染环境　诉前引导　认罪认罚　生态修复保证金

【要旨】

检察机关精准引导侦查取证，明确各环节证据标准，与鉴定机构对接，破解污染环境案件鉴定耗时长的难题，保障诉讼顺利进行；落实恢复性司法理念，通过适用认罪认罚从宽制度督促行为人修复被污染的自然环境，实现惩治犯罪与修复生态相统一；首创生态环境修复保证金的赔付方式，与生态环境部门形成合力，破解诉前难以完成生态环境修复的难题。

【基本案情】

2018年，被告人卞某某、张某甲经商议后决定由张某甲在上海市奉贤区某镇安排卸点填埋垃圾，卞某某联系车队长李某某，3人于2018年

5月12日晚将40余车未分拣的建筑垃圾（建筑装潢垃圾、蛇皮袋、烂衣服、日光灯管、油漆桶、涂料桶、碎砖块等）倾倒至该镇。李某某后又联系车队长张某乙，4人于同月19日晚将70余车未分拣的建筑垃圾倾倒至该镇。2018年8月，被告人李某某、卞某某、张某乙、张某甲先后主动至公安机关投案，到案后如实供述犯罪行为。经评估和鉴定，4名被告人倾倒的未分拣垃圾系对自然环境产生污染的有害物质，并致使公私财产损失合计人民币1488000元（以下币种均为人民币）。4名被告人自愿认罪认罚，并在检察机关提起公诉前与上海市奉贤区生态环境局签订《生态环境损害赔偿协议》，支付400万元保证金用于后期生态环境修复。

【指控和证明犯罪】

该案案发后，上海铁路运输检察院提前介入侦查引导取证，经研判，本案需鉴定评估被处置垃圾是否属于会对环境产生污染的有害物质，以及致使公私财产损失的具体金额。据此，上海铁路运输检察院建议公安机关对上述事项委托鉴定评估。针对鉴定机构提出检测工程量大、鉴定周期长、无法在犯罪嫌疑人刑拘期限届满前出具报告的问题，上海铁路运输检察院经与鉴定评估机构对接，由鉴定机构先行出具涉案垃圾性质定性及造成财产损失是否超过法定入罪标准的初步意见。2018年11月27日，经上海市公安局奉贤分局提请批准逮捕，上海铁路运输检察院以涉嫌污染环境罪依法对卞某某等4人批准逮捕。公安机关于2019年1月27日将该案移送审查起诉。

审查起诉过程中，检察机关在查明案件事实基础上，以适用认罪认罚从宽制度，督促行为人修复环境。检察机关会同市区两级生态环境局、上海市环境科学研究院等部门多次研讨，推动启动上海首例由生态环境部门作为磋商主体的生态环境损害诉前磋商。卞某某等4人与生态环境部门达成协议，先行将生态环境修复保证金支付至政府专门账户，并由区生态环境局监督，在指定期限内完成生态环境损害修复。检察机关经审查认为，本案致使公私财产损失金额超过"后果特别严重"标准不多，卞某某等4人具有自首情节，系初犯偶犯，且认罪认罚并积极对被污染环境进行修复，对卞某某等4人提出从宽处罚的建议。2019年2月26日，上海铁路运输检察院以犯罪嫌疑人卞某某等4人涉嫌污染环境罪向上海铁路运输法院提起公诉。

经法庭审理,上海铁路运输法院于2019年4月11日作出一审判决:被告人卞某某等4人犯污染环境罪,分别判处十个月至三年有期徒刑,均适用缓刑,并处罚金。同时,判处卞某某等4人禁止在缓刑考验期限内从事与排污或者处置危险废物有关的经营活动。卞某某等4人均未上诉,判决已生效。

【典型意义】

在该案的办理过程中,检察机关立足污染环境案件特点,破解鉴定耗时长、环境修复周期长、费用核定难等难题,在确保案件质量的前提下精准界定逮捕证据标准,将适用认罪认罚从宽制度与推动生态环境修复相结合,实现惩治犯罪与修复生态相统一。

(一)精准把握定罪要件,合理界定逮捕证据标准。在办理污染环境案件中,对涉及定罪量刑的专业性问题难以确定的,通常由司法鉴定机构出具鉴定意见。实践中,有资质的鉴定机构数量少,鉴定需求量大,检测耗时长,导致鉴定意见出具所需时间较长,影响诉讼顺利进行。本案中,检察机关精确把握污染环境犯罪证据标准,将鉴定机构的定性初步意见作为逮捕证据标准,既确保了案件质量,又加大了污染环境犯罪的打击力度。

(二)跨区跨部门形成合力,刑事追责与环境修复同步推进。检察机关在办案中将生态环境修复情况作为量刑的重要考量因素,充分向行为人释法说理,并与污染发生地的生态环境部门、人民调解委员会等行政部门共同督促行为人修复生态环境,成为《上海市生态环境损害赔偿制度改革实施方案》试行后上海首例行政执法机关启动诉前磋商的案件。

(三)首创了保证金的赔付方式,破解诉前难以完成环境修复的难题。生态修复周期较长,诉前难以精准计算应赔总额,导致诉前完成被污染自然环境的修复难度较大。本案以鉴定评估报告为基础,以应赔尽赔为原则,通过多次研讨,首次采用在诉前先行支付保证金的形式,确保了污染造成的直接财产损失和修复费用都赔付到位。

(四)落实恢复性司法理念,完善破坏环境资源类案件"两法衔接"机制。上海市检察机关充分发挥全市环资刑事一审案件集中管辖优势,及时总结本案经验,成功督促80余件破坏环境资源犯罪的行为人进行生态环境修复。同时,检察机关与上海市生态环境局、上海市林业局等行政机关签署工作备忘录,进一步畅通"两法衔接",将宽严相济刑事政策与生态环境修复相结合,双管齐下,形成合力。

8. 重庆市涪陵区张某某、王某某跨省非法处置危险废物污染环境案(2019年11月21日最高人民检察院发布)

【关键词】

非法处置　引导侦查　生态司法修复　专业团队

【要旨】

检察机关积极引导侦查取证,精准把握案件定性,正确界分利用行为和非法处置行为,解决收集、贮存、运输、处置等多环节上下游共同犯罪认定问题。树立打击与修复并重的生态司法理念,在追究行为人刑事责任的同时,教育行为人主动修复受损的生态环境。

【基本案情】

2011年7月26日,王某某以其女儿名义注册成立重庆市长寿区顺展再生资源回收有限公司,实为王某某个人经营。经营范围为:回收船舶废油和船舶垃圾(以上范围法律、法规禁止的不得经营,法律、法规规定需要审批许可的,未取得有关审批许可不得经营)。

2011年7月13日,张某某在湖北省江陵县登记成立个体工商户,经营范围为塑料助剂、工业炉用油的生产、销售等(涉及许可经营项目,应取得有关部门许可后方可经营)。未登记名称,但是对外以江兴燃料助剂厂名义从事经营活动。

2016年8月至2017年12月期间,王某某在无危险废物经营许可证情况下从事船舶油水混合物(危险废物)经营活动,先后在重庆市长寿区、涪陵区、丰都县等长江沿线区域大量收集船舶油水混合物共计151.72吨。张某某在无危险废物经营许可证情况下,从王某某处购买船舶油水混合物151.72吨后,将油水混合物运输至湖北省江陵县江兴燃料助剂厂进行油水分离,在加工生产过程中,部分含油污水被排放至周边环境,造成厂区周边土壤、水源被污染。经查,江兴燃料助剂厂现场储油罐存储约125吨油水混合物未处理。

2018年5月17日,重庆市涪陵区生态环境监测站对江陵县江兴燃料助剂厂原料罐区、成品罐区、厂界雨水排口处等地点进行检测,以上地点石油含量分别为 1.05×10^4 mg/Kg、5.01×10^4 mg/Kg、1.07×10^3 mg/Kg。

2018 年 5 月 11 日,重庆市涪陵区环境保护局出具关于船舶修造业废物特性的认定,认定船舶修理、制造过程中产生的油水混合物为危险废物。

2018 年 11 月 29 日,张某某主动缴纳生态修复基金人民币 3 万元进行生态修复。

【指控和证明犯罪】

2018 年 6 月 27 日,公安机关以犯罪嫌疑人张某某、王某某 2 人涉嫌污染环境罪移送审查起诉。检察机关经审查认为,张某某、王某某构成污染环境罪的主观罪过、客观危害行为等事实不清、证据不足。王某某主观是否明知张某某无危险废物经营许可证而为其实施收集、贮存等行为不明确;张某某在加工利用油水混合物过程中是否排放油水混合物造成环境污染因果关系不明确;张某某未加工处理的油水混合物数量未查清等。为全面查清犯罪事实,检察机关在依法讯问犯罪嫌疑人、询问关键证人、先后 5 次听取辩护律师意见基础上,提出 30 余条补查意见,详细说明补充侦查的证据目录和理由。为查清犯罪现场未处理的油水混合物数量,检察机关派员与办案民警共同到湖北省当地计量检测单位沟通协商,全程监督厂区油水混合物数量检测的过程。同时,针对张某某污染行为后果事实不清,检察机关要求公安机关重新对犯罪现场勘验检查,并且在厂区周边增加土壤采样点进行再次检测。

经补查,检察机关认为该案事实清楚,但是定性方面存在以下争议:一是王某某主观明知张某某无危险废物经营许可证的认定有分歧。二是张某某未处理的 125 吨油水混合物认定为犯罪数量存在认识分歧。鉴于该案系跨省污染案件、证据收集难、定性分歧大等因素,重庆市检察机关指派环境资源犯罪刑检专业团队指导该案办理,环资专业团队全程参与审查起诉、庭审判决等环节。在王某某主观罪过认定方面,综合王某某的职业背景、从业经历、危险废物正常处置市场价格、销售明细、证人证言、张某某供述等证据推定王某某主观应当明知张某某未办理危险废物经营许可证。针对张某某未加工的 125 吨油水混合物是否全部认定为犯罪数量,经请示上级检察机关、听取专业团队指导意见和法院意见基础上,根据"两高"司法解释对非法处置的规定，认为没有造成污染环境后果的利用行为不宜认定为非法处置行为，该部分油水混合物因为贮存在储油罐内，没有造成环境污染不宜认定为非法处置，应当作为量刑因素考量。在起诉前检察机关又多次与辩护律师沟通意见，最终在认识分歧上双方达成一致。张某某、王某某在审查起诉初期作无罪辩解，经过二次退查之后，在事实清楚、证据确实充分情况下，最终同意认罪认罚并自愿签署认罪认罚具结书。

2018年12月5日，重庆市涪陵区人民检察院适用认罪认罚制度以王某某、张某某构成污染环境罪向涪陵区人民法院提起公诉。

经法庭审理，2019年2月14日，重庆市涪陵区人民法院作出一审判决：被告人张某某犯污染环境罪被判处有期徒刑九个月，并处罚金5千元；被告人王某某犯污染环境罪被判处有期徒刑八个月，并处罚金1万元。一审判决后，张某某、王某某均未提起上诉。

【典型意义】

本案系长江流域跨省处置危险废物的典型污染案件，存在着"三大难问题"，即涉及收集、贮存、运输、处置等多环节上下游共同犯罪认定难，公安机关跨省份取证、固定证据难，坚持刑事打击与跨省份生态修复操作难等问题。在办理污染环境犯罪案件中，检察机关应该建立环境犯罪专业化队伍，进一步强化对公安机关的监督指导，注重环境案件办理的生态修复效果。一是发挥专业团队智囊团指导作用。检察机关针对环境犯罪案件涉及面广、专业性强等特点，建立一支打击环境犯罪的专业化、职业化、正规化检察队伍。一方面，指导检察官全面审查案件事实和证据，发挥办案辅助作用；另一方面，针对主观罪过、行为定性、犯罪数量等认识分歧问题提供专业意见，发挥智囊团指导作用。同时，专业团队通过团队的集思广益，有利于协调公、检、法三家的认识分歧，为重大、疑难环境犯罪案件快速、有效办理提供强有力的智力支持。二是及时介入主动引导取证。检察机关办理污染环境案件要深化与公安机关的协调合作关系，及时介入主动引导侦查取证，确保取证方向正确、有针对性。在退查环节要密切关注案件侦查进度，第一时间掌握证据补查情况，认真梳理分析补查的证据，查找证据漏洞，及时再次补充侦查，必要时前往犯罪现场第一线进行监督指导。三是注重生态环境修复的司法理念。检察机关应当树立打击与修复并重的生态司法理念,实现案件办理法律效果、社会效果、生态效果的统一。检察机关在办理污染环境案件中,可以通过教育行为人采取苗木种植、增殖放流等方式修复受损生态环境。同时,生态修复行为一方面作为行为人悔罪的表现可以酌定从轻处罚,另一方面有利于认罪认罚工作的开展。

9. 浙江省桐乡市人民检察院诉某制衣公司污染环境刑事附带民事公益诉讼案(2019年11月21日最高人民检察院发布)

【关键词】

刑事附带民事公益诉讼　生态环境损害赔偿　多元职能协同　企业转型升级

【要旨】

在推进长江经济带生态环境保护中,检察机关践行绿色发展理念,综合发挥刑事、民事、公益诉讼多元职能作用,既依法严惩生态环境犯罪,又促进生态环境修复,激励和倒逼企业自发转型升级,为长江经济带发展提供有力检察保障。

【基本案情】

浙江省桐乡市某制衣公司是一家从事化纤布染色定型加工生产企业,系嘉兴市重点排污单位。2015年上半年至2018年4月期间,该公司为了降低成本和逃避环保部门的监管,公司法定代表人陆某某和实际控制人陈某某指示或授意污水操作工人,通过在污泥池东南侧私设暗管的方式,将多项指标超标、含有重金属的污泥水越过总排放口直接排入城市污水管网,合计排放污泥水4.3万余吨。2017年2月至2018年4月期间,该公司在环保设施老化、工业废水无法正常达标排放的情况下,公司法定代表人陆某某和实际控制人陈某某指示或授意污水操作工人,通过减少在线监控系统监测频次,并用人为调制样品替代实际入网污水进行在线监测的方式,逃避环保部门监管,合计排放污水15.8万余吨。

2018年4月13日,嘉兴市环保局人员对该公司的污泥池入管网口、总排放口进行水样采样,后经嘉兴市环境保护监测站监测,所采样品的化学需氧量、总氮、氨氮、苯胺类和总锑的含量均严重超过《纺织工业水染物排放标准》限制，其中污泥池入管网口水样的化学需氧量、氨氮、总锑含量分别超过限值 23.25 倍、0.95 倍和 61.6 倍。

【调查和督促履职】

该公司被环保部门立案调查后，相关媒体进行了报道。浙江省人民检察院关注到上述舆情后，指示桐乡市人民检察院立即介入、及时跟进，依法履行公益诉讼职责。桐乡市人民检察院经初步调查，认为该公司违法排放污泥水的行为涉嫌损害社会公共利益，于 2018 年 5 月 31 日进行立案调查。检察人员多次赶赴污染现场，勘查摸清排污走向，对涉案企业、污水处理厂、环保局等单位调取资料共计 50 余份，涉及 3000 多页，确保调查取证到位。通过调查还发现，该公司存在私设取水管道偷用河道水的违法行为，非法侵占国家水资源，损害了国家利益。桐乡市人民检察院于 2018 年 6 月 13 日依法向桐乡市水利局发送诉前检察建议，督促该局追回水资源费 70000 余元，挽回了国有财产损失。同时，针对该公司设备老化，处理污水能力不足问题，从综合治理角度出发，向桐乡市环保局发送检察建议，要求环保部门履行监管职责，督促该公司对污水处理设施进行升级改造。

2018 年 7 月 13 日，桐乡市人民检察院委托浙江省环境保护科学设计研究院对该公司偷排污泥水造成的环境损害进行评估鉴定，确认该公司偷排的污泥水进入污水处理厂后，造成污水处理厂出厂水质明显下降，导致进入钱塘江的 COD 和氨氮的含量分别增加了 97.38 倍和 6.44 倍，加重了纳污水体污染，造成生态环境损失 830560 元，损害了社会公共利益。2018 年 7 月 19 日，桐乡市人民检察院依法在《检察日报》刊发诉前公告，督促有关机关和组织提起诉讼。公告期满后没有法律规定的机关和有关组织提起诉讼。

2018 年 12 月 19 日，桐乡市人民检察院就该公司污染环境案向法院提起刑事附带民事公益诉讼。检察机关指控该公司、陆某某、陈某某构成环境污染罪，同时以公益诉讼起诉人身份请求判令该公司赔偿生态环境损害费 830560 元，鉴定评估费 100000 元。

2019 年 3 月 14 日，桐乡市人民法院判决该公司犯环境污染罪，并处罚金 50 万元，陆某某、陈某某犯环境污染罪，分别判处有期徒刑两年六个月和两年三个月，各处罚金 10 万元，对于检察机关提出的公益诉讼请求全部予以支持。该公司和被告当庭服判,生态环境损害赔偿款和鉴定费共计930560元已全部缴纳到位。另外,通过检察机关和环保部门督促协调,在该案开庭前,该公司投入800多万新改造的环保设施已上线运行,排放污水通过环保检验达标,并重新投入生产。

【典型意义】

长江经济带是整个长江流域最发达的地区,对我国经济发展的战略意义十分重要。长三角是我国经济转型发展、对外开放、科技创新等方面先行示范区,长三角区域一体化发展已上升为国家战略。桐乡市是长江三角洲城市群中的重要一员,与其他城市共同承担着保护长江经济带良好发展的重任。本案中,检察机关深入践行绿色发展理念,综合使用多项检察职能,既依法严惩生态环境犯罪,又督促行政机关积极履职,同时促进生态环境修复,保护了长江重要支流钱塘江的水体环境。同时,积极服务保障民营经济健康发展,针对该公司环保设施老旧,亟需升级改造的情况,会同环保部门督促企业升级改造污水处理设备。最终,促使该公司投入800多万元升级改造环保设施,确保污水排放达到环保要求,不仅解决了企业多年的污染问题,而且推动企业实现了转型升级,实现了绿色可持续发展。

10. 江苏省苏州市倪炳松、周文松等9人污染环境案(2020年10月28日最高人民检察院发布)

【法律要旨】

污染环境罪是指自然人或者单位违反国家规定,排放、倾倒或者处置有放射性的废物、含传染病病原体的废物、有毒物质或者其他有害物质,严重污染环境的行为。根据刑法第三百三十八条与第三百四十六条的规定,犯本罪的,处三年以下有期徒刑或者拘役,并处或者单处罚金;后果特别严重的,处三年以上七年以下有期徒刑,并处罚金。单位犯本罪的,对单位判处罚金,并对其直接负责的主管人员和其他直接责任人员,依照上述规定处罚。对跨区域污染环境犯罪案件,检察机关要不断加强区域间检察协作配合,同时推进刑事检察与公益诉讼检察的有效衔接,构建环境司法保护合力。对污染环境犯罪的危害行为与危害结果因时空隔离导致因果关系认定困难的犯罪案件，检察机关要积极发挥诉前主导作用，全面收集能够客观证明危害行为与危害结果间联系的证据。要依法规范开展鉴定活动，善于借助"外脑"提升指控证明污染环境犯罪的效果。对行政执法机关以罚代刑和公安机关不依法立案的涉嫌犯罪案件，要依托环境行政执法与刑事司法衔接工作机制，督促行政执法机关及时移送案件，积极履行法律监督职能坚决纠正公安机关有案不立等违法情形。

【基本案情】

2016年4月下旬，天顺垃圾清运公司（以下简称天顺公司）与浙江省海盐县环境卫生管理中心签订协议，约定由天顺公司将生活垃圾从海盐县运至正规焚烧厂处置，垃圾处置费用为277元/吨。为谋取非法利益，被告人倪炳松、周文松等天顺公司股东，明知被告人张根、洪小勇等人无生活垃圾处置资质，仍以明显低于合法处置成本的价格将从海盐县黄桥码头运出的42921.72吨生活垃圾交由张根、洪小勇等人处置，后张根、洪小勇等人将4万多吨垃圾分别抛入长江或运至浙江湖州、安徽当涂等地填埋。其中20088.89吨生活垃圾被直接抛入长江南通段、太仓段位于江苏省太仓市两处饮用水水源保护区上游，致使太仓市2016年12月19日启动供水突发重大事故应急处置预案，该市集中式饮用水水源第二水厂长江取水口取水中断48小时45分钟，第三水厂长江取水口取水中断55小时。其余22832.83吨生活垃圾被运至浙江湖州、安徽当涂等地非法填埋，造成当地环境严重污染。经鉴定，天顺公司非法处置的生活垃圾为含有毒、有害物质的固体废物。上述抛江及填埋行为造成公私财产损失、生态环境损害及环境修复费用逾千万元。

苏州检察机关应公安机关要求提前介入侦查后，就案件管辖、公私财产损失计算方式和范围、垃圾属性及同一性认定等方面提出具体意见，进一步明确侦查方向。根据当地有关环境资源案件集中管辖的相关规定，长江航运公安局苏州分局于2017年3月23日将案件移送常熟市人民检察院审查起诉。审查中，检察机关发现部分同案人员因在浙江等地倾倒涉案垃圾，已被浙江警方移送当地检察机关审查起诉。由于案件证据调取尚不完全，天顺公司在各地倾倒、填埋垃圾的数量，非法处置垃圾的利益链条，非法处置垃圾的方式和地点等尚未完全查清。为此，常熟市人民检察院先后三次派员赴浙江检察机关协调对接，并引导公安机关补充案件证据共35卷。从补充的证据看，涉案人员不仅有将生活垃圾抛入长江的行为，还有将生活垃圾非法填埋的行为。最终，检察机关追加认定非法倾倒垃圾数量17000余吨，非法填埋垃圾数量22000余吨。2017年9月15日，江苏省常熟市人民检察院对倪炳松等9人以污染环境罪向江苏省常熟市人民法院提起公诉。2018年12月21日，江苏省常熟市人民法院一审判决认定被告人倪炳松等9人的行为均已构成污染环境罪，分别判处有期徒刑六年六个月至一年六个月不等，并处罚金100万元至5万元不等。部分被告人不服判决，提出上诉。2019年3月，江苏省苏州市中级人民法院二审裁定驳回上诉，维持原判。

【典型意义】

（一）办理跨区域污染环境案，应注重不同地域办案单位间的协同配合，构建司法保护合力。当前，跨区域的污染环境犯罪呈明显上升趋势。此类犯罪链条长、涉案人员多、犯罪行为地广、污染物数量及损害认定难。检察机关要发挥诉前主导作用，在办案中对跨区域重大环境污染案件的审查起诉范围，不要囿于公安机关移送审查的在卷证据和犯罪事实，而是要整体把握全案，致力于查清犯罪的全链条。在办理跨区域污染环境案件时，检察机关要与外省、市检察机关加强案件信息互通，全面收集证据，最大限度还原案件事实真相，精准指控犯罪，筑牢生态环境保护司法屏障。

（二）全面取证、科学论证，准确认定生态环境损害结果。为确定已灭失垃圾的性质，可由有资质的机构对与涉案垃圾同源的垃圾抽样取证，作出同一性认定后出具认定意见。可参考的同源垃圾包括但不限于同一案件中查获的尚未处置的同一来源地垃圾及渗滤液、同一案件中以其他方式处置的同一来源地垃圾及渗滤液、同一来源地同类垃圾中转站等处采集的垃圾及渗滤液。为解决已灭失垃圾的数量测算难题，可根据案件证据情况，采用科学测算与合理推定相结合的方式，认定非法处置、倾倒垃圾的数量。在涉案生活垃圾已灭失的情况下，由符合资质的专业鉴定机构根据生态环境损害评估公式，参照案发地生活垃圾处理费用，计算得出的已灭失垃圾造成损害的虚拟治理成本可作为认定生态环境损害的依据。

11. 四川省成都市成都益正环卫工程有限公司等单位、吕顺体等16人污染环境案（2020年10月28日最高人民检察院发布）

【法律要旨】

污染环境罪是指自然人或者单位违反国家规定，排放、倾倒或者处置有放射性的废物、含传染病病原体的废物、有毒物质或者其他有害物质，严重污染环境的行为。根据刑法第三百三十八条与第三百四十六条的规定，犯本罪的，处三年以下有期徒刑或者拘役，并处或者单处罚金；后果特别严重的，处三年以上七年以下有期徒刑，并处罚金。单位犯本罪的，对单位判处罚金，并对其直接负责的主管人员和其他直接责任人员，依照上述规定处罚。对跨区域污染环境犯罪案件，检察机关要不断加强区域间检察协作配合，同时推进刑事检察与公益诉讼检察的有效衔接，构建环境司法保护合力。对污染环境犯罪的危害行为与危害结果因时空隔离导致因果关系认定困难的犯罪案件，检察机关要积极发挥诉前主导作用，全面收集能够客观证明危害行为与危害结果间联系的证据。要依法规范开展鉴定活动，善于借助"外脑"提升指控证明污染环境犯罪的效果。对行政执法机关以罚代刑和公安机关不依法立案的涉嫌犯罪案件，要依托环境行政执法与刑事司法衔接工作机制，督促行政执法机关及时移送案件，积极履行法律监督职能坚决纠正公安机关有案不立等违法情形。

【基本案情】

2017年9月至12月期间，成都益正环卫工程有限公司（以下简称益正公司）在无危险废物经营许可证的情况下，经被告人肖志伟等人介绍，先后从成都温江爱斯特生物制药股份有限公司（以下简称爱斯特公司）、成都晨光亚克力塑胶有限公司（以下简称晨光公司）、被告人唐刚、刘健处承接工业废水处置业务。益正公司负责人、被告人吕顺体安排公司员工或伙同被告人蔡伟利，用环卫罐车运输工业废水至四川省彭州市南部新城等地后，将废水直接排放至城市污水井内。经查，共非法运输并排放工业废水443.685吨。经鉴定，涉案工业废水含有甲苯、甲基丙烯酸甲酯等挥发性危险化学物质，系危险废物。排放至彭州市南部新城污水井的危险废物沿污水管网进入青白江，造成下游水体污染，青白江水业有限公司地表水生产停产172小时，直接经济损失100余万元；上述非法处置危险废物的行为,给彭州市造成直接经济损失共计570.8万元。

2017年11月30日,彭州市公安局对本案立案侦查。12月18日,彭州市人民检察院应公安机关要求,提前介入侦查并就本案因时空隔离导致因果关系的认定难、证明难等问题,提出解决意见。2018年1月,公安机关以吕顺体等人涉嫌污染环境罪移送审查逮捕。彭州市人民检察院依法作出批准逮捕决定,并追加逮捕爱斯特公司环保专员张杰。2018年3月6日,案件移送审查起诉后,彭州市人民检察院通过引导公安机关补充侦查,补充案件证据25卷并追加益正公司和晨光公司为单位犯罪。2018年9月6日,彭州市人民检察院将案件起诉至彭州市人民法院。庭审中,部分被告人和辩护人对非法处置危险废物的行为导致成都市青白江区自来水厂停产和损失提出质疑,提出不排除其他介入因素导致危害后果的辩解和辩护意见。公诉人答辩认为,现有证据证实案发时间段被告单位(人)曾先后7次向彭州市南部新城污水井内排放工业废水,而彭州市南部新城地下污水管道与青白江上游连通,工业废水系沿管道到达自来水公司取水口。自来水公司的实时记录证实了每次水样异常的时间与排污的时间,以及受污染情况与排污情况均能吻合。在对上游沿岸进行排查后,侦查员没有发现其他污染源。因此,被告单位(人)的非法排污行为与自来水厂因水污染停产的结果间是存在因果关系的。休庭期间,检察机关积极参与成都市生态环境局与赔偿义务人之间的生态环境损害赔偿磋商,并提出三点意见:一是建议结合刑事案件认定的排污数量、非法获利和相关企业、人员的经济条件确定赔偿金额。二是建议将未构成单位犯罪但涉案的有关企业纳入赔偿主体。三是建议将被告单位(人)履行赔偿协议的情况作为认罪悔罪的情节,供法院量刑时考量。最终,被告单位(人)共支付赔偿金359.6万元,其他有关涉案企业也主动支付了150万元。2019年5月13日,彭州市人民法院一审判决认定被告单位益正公司、晨光公司的行为构成单位犯罪,判处被告单位益正公司、晨光公司犯污染环境罪,分别处罚金120万元和80万元;对被告人吕顺体、追捕到案的张杰等被告人分别判处五年至十个月不等的有期徒刑,并处罚金。部分被告人以量刑过重为由,提出上诉。2019年8月28日,成都市中级人民法院作出维持原判决的裁定。

【典型意义】

（一）发挥诉前主导作用，有效引导侦查。因污染物种类多、数量大、来源不明、去向复杂，以及生产、销售、运输、储存、处置等阶段关联人员众多，污染环境犯罪案件的取证甄别工作较为复杂。检察机关要加强与公安机关的沟通联系，适时介入侦查，在确立侦查方向、收集固定证据、适用法律规范等方面发挥切实有效的引导作用。污染环境案件多发生于工业生产等经营性领域，单位犯罪的可能性较高，但实践中追究自然人犯罪多，追究单位犯罪少；追究下游具体排放、倾倒、处置人员多，追究中上游产废者、中介人少。办理此类案件，应注意全面收集与整个产业链有关的单位、人员实施犯罪的证据；侦查初期，要以客观性证据为抓手突破侦查取证的瓶颈，确保依法及时提取、封存、送检涉案污染物；要及时固定书证、电子数据等能够证明污染物数量、交易对象和金额的证据，防止因取证不及时导致证据灭失。随着诉讼程序的推进，要引导公安机关不断强化侦查取证的全面性和精细度，确保收集到的证据能全面准确认定案件事实。

（二）运用证据规则认定污染环境案的因果关系。污染环境犯罪的危害行为与危害结果之间往往因时空隔离而导致认定复杂。对污染环境犯罪案件的因果关系作出认定时，一是要全面收集能够证明危害行为与危害结果客观存在的证据；二是要全面收集能够证实危害行为与危害结果间存在高度盖然性的证据；三是有证据证明危害行为与危害结果间的联系有科学依据，符合客观规律；四是要认真审查犯罪嫌疑人、被告人提出的辩解是否不能成立或不合逻辑。

（三）通过检察办案，积极推动生态环境损害赔偿制度改革。生态环境损害赔偿制度是生态文明制度体系的重要组成部分。检察机关在办理污染环境犯罪案件过程中，应注重刑事检察与民事检察、公益诉讼检察的内部配合，以及与其他司法机关、行政执法机关间的协作，积极参与生态环境损害赔偿磋商。磋商期间，刑事案件认定的犯罪事实可作为划分相关企业、人员的生态损害赔偿责任的参考依据。要准确把握刑事责任与赔偿责任的区别，准确确定赔偿义务人。凡违反法律法规，造成生态环境损害的单位、个人均可作为赔偿责任单位、赔偿责任人。被告单位、被告人签订的生态损害赔偿协议及履行赔偿义务的情况，可作为检察机关提出量刑建议时的参考依据。

12.广东省中山市彭伟权等4人污染环境案（2020年10月28日最高人民检察院发布）

【法律要旨】

污染环境罪是指自然人或者单位违反国家规定，排放、倾倒或者处置有放射性的废物、含传染病病原体的废物、有毒物质或者其他有害物质，严重污染环境的行为。根据刑法第三百三十八条与第三百四十六条的规定，犯本罪的，处三年以下有期徒刑或者拘役，并处或者单处罚金；后果特别严重的，处三年以上七年以下有期徒刑，并处罚金。单位犯本罪的，对单位判处罚金，并对其直接负责的主管人员和其他直接责任人员，依照上述规定处罚。对跨区域污染环境犯罪案件，检察机关要不断加强区域间检察协作配合，同时推进刑事检察与公益诉讼检察的有效衔接，构建环境司法保护合力。对污染环境犯罪的危害行为与危害结果因时空隔离导致因果关系认定困难的犯罪案件，检察机关要积极发挥诉前主导作用，全面收集能够客观证明危害行为与危害结果间联系的证据。要依法规范开展鉴定活动，善于借助"外脑"提升指控证明污染环境犯罪的效果。对行政执法机关以罚代刑和公安机关不依法立案的涉嫌犯罪案件，要依托环境行政执法与刑事司法衔接工作机制，督促行政执法机关及时移送案件，积极履行法律监督职能坚决纠正公安机关有案不立等违法情形。

【基本案情】

2016年7月至8月期间，被告人彭伟权、冯喜林、何伟生、何桂森4人共谋，由彭伟权联系雇佣船舶分三次将1200立方废弃胶纸（其中含纸屑、碎布和碎塑料等）运至广东省中山市横门东出海航道12号灯标北堤围垦（指在海滩上建造圈筑的堤坝），由何伟生、何桂森提供钩机并雇请司机，将废弃胶纸倾倒至围垦内。同年8月26日，彭伟权、冯喜林、何伟生、何桂森第三次向围垦内倾倒废弃胶纸时，被行政执法机关当场查获。经查，4名被告人非法获利6万元。经鉴定，倾倒的废弃胶纸为含镉等有毒有害物质的混合废弃物，已对土壤和周边地表水造成严重污染，经济损失达386万余元。

2016年8月,广东省中山市人民检察院从媒体报道中获悉东莞船只在中山市附近海域倾倒垃圾的情况后,依托行政执法与刑事司法衔接工作机制,及时与渔政、城管、住建、航道等行政执法部门取得联系。该院发现案件存在以下问题:一是案件涉及东莞、广州、深圳、中山等多个地区,案件存在地域管辖不清等问题;二是案件的处置涉及多个行政执法机关的管理职责,案件存在职权管辖争议;三是当地没有将类似案件移送司法机关处理的先例。与此同时,中山市公安局主动将了解到的案件情况向中山市人民检察院作了通报,并就案件是否已达追诉标准征求意见。中山市人民检察院经研究认为,案件已涉嫌犯罪,建议立案侦查。为保证案件依法处理,中山市人民检察院联合该市环保部门、公安机关、检测机构多次召开案件分析会,就准确认定污染源、合理确定取样范围、规范送检鉴定操作规程等进行深入研究。介入侦查取证的同时,中山市人民检察院刑事检察部门将本案涉海洋生态环境公益诉讼的线索移送公益诉讼检察部门处理。2017年6月5日,中山市第一市区人民检察院对彭伟权等4人以污染环境罪向中山市第一人民法院提起公诉。庭审中,部分辩护人对倾倒垃圾行为和危害结果的因果关系的认定提出质疑,并申请评估人出庭阐述认定经济损失的原理和依据。评估人出庭后,对倾倒垃圾总重量的计算方法,污染土壤修复费用的核算标准,镉离子的物理、化学特性等对土壤环境的影响等专业问题进行了解释,并接受了控辩双方的询问。公诉人根据庭前的准备,结合在案证据和评估人当庭的陈述,详细阐述了证明排污行为与污染后果间存在因果关系的证据及认定理由。同年7月3日,中山市人民检察院支持中山市海洋与渔业局提起生态环境损害赔偿民事诉讼。同年8月17日,中山市第一人民法院一审判决四名被告人犯污染环境罪,分别判处有期徒刑三年三个月至三年七个月不等,并处罚金6万元至8万元不等。判决后,被告人冯喜林、何桂森、何伟生以量刑过重为由,提出上诉。2017年12月28日,中山市中级人民法院作出终审裁定,驳回上诉,维持原判。2018年6月26日,广州海事法院判决4名被告人连带赔偿环境修复费、生态环境功能损失费及鉴定评估费等合计780余万元。

【典型意义】

(一)充分依托"两法衔接"工作机制查处污染海洋犯罪案件。污染海洋犯罪案件存在线索发现难、刑事立案争议多、办案取证难、物证鉴定路径少、事实认定难、法律适用分歧大等难题。强化污染海洋犯罪的防控、惩治力度，需要检察机关不断加强海洋环境行政执法与刑事司法衔接，着力深化检察机关与相关行政执法部门、侦查机关的沟通联系。对已涉嫌犯罪的案件，检察机关应及时向行政执法机关提出移送案件的建议，督促侦查机关及时立案侦查。对重大、复杂的污染海洋犯罪案件，检察机关应当加强与侦查机关的沟通配合，适时介入侦查，引导、收集固定证据。

（二）依法规范开展海洋污染案件的鉴定活动。目前，对海洋污染损害司法鉴定，虽有一些部门规范和地方性规范，但鉴定标准繁杂。为确保鉴定程序合法规范，结论客观，检察机关应与鉴定机构保持充分沟通，详细阐明鉴定需求和鉴定目的。审查鉴定意见时，要结合在案证据，对鉴定意见进行实质性审查，详细了解鉴定意见的形成过程和依据。对鉴定事项所涉鉴定技术和方法争议较大的，应先对其鉴定技术和方法的科学可靠性进行审查。所涉鉴定技术和方法没有科学可靠性的，相关鉴定意见应不予采信。

（三）善于借助"外脑"提升指控证明犯罪的效果。污染海洋犯罪案件存在专业性、技术性强，相关专业标准不明确的特点。为提高指控犯罪的准确性和有效性，检察机关在审查案件时应充分借助"外脑"做好知识储备，有针对性地做好庭前准备，以便庭审中准确应对，确保案件办理质量和庭审效果。

13. 河北省承德市赵利冬等4人污染环境案（2020年10月28日最高人民检察院发布）

【法律要旨】

污染环境罪是指自然人或者单位违反国家规定，排放、倾倒或者处置有放射性的废物、含传染病病原体的废物、有毒物质或者其他有害物质，严重污染环境的行为。根据刑法第三百三十八条与第三百四十六条的规定，犯本罪的，处三年以下有期徒刑或者拘役，并处或者单处罚金；后果特别严重的，处三年以上七年以下有期徒刑，并处罚金。单位犯本罪的，对单位判处罚金，并对其直接负责的主管人员和其他直接责任人员，依照上述规定处罚。对跨区域污染环境犯罪案件，检察机关要不断加强区域间检察协作配合，同时推进刑事检察与公益诉讼检察的有效衔接，构建环境司法保护合力。对污染环境犯罪的危害行为与危害结果因时空隔离导致因果关系认定困难的犯罪案件，检察机关要积极发挥诉前主导作用，全面收集能够客观证明危害行为与危害结果间联系的证据。要依法规范开展鉴定活动，善于借助"外脑"提升指控证明污染环境犯罪的效果。对行政执法机关以罚代刑和公安机关不依法立案的涉嫌犯罪案件，要依托环境行政执法与刑事司法衔接工作机制，督促行政执法机关及时移送案件，积极履行法律监督职能坚决纠正公安机关有案不立等违法情形。

【基本案情】

2017年2月初，被告人赵利冬、石良喜、李宗义、王金梅等4人共谋处置电子废物牟利。其中，石良喜出资，赵利冬联系购买电子废物，王金梅、李宗义提供场所并负责焚烧处置。同年2月27日，赵利冬从天津市静海区两家废旧电线电缆拆解加工厂大量购买了铜粒加工后形成的池底泥，运输至河北省平泉市某矿业公司闲置的堆料场进行焚烧，计划焚烧完毕后将电子废物灰卖给金属冶炼厂。因焚烧过程中产生大量刺鼻烟雾，群众向当地环保部门进行了举报。经查，现场的电子废物及焚烧产生的电子废物灰总重量为196.22吨。电子废物为浸出毒性的危险废物。3月17日，河北省平泉市环保局拟对涉案人员作行政处罚。平泉市人民检察院通过"两法衔接"信息共享平台发现该信息后，认为涉案电子废物极有可能为国家严禁私自处置的危险废物。平泉市人民检察院遂联系市环保局共赴现场再作核实。经现场核查确认，焚烧的物品为国家规定的危险废物。鉴于案件已经涉嫌犯罪，应移送公安机关办理，平泉市人民检察院于3月24日建议平泉市环保局将案件移送公安机关处理。案件线索移送后，公安机关未予立案。平泉市人民检察院发出《要求说明不立案理由通知书》，平泉市公安局回复称，不立案的理由是现有证据尚不足以证明涉案电子废物系危险废物，涉案人员主观明知焚烧的电子废物系危险废物的证据亦欠缺。平泉市人民检察院经审查认为，公安机关不立案的理由不能成立，遂通知公安机关立案侦查。为确保依法准确办案，平泉市人民检察院就案件办理中存在的问题向承德市人民检察院作了汇报，请求加强办案指导。同年10月7日，案件移送审查起诉后，检察机关引导公安机关对全案证据作了进一步补充完善。2018年1月25日，平泉市人民检察院对赵利冬等四人以污染环境罪向平泉市人民法院提起公诉。4月24日，平泉市人民法院判决被告人赵利冬、石良喜、李宗义、王金梅犯污染环境罪，分别处有期徒刑四年至三年六个月不等，并处罚金各2万元。4名被告人以量刑过重为由提出上诉。2018年7月19日，承德市中级人民法院二审裁定驳回上诉，维持原判。

【典型意义】

为遏制环境污染日益严峻的趋势，近年来我国刑事立法及司法加大了对污染环境罪的惩治力度。但司法实践中，惩治污染环境犯罪仍面临发现难、立案处罚难等现实困境。究其原因，主要在于环境行政执法与刑事司法的衔接程序不畅，污染环境犯罪案件取证困难。为此，检察机关要充分利用"两法衔接"信息平台，收集分析行政处罚案件信息，对处理存在疑问的案例进行追踪核实。发现涉嫌犯罪的，要督促生态环境部门及时移送公安机关立案侦查。

由于行政执法的取证要求低于刑事侦查，其在证据的规范性、完整性等方面往往达不到刑事证据的标准，公安机关往往以污染环境行为达不到立案标准为由不予立案。对此，检察机关要加强对公安机关不立案理由的分析研究，在作出立案监督决定的同时，加强立案监督的说理性。要提升立案监督后引导侦查工作的监督质效，对公安机关当立不立、立而不侦的，检察机关要及时督促公安机关依法履行职责。监督过程中遇到问题和困难的，下级检察院要及时向上级检察院请示、报告以取得工作支持，上级检察院要及时研究解决问题，加强工作指导和协调，确保立案监督工作有序开展。

14. 重庆市万州区曹某某等3人污染环境刑事公诉案（2020年12月11日最高人民检察院发布）

【关键词】

污染环境　提前介入　专家辅助人　禁止令

【要旨】

检察机关提前介入引导侦查，指导污染环境刑事案件取证的及时性、规范性，通过鉴定意见和专家辅助人出庭方式解决专业性问题。树立打击与修复并重的生态司法理念，在追究行为人刑事责任的同时，教育行为人主动修复受损的生态环境，并且通过禁止令的适用，实现犯罪惩罚预防双成效。

【基本案情】

2016年5月，被告人曹某某、周某某共同出资在重庆市万州区高粱镇开办电镀作坊，雇请被告人杨某某负责具体生产，在未办理排污许可证等手续的情况下，进行电镀作业，加工产生的含有锌、铬等重金属的废水通过暗管排入长江一级支流竺溪河。2018年5月13日，经当地政府责令停产后，曹某某等人将电镀作坊迁建至万州区太白街道继续生产，废水通过沟槽、管道流入废水池，后溢流排放至厂房外。经分时采样监测，外排废水总镍、总铬、总锌浓度分别超过《电镀污染物排放标准》限值标准10倍以上，其中总镍浓度最高超标2419倍。

【检察履职情况】

2018年7月2日，重庆市万州区公安局对本案立案侦查。因该案存在作案时间长、作案地点变更等问题，导致公安机关获取认定犯罪数量、含重金属浓度、因果关系等证据时遇到困难。为此，重庆市万州区公安局商请重庆市万州区人民检察院提前介入侦查。万州区人民检察院详细了解情况后，提出围绕排放含重金属污染物超标情况进行侦查取证的建议。

2019年2月13日，重庆市万州区公安局将案件移送检察机关审查起诉。重庆市万州区人民检察院在审查起诉期间，针对作案时间不确定、地点变更带来的污染后果不明确、修复程序不明确等问题，聘请西南大学司法鉴定所对环境损害后果进行鉴定。根据土壤污染的隐藏性、难可逆性、扩散性等特点，为了控制土壤污染的迁移扩散并消除土壤污染后果，决定采取原址异位淋洗方法进行修复。9月6日，重庆市万州区人民检察院以曹某某等3人涉嫌污染环境罪适用认罪认罚程序向万州区人民法院提起公诉。2020年1月29日，重庆市万州区人民检察院作为公益诉讼起诉人向万州区人民法院提起附带生态损害赔偿民事公益诉讼。庭审过程中，公诉人向法院申请专家辅助人出庭就本案涉及的环境专业性问题发表意见。

2020年9月21日，重庆市万州区人民法院一审判决全部采纳重庆市万州区人民检察院的量刑建议和适用禁止令建议，判决曹某某犯污染环境罪判处有期徒刑一年，并处罚金。判决周某某、杨某某犯污染环境罪判处有期徒刑一年，并处罚金，适用缓刑，同时禁止周某某、杨某某在缓刑考验期内从事电镀生产活动。对公益诉讼全部诉讼请求予以支持。一审宣判后，3人均未上诉。重庆市万州区人民检察院联合重庆市万州区生态环境局和相关专家监督、指导周某某等人进行生态修复，使涉案水域和土壤生态得以恢复。

2020年10月9日，重庆市万州区人民检察院向重庆市万州区生态环境局发出检察建议，督促深入检查全区企业排污情况。该局收到检察建议后高度重视，对辖区排污企业进行彻底排查，重点监督违法企业的限期整改情况，取得了"办理一案，治理一片"的良好社会效果。

【典型意义】

该案系向长江非法排放危险废物污染长江生态环境的典型案件，检察机关立足污染环境案件特点，提前介入指导侦查机关取证，通过鉴定意见和专家辅助人出庭方式解决专业性问题。将适用认罪认罚从宽制度与推动生态环境修复相结合，实现惩治犯罪与修复生态相统一。同时，通过禁止令的适用实现犯罪预防效果。

（一）提前介入确保案件品质，检察建议提升生态质效。排污类污染环境案件具有隐蔽性、危害后果滞后性等特点，证实排污时间、危险废物数量、污染后果等证据获取困难。检察机关充分发挥诉前主导作用，通过预判取证的客观条件和现实困难，引导侦查机关确立正确的侦查方向和办案思路，为案件侦办夯实基础。同时，检察机关在办案中发现环境资源管理、保护机制、行政执法等方面存在问题和薄弱环节，及时向环境保护行政主管部门发出检察建议，促进其建章立制、依法行政，从源头上实现有效治理。

（二）善用专家辅助人出庭，切实解决专业性疑难。在办理污染环境案件遇到专业难题时，除了鉴定意见常规做法之外，可以申请专业知识人员出庭，对专业性问题、污染行为危害性、污染后果等方面进行释明。既对专业问题结论补充印证，为定罪量刑提供有力支持，又可以通过庭审向社会公众宣传污染环境行为对生态环境和人民群众生命健康的危害，通过现场庭审以案说法营造保护环境的良好社会氛围。

（三）落实恢复性司法理念，适用禁止令实现预防功效。单纯依靠适用刑罚，难以实现良好的预防效果、生态修复效果。在对犯罪行为人适用刑罚的同时，建议适用禁止令，通过在缓刑考验期禁止犯罪行为人从事相应的生产经营活动实现犯罪预防。同时将生态修复作为认罪认罚的悔罪表现，通过修复受损的生态环境实现案件办理的生态效果。

15.浙江省嘉兴市秀洲区人民检察院诉姚某某等污染环境刑事附带民事公益诉讼案（2020年12月11日最高人民检察院发布）

【关键词】

刑事附带民事公益诉讼　固废污染　提前介入　综合治理

【要旨】

对以层层转包方式违法倾倒工业固废的行为，依法追究固废直接倾倒人、中介人和未尽法定污染防治责任的固废产生企业的法律责任。检察机关提前介入，指导公安机关对涉及刑事附带民事公益诉讼的相关事实固定证据。推动行政机关出台工业固废处置管理规定，促进相关领域行业治理。

【基本案情】

2017年11月2日晚，嘉兴市嘉善县至秀洲区太浦河红旗塘河道发生严重污染，水体呈暗红色，浊度及总磷均超出正常指标数倍。经调查查明：2015年以来，工业污泥处置中介人姚某某、夏某某、陆某某、朱某某违反国家规定，联系嘉兴某织造有限公司等5家污泥产生企业，将取得的全部或部分污泥通过层层转包的方式交由明知无工业固体废物处置资质的胥某某处置。胥某某组织方某某、段某某等人将2739余吨工业污泥分多次偷倒入红旗塘嘉善至秀洲段水域。经鉴定，倾倒的工业污泥为"有毒"或"有害"物质，共造成各类损失达560余万元。

【检察履职情况】

污染事件发生后，生态环境部门立即启动程序，并将线索移送给检察机关。2017年12月14日，浙江省嘉兴市人民检察院抽调两级院业务骨干组成专案组，提前介入该案，指导公安机关重点围绕污泥产生企业是否依法处置固体废物、倾倒的污泥对生态环境的损害程度等方面开展调查取证。2018年6月,浙江省嘉兴市秀洲区人民检察院(以下简称秀洲区院)对本案以刑事附带民事公益诉讼立案,并在《检察日报》发布民事公益诉讼诉前公告,期间,无法律规定的机关和组织反馈或提起公益诉讼。

2018年10月12日,秀洲区院向法院提起刑事附带民事公益诉讼,指控8名被告人构成污染环境罪,并诉请判令各民事责任主体承担污泥倾倒造成环境污染所产生的应急监测和检测费用、为防止污染扩大所产生的紧急措施费用、对倾倒的污泥进行清理、运输、处置费用和生态损害赔偿费用等共计560余万元,各污泥产生企业在责任范围内分别与姚某某、胥某某等人承担连带赔偿责任。

2019年12月27日,秀洲区人民法院经公开审理作出一审判决:以污染环境罪判处8名自然人被告一年十个月至五年不等的有期徒刑,并处罚金,同时对检察机关提出的公益诉讼请求全部予以支持。部分附带民事公益诉讼被告单位不服,向嘉兴市中级人民法院提出上诉。2020年5月11日,嘉兴市中级人民法院作出二审判决,除因一污泥产生企业进入破产清算程序,对其以确认之诉改判外,其余部分均维持原判。截止目前,各责任主体已赔偿生态环境修复费用等合计2281258.75元,其余赔偿费用法院正在强制执行中。同时,秀洲区院针对本案涉及的工业固废处置问题,积极与当地生态环保部门开展协作,共同推动当地政府出台工业固体废物规范化处置管理办法,促进了该区工业固废产生企业的行业治理。

【典型意义】

涉案受污染的太浦河红旗塘河道流经苏浙沪三省市,沟通太湖与黄浦江,是太湖流域向下游地区供水的骨干河道,生态意义非常重要。检察机关充分运用一体化办案机制,发挥公益诉讼检察职能,严厉打击违法倾倒工业固废行为,保护了相关水域的生态安全。该案也为层层转包式的固废倾倒案件如何确定直接倾倒者、中介人及固废产生企业的生态环境损害赔偿责任提供了办案样本。

16. 甘肃省酒泉市肃州区人民检察院诉金塔县天亿化工有限公司、鑫海源化工有限公司、董某某等人污染环境刑事附带民事公益诉讼案（2021年9月9日最高人民检察院发布）

【关键词】

刑事附带民事公益诉讼　非法排放生产废水污染环境　生态损害赔偿　督促修复治理

【要旨】

检察机关办理环境污染案件，以生态环境修复治理为切入点和突破口，通过多部门沟通协调、召开联席会等方式，全程监督涉案企业缴纳环境修复治理等费用并恢复生态，督促政府多部门协同履职，建立健全生态环境保护长效机制。

【基本案情】

中央环保督察发现，金塔县天亿化工有限公司（以下简称天亿公司）、金塔县鑫海源化工有限公司（以下简称鑫海源公司）实际投资人均为董某某。2017年至2019年期间，上述公司均违反"三同时"（建设项目中防治污染的设施，应当与主体工程同时设计、同时施工、同时投产使用）制度非法排放废水至厂区外面荒滩，造成大面积的土壤、地下水及周边生态环境被污染破坏。

经当地政府委托生态环境部规划院鉴定评估：三年期间，天亿公司非法排放生产废水区域土壤受到染料中间体等大分子有机污染面积50342平方米、体积51510.4立方米需要进行治理，地下水受到耗氧量、挥发酚等污染，造成生态环境损害数额约为646.5万元。2019年3月鑫海源公司非法排放1500吨废水区域土壤受到染料中间体等大分子有机污染，污染面积111541.8平方米，体积75233.4立方米；受到碱污染，污染面积12673.2平方米，体积4288.8立方米。地下水受到耗氧量、挥发酚等污染深度约为0.92-8.88米，造成生态环境损害数额约为1103.6万元。

【调查和诉讼】

2019年11月，甘肃省酒泉市肃州区人民检察院（以下简称肃州区院）收到公安机关移送起诉的刑事案件发现，天亿公司、鑫海源公司非法排放废水，对土壤及地下水造成严重污染，损害国家利益和社会公共利益。经沟通，当地政府明确表示不提起生态损害赔偿诉讼，肃州区院以刑事附带民事公益诉讼立案。经审查查明，天亿公司非法排放废水区域土壤总有机碳超出对照点 1-1.29 倍；偶氮苯浓度超过对照点 12-184 倍；鑫海源公司非法排放废水区域土壤中总有机碳超出对照点 1.02-19.17 倍、偶氮苯浓度超过对照点 2-35 倍、挥发酚浓度超过对照点 1.33-2 倍、邻甲苯胺浓度超过对照点 2-10 倍。为准确确定公益诉讼诉讼请求，肃州区院在前期刑事证据的基础上，协调当地政府委托生态环境部环境规划院生态环境风险损害鉴定评估研究中心追加鉴定公益损害相关项目。经鉴定：造成前期应急处置费用 81.7 万元，土壤损害恢复费用约 1419.4 万元，地下水损害方量为 4699.79 立方米损害费用约 148.1 万元，荒漠生态恢复费用约为 100.88 万元，鉴定费 530 万元。

2020 年 5 月 10 日，肃州区院履行了诉前公告程序，公告期满无适格的组织提起诉讼。肃州区院针对应急处置费用等问题向专家咨询并深入调查取证后，同年 9 月 10 日向肃州区人民法院提起诉讼，请求判令被告承担相应刑事责任的同时，赔偿非法排放污水造成的应急处置、生态环境恢复等费用共计 1750.1 万元，鉴定费 530 万元，共计 2280.1 万元，并在国家级媒体公开赔礼道歉。2021 年 4 月 21 日，肃州区人民法院作出一审判决：以污染环境罪判处被告单位罚金 400 万元；判处被告人董某某等 5 人有期徒刑三年至一年六个月不等，均宣告缓刑，并处罚金 50 万元至 3 万元不等。同时，对附带民事公益诉讼请求全部予以支持。判决发生法律效力后，被告主动缴纳全部赔偿款，并在《检察日报》公开赔礼道歉。

在案件办理过程中，肃州区院多次协调当地政府及相关部门召开座谈会，全程监督涉案企业治理修复受损环境并通过易地补植复绿恢复生态，目前已种植树木 28000 余株，折合造林面积 500 余亩。同时，向环保、发改等部门发出社会治理等检察建议，督促协同履职促进化工企业规范运行，推动区域生态环境保护与质量改善。

【典型意义】

本案是中央环保督察组督办案件，检察机关在办理过程中注重加强公益诉讼与打好"三大攻坚战"、中央环保督查、生态环境损害赔偿试点改革等制度相衔接，本着最大限度保护公益原则，充分发挥刑事、公益诉讼等检察职能，加强沟通协调，灵活运用磋商、圆桌会议等方式督促涉案企业履行赔偿义务缴纳环境修复治理等费用，督促多个政府部门协同履职，积极治理受污染土壤和地下水，并建立公益诉讼补植复绿基地和生态修复法治教育警示林。同时，针对普遍性问题发出社会治理等检察建议，督促相关行政机关协同履职促进化工企业规范运行，多元聚力建立健全生态环境保护长效机制。

17. 甘肃省张家川回族自治县汪某勇等7人污染环境刑事公诉案（2022年1月25日最高人民检察院发布）

【关键词】

污染环境　黄河支流　入河排污　三级联动　生态环境综合整治

【要旨】

办理重大、有影响的破坏黄河流域生态环境犯罪案件，上级检察机关要第一时间掌握情况、迅速介入，将指导工作做细做实，通过协作配合，上下一体突破案件。加强内外协同，将生态刑事检察工作与促进本地生态文明建设同步推进，充分发挥检察建议堵漏建制的作用，及时向有关单位提出完善制度、强化监管的检察建议，达到"办理一个案件，解决一类问题"的效果。

【基本案情】

2019年9月，被告人汪某勇、董某娟经介绍与被告人李某庆、何某杰、刘某强、李某利认识后，双方口头协议由李某庆等4人出资，在甘肃省张家川回族自治县龙山镇投资设立化工染料厂，租赁给汪某勇、董某娟从事化工染料生产。汪某勇通过董某娟购买化工原料，雇佣被告人许某明等人负责机器设备的安装、调试、染料生产等工作。同年11月，应汪某勇要求，刘某强安排李某利购买塑料长管安装在化工厂排污口，并通过掩埋的方式伸入到南河（系黄河最大支流渭河的二级支流、清水河一级支流）河道，用于偷排污水。11月23日，该化工染料厂在没有经营行政许可证和环保许可手续的情况下，非法调试生产。11月26日凌晨1时许，在汪某勇的默许下，许某明将生成的1.5吨废液简单处理后排入清水河，致使清水河40余公里水体因严重污染变色，引发流域内群众恐慌。经鉴定，被污染水质超过Ⅲ类水标准，为重度污染。案发后，天水市委、市政府启动应急预案，调运应急物资和大型机械，在清水河河道内筑起十多道临时围堰，将受污染水体控制在清水河流域进行无害化处理，并对清水河、葫芦河及渭河天水段水质进行实时监测。经评估，此次污染造成直接经济损失753万余元。12月5日，中央电视台财经频道"经济半小时"栏目对"甘肃省天水市境内黄河支流污染问题"进行专题报道，引发社会广泛关注。

【检察履职情况】

2019年11月26日，公安机关对本案立案侦查。甘肃省张家川回族自治县人民检察院（以下简称张家川县检察院）于次日获悉本案后，主动介入侦查、引导取证，重点围绕引导确定犯罪嫌疑人、查封作案现场、扣押相关设备、法律适用等方面提出意见。主动向公安机关了解情况，并立即向天水市人民检察院报告了相关情况。12月4日，张家川县检察院根据天水市检察院关于督促整改清水河污染问题专门会议要求，向当地生态环境局、镇政府发出检察建议，督促有关部门开展跟踪监测，对可能的污染源进行全面排查，对公众开展保护水环境和水资源的宣传教育，以杜绝污染事件再次发生。检察建议发出后，被建议单位积极开展污染恢复、源头排查等工作，截至12月10日共排查出"散乱污"企业及各类作坊22家，取缔关停3家，限期整改5家，停业整顿14家。12月18日，甘肃省检察院、天水市检察院督导组赴张家川县指导县检察院全面了解案件侦办进展，针对提前介入阶段了解到的问题，研究解决办法。12月26日，公安机关就本案提请张家川县检察院批准逮捕。张家川县检察院审查后，认为公安机关遗漏了主要涉案人员董某娟、李某庆，遂对二人作出追加逮捕的决定。2020年9月27日，张家川县检察院对汪某勇等7人以污染环境罪提起公诉。庭审期间，部分被告人主动向张家川县检察院缴纳生态环境修复赔偿款310万元。

2020年12月23日，张家川回族自治县人民法院一审判决，汪某勇等7人犯污染环境罪，分别判处四年至两年不等有期徒刑，合计并处罚金29万元。董某娟、李某庆等4人以量刑过重为由提起上诉。2021年3月15日，甘肃矿区人民法院裁定驳回上诉，维持原判。

【典型意义】

甘肃是黄河重要的水源涵养区和补给区。省内黄河流域包括黄河干流、渭河、洮河、湟水和泾河五个水系，以及各水系的一二级支流。小流域作为黄河主动脉的毛细血管，好与坏、净与污直接关乎黄河生态环境安全。为保护好黄河主动脉的"小血管"，检察机关用足惩治手段，用好检察建议，依法打击破坏黄河流域生态环境违法犯罪。对重点案件，加强办案指导，提高打击和保护的针对性、实效性；对突出问题，结合办案提出检察建议，促进政府部门及时解决，争取政府部门、社会力量的理解和帮助。检察机关立足职能，加强黄河上游水源涵养区生态司法保护，同时推动织密黄河法治保护网，充分彰显了检察机关在黄河治理和保护中的担当和作为。

18. 浙江省嘉兴市嘉某化工原料有限公司、包某华等14人污染环境刑事公诉案（2022年7月19日最高人民检察院发布）

【关键词】

污染环境　引导侦查　追诉单位犯罪　禁止令　损害赔偿

【要旨】

在办理危险废物已灭失的污染环境犯罪案件时，检察机关通过引导公安机关取证和自行补充侦查，依法查明非法排放危险废物的方式和数量。针对生态环境损害赔偿数额较大的问题，检察机关运用认罪认罚从宽制度，引导督促涉案单位和人员主动缴纳环境损害赔偿保证金，为后续污染治理和环境修复提供资金保障。

【基本案情】

被告单位嘉兴市嘉某化工原料有限公司（以下简称嘉某公司）是一家具有危险化学品经营资质的民营企业，经营范围为批发、储存盐酸、硫酸、硝酸、液碱等业务。公司实际持股人为被告人包某华和伍某鸣、费某祥，其中包某华全面负责公司事务。公司常年从其他化工企业购进副产盐酸等化学品后，销售牟利。自2017年下半年开始，一些化工企业将副产盐酸（系化学合成中产生的副产品，主要成分为氯化氢，具有一定工业用价值，但比工业盐酸杂质更多）以支付补贴款的形式，转售给其他化工企业处理。为谋取利益，嘉某公司大量购进副产盐酸予以销售。由于市场需求出现波动，嘉某公司购进的副产盐酸因滞销出现大量积压。

2018年7月至2019年5月间,包某华决定将仓储的部分副产盐酸排入平湖塘(连接嘉兴南湖和东湖的水域,与京杭大运河互通相连,全长40多公里),以减少公司经营损失。受包某华指使,嘉某公司员工被告人方某其、翁某权,码头报港人员被告人王某明,运输船主被告人宋某勇、倪某广,运输车司机被告人钱某权、邱某丰等人相互配合,将储存的副产盐酸直接排入地面洞孔或应急池雨污分离箱。被非法排放的副产盐酸流入平湖塘后,部分水体因PH值过低,导致水域内大量鱼死亡上浮,沿岸大量水草死亡;一些沿岸企业在抽取平湖塘水用于生产时,频繁出现残次品甚至机器设备被损坏。为逃避监管,嘉某公司向嘉兴市公安局禁毒支队民警、全市易制毒化学品专管员许某峰行贿13.5万元。

【检察履职情况】

2019年6月21日,浙江省嘉兴市生态环境局针对南湖区大桥镇平湖塘水质异常的情况,会同公安机关对重点嫌疑单位嘉某公司进行调查,并现场查获宋某勇等人在嘉某公司卸货码头水域非法倾倒酸性液体。6月25日,嘉兴市公安局南湖区分局对本案立案侦查。由于案情重大复杂,嘉兴市南湖区人民检察院(以下简称南湖区院)介入侦查,针对嘉某公司部分入库副产盐酸去向不明、上报公安机关易制毒化学品管理系统出入库统计数据存在差异等问题,引导公安机关调取嘉某公司购进和运出副产盐酸的台账资料等书证,查明嘉某公司非法排放副产盐酸的数量;引导调取监控视频、多次复勘现场、开展侦查实验,查清非法排放副产盐酸的方式。在大量证据面前,拒不认罪的包某华承认了其指使他人,采用多种方式偷排副产盐酸的犯罪事实。同年8月、10月,南湖区公安分局对犯罪情节较轻的嘉某公司股东费某祥和运输车司机邱某丰取保候审,对包某华、伍某鸣、钱某权、倪某广等12人提请南湖区院批准逮捕。经审查,南湖区院批准逮捕了包某华等9人,对情节较轻的运输车司机钱某权等2人和证据不足的运输船主倪某广不批准逮捕,并提出补充侦查的意见。同时,南湖区院刑事检察部门主动联系该院公益诉讼部门、区环保局和鉴定机构,了解到修复环境的费用大约需要1亿元后,向犯罪嫌疑人阐明了缴纳环境损害赔偿保证金的必要性,为督促犯罪嫌疑人预缴环境损害赔偿保证金做好准备。同年12月,公安机关将案件移送审查起诉。南湖区院审查认为,本案系为单位谋取非法利益,体现的是单位意志,遂追加嘉某公司为犯罪单位；按照"入库就低、出库就高"的原则，对审计报告的结论作了修正，认定嘉某公司向22家供应商采购副产盐酸18.2万吨，其中非法排放3.99万吨；通过与辩护律师、犯罪嫌疑人及其亲属反复沟通，将认罪认罚与追赃挽损有机结合，阐明履行生态损害赔偿责任情况是量刑建议的重要依据，促使全部犯罪嫌疑人认罪悔罪并签署《认罪认罚具结书》。其中，包某华、伍某鸣和费某祥以个人名义，主动缴纳环境损害赔偿保证金3200万元。由于后续环境修复的资金仍存在较大缺口，考虑到嘉某公司账目资金有限，但该公司即将因征迁得到3000余万元补偿款，为此南湖区院向当地政府建议，将征迁补偿款优先用于生态损害赔偿，确保了后续环境修复资金最大限度及时到位。2020年6月16日、7月1日，南湖区院以污染环境罪、单位行贿罪，分别对被告单位嘉某公司及包某华等14名被告人提起公诉。检察机关依法对包某华等人提出从宽处罚的确定刑量刑建议，建议法院对其中可能判处缓刑的被告人宣告禁止令，禁止其在缓刑考验期内从事与排污或者处置危险废物有关的经营活动。

2021年7月22日，法院以污染环境罪、单位行贿罪，判处嘉某公司罚金1010万元，判处包某华有期徒刑六年三个月，并处罚金110万元；翁某权等其他13名被告人犯污染环境罪分别被判处有期徒刑二年至一年不等，并处罚金；对部分被告人退缴的违法所得予以收缴；对部分被告人适用缓刑并宣告禁止令。包某华等人均未上诉。

【典型意义】

近年来，化工企业蓬勃发展，危险化学品生产企业增多，产量增大。与此同时，危险废物相关的法律法规愈加严格，在市场需求出现波动的情况下，企业因自身消化再利用能力不足，多以补贴的方式进行转移处理。一些危险化学品经营公司出于经济效益考虑，将危险化学品直接偷排入江河、地下，严重损害环境安全。司法实践中，此类案件由于关键物证已灭失，且涉案人员多、犯罪链条长、作案手段隐蔽，给调查取证和打击处理带来很大困难。为准确指控犯罪，检察机关主动介入侦查，追根溯源，摸清产生、运输、倾倒危险废物的犯罪链条，准确认定危险废物数量，对涉案人员依法严惩重罚。案件办理中，检察机关根据各被告人在共同犯罪中不同的地位作用区别对待，及时追诉犯罪单位，不枉不纵。突出再犯罪预防，对适用缓刑人员依法建议宣告禁止令；充分释法说理，促使涉案人员真诚认罪悔罪。积极督促涉案单位、人员缴纳环境损害赔偿保证金,为后续生态环境修复,提供充足的资金保障。

19. 重庆市巨某环境工程有限责任公司、郑某强等 5 人污染环境刑事公诉案(2022 年 7 月 19 日最高人民检察院发布)

【关键词】

污染环境犯罪　后果特别严重　联动履职　专业团队办案

【要旨】

污染环境罪司法实务中,刑事检察与公益诉讼检察联动履职,主动发出行政公益诉讼检察建议,参与环境治理、行业整治,有效提高公益诉讼介入"提前量"。污染环境犯罪案件专业性强,法律适用问题多,检察机关组建环境资源犯罪检察专业团队,充分发挥智囊作用,有效提高整体办案质效。

【基本案情】

2019 年 4 月 1 日,被告人郑某强发起成立重庆市大足区巨某环境工程有限责任公司(以下简称巨某公司),郑某强为公司法定代表人、经营管理者,公司经营范围为收购、销售、综合处理废旧轮胎等。2020 年 3 月,郑某强违规将公司裂解废旧轮胎过程中清罐产生的 33.692 吨废燃料油,以 600 元 / 吨的价格交由不具有危险废物处理资质的被告人瞿某某、周某某、丁某某、李某某处置。为降低处置成本,瞿某某等 4 人将废燃料油运至重庆市长寿区,将其中 17.262 吨废燃料油倾倒在小石溪支路雨水井内,排入长江上游左岸一级支流古佛河;将 16.43 吨废燃料油倾倒在化南二路雨水井内,排入长江某二级支流。后生态环境部门以阻断水流的方式,连续对该二级支流进行了 7 日的应急处置和治理,共清理黑色油状污染物 38.77 吨,转运处置污染河水 2493 立方米。经鉴定,涉案的废燃料油系含苯、甲苯等有害物质的废矿物油,属《国家危险废物名录》编号 HW08 类危险废物。经评估,本案生态环境损害量化数额为 111 万余元。

【检察履职情况】

2020 年 4 月 16 日,重庆市长寿区公安局对本案立案侦查。鉴于该案属于跨行政区划非法处置危险废物案件,为依法准确办理案件,重庆市渝北区人民检察院（以下简称渝北区院）依据该市办理环境资源案件管辖的相关规定，提前介入侦查，引导公安机关调查取证。由于瞿某某等人非法倾倒危险废物的行为给长江支流水体造成严重污染，检察机关经依法调查，于6月5日向主管部门重庆市大足区生态环境局发出行政公益诉讼检察建议，督促开展涉长江危险废物专项执法行动，对沿江企业进行整治。6月17日，长寿区公安局将案件移送渝北区院审查起诉。鉴于案情重大复杂，渝北区院请重庆市人民检察院（以下简称重庆市院）就案件办理中遇到的问题进行指导。重庆市院组织该市环境资源犯罪案件刑检专业团队，对渝北区院提请的犯罪嫌疑人主观故意难以认定、本案危害后果是否属于《最高人民法院、最高人民检察院办理污染环境刑事案件适用法律若干问题的解释》第三条第一款第（六）项规定的"后果特别严重"情形等问题，提出了指导意见：一是郑某强虽然否认明知交由他人处置的清罐产物系危险废物，但其作为巨某公司实际经营者、法定代表人，明知巨某公司编制的环境影响报告书载明清罐产物属于危险废物，应作为危险废物处理，却没有尽到查验瞿某某等人经营许可证的注意义务，仍将危险废物以明显低于市场价的价格交由瞿某某等人处理。因此，郑某强应当以污染环境罪共犯论处。二是案发地位于长江上游，本案共导致30余吨危险废物被排入长江支流，造成长江生态环境损害数额超100万元，且倾倒的17.262吨废燃料油对长江支流水体造成的危害，已无法通过人工治理修复，严重影响沿岸人民的生命健康，属于"后果特别严重"情形。渝北区院根据指导意见，会商生态环境部门、公安机关后，提出补充侦查意见，引导公安机关进一步完善了全案证据体系。10月15日，渝北区院以污染环境罪，对巨某公司及郑某强等5人向渝北区法院提起公诉。2021年5月19日，渝北区法院一审判决采纳检察机关指控意见和量刑建议，判处被告单位及各被告人犯污染环境罪，对被告单位巨某公司处罚金50万元，对被告人瞿某某、郑某强判处有期徒刑三年四个月至一年九个月不等，并处罚金。宣判后，郑某强不服判决，提出上诉。2021年8月4日，重庆市第一中级人民法院裁定驳回上诉，维持原判。

【典型意义】

长江流域环境污染案件具有污染范围确定难、被告人主观过错查证难、犯罪后果特别严重认定难等特点。检察机关把握跨行政区划检察改革方向，通过"刑事+公益诉讼"一案双查，推动刑事追责、公益诉讼、行业治理工作三位一体落实。工作中，检察机关持续探索实践刑检专业团队"诉、研、教"一体化运行模式，组建由业务骨干、专业人才、标兵能手组成的专业办案团队，有效强化了环境资源犯罪检察的专业能力建设，通过充分发挥"排头兵""智囊团"的作用，群策群力解决环境资源犯罪案件中的疑难问题，精准认定犯罪事实和刑事责任，助力长江流域生态环境守护工作。

20. 浙江省台州市蔡某喜等49人利用网络平台跨省处置铝灰污染环境案（2023年5月29日最高人民检察院发布）

【关键词】

污染环境罪　铝灰　网络货运平台　综合治理

【基本案情】

被告人蔡某喜，系发布货运消息，组织倾倒铝灰的无资质废物处置人员。

被告人金某飞，系非法转运处置铝灰的浙江省三门县某地村民。

被告人郭某娟等4人，系炼铝加工厂负责人。

被告人李某强等2人，系堆放铝灰船厂的负责人。

被告人李某等10人和4名被不起诉人，系铝灰倾倒、填埋地的负责人员。

另有27名被不起诉人，分别系炼铝加工厂加工人员、货车驾驶员。

2019年前后，被告人郭某娟等人在浙江省宁波市宁海县开办四家废铝熔炼加工点，炼铝过程中添加含氟催化剂，产生大量铝灰。同年5月至10月间，郭某娟等人明知被告人金某飞无危险废物处理资质，以每吨170元的价格将3000多吨铝灰委托其非法转运处置。金某飞明知铝灰会造成环境污染，在未做任何防渗措施的情况下，将铝灰堆放至三门县金某船厂、泰某船厂和滨海某城3处废弃点。2020年12月，泰某船厂拟转让厂区，被告人李某强联系金某飞处置未果，遂通过互联网联系到从事废物处置生意的蔡某喜。李某强明知蔡某喜没有危险废物处理资质，将铝灰以300元/吨的价格交由蔡某喜处置。蔡某喜与李某等地接人员联系后，通过"运某某"货运平台发布货运消息，后有58名货车司机从该平台接单，从泰某船厂拉走58车约1897吨铝灰，除15车被公安机关及时查扣外，其余43车被非法倾倒、填埋于江苏扬州、淮安、镇江、宿迁，山东郯城以及浙江台州椒江等地，造成土壤严重污染，造成包括清运、规范处置、修复费用等经济损失3000余万元。

【行政调查和刑事诉讼情况】

2020年12月14日，浙江省台州市生态环境局三门分局接到举报，称有数百吨铝灰从三门县运输至江苏境内倾倒。该局立即着手调查，对三门县铝灰堆放地的土壤和水进行检测，发现无机氟化物严重超标，且船厂的铝灰经鉴定属于具有浸出毒性的危险废物，非法倾倒、处置数量达到立案追诉标准"三吨以上"，相关人员已涉嫌污染环境犯罪。该局遂启动行刑衔接机制，于同年12月22日将案件移送三门县公安局立案侦查。

浙江省抽调省市县三级公安机关和生态环境部门业务骨干组建联合专案组，迅速安排侦查人员前往上游产废地、中游堆放地和下游处置地开展取证工作，对涉案危废进行溯源核实，并同步开展铝灰清运处置。专案组积极与江苏、山东各倾倒点当地生态环境部门和公安机关对接，统筹协调取证。考虑到三门县是涉案铝灰的集中堆放地和转运始发地，由三门县管辖更有利于全链条打击犯罪。办案组经多方协调后，促成有关地方将案件统一移交由三门县公安局办理。侦查终结后，2021年3月31日至6月22日，三门县公安局先后以蔡某喜等49人涉嫌污染环境罪，向三门县人民检察院移送审查起诉。同时，至2021年3月底，倾倒填埋在江苏、山东、浙江境内涉及6个地级市、10处倾倒填埋点和3处堆存点的铝灰全部清运回三门县安全处置，累计处置涉案铝灰8226.09吨（含泥土和废水）。

三门县检察院在立案初期便受邀参与案件商讨，通过深入分析炼铝加工厂产废原理，提出"认定危废为主，认定损失为辅"的办案思路，建议全点位取样进行司法鉴定，对鉴定不是危废的点位进一步查明造成的经济损失。审查起诉期间，三门县检察院积极监督相关部门开展行政磋商，起诉前促成挽回经济损失1800余万元。

2021年12月3日，三门县检察院对接收堆放、处置倾倒铝灰以及源头产废等犯罪情节较重的涉案人员共18人提起公诉，其中犯罪情节相对较轻且积极参与环境修复治理的涉案人员，经司法行政机关评估调查后，依法建议适用缓刑；对货车司机等犯罪情节轻微、主观恶性不大的22人作相对不起诉处理；对因其经手的铝灰是否属危险废物存疑且造成经济损失不足30万元的9人作存疑不起诉处理。2022年4月至7月，三门县人民法院分批对本案被告人作出一审判决，认定被告人蔡某喜等18人犯污染环境罪，分别判处有期徒刑五年至七个月，并处罚金32万至1万元不等，其中9人因犯罪情节较轻，积极修复生态环境，依法适用缓刑。18名被告人均认罪服判，无一上诉。

【典型意义】

1. 以货运平台数据为切入点，准确打击违法犯罪。被告人蔡某喜通过网络组织全国各地的地接人员实施危险废物倾倒、填埋，又在"运某某"货运平台招募货运司机进行运输，致使污染范围扩大至3省6地市。因涉案人员多、跨省市、范围广，溯源核实与查尽填埋点位难度较大，生态环境部门、公安机关、检察机关协作配合，充分发挥询问调查、侦查缉捕、审查起诉等职能作用，形成打击整治合力。查办过程中，充分运用调查提取的客观性证据，快速锁定各环节犯罪嫌疑人，准确打击犯罪。同时，不遗漏污染点位，清运、治理同步跟进，最大程度减少环境污染。

2. 推动产废源头与货运平台行业治理。针对办案过程中发现的炼铝厂未按规定配备环保设施、铝灰交由无资质人员处理等问题，检察机关向产废地生态环境部门制发检察建议，推动建立、规范炼铝行业危险废物处置、监管体系。生态环境部门注重疏堵结合，在产废地市域范围内开展"举一反三"铝灰行业专项执法行动，很快建成了年处理4.5万吨铝灰能力的危废集中处置中心，达到"办理一案，治理一片"的效果。检察机关还针对"运某某"货运平台存在的监管缺失问题向平台提出建议，帮助平台建立、完善货物上线审核和监督机制，有效杜绝非法货物上线运输。

21. 山东省青州市刘某刚等44人非法处置废铁桶污染环境案（2023年5月29日最高人民检察院发布）

【关键词】

污染环境罪　危废铁桶　深挖线索　规范危废处置

【基本案情】

被告人刘某刚等 6 人，系收购、加工危废铁桶作坊主。

被告人孙某国等 31 人，系倒卖危废铁桶的"桶贩子"。

被告人付某喜等 5 人，系"毛板"的收购者和销售者。

被告人门某新等 2 人，系危废铁桶加工场地提供者。

2017 年 10 月至 2019 年 3 月，被告人刘某刚等 6 人在无危险废物处置资质且明知将盛装化工原料、机油等危废铁桶加工成"毛板"会污染环境的情况下，仍从江苏、山东等地的被告人孙某国等 31 人处收购盛装机油、化工树脂及溶剂、苯类物质的废铁桶，并在山东潍坊、淄博、东营三地交界处的隐蔽区域租用被告人门某新等 2 人的废弃院落、闲置民房，雇佣工人对收购的危废铁桶进行劈割、轧平加工成铁板，后出售给天津、山东潍坊等地的被告人付某喜等 5 人进行二次水洗，最终销往浙江、河北、山西、福建等地的铁制品加工企业，非法处置危废铁桶共计 800 余吨。上述人员在加工过程中，利用化学洗涤剂冲刷或焚烧等方式对桶内残留物进行处理，在没有采取任何防渗、防护措施情况下，将桶内剩油、废油和残留危险物随意倾倒，对周边的土壤造成严重污染。经鉴定，被污染土壤含有甲苯、苯酚、苯乙烯等十七种有毒有害成分。

【行政调查和刑事诉讼过程】

2018 年 11 月 14 日，山东省潍坊市生态环境局青州分局在牵头开展危险废物大排查大整治活动中，发现辖区内一小作坊对废铁桶进行劈割、轧板作业，现场油污满地。经勘查初步确定属于危险废物，涉嫌污染环境罪，遂将该案移送至青州市公安局。

青州市公安局立案侦查后，潍坊市公安机关抽调 200 余名警力，采取协同作战、多点出击方式，明确和统一侦查思路，逐步摸清犯罪链条，对证据进行全方位固定，并于 2019 年 3 月 26 日集中收网，将刘某刚等主犯及骨干成员全部抓获归案。

针对办案中遇到的事实认定及取样鉴定问题，潍坊市生态环境局青州分局、市公安局和市检察院根据生态环境行政执法与刑事司法衔接工作机制，联合召开案情分析会并达成共识，认为根据《国家危险废物名录》中的 HW49 其他废物，即"含有或者沾染毒性、感染性危险废物的废弃包装物、容器、过滤吸附介质"，危险特性为"T"（具有毒性）的规定，与危废铁桶没有进行物理隔离而被沾染的一般铁桶亦应认定为危险废物。2016年最高法、最高检《关于办理环境污染刑事案件适用法律若干问题的解释》第七条规定,明知他人无危险废物经营许可证,向其提供或者委托其收集、贮存、利用、处置危险废物,严重污染环境的,以共同犯罪论处。因此,本案中危废铁桶收购、贩卖人员应当认定为共犯,考虑到上述人员对危险废物的非法处置所起的重要作用,均应认定为主犯,作业场地的出租人所起作用较小,可以认定为从犯。对于难以取样、难以认定危险废物的现场,应由生态环境部门和公安机关技术勘查人员共同取样,生态环境部门指派专家,及时出具相关危险废物的认定证明。同时,青州市检察院就犯罪嫌疑人主观故意认定、抽样取证、案件管辖等方面向公安机关提出补充完善证据的意见,并建议对涉案的窝点、车辆、人员、企业深挖彻查。

为能及早发现并打击此类违法犯罪,2019年1月,潍坊市生态环境局青州分局会同市公安局、交通运输局召开联席会议,建立完善联动执法、案件移送、信息共享等工作机制。针对涉案企业为降低经营成本,违法销售危废铁桶的行为,2019年4月,青州市公安局向企业和生态环境部门发出由产废企业改进危废储存方式、加强危险废物的废弃包装物管控和再利用等公安建议函。为促进加强监管,2020年6月,青州市检察院向市生态环境、市场监管部门制发检察建议书,建议开展专项检查,确保危废铁桶得到正规无害化处理。同时,青州市公检环三部门通过媒体宣传、现场讲解等形式,积极开展了环境污染防治宣传活动。

青州市公安局侦查终结后,陆续以刘某刚等人涉嫌污染环境罪向青州市检察院移送审查起诉。2019年10月25日至2022年1月5日,青州市检察院以被告人刘某刚等44人涉嫌污染环境罪先后提起公诉,根据各被告人在犯罪中的地位作用、性质、情节、悔罪态度,依法分别提出判处有期徒刑四年至拘役二个月不等刑期,并处罚金人民币6万元至5000元不等的量刑建议。青州市人民法院经审理先后作出一审判决,认定刘某刚等44人均犯污染环境罪,并全部采纳检察机关量刑建议。宣判后,刘某刚等4人以部分事实认定有误或量刑过重为由提出上诉,潍坊市中级人民法院经审理先后分别裁定驳回上诉,维持原判。

【典型意义】

1.注重以点带面,坚持深挖扩线。非法处置危险废物往往涉及生产、出售、购买、运输、加工等多个环节,要坚持"全环节、全要素、全链条"打击,彻底查清犯罪网络,深挖犯罪源头。此案的成功办理源于危险废物大排查大整治活动中发现的一条"洗桶轧板"的线索,通过顺线深挖,将危废桶流出企业、"劈桶"作业、运输司机、"清洗毛板"犯罪四级黑色链条串联,成功锁定违法产废企业,使一个桶牵出了一串案,最终摧毁了这一"立足"潍坊周边、"覆盖"山东省内、"辐射"全国7省的特大非法处置废包装桶犯罪网络,一举斩断黑色利益链条,揭开了危废包装桶处置的"潜规则",切实做到打深打透。

2.注重源头治理,搭建环保"防火墙"。非法处置危险废物行为严重破坏生态环境,危及人民群众身体健康。检察机关和公安机关通过制发检察建议书、公安建议函等方式,推动相关部门开展规范整治;同时,联合生态环境部门督促相关企业规范化处置危险废物,通过以案释法等方式开展环境污染防治教育,提高社会公众对危险废物污染环境危害性的认识,依靠人民群众共同防治污染环境违法犯罪行为。

22.北京市密云区夏某江等5人洗洞污染环境案(2023年5月29日最高人民检察院发布)

【关键词】

污染环境罪 非法采金 洗洞 废旧矿洞治理

【基本案情】

被告人夏某江,系洗洞行为发起人、组织人、受益人。

被告人王某、金某平,系洗洞行为受益人,辅助夏某江组织洗洞行为。

被告人李某路,系洗洞行为出资人、受益人。

被告人陈某富,系实施洗洞行为负责人、受益人。

被告人夏某江在北京市密云区打工期间,得知有一处废弃黄金矿洞,因北京市自2003年起禁止开采金矿已废弃多年。为牟利,夏某江联系熟悉采矿行业的被告人王某商议,由夏某江负责联系熟悉当地情况的被告人金某平,为在该废矿洞内非法采金提供便利;由王某联系出资人和现场实施负责人,共同利用该矿洞非法开采金矿牟利。后王某找到被告人李某路出资购买采矿所需设备以及物品,找到被告人陈某富作为现场负责人组织工人实施采金行为。2020年7月至8月间,夏某江、王某、金某平、李某路、陈某富5人就合作方式、出资数额、收益比例形成一致意见后,组织工人借助矿洞内地势特点修建多个蓄水池,使用主要成分为有机氰化物的黄金选矿剂、氢氧化钠等物质的溶液,喷淋到矿洞岩壁和底部碎石中非法采金(俗称"洗洞")。整个过程未采取任何防护措施和废水、废渣收集处置程序,致使洗洞废水直接排入山体裂隙和矿洞底部土壤中。经检测,该洗矿废水中含总氰化物。夏某江、王某等人的洗洞作业行为,严重污染山体裂隙和矿洞底部土壤。

【行政调查和刑事诉讼情况】

2020年9月8日,北京市密云区生态环境局接群众举报后,在废矿洞内查获3名非法开采金矿的工人并扣押作案工具。根据现场情况分析,存在污染环境和破坏矿产资源双重危害,密云区生态环境局启动行刑衔接协同工作机制,与北京市规划和自然资源委员会密云分局分别就职权范围内污染环境与非法采矿的违法事项展开调查,密云区人民检察院就调查方向、证据固定等全过程开展指导和支持,密云公安分局积极提供相关协助,迅速开展侦查取证工作。

针对非法采矿行为,经调查,现场扣押的活性炭系开采金矿所得半成品物质,其中含金(Au)金属约115.45克,该矿产品价值低于刑事立案标准。针对污染环境行为,区生态环境局进行现场取样并委托检测机构对废液进行检测。经检测,废液中含总氰化物且浓度范围分布在51.6–218mg/L,超过北京市水污染综合排放标准总氰化物排放限值0.2mg/L。但因现场扣押的黄金选矿剂外包装上注明其主要成分为有机氰化物,且标注"有机环保"字样,嫌疑人辩解洗洞过程无毒。矿洞废渣能否认定为国家危险废物名录中的危险废物,废液是否属于有毒物质,成为构罪焦点。基于此,区检察院通过深入分析洗金作业原理结合刑事证明要求,提出检测鉴定的基本内容以及所需鉴定能力;区生态环境局委托中国政法大学法庭科学技术鉴定研究所作为本案的专业鉴定机构。经取样检测,该废水具有水生生物毒性,急性类别为Ⅰ,属于有毒物质。虽然行为人使用的是有机氰化物选矿剂，较之无机氰化物选矿剂毒性降低、稳定性更好，但二者化学反应原理基本一致，该废液冲洗过后形成的废渣属于《国家危险废物名录（2021年版）》HW33项的危险废物。由此区生态环境局认定夏某江、王某等人涉嫌构成污染环境罪并移送公安机关，区公安分局于2021年1月13日立案侦查。

侦查过程中，密云区公安分局围绕黄金选矿剂、氢氧化钠等物质来源、现场作业方式、盗采矿产流向、涉案人员身份及责任，开展侦查取证工作。同时，区检察院同步开展证据审查，就案件证据链条的固定和完善提出明确方向。因夏某江等人洗洞作业简陋，任由含有急性毒性的液体喷淋到矿洞岩壁和底部碎石并渗漏至裂隙和土壤，冲洗过的有毒废渣散布于山洞中难以区分和称重，为此，经多次现场勘查后确定以通过渗坑、裂隙等逃避监管方式处置有毒物质入罪，将洗洞行为导致大量有毒废渣在矿洞内堆积对土壤以及地下水可能造成潜在影响作为量刑情节。区公安分局侦查终结后，于2022年3月24日以夏某江、王某涉嫌污染环境罪，向区检察院移送审查起诉。

密云区检察院受理后，于2022年6月17日以被告人夏某江、王某涉嫌污染环境罪依法提起公诉，建议对曾犯同种犯罪且起到组织作用的夏某江从重处罚。同时，就审查中发现的其他3名共犯线索移送公安机关进一步侦查，该3名共犯后期陆续到案，5名作案人全部落网。

2022年8月至12月间，密云区人民法院以犯污染环境罪，分别判处被告人夏某江、王某、金某平、李某路、陈某富有期徒刑一年五个月至八个月不等，分别并处罚金2万元至1万元不等。以上被告人均未上诉，判决均已生效。

案件办结后，密云区检察院针对案件背后暴露出的矿产资源管理漏洞，向属地政府和相关单位分别制发加大对废旧矿洞监督管理工作的检察建议，建议从源头避免类似犯罪的发生。废旧矿洞现均已封洞。

【典型意义】

1. 发挥协作优势，合力破解难题。我国刑法以及司法解释对污染环境罪中有毒物质认定有严格限制，这也是司法实践中"洗洞"类污染环境案定罪的难点和关键。随着科学技术进步，该类犯罪行为所利用的工具和手段更披上了"有机""环保"的外衣，很大程度上增加了案件认定难度。

办案中,检察机关、公安机关、环境执法机关通力合作,明确废渣属于危险废物,并在废渣数量无法确定的情况下,以通过渗坑、裂隙等逃避监管方式处置有毒物质入罪,为同类案件找到了一条可资借鉴的办理路径。

2.注重系统治理,构筑保护屏障。办案中,检察机关、公安机关、环境、矿产资源执法机关积极做好系统治理"后半篇文章",以个案办理为依托,深挖行为人需循矿线作业、距离水源近、人工搬运物品便利等作案特点,在区域范围内开展排查,并通过检察建议、专项报告等多种方式推动区域内更高层面的打击"洗洞"盗采金矿专项整治行动工作方案及时出台和实施,有效消除同种风险隐患和堵塞管理漏洞,形成全方位保护屏障,真正实现了"办理一案,治理一片"的效果。

23.天津市武清区李某文等26人跨省处置废铅蓄电池污染环境案(2023年5月29日最高人民检察院发布)

【关键词】

污染环境罪　废铅蓄电池　举报奖励　跨省协作

【基本案情】

被告人李某文、刘某顺、周某瑞,系废铅蓄电池回收点经营者。

被告人赵某等16人,系倒卖废铅蓄电池给回收点的商贩。

被告人李某光等7人,系废铅蓄电池回收点工人。

被告人孟某国等4人,系收购回收点的废铅蓄电池并用于非法炼铅的人员。(分别被河北省、内蒙古自治区司法机关处理)

2018年至2020年7月间,被告人李某文、刘某顺、周某瑞等人在未取得危险废物经营许可证的情况下,冒用已取得危险废物经营许可证的公司名义,先后在天津市武清区东马圈镇等地有关厂房、院落或小树林内,雇佣被告人李某光等人收购、拆解废铅蓄电池,并将拆解蓄电池收集的酸液通过渗坑、下水道等方式排入无防渗措施的土壤或公共排水系统。

被告人赵某等人明知被告人李某文等人非法拆解、处置废铅蓄电池,仍分别将非法收购的150余吨至10余吨不等的废铅蓄电池倒卖给李某文等人,并参与酸液排放倾倒。经认定,上述废铅蓄电池及拆解蓄电池过程中产生的铅、酸均属于危险废物。经检测,上述地点多处土壤的铅含量、酸数值明显高于正常土壤,已被严重污染。

被告人李某文、刘某顺、周某瑞等人将经处理后的 3600 余吨废铅蓄电池,分别出售给森某公司,以及河北省宽城满族自治县、内蒙古自治区突泉县等地的被告人孟某国等人。被告人孟某国等人将收购的废铅蓄电池用于非法炼铅,严重污染环境。

【行政调查和刑事诉讼情况】

2020 年 7 月,天津市生态环境局有奖举报平台接群众举报,反映武清区一闲置院落周边长期有刺激性气味,影响生产生活。接报后市、区两级生态环境部门和公安机关联合成立专案组,迅速开展核查工作,锁定位于武清区的 3 处非法处置废铅蓄电池"黑窝点"和李某文等 3 名涉案人员,并围绕涉案人员进一步开展深度研判,逐步摸清该团伙上下游人员基本情况,以及作案规律,为集中收网打击奠定了基础。2020 年 7 月,市、区两级公安机关抽调 120 余名警力,成立 3 个抓捕组,会同 30 余名生态环境行政执法和检测检验人员,对涉案地点进行联合突击检查,现场抓获李某文、李某光等回收点经营者、工人,以及倒卖废铅蓄电池商贩,查获废铅蓄电池 170 余吨。天津市生态环境局根据有关规定,给予举报人重奖 20 万元。武清区生态环境局将李某文等人涉嫌刑事犯罪案件移送武清公安分局立案侦查。

武清区检察院就深挖废铅蓄电池来源、彻查窝点经营状况、及时收集固定客观证据等方面提出工作建议。通过深挖细查犯罪线索,武清公安分局发现多人多次向多个回收点倒卖废铅蓄电池的线索,又陆续抓获赵某等 27 名倒卖废铅蓄电池给回收点的商贩及 1 名已离职的回收点工人,追加认定非法收集、拆解、处置废铅蓄电池 3600 余吨。武清区检察院与武清公安分局,就先后抓获的 28 名上游倒卖人员是否均构成共犯等问题进行研究。其中,赵某等 16 名上游倒卖人员明知李某文等人无危险废物经营许可证,多次向其低价出售废铅蓄电池,并参与回收点内的打孔排酸行为,应认定为污染环境罪的共犯,由武清公安分局移送审查起诉;另 12 人仅向李某文等人倒卖少量废铅蓄电池,且未参与排放酸液,系一般违法人员,不构成污染环境罪的共犯,不宜按犯罪处理,由武清公安分局依法作出行政拘留处罚。武清区生态环境局根据各案发地点土壤和水体采样检测结果,启动生态环境损害赔偿诉讼。

2020年10月20日，该案移送审查起诉后，武清区检察院发现回收点的废铅蓄电池还流向在外省区非法炼铅的孟某国等人（孟某国等人因长期从事非法收集、处置危险废物在外省市已被查处）。为深挖细查废铅蓄电池流向，彻底摧毁倒卖废铅蓄电池网络，检察机关会同专案组乘胜追击、协同作战，与外省区合力打击跨省污染环境的利益链条。一是扩线锁定涉及河北、内蒙古等外省区的上下游涉案违法犯罪嫌疑人，充分利用公安机关线上异地办案协作机制，与外省区快速互通共享证据材料，防止上下游犯罪行为人恶意串通、隐匿证据。二是在内蒙古自治区属地相关部门大力支持下，武清区检察院、武清公安分局共同派员赴该区林西县、突泉县等地开展补充侦查、讯问取证工作，及时搜集固定相关证据，全面客观还原案件事实。三是通过线上视频随时与外省区相关部门连线，互通案件进展情况，充分研商各环节参与人的犯罪情节、地位作用，确保案件定罪量刑准确均衡。

2021年3月23日，武清区检察院对李某文等26人以涉嫌污染环境罪提起公诉。武清区人民法院于2022年11月21日、12月16日分别作出判决，被告人李某文等26人犯污染环境罪，分别被判处有期徒刑四年至八个月不等，并处罚金10万至3000元不等，判决均已生效。经另案处理，孟某国等4人因犯污染环境罪，分别被判处有期徒刑四年六个月至三年六个月，并处罚金50万至8万元不等。

【典型意义】

1.多部门跨省协作提升打击合力。本案侦办中，公安机关以"人"为主，负责抓捕审讯；生态环境部门以"物"为主，负责对废铅蓄电池和被污染的土壤进行先期保管及取样监测，第一时间出具环境鉴定报告，形成行刑无缝衔接、涉案物品保管移交畅通、案件快侦快破的办案机制。检察机关及时派员参与上下游犯罪取证工作，针对不同涉案人员在案件中所发挥的作用，及时提出是犯罪还是一般违法等意见和建议，并对提取固定证据进行针对性指导。本案依托跨省市联合联动、办案协作、突发事件应对等工作机制，深挖扩线全链条打击天津、内蒙古、河北三地窝点6个，摧毁处置废铅蓄电池利益链条3个。

2.举报奖励构建共治格局。举报奖励制度在鼓励人民群众参与生态环境保护事业、拓宽环境污染问题发现渠道，优化生态保护执法方式等方面发挥着重要作用。2020年4月,生态环境部印发《关于实施生态环境违法行为举报奖励制度的指导意见》,指导各地建立实施生态环境违法行为举报奖励制度,要求各地拓宽网络、微博微信等举报渠道,明确奖励范围,加大奖励力度,规范奖励程序,完善对举报人的保护。天津市通过有奖举报平台解决了多起群众反映突出的危险废物、大气污染等环境违法犯罪问题,推动形成全民支持、参与的生态环保新格局。本案中,天津市对举报人予以重奖,极大激发了广大群众参与环境保护监督的热情,2021年下半年该市环境问题信访举报数量同比增长39.3%,2022年该市举报奖励案件数量是2021年的8倍。

24. 上海市青浦区谢某华等3人非法处置废料桶污染环境案(2023年5月29日最高人民检察院发布)

【关键词】

污染环境罪　大气污染　快速检测　追加认定危废数量

【基本案情】

被告人谢某华,系盛某科(上海)油墨公司EHS(环境、健康、安全)经理、危废废料桶提供方。

被告人李某松,系负责联系提供方和处置方的中介人员。

被告人李某国,系无证废品收购站负责人、危废废料桶实际处置方。

2019年4月起,被告人谢某华利用负责油墨公司危险废物处置事宜的职务便利,明知被告人李某松无危险废物经营许可证,将公司危废废料大桶3386只、小桶4565只私下交由李某松非法处置并收取好处费人民币31万余元。李某松从谢某华处接收上述废料桶后,称重卖给被告人李某国等人。

2020年8月,被告人李某国在无危险废物经营许可证的情况下,租赁上海市青浦区某路10号经营废品收购。其间,李某国将在非法处置废料桶过程中产生的含重金属的废水通过渗坑直排至所在区域地下水。同月底,上海市青浦区生态环境局在对李某国的废品收购站执法检查过程中,现场查获其未处理废料桶3.44吨。经检测,案发当日查获的油墨公司废料桶均为危险废物(危废代码HW49-900-041-49),现场水坑为无防渗漏措施的渗坑，渗坑内总镍、总锌等指标均超过上海市《污水综合排放标准》（DB31/199-2018）规定的限值，臭气浓度超过上海市《恶臭（异味）污染物排放标准》（DB31/1025-2016）中规定的限值。

【行政调查和刑事诉讼情况】

2020年8月31日，根据群众举报，上海市青浦区生态环境局在对青浦区某路10号突击检查时，发现该场所存在非法处置危险废物的情况，并通过场所内堆放废桶上的标签，溯源至谢某华所在的油墨公司。同日，青浦区生态环境局和青浦公安分局联合行动，第一时间在青浦区某路10号分别就土壤、水、大气多个点位进行采样，并于2020年9月2日刑事立案。上海铁路运输检察院集中管辖该市破坏环境资源犯罪，于刑事立案当日即关注该案，并与生态环境部门、公安机关多次召开案件研讨会，就涉案废料桶是否系危险废物、本案是否系单位犯罪、犯罪既未遂认定、主从犯认定等问题进行研究沟通，达成共识。

针对被处置危险废物易挥发特性，通过对环境空气进行及时监测，固定污染后果证据。一方面，案发时快速检测，由生态环境部门现场执法人员用手持式废气快速检测仪对涉案场所区域空气进行快速检测，通过各点位的高浓度废气数值变化情况，证实废气呈现自废料桶堆存区域向外扩散后直排外环境的轨迹。另一方面，立案后准确检测，商请专业监测部门青浦区环境监测站采样人员对涉案场所边界上空气、上风向区域空气进行布点采样，用准确数据锁定废气超标排放行为，同时排除上风向存在废气污染源的可能性，从而有效证明犯罪行为造成环境污染损害结果。

针对以往处置的危险废物数量进行取证。一方面，调取油墨公司相关证据材料，倒推既往处置的危废数量，证实谢某华还曾通过李某松委托多人处置危险废物。另一方面，固定行为人处置危险废物模式违背市场交易规律，交由他人处置不仅未支付费用反而获利的证据。最终，追加认定谢某华既往处置废料桶50余吨，获利31万余元的事实。

通过调查取证，排除单位犯罪。通过询问油墨公司主管人员、保安人员，并调取监控，确认油墨公司管理层对此虽疏于管理但均不知情，非法处置废料桶是谢某华为牟取私利实施的个人行为。

2020年12月9日，青浦公安分局以谢某华、李某松、李某国涉嫌污染环境罪将该案移送上海铁路运输检察院审查起诉。该院在查明案件事实基础上,将认罪认罚从宽制度与督促生态环境修复相结合,开展生态环境损害赔偿诉前磋商。2021年2月5日,谢某华、李某松、李某国与青浦区生态环境局签订生态环境损害赔偿协议,共同承担涉案地块的环境修复费用,分别预缴人民币15万元、8.5万元和8.5万元。

2021年3月12日,上海铁路运输检察院以涉嫌污染环境罪对上述3名被告人提起公诉。同年4月28日,青浦区人民法院作出一审判决,认定3名被告人均构成污染环境罪,全部采纳检察机关量刑建议,分别判处被告人有期徒刑十个月至六个月不等,并处罚金1万至8000元不等,禁止被告人李某国在缓刑考验期内从事与排污或者处置危险废物有关的经营活动。被告人均未上诉,判决已生效。

2021年7月,上海铁路运输检察院针对在办案中发现的油墨公司对危险废物贮存、处置存在风险隐患及薄弱环节等问题,向油墨公司制发《检察建议书》,建议其规范危险废物的处置流程、进一步完善危险废物登记台账、加强员工警示教育,油墨公司回复已按照检察建议所列事项进行整改。2022年2月、8月,上海铁路运输检察院在收到回复后两次对油墨公司进行回访,联合青浦区生态环境局通过现场授课、培训指导等多种形式送法到企业,普法到一线,促进危险废物生产及处置单位建章立制、依法经营。同年,青浦区生态环境局联合涉案公司所在地上海市闵行区生态环境局共同开展专项整治。一方面,针对辖区内危废重点管理单位开展"危废规范化治理""危废治理百日行动""固体废物专项治理""废弃危化品整治"等专项执法行动,杜绝新增违法生产项目和环境违法行为;另一方面,针对全区范围内废品回收场所开展地毯式排摸,全覆盖执法检查近30户,依法惩治无证回收场所,从源头上实现有效治理。

【典型意义】

1. 针对危废易挥发特性,通过即时检测固定大气污染证据。非法处置危险废物类污染环境案件,犯罪行为是否对外环境造成实质性污染是案件构罪的核心要件。对于尚未处置的危险废物,可从行为方式是否违反国家规定或者行业操作规范、污染物是否与外环境接触等方面实质判断是否造成环境污染的危险或者危害。本案在危险废物尚未处置的情形下,针对被处置危险废物的易挥发特性,通过对环境空气进行检测的方式,破解污染环境后果的取证难题。将尚未处置的危废数量认定为未遂,确保罪责刑相当。同时，本案通过"案发时快速检测＋立案后准确检测"的模式，有效解决生态环境部门取证手段有限、侦查机关刑事立案前难以取证的问题，提升了依法惩处污染环境犯罪质效。

2. 顺藤摸瓜，追加认定既往处置危废数量。司法实践中对于涉危废类案件，一般仅能认定现场查获的数量，认定既往数量存在较大难度。本案在实际处置人未全部到案的情况下，一方面通过危废台账、被告人获利金额等书证计算危险废物的既往处置吨数，另一方面结合被告人交由他人处置不仅未支付费用反而获利、最终处置方均是无危废处置资质的收购废品人员等事实，推定既往危险废物的处置方式必然产生污染环境的后果，从而对既往非法处置危废的数量准确认定。

25. 江西省南昌市戴某兵等3人非法处置"副产盐"污染环境案（2023年5月29日最高人民检察院发布）

【关键词】

污染环境罪　"副产盐"　特征污染物溯源　先鉴定后收费

【基本案情】

被告人戴某兵，系"副产盐"的非法收集、处置者。

被告人肖某生，系"副产盐"的非法处置者。

被告人钟某华，系"副产盐"的非法运输、处置者。

"副产盐"系生产或废水处理过程中产生的可能含有毒有害成分的固体废盐，由于生成条件多样、成分复杂，导致毒害性质复杂，一般需要经过属性鉴别后，根据鉴别结果按产品、一般固体废物、危险废物分别进行管理。

2016年至2020年7月，被告人戴某兵在未取得危险废物经营许可证的情况下，谎称系湖南某有限公司分厂厂长并伪造了该公司印章，以公司需要"副产盐"用于矿物冶炼为由，多次冒用该公司名义在全国范围内收集、处置医药化工企业"副产盐"，以获取相关企业给予的每吨160元至1500元不等的补贴款。

2017年10月，因堆放在江西省宜春市上高县某租赁仓库内的"副产盐"产生刺鼻气味，招致周边厂家多次反映，被告人戴某兵便通过互联网联系到被告人肖某生。双方达成处置协议，由戴某兵、钟某华负责运输"副产盐"至肖某生指定场所，并按照每吨50元左右的价格支付肖某生"补贴款"。肖某生随后使用化名以"临时堆放原材料"名义在南昌市青山湖区、新建区分别租赁场地用于堆放"副产盐"。

2017年11月至2018年2月期间，戴某兵委托钟某华组织车队先后将1200余吨、211吨不同企业生产的"副产盐"拆包混合后运送到肖某生租赁的青山湖区场地和新建区场地。肖某生对上述"副产盐"未做任何防护措施便径直露天堆放，后更换手机号码"失联"，导致堆放在两地的"副产盐"分别流散300余吨、70余吨，造成周边土壤、水体被污染。经检测，上述"副产盐"均具有浸出毒性，所含危险废物超标，危险废物代码为HW02/HW04/HW11。

【行政调查和刑事诉讼情况】

2020年6月，江西省南昌市新建区生态环境局发现，肖某生租用该区乐化镇一空厂房露天堆放大量不明固体废物，经快速检测，初步判定为具有毒性危险特性的危险废物。新建区生态环境局对堆放物进行应急处置后，将肖某生涉嫌污染环境案移送新建公安分局。

新建公安分局于2020年7月3日立案侦查，并主动听取新建区检察院意见。双方联合新建区生态环境局围绕案件性质、取证方向多次开展会商研判，确定以查清危险废物的类别、来源、流转为侦查方向。

经初步侦查，案涉"副产盐"来源于戴某兵。进一步研判发现，本案"副产盐"来源于两个省份10余家产废企业，并流向多个省份。鉴于案情重大、疑难、复杂，2020年8月31日、9月25日，最高人民检察院和公安部先后对该案挂牌督办，并派员至新建区协调、指导关键证据调取。

针对本案堆放的"副产盐"系多家企业固体废盐"混合物"情况，新建公安分局、新建区检察院、新建区生态环境局联合对涉及的10余家产废企业进行突击走访调查，全面调取企业环评报告、验收批复文件、企业危险废物处置协议等证据，初步圈定涉案"副产盐"来源于其中7家产废企业。在充分会商并征求专家意见后，委托鉴定机构对7家主要产废企业产出的废水、固体废物采样与涉案"副产盐"中所含的特征污染物进行比对，鉴定出与2家企业具有高度关联性。鉴于2家企业对生产中的"副产盐"没有依法依规进行管理处置，造成实际污染的后果，由生态环境部门与涉案企业开展生态环境损害赔偿磋商。

针对肖某生等人辩称主观上不明知系危险废物，客观上系"临时堆放并将销往水泥厂"，并非"排放、处置、倾倒"危险废物的辩解，办案机关在固定完善肖某生等人长期随意堆放、无保护措施放任"副产盐"流失、以假姓名租赁场地并更换联系方式等客观行为证据的同时，联系走访省内多家水泥厂，对水泥生产中不需要、不收购涉案"副产盐"事实进行确认，进一步夯实了案件的证据基础。

针对本案鉴定费用高昂的问题，新建公安分局、新建区检察院、新建区生态环境局与区人民法院、区财政局等单位召开联席会议，推动设立生态环境损害赔偿资金专用账户，用于接收各类环境资源案件生态损害赔偿及修复资金，并支付环境资源案件办理产生的司法鉴定、应急处置、生态修复等费用。将检察公益诉讼"先鉴定、后付费"机制运用至刑事案件办理中，委托江西核工业局监测研究中心先行对全部涉案"副产盐"开展检测。经检测，该批固体废物具有2.4.6-三氯苯酚浸出毒性，根据《危险废物鉴别技术规范》（HJ 298-2019）认定为危险废物。鉴定结束后，新建区及青山湖区生态环境部门立即开展无害化处理工作。

针对相关"副产盐"流向多省份问题，2021年1月，公安部部署山东等地公安机关核查涉案线索，依法严厉打击非法处置"副产盐"污染环境犯罪。各地及时将协查结果反馈新建公安分局，进一步固定完善证据。

2021年1月12日，新建公安分局以戴某兵涉嫌污染环境罪、伪造公司印章罪，钟某华、肖某生涉嫌污染环境罪移送审查起诉。戴某兵、钟某华经检察机关多次释法说理，主动缴纳生态修复费用41万元、10万元。2021年6月21日，新建区检察院对戴某兵等3人向新建区人民法院提起公诉。同年9月18日，新建区人民法院作出一审判决，采纳了检察机关指控的罪名及量刑建议，以污染环境罪、伪造公司印章罪判处戴某兵有期徒刑五年六个月并处罚金61万元，以污染环境罪分别判处肖某生有期徒刑四年六个月并处罚金20万元，钟某华有期徒刑一年三个月并处罚金1万元。一审判决后，戴某兵提出上诉。2022年12月29日，南昌市中级人民法院裁定维持原判。

【典型意义】

1. 准确打击"副产盐"黑产业链。化工行业尤其是石化、制药、精细化工等行业，每年产生大量废氯化钠盐、废硫酸钠盐等"副产盐"，个别产废企业为降低处置成本、牟取非法利益，勾结、放任无危险废物处置资质的单位、个人对危险废物类"副产盐"进行非法处置，造成生态环境污染。此类案件的侦办难度普遍较大，本案围绕危险废物的性质、来源、流转、处置等问题，对案件串并深挖，实现对非法提供、收集、处置危险废物行为的黑产业链准确打击。

2. 积极探索"先鉴定后付费"机制。司法实践中，环境污染案件鉴定费用高昂往往是制约司法办案的难点问题。本案中，司法机关与行政机关共同推动设立生态环境损害赔偿资金专用账户，作为"资金池"统一接收、保管各类环资案件赔偿及修复资金，统一支付生态修复、司法鉴定等费用，为环境资源案件办理提供了有力保障。同时，探索运用"先鉴定后付费"机制办理重大环境污染刑事案件，为推进案件高效办理提供了参考借鉴。

26. 山东潍坊昌邑市人民检察院诉李某某环境污染刑事附带民事公益诉讼案（2023年8月15日最高人民检察院发布）

【关键词】

刑事附带民事公益诉讼　危险废物污染　生态环境服务功能损失　惩罚性赔偿

【基本案情】

昌邑市地处渤海湾，城区北侧的王氏义沟作为引水渠，向北连通堤河汇入渤海。李某某在承包经营昌邑市某污水处理有限公司期间，违规为他人处理外运的化工废水，并于2021年3月将部分化工废水和溶液倾倒至某纺织厂北墙南侧的水池内，通过雨污管道暗管排入王氏义沟。经检测认定，所倾倒工业废水和溶液均属于危险废物，王氏义沟水体受到严重污染。案发后，李某某仅对排污口附近河床底部污泥进行清理，未对受损生态环境进行修复。

【诉前程序】

2022年2月24日，昌邑市人民检察院在审查李某某涉嫌污染环境罪一案期间，发现公益诉讼线索，于同年2月28日立案。

昌邑市检察院委托山东大学生态环境损害研究院对受污染水体生态环境功能损害问题进行评估并出具专家意见，认定李某某非法倾倒危险废物对王氏义沟的水体造成严重损害，因受污染的河流水质修复具有不可逆转性，参照虚拟治理成本法计算得出涉案排污行为造成的生态环境服务功能损失为471024元。

昌邑市检察院综合考量李某某主观过错、损害后果、履行能力、生态修复成本和刑事处罚等因素，主张其以生态环境服务功能损失的1.5倍承担惩罚性赔偿金。

经公告，2022年9月6日，昌邑市检察院向昌邑市人民法院提起刑事附带民事公益诉讼，请求判令李某某赔偿非法倾倒危险废物造成的生态环境服务功能损失471024元，并承担1.5倍的惩罚性赔偿金706536元，在省级以上媒体公开赔礼道歉。

【裁判结果】

昌邑市法院经审理认为，本案的焦点在于惩罚性赔偿金的认定。在对李某某污染环境的恶意程度、因污染环境行为所获利益、采取紧急处置措施效果等进行全面审查后认为，李某某污染环境、破坏生态的行为违反了法律规定，在主观上具有故意，且侵权行为造成严重后果，符合生态环境侵权惩罚性赔偿责任的适用要件，检察机关以生态环境服务功能损失471024元作为计算基数，要求李某某承担1.5倍惩罚性赔偿金的请求，既发挥惩罚性赔偿制度的惩罚、威慑等功能，又不过于加重违法行为人的责任承担，于法有据，应予支持。审理期间，经释法说理，李某某主动上缴生态环境服务功能损失费及惩罚性赔偿金共计1177560元。

2023年2月16日，昌邑市法院作出刑事附带民事判决，认定李某某构成污染环境罪，鉴于其具有认罪认罚、赔偿损失、承担惩罚性赔偿金等情节，依法对其从轻处罚，判处有期徒刑三年，缓刑五年，并处罚金18万元，并支持了附带民事公益诉讼全部诉讼请求。该判决已生效。

【典型意义】

针对故意污染环境、破坏生态造成严重后果的违法行为，检察机关、审判机关依法适用相关规定，以生态环境服务功能损失数额作为基数，综合考虑生态环境违法主体的主观过错程度、损害后果严重程度、违法主体的经济能力、赔偿态度等因素确定倍数，以"基数×倍数"的计算方式确认惩罚性赔偿金数额，有效发挥惩罚性赔偿的惩罚和震慑作用，实现公益的有效保护。

27. 山东省齐河县人民检察院诉高某宝、王某城等人污染环境刑事附带民事公益诉讼案（2023年8月17日最高人民检察院发布）

【关键词】

刑事附带民事公益诉讼　黄河流域生态环境保护　危险废物处置　民事责任主体　连带责任

【要旨】

针对非法处置危险废物污染环境案件，检察机关启动刑事附带民事公益诉讼办案程序，因证明标准和责任承担要求不同，刑事被告人与附带民事公益诉讼的被告范围并非完全一致，未被追究刑事责任的其他侵权人可作为附带民事公益诉讼的被告，就公益损害承担相应的民事责任。

【基本案情】

2019年2月至2022年6月，高某宝、张某连、高某甲等3人明知王某城等12人不具备危险废物经营许可资格，仍委托其非法收购51家机动车维修个体工商户经营过程中产生的废机油。王某城等人将收购的废机油分别运输至济南、德州辖区内6个县（区），贮存在自制油罐中，其在收集、运输、贮存、处置废机油的过程中未采取任何污染防治措施，对周边环境造成严重污染。

【调查和诉讼】

2022年10月，山东省德州市齐河县人民检察院（以下简称齐河县院）在办理王某城等人污染环境刑事案件中发现，王某城等人非法处置危险废物，对周边环境造成严重污染，损害社会公共利益，遂于2022年10月26日以刑事附带民事公益诉讼立案并开展调查。因该案污染地点涉及济南市和德州市多个县（区），德州市人民检察院（以下简称德州市院）根据黄河流域（山东）生态环境保护跨区域检察协作机制，与济南市检察机关召开座谈会，通报案件办理情况、移送公益诉讼案件线索。检察机关引导侦查机关固定关键证据；督促生态环境部门采取应急处置措施，防止污染进一步扩大；委托第三方评估机构对贮存油罐污染范围、污染程度以及生态环境修复所需费用、服务功能损失费用等进行鉴定、评估。经鉴定，废机油属于具有毒性、易燃性危险特性的危险废物，生态环境修复费、环境功能性损失费以及鉴定费共计170万余元。

本案中非法销售废机油的51名个体工商户刑事部分犯罪情节轻微，到案后能够如实供述犯罪事实，自愿认罪认罚，齐河县院依法作出相对不起诉决定。齐河县院经审查认为，虽然51名个体工商户未被起诉，但其明知王某城等12人不具备危险废物经营许可资格仍予以销售，应就造成的公益损害承担相应民事责任。2023年2月23日，齐河县院对非法委托收购废机油的高某宝等3人、非法收购废机油的王某城等12人和51名个体工商户提起刑事附带民事公益诉讼，要求上述人员就收购、销售、运输、贮存、处置废机油造成环境污染所产生的生态环境修复费、环境功能性损失费、鉴定费共计170万余元，承担连带责任。同年4月12日，齐河县人民法院召开庭前会议，各被告均表示自愿承担相应赔偿费用并达成调解协议，其中高某宝等3人每人支付203030元，王某城等12人在13000元至47500元范围内、51名个体工商户经营者在13000元至18000元范围内分别支付相应的赔偿数额。当日各被告与生态环境修复公司签订修复协议，委托其处置危废，开展生态环境修复工作，并将170万余元全部缴纳至专设的生态环境损害赔偿金提存账户，待修复完成并验收合格后，作为生态环境修复费用予以支付。

为进一步推动污染现场修复治理工作有序进行，2023年4月19日，德州市院联合齐河县院就修复方案内容组织召开听证会。同年4月28日，德州市院组织召开生态环境修复方案专家咨询会，邀请济南市人民检察院、济南市生态环境局代表共同参加。经征求专家意见，最终明确除济南一污染地块因拆迁无法原位修复采取异地修复外，其余污染现场均采用原位修复方式恢复生态原貌，另对无法直接修复的环境功能性损失，通过补植复绿方式在修复示范基地开展替代性修复，恢复受损环境。

修复过程中，德州市院会同济南市检察机关邀请人大代表、政协委员以及公益诉讼志愿者对修复过程进行全程监督。截至目前，检察机关跟进监督查明修复工作已全部完成，经检测均符合国家标准。

【典型意义】

跨区域非法处置危险废物污染环境案件，存在环境污染严重、共同侵权人多、环境修复地点多等特征，检察机关发挥跨区域协作优势，横向联动，一体推进，通过办理刑事附带民事公益诉讼案件，在刑事被告人承担刑事责任的同时，依法追究刑事被告人以及未被追究刑事责任的其他侵权人的民事责任，有效落实了"损害担责、全面赔偿"环境侵权追责原则。办案过程中，对受损环境难以直接修复的，通过补植复绿方式在修复示范基地开展替代性修复，使受损环境公共利益得到全面修复。

28. 浙江省湖州市长兴新某地环保科技有限公司、夏某频等4人使用试剂干扰自动监测设施污染环境案（2023年10月19日最高人民检察院发布）

【关键词】

污染环境罪　COD去除剂　模型预警　行刑衔接

【基本案情】

被告单位长兴新某地环保科技有限公司（以下简称新某地公司），成立于2015年9月9日。

被告人夏某频，系新某地公司生产经营负责人。

被告人夏某宇，系新某地公司员工。

被告人杨某、佘某斌，系湖州磐某科技有限公司股东。

被告单位新某地公司系湖州市生态环境局确定的2020年、2021年重点排污单位。2020年12月至2021年1月，新某地公司先后七次通过其他单位向被告人杨某、佘某斌所在的湖州磐某科技有限公司购买了"COD去除剂"3余吨。被告人夏某频作为新某地公司生产经营负责人，为谋取单位利益，亲自或者组织、指挥公司员工被告人夏某宇等人，通过投加"COD去除剂"的方式，干扰自动监测设施的正常运行，造成排放污水化学需氧量（即"COD"）自动监测数据下降的假象。2021年5月12日晚，湖州市生态环境局长兴分局对新某地公司进行现场检查发现上述行为。经检测，新某地公司购买、使用的"COD去除剂"主要成分为氯酸钠，该去除剂无法真正去除COD，只是干扰COD的检测，造成数据下降的假象，实为"屏蔽剂"。

【行政调查和刑事诉讼情况】

2021年5月12日,湖州市生态环境部门与公安机关在对新某地公司进行突击检查时,现场发现企业仓库内存放"高效COD去除剂"的袋装药剂,在废水排放口发现投放"COD去除剂"的装置。经调查取证,一举查获该公司在自动监测设施取样口长期违法投加"COD去除剂",干扰化学需氧量自动监测设施运行的违法犯罪事实。生态环境部门于同年5月17日将案件移送公安机关。5月19日,公安机关依法立案侦查,并对夏某频等4人采取刑事强制措施。12月30日,公安机关向检察机关移送审查起诉。

鉴于该案社会影响大,且属于新类型案件,湖州市人民检察院对新某地公司、夏某频涉嫌污染环境案提级办理,并于2022年5月17日向湖州市中级人民法院提起公诉。同年6月2日,湖州市中级人民法院经开庭审理当庭宣判,采纳检察机关指控意见和量刑建议,以污染环境罪分别判处被告单位新某地公司罚金20万元,被告人夏某频有期徒刑一年,缓刑一年六个月,罚金2万元。被告单位、被告人未上诉,判决已生效。8月8日,检察机关对犯罪情节较轻的夏某宇依法作出相对不起诉决定,对主观故意证据存疑的杨某、余某斌依法作出存疑不起诉决定。

【典型意义】

1. 破题新型污染手段,依法追究刑事责任。使用"COD去除剂"干扰自动监测设施是近年来新出现的污染环境作案方式,区别于直接排放或通过暗管偷排,犯罪手段升级、方式隐蔽,但实践中尚无定罪判例。该案是全国首例对使用"COD去除剂"干扰自动监测设施进行刑事追责的案件,具有示范效应,彰显了相关部门坚决打击污染环境犯罪的决心和态度,有效遏制了行业乱象。

2. 依靠数字赋能,实现智慧监督。该案通过大数据手段,建立预警模型,精准锁定犯罪嫌疑单位和犯罪嫌疑人,有效破解环境违法手段隐蔽、查获难度大、证据固定难的问题,极大提高了破案效率,增强了监督的精准性,有力推动数字化手段在行政执法和刑事司法应用中的迭代升级。

29. 江苏省常熟市神某针织有限公司被告人周某兴等2人稀释污水干扰自动监测设施污染环境刑事附带民事公益诉讼案（2023年10月19日最高人民检察院发布）

【关键词】

污染环境罪　稀释污水　干扰自动监测设施

【基本案情】

被告单位常熟神某针织有限公司（以下简称神某公司），系苏州市重点排污单位，成立于2001年9月27日。

被告人周某兴，系神某公司厂长。

被告人顾某玉，系神某公司法定代表人。

被告单位神某公司系苏州市生态环境局确定的2019、2020、2021年重点排污单位，主要从事经编毛巾生产加工，使用河水作为生产用水，生产废水经自建污水处理设施处理后排放至附近水域。被告人周某兴作为该公司厂长，考虑到公司污水处理设施已运行数十年，无法保证水质稳定达标排放，自2019年6月起，安排工人将河水引入厂区排污管道，对处理后的污水进行稀释以干扰自动监测设施，向外环境排放化学需氧量等污染物。2020年5月中旬，为解决因订单量激增导致污水处理设备超负荷运行而造成的气浮池满溢问题，周某兴安排工人在气浮池的出水处私接埋入地下的管道，将部分未处理的超标污水直接通过水泵抽排至厂外窨井内，最终流入附近水域。被告人顾某玉作为该公司法定代表人，明知周某兴组织实施上述行为仍予以默许。

【行政调查和刑事诉讼情况】

根据群众举报，苏州市常熟生态环境局于2021年5月31日对神某公司进行突击执法检查，发现该公司有私设暗管、超标排放有毒物质的行为，涉嫌污染环境犯罪，遂立即会同常熟市公安局、常熟市人民检察院召开行刑衔接联席会，通报执法检查情况、会商案情。根据共同研判确定的侦查方向，综合神某公司长期持有河水使用许可证的情况，6月7日，生态环境部门和公安机关对神某公司开展联合执法，通过逐一排查污水管道，又发现该公司存在引入河水稀释待排放污水干扰自动监测设施的行为。

6月17日，苏州市常熟生态环境局将案件移送常熟市公安局。常熟市公安局于次日立案侦查，查明神某公司人为干扰自动监测设施非法超标排放污染物，并进一步追查污水去向，明确被污染河道附近的土地性质，深入调查固定证据，为开展生态环境损害评估，提起公益诉讼提供有效支撑。6月22日，被告人周某兴、顾某玉主动投案，如实供述了犯罪事实。

2021年7月19日，公安机关将案件移送常熟市人民检察院审查起诉。检察机关审查后认为，神某公司已构成污染环境罪且系单位犯罪，委托鉴定机构进行生态环境损害鉴定，督促被告单位预缴了100万元生态环境损害赔偿金。2021年11月18日，常熟市人民检察院以被告单位神某公司和被告人顾某玉、周某兴涉嫌污染环境罪，依法向江阴市人民法院提起公诉，并提起附带民事公益诉讼。检察机关对被告人周某兴提出"在一审宣判前全额缴纳生态环境损害费用，可以在自首等从轻情节的基础上进一步进行量刑减让"的附条件量刑建议，同时建议不适用缓刑。被告单位在法庭审理期间全额履行了生态环境损害赔偿费用、鉴定费等事务性费用共计153.69万元。2022年7月8日，江阴市人民法院采纳检察机关全部指控意见和量刑建议，判决被告单位及2名被告人构成污染环境罪，判处被告单位罚金80万元、赔偿生态环境损害费用133.89万元、鉴定费等事务性费用19.8万元；判处被告人周某兴有期徒刑一年，并处罚金3万元；判处被告人顾某玉有期徒刑十个月，缓刑一年，并处罚金2万元，禁止被告人顾某玉在缓刑考验期内从事污水处理及排污有关的经营活动。被告单位、被告人均未上诉。判决生效后，常熟市人民检察院向市政府报送专题报告，推动开展专项检查32次。

【典型意义】

1.多措并举，加强对违法线索的研判。该案线索来源于信访举报。来自企业周边或企业内部的信访举报往往是"送上门"的违法线索，可以提供执法、司法部门未能掌握的违法排污信息。生态环境部门通过安排专人网上巡查，对各类生态环境信息系统开展大数据分析，加强关联性、逻辑性、合理性的综合研判，同时结合无人机、用电监控、视频监控等技术手段，不断拓宽了违法线索的发现渠道。

2.充分运用认罪认罚从宽制度，促使行为人履行生态修复义务。该案中行为人实施的干扰自动监测设施、私设暗管排污、超标排污等多个污染环境行为均构成犯罪，属于同一犯罪构成下实施的不同行为。在办案时应当将数个行为一并进行考量，并可根据案件情况作出严格限制缓刑适用等量刑建议。对于认罪认罚案件，在审查起诉阶段，应查明被告人是否具有履行环境修复义务的意愿和能力，充分考虑提起公诉后可能出现的退赃退赔、修复损害等量刑情节变化，可以视情况提出附条件量刑建议，积极落实恢复性司法的要求。

3. 源头治理。检察机关在办理该案时，充分运用"类案剖析＋专题报告＋跟进监督"机制，延伸剖析行业领域存在的普遍性问题，推动政府开展专项整治行动，有效实现治罪治理并重。检察机关通过跟进监督，在案件调查、司法鉴定、证据保全、行政强制等维度进一步强化部门协作，共同提升专项整治质效，更好推动特定行业领域的源头治理。

30. 山东省滕州市索某某等 4 人安装干扰装置干扰自动监测设施破坏计算机信息系统案（2023 年 10 月 19 日最高人民检察院发布）

【关键词】

破坏计算机信息系统罪　安装干扰装置　跨省协作　行刑衔接

【基本案情】

被告人索某某等 4 人，均系安装干扰装置人员。

2018 年至 2022 年 6 月，被告人索某某等 4 人以成立经营环保设备的企业为掩护，对外宣称"专业降低氧含量、颗粒物，保证达到超低排放标准"，为山东、安徽、浙江、江西 4 省 12 家砖瓦窑新型建材企业（其中 7 家为重点排污单位）安装干扰装置，稀释污染物浓度，干扰实时检测数据，致使企业排放的污染物监测数据严重失真，帮助企业在减少使用环保除尘材料的情况下，达到二氧化硫、氮氧化物等污染物在线监测数据合格的效果，非法获利共计 30 余万元。

【行政调查和刑事诉讼情况】

2019 年 7 月 26 日，山东省枣庄市生态环境局滕州分局在对滕州市姜屯镇 3 家企业开展环保检查时，发现存在安装氮气装置干扰自动监测设施的行为，依法将相关责任人员移送滕州市公安局行政拘留。滕州市公安局通过深挖扩线，发现多条为企业安装氮气装置干扰自动监测设施的违法犯罪线索，生态环境部门同步抽调业务骨干提供技术支持，协助排查嫌疑企业。经排查，滕州市公安局于同年11月20日对索某某等人立案侦查，在山东、江西、浙江、安徽4省先后抓获犯罪嫌疑人26名，查获建材企业12家。

2022年7月29日，滕州市公安局将安装干扰装置的索某某等4人以涉嫌破坏计算机信息系统罪向滕州市人民检察院提请批准逮捕。滕州市人民检察院经过审查认为，索某某等4人涉嫌破坏计算机信息系统罪，且达到后果特别严重的程度，遂于2022年8月5日作出批准逮捕决定。鉴于重点排污单位的入罪涉及污染环境罪和破坏计算机信息系统罪的竞合问题，办案周期较长，滕州市人民检察院建议滕州市公安局对其余21名涉案企业人员及1名第三方运维人员作分案处理。

2022年9月30日，滕州市公安局以索某某等4人涉嫌破坏计算机信息系统罪向滕州市人民检察院移送审查起诉。为准确评估自动监测数据的失真程度，滕州市人民检察院提出多重验证法，经生态环境部门分析，确定涉案企业安装干扰装置后，二氧化硫、氮氧化物的数值降低约30%至50%。根据法律规定，索某某等4人的行为同时符合污染环境罪和破坏计算机信息系统罪的构成要件，但鉴于4名被告人获利共计30余万元，按照从一重罪处罚的原则，应以破坏计算机信息系统罪认定，且属后果特别严重。同年11月22日，滕州市人民检察院以被告人索某某等4人涉嫌破坏计算机信息系统罪，依法向滕州市人民法院提起公诉。2023年2月22日，滕州市人民法院采纳检察机关全部指控意见，以破坏计算机信息系统罪判处索某某等4名被告人五年十个月至五年三个月不等有期徒刑。四名被告人均未上诉。

此案发生后，2022年7月，滕州生态环境部门在全市范围内全面推进排污企业安装"全流程校准"装置，先后对100家企业开展双随机执法，进一步提升甄别企业是否存在干扰自动监测设施行为的能力。2023年3月，三部门召开联席会，就继续加强协调执法办案达成共识，将生态环境监测数据引入公安机关环境案件预警模型，建立预警工作机制，先后对5家预警企业进行检查。为强化企业法治教育，三部门还通过媒体宣传、现场讲解、组织庭审观摩等形式，积极开展了环境污染防治宣传活动。

【典型意义】

1.跨省高效协同，实现全环节打击。干扰环境自动监测设施类犯罪隐蔽性强、专业化程度高、查处难度大。三部门强化协作，从一个小线索深挖扩线，摧毁了辐射全国多地的犯罪网络。在行刑衔接的基础上，针对不同企业不同特点制作取证提纲，突出取证重点，理顺取证顺序。及时确定涉案企业干扰装置安装位置，第一时间固定关键证据。该案通过多省跨部门分工协作，围绕已取得证据开展分析论证，查缺补漏，完善证据体系，为此类案件提供可借鉴协作模式。

2.准确适用法律，做到罚当其罪。该案设备安装人员对企业进行脱硫塔维护时，为了获取非法利益，积极主动推销干扰装置，主观恶性较大，在犯罪中起到了关键作用；在全国多家重点排污单位安装干扰装置，非法排污累计数量大；形成了职业化、网络化的犯罪模式，社会危害范围广。检察机关抓住设备安装人员违法所得数额较大这一案件关键要素，在确定污染行为尚未造成其他严重后果的情况下，准确适用法律，以处罚较重的破坏计算机信息系统罪定罪处罚，实现对源头犯罪的从严惩处。

3.治罪与治理同步进行，实现三个效果有机统一。针对查办该案暴露的问题，三部门结合职能积极推进源头治理。加强对企业、第三方监测机构和在线监测系统的规范管理，利用现代信息技术加强监测，增强预警预判能力，从源头上防范此类犯罪。加强法治教育，组织开展以案释法活动，强化企业及从业人员法治意识，筑牢企业合法经营的思想防线，确保执法法律效果、政治效果、社会效果有机统一。

31.四川省攀枝花市钛某化工有限公司钱某广等3人篡改自动监测设备参数破坏计算机信息系统案（2023年10月19日最高人民检察院发布）

【关键词】

破坏计算机信息系统罪　篡改自动监测设备参数　从业禁止　检察建议

【基本案情】

被告单位攀枝花市钛某化工有限公司（以下简称钛某化工），成立于

2006年9月25日。

被告人钱某广，系钛某化工安全环保部部长。

被告人刘某，系钛某化工调度员。

被告人王某斌，系钛某化工安全环保管理员。

钛某化工2020、2021年均为攀枝花市生态环境局确定的重点排污单位。2020年1月，该公司安装煅烧尾气在线监测仪并调试运行，同年12月通过验收。

2021年5月8日至6月22日，被告人钱某广为掩饰、隐瞒钛某化工生产过程中超标排放二氧化硫、烟尘等大气污染物，安排被告人刘某、王某斌多次篡改尾气自动监测设备工控机软件系数。四川省生态环境保护综合行政执法总队通过远程监控平台发现，钛某化工二氧化硫数据在工况发生变化时也长期处于稳定状态。2021年6月22日晚，四川省生态环境保护综合行政执法总队、攀枝花市生态环境保护综合行政执法支队对该公司开展突击检查，现场检查发现，煅烧旋转窑自动监测设备分析仪（数据分析仪器）19时54分的二氧化硫浓度显示读数为$3292.9mg/m^3$，超过《工业炉窑大气污染物排放标准》（GB9078-1996）规定的限值（$850mg/m^3$）3.87倍，该设备同时段工控机（数据显示和设备传输仪器）二氧化硫浓度显示读数为$197.57mg/m^3$，数据误差16.67倍。钛某化工二氧化硫等污染物监控上传数据大幅低于实际排放数据。经鉴定，钛某化工通过篡改工况参数的方式超标排放二氧化硫1082.75小时，超排污许可排放量130.05吨；超标排放烟尘8小时，超排污许可排放量2.53千克。

【行政调查和刑事诉讼情况】

攀枝花市生态环境保护综合行政执法支队在行政调查时收集相关证据，初步调查后认为涉嫌犯罪，于2021年6月25日将案件移送攀枝花市公安局。经指定管辖，攀枝花市公安局钒钛高新技术产业开发区分局于6月28日立案。

公安机关通过进一步调查取证，查明调度员刘某、安全环保管理员王某斌在安全环保部部长钱某广的授意下多次篡改尾气自动监测设备参数、逃避监管、超标排放二氧化硫等大气污染物的犯罪事实。2021年7月26日，经公安机关提请，攀枝花市仁和区人民检察院对钱某广、刘某和王某斌3人批准逮捕，并提出完善客观证据的继续侦查意见。9月29

日，公安机关将案件移送仁和区人民检察院审查起诉。检察机关在审查过程中发现该案可能涉嫌单位犯罪，遂要求公安机关补充调取钱某广任单位安全环保部部长职责、具体履职情况等证据材料。2021年11月24日，公安机关将犯罪嫌疑单位钛某化工补充移送审查起诉。

检察机关审查后认为，犯罪嫌疑人钱某广在担任钛某化工安全环保部长期间，违反国家规定，指使犯罪嫌疑人刘某、王某斌篡改自动监测设备参数，超标排放二氧化硫130余吨、烟尘2.53千克，其行为不仅严重污染环境，且破坏了尾气在线监测系统的正常监测功能，后果严重，同时构成污染环境罪和破坏计算机信息系统罪。案发后钛某化工积极进行整改，投入600余万元升级排污处理设备，更新了监测设备，整改后运行效果良好。

2021年11月30日，检察机关以被告单位攀枝花市钛某化工有限公司，被告人钱某广、刘某、王某斌犯破坏计算机信息系统罪，向仁和区人民法院依法提起公诉。被告单位和被告人均认罪认罚，检察机关提出确定刑量刑建议，并建议对三名被告人三年内禁止从事环境保护相关职业。2021年12月24日，仁和区人民法院作出一审判决，采纳了检察机关指控的事实、罪名和量刑建议，以破坏计算机信息系统罪判处钛某化工罚金20万元，分别判处钱某广等三名被告人一年九个月至六个月不等有期徒刑，三年内禁止从事环境保护相关职业。一审判决后，被告单位、被告人均未上诉。判决生效后，经检察机关建议，税务主管部门依法督促钛某化工缴纳环境保护税及滞纳金近103万元。

【典型意义】

1.加强行刑衔接协作，增强环境保护合力。该案发生后，生态环境部门上下联动，在将案件移送公安机关的同时，同步将情况通报检察机关。检察机关第一时间与公安机关、生态环境部门对接，参加工作联席会对案情进行分析，建议生态环境保护部门全面提供现场行政调查记录，及时提取自动监测设备分析仪数据，调取钛某化工监控室录像资料等意见；向公安机关提出对计算机数据进行分析、核实排污危害后果、及时固定涉案人员言词证据等意见引导侦查活动开展，促使行政执法调查工作与刑事立案侦查工作无缝衔接，保证了后续刑事诉讼的顺利进行。

2.准确追究重点排污单位和相关人员刑事责任。办理此类案件，认定单位犯罪时，要依法合理把握追诉范围。实践中，重点排污单位可能将部分环境保护事项决策权授予单位内的相关部门主管人员，这类人员虽不是单位的主要负责人员，但其为使单位逃避监管，在授权范围内作出篡改自动监测设备参数的决定，其实质是代表了单位意志，应结合单位规章制度、关联事项的决策权属与审批流程、利益归属等依法认定单位犯罪。该案中，行政执法部门依照行刑衔接规定，及时移送司法机关依法追究单位和相关人员的刑事责任。司法机关贯彻落实宽严相济刑事政策，将各行为人在篡改行为中的地位、作用作为量刑的重要考量因素，有效实现了罚当其罪。

32. 江苏省宜兴市人民检察院诉科某水处理有限公司、范某勤等4人、陈某才等5人污染环境刑事附带民事公益诉讼案（2024年5月16日最高人民检察院发布）

【关键词】

刑事附带民事公益诉讼　固体废物　大数据法律监督模型

【要旨】

刑事检察与公益诉讼检察可以同步介入污染环境案件，综合履行法律监督职能。对审查案件中新发现的污染物，通过引导侦查取证，查清"案外案"；对同一地点不同固体废物所造成的生态环境损害赔偿费用，应根据责任自负原则，按照合理方式分别计算。注重源头治理，与生态环境部门建立数据共享机制，通过开发大数据法律监督模型，提升危险废物监测预警能力。

【基本案情】

2020年11月，被告人陈某豪承接一批被非法填埋的废水处理污泥（呈蓝绿色，以下简称"绿泥"）的处置业务，处置费用580元/吨。陈某豪为非法牟利，仅将其中130吨送往有资质的公司处置，剩余4700余吨"绿泥"交由陈某才、张某征非法处理，跨市运至江苏省宜兴市，露天堆放在太湖流域一支流河道沿岸。经鉴定，堆放地点土壤环境受到损害，造成固体废物处置费、生态环境修复费等各项费用共计1300余万元。

2021年1月，江苏省泰州市科某水处理有限公司（以下简称"科某公司")法定代表人范某勤,明知科某公司处置重金属铬后产生的尾渣属危险废物(具致癌性,呈黄褐色,以下简称"黄泥"),安排人员出具虚假检测结果,并将1920吨"黄泥"以一般固废的名义交无危险废物处置资质的吴某平等人,露天堆放在"绿泥"旁。经鉴定,对堆放地点土壤环境造成损害,严重污染周边环境,造成生态环境修复费等各项费用共计470余万元。

【调查和诉讼】

2021年2月,江苏省生态环境厅接到举报,称江苏省宜兴市一河道沿岸有大量来源不明的"绿泥",接上述通报后,宜兴市生态环境局立即开展调查。经检测,"绿泥"含有重金属铜,且对堆放地点环境造成损害,涉嫌污染环境罪,遂启动行刑衔接机制,将该案移送宜兴市公安局立案侦查。

宜兴市公安局2021年2月7日对"绿泥"案立案后,依托与宜兴市生态环境局、宜兴市人民检察院(以下简称宜兴市检察院)建立的《关于污染环境案件提前介入工作机制》,邀请宜兴市检察院介入侦查。刑事检察官与公益诉讼检察官会同公安机关、生态环境局办案人员查看现场,发现涉案区域除该案的污染物"绿泥"外,还有来源不明、形态异常的"黄泥"。为进一步明确"黄泥"来源,固定提起刑事附带民事公益诉讼所需相关证据,检察机关建议生态环境部门对"黄泥"进行检测,引导公安机关调取"绿泥"运输车辆行驶轨迹、询问上下游环节证人,查明"黄泥"系具有致癌性的危险废物,且排除了陈某才等人倾倒的可能。宜兴市检察院认为"黄泥"可能系新的污染环境犯罪的污染物,经与宜兴市公安局沟通,推动宜兴市公安局于2021年3月30日对"黄泥"案立案侦查,并陆续抓获范某勤等"黄泥"案涉案人员。

2021年6月9日、10月14日,宜兴市检察院先后以刑事附带民事公益诉讼对"黄泥"案、"绿泥"案立案并公告。因涉案"绿泥"与"黄泥"毗邻堆放,由有关部门共同处置,第三方机构就"公私财产损失"出具意见时未区分两案各自产生的应急处置费用。检察机关审查后认为,"公私财产损失"作为污染环境罪入罪条件之一,数额关系行为人的定罪量刑及刑附民公益损害赔偿,故请第三方机构根据污染物重量的占比分别确定两案的应急处置费用,进而准确认定两案公私财产损失数额。

2021年10月23日、12月22日，宜兴市检察院分别以污染环境罪对两案向集中管辖法院苏州市姑苏区人民法院提起刑事附带民事公益诉讼，在依法追究两案被告人刑事责任的同时，诉请判令赔偿因污染环境导致的污染物处置、生态修复、评估鉴定等费用，并在省级以上媒体就其污染环境的行为赔礼道歉。2022年6月24日，苏州市姑苏区人民法院判决支持检察机关诉讼请求，以污染环境罪判处"黄泥"案科某公司罚金人民币50万元，范某勤等4人有期徒刑四年六个月至一年六个月不等，各并处罚金；判处附带民事公益诉讼被告共同承担生态环境损害赔偿费用470余万元。同年9月22日，苏州市姑苏区人民法院以污染环境罪判处"绿泥"案陈某才等5人有期徒刑三年十个月至三年不等，各并处罚金，同时判处民事公益诉讼被告共同承担生态环境损害赔偿费用1300余万元。判决后，"绿泥"案被告人陈某才、陈某豪、雷某不服判决，提出上诉。2023年6月14日，南京市中级人民法院驳回上诉，维持原判。在生态环境部门组织下，"绿泥""黄泥"均运回污染来源地依法处理，堆放点受损生态环境全面修复。

针对办案中发现污染物脱管等问题，宜兴市检察院积极推动与生态环境等部门建立监管数据共享机制，并基于重点产废单位数据研发危险废物大数据监督平台，通过规则测算产废单位应产废量，对申报产废量进行有效监管。平台上线运行后，发现违规处置危险废物公益诉讼检察线索56条，涉及脱管、漏管危险废物数量572吨，立案办理行政公益诉讼，制发审前检察建议，督促生态环境部门对8家企业行政立案调查；办理民事公益诉讼案件6件，追索公益损害赔偿金90余万元。

【典型意义】

长江流域跨市非法倾倒、处置固体废物，往往选择隐蔽地点作案，同一地点可能发生多起污染犯罪。检察机关依法综合履职，对案件中发现的另案线索，依托行刑衔接机制，发挥法律咨询与引导侦查作用，追根溯源，发现"案外案"；针对不同倾倒固体废物污染环境案共同造成的公私财产损失，实质审查第三方机构出具的损害评估意见，准确区分民事公益损害赔偿连带责任，与体现责任自负原则的刑事责任，确保罚当其罪。坚持做好"后半篇文章"，充分利用大数据赋能，提升与生态环境部门的协作质效，提前发现风险隐患，构建危险废物源头防控齐抓共管大格局。

33. 江西省宜春市彭某德等 11 人污染环境刑事公诉案（2024年 5 月 16 日最高人民检察院发布）

【关键词】

链条式污染环境　危险废物处置　生态损害赔偿案件专用资金账户

【要旨】

办理"链条式"非法处置危险废物污染环境案件中，检察机关通过提前介入，引导侦查取证，深挖犯罪源头，对危险废物生产者、中间转包商、实际倾倒人及其他帮助者实施全链条惩治。强化与生态环境部门协作配合，依托"行刑衔接"机制，充分发挥检察一体化履职优势，及时移送案件线索，解决跨地区污染治理难题。

【基本案情】

2021 年 11 月，被告人胡某兵和庄某兴在无危险废物处置资质的情况下，约定合伙处置废铝灰获利。胡某兵找到江西某实业有限公司车间承包人即被告人谢某金。谢某金为降低成本，明知胡某兵无废铝灰处置资质，将生产中产生的废铝灰交由胡某兵处置，并支付每吨 280 元的处置费。庄某兴随后将处置事宜交被告人王某。王某通过徐某生、彭某德、潘某林、曾某健等人找到江西省宜春市袁州区天台镇某村一处废弃的露天仓库作为废铝灰倾倒点。彭某德另通过被告人唐某协调当地村民解决运输铝灰时产生的纠纷。后胡某兵先后从谢某金处装运废铝灰并倾倒在该露天仓库共计 752.57 吨。

另查明，王某于 2021 年 11 月，多次从刘某平（另案处理）处接收 4 车共 134.5 吨废铝灰，通过徐某生、邹某明（另案处理）、余某朱（另案处理），非法倾倒在江西省新余市分宜县某山场；2022 年 1 月 13 日至 2022 年 4 月初，受张某华委托，多次接收废铝灰共计 205.2 吨，倾倒至新余市分宜县某村，由沈某驾驶铲车推平并覆土掩盖。经鉴定，所有涉案废铝灰均系危险废物。

【检察履职情况】

2022 年 8 月 19 日，江西省宜春市袁州区生态环境局接天台镇群众举报，称山林中堆放大量散发刺鼻气味不明物品，故会同江西省宜春市公安局袁州分局（以下简称袁州分局）开展现场调查，并请袁州区人民检察院

（以下简称袁州区检察院）了解情况。经初步检测研判，非法倾倒物疑似废铝灰，该案涉嫌刑事犯罪，遂依法移送公安机关办理。

2022年9月16日，袁州分局对天台镇污染环境案立案侦查，当日将实施倾倒行为的彭某德、曾某健、潘某林、唐某等4人传唤到案。经公安机关商请，袁州区检察院提前介入。针对该案犯罪链条长、涉案人员多、污染物废铝灰来源不明等情况，检察机关引导侦查人员从提供场地的人员入手，通过固定手机微信聊天记录和转账记录等方式向前溯源，逐步查明了倾倒、运输、居间介绍、承接处置、产废各环节的参与人员身份，并明确各涉案人员具体行为及作用。通过开展上述工作，其余涉案人员陆续自动投案或被抓获归案。

因案件系重大跨区域倾倒危废案件，2022年12月30日，最高人民检察院、公安部、生态环境部决定联合挂牌督办。2022年11月15日、2023年1月5日，江西省新余市公安机关先后将王某实施的另两笔非法倾倒废铝灰案移送袁州分局与天台镇污染环境案并案侦查。2023年1月20日，袁州分局将彭某德等11人污染环境案依法移送袁州区检察院审查起诉。

为避免涉案废铝灰影响周边群众的生产生活，2023年2月，袁州区检察院和袁州区慈化环保所、医药园环保所共同开展工作，促成袁州区天台镇政府先行应急处置涉案废铝灰。因王某等人倾倒在分宜县的废铝灰有污染附近水域风险，宜春市检察院将该线索移交新余市检察院。新余市检察院通过发出行政公益诉讼检察建议的方式，监督有关部门对现场废铝灰进行清运处置，做无害化处理。

2023年6月16日，袁州区检察院以污染环境罪对彭某德等11名被告人提起公诉。袁州区人民法院审理期间，将涉嫌其他犯罪案件的张某华移送主要犯罪地审理。2024年4月28日，一审法院以污染环境罪判处彭某德、庄某兴等9名被告人有期徒刑三年五个月至一年六个月不等，各并处罚金，其中情节较轻的沈某缓期二年执行。

为解决案件办理中发现的非法倾倒危险废物案件鉴定费用高、生态修复难等问题，2022年11月，袁州区检察院与袁州分局、袁州区生态环境局、袁州区天台镇政府共同协商，在天台镇政府设立生态案件专用资金账户，统一接收生态环资类案件生态损害赔偿资金，用于支付相关案件鉴定、污染物处置及生态环境保护、修复、治理费用。

【典型意义】

随着非法倾倒工业危险废物问题日趋严峻，不法分子为牟取不正当利益，形成非法产、运、销、处置的黑灰产业链。检察机关办案中，通过有效引导侦查取证，依法准确查清各环节、各涉案人员犯罪事实，全链条惩治违法犯罪。同时加强与生态环境等部门的协同，依托省、市、县三级"行刑衔接"机制和检察一体化办案机制，确保多地点、跨区域倾倒的危险废物依法得到妥善处置，及时有效遏制污染源扩散。积极探索设立生态环境损害赔偿资金专用账户，实现专款专用，精准解决污染环境案件中鉴定费用高、危险废物处置成本高等问题，有效助力长江流域生态环境保护工作。

34.四川省成都市张某予等7人污染环境刑事公诉案（2024年5月16日最高人民检察院发布）

【关键词】

污染环境　协同履职　特邀检察官助理

【要旨】

检察机关在办理污染环境案件中，落实执法司法同向发力、协同履职的工作机制，提升办案质效。邀请有专门知识的人担任特邀检察官助理，有效提高环境专业领域办案水平。落实宽严相济刑事政策，依法适用认罪认罚从宽制度，将生态环境损害赔偿、修复情况作为涉案人员处理重要考量因素，引导涉案人员积极赔偿生态环境损害损失，主动修复生态环境。

【基本案情】

2020年6月，郭某东为将专利发明成果进行产业转化，在自身尚不具备生产条件的情况下，委托四川省什邡市铧某化工有限公司代为生产香精、香料等化工产品，产生20余吨四氯化钛废液。2020年11月中旬，郭某东违规将上述废液交由不具有危险废物处置资质的张某予。张某予收取处置费人民币8万元后，将该废液运至一民房内储存。

2023年2月，张某予通过不具有危险废物处置资质且主观明知的彭某林、陈某、杨某彬的层层介绍，委托周某智处置涉案废液。2023年2

月19日晚,周某智联系方某将约10吨废液运至四川省成都市东部新区玉成街道某村公路旁,倒入连接长江上游沱江支流绛溪河的一处排水管道内,导致河道水质异常。经鉴定,涉案工业废液属于危险废物,危险特性为腐蚀性、毒性。

【检察履职情况】

案发次日,四川省成都市东部新区管理委员会综合执法局(以下简称东部新区综合执法局)接群众举报,前往废水倾倒现场,经实地查看,初步判定案件可能涉嫌污染环境犯罪,将情况分别通报成都市公安局东部新区分局(以下简称东部新区分局)和成都市高新技术产业开发区人民检察院(以下简称高新区检察院)。

2023年2月21日,东部新区分局对本案立案侦查。经侦查机关商请,高新区检察院提前介入,引导侦查取证。经会商,确定查明污染物种类及污染损害程度、快速锁定危废物来源等办案思路和侦查取证方向。为解决证据充分收集与污染物及时处置之间的矛盾,高新区检察院与东部新区分局、东部新区综合执法局会商达成共识,由综合执法部门和公安机关技术勘查人员根据被污染沟渠流向,对不同点位进行抽样提取,及时收集固定证据;检察机关邀请生态环境领域特邀检察官助理,在东部新区综合执法局对倾倒地污染情况评估时提出建议,最终制定酸碱中和、铲除被污染土壤、隔离污染源的应急处置方案,保证案件侦办的同时,有效防止污染迁移扩散。

公安机关先后将张某予、周某智、方某抓获归案,郭某东等4人向公安机关投案。2023年5月31日,公安机关将张某予等7人涉嫌污染环境案移送高新区检察院审查起诉。为使被污染区域及时得到修复,检察机关在开展认罪认罚工作中,将生态环境损害修复、赔偿情况作为行为人认罪认罚考量因素,引导涉案人员积极与成都市生态环境局达成生态环境损害赔偿磋商协议,缴纳生态环境损害赔偿费用等共计100万余元,并用于支付应急处置等费用。

2023年11月28日,高新区检察院综合考量各行为人的地位作用、主观恶性、前科劣迹、认罪认罚、归案情况后,以污染环境罪对被告人张某予、周某智、方某提起公诉,分别建议判处有期徒刑一年六个月至一年不等,各并处罚金;对有自首情节的四名行为人,包括仅起居间作用的彭某林、杨某彬、陈某，以及积极缴纳生态环境损害赔偿费用郭某东作相对不起诉。2024 年 1 月 31 日，高新区法院依法作出判决，全部采纳了检察机关指控的犯罪事实及量刑建议。宣判后，被告人未上诉，目前判决已生效。

【典型意义】

为依法惩治长江流域污染环境等违法犯罪活动，检察机关与生态环境部门加强执法司法联动，强化协同履职，通过落实涉嫌犯罪案件移送公安机关并同步通报检察机关机制，促进行政执法与刑事司法高效衔接；通过聘任特邀检察官助理解决案件专业性问题，推动污染环境犯罪案件办理质效提升。为及时有效修复生态环境，检察机关积极践行恢复性司法理念，贯彻宽严相济刑事政策，充分发挥认罪认罚从宽制度作用，将生态环境损害赔偿、修复情况作为涉案人员处理重要考量因素，分类处理，对初犯、偶犯，积极履行生态环境赔偿义务的行为人，情节轻微无起诉必要的，可作不起诉处理，促使涉案人员与生态环境部门达成生态环境损害赔偿磋商协议，主动履行赔偿义务。

35. 山东省青岛市林某鑫等 4 人提供虚假证明文件案（2024 年 6 月 5 日最高人民检察院发布）

【关键词】

提供虚假证明文件罪　环评报告　追诉漏犯

【基本案情】

被告人林某鑫，山东 J 环保科技有限公司（以下简称 J 公司）、山东 Y 环保科技有限公司（以下简称 Y 公司）实际控制人。

被告人汪某，J 公司股东、法定代表人。

被告人靳某燕，J 公司环境影响评价工程师。

被告人谷某欢，环境影响评价中介服务人员。

2020 年 9 月，被告人林某鑫为谋取非法利益，指使被告人汪某在青岛市即墨区先后注册成立了 J 公司、Y 公司，专门出售"环评报告资质页"。持有环境影响评价工程师职业资格证书的被告人靳某燕"挂靠"在 J 公司，收取 J 公司"挂靠费"人民币 3.5 万元，但未实际参与具体环境影响报告的编制、审核和签名，并按照林某鑫的要求提供个人生活照片，用于伪造环境影响评价工程师到项目现场踏勘的证明。

2020年9月至2021年2月，林某鑫等人招揽业务，在靳某燕等未参与任何编制环节，J公司、Y公司也未开展任何环境影响评价工作的情况下，伪造了环境影响评价工程师签名，将加盖有J公司、Y公司印章的"环评报告资质页"，以每套300元至3500元不等的价格，出售给被告人谷某欢等人，谷某欢等人再加价出售给其他中介，用于编制环境影响报告表（书）。林某鑫以J公司、Y公司名义出售的"环评报告资质页"，供他人编制环境影响报告表（书）927份，获利79.91万元。经生态环境部门认定，有25份环境影响报告表（书）存在遗漏环境保护目标、隐瞒生态保护区等问题，所涉项目的环境影响评价文件批复被依法撤销，有关项目因此停产停业。

【检察机关履职情况】

2021年上半年，有媒体反映J公司的环境影响评价工程师靳某燕不到半年时间内编制1000余份环评报告文件，"高产环评师"引起社会广泛关注。生态环境部门经调查，于2021年5月31日将案件移送山东省青岛市公安局。同年6月7日，青岛市公安局即墨分局对本案立案侦查。2022年5月至2023年1月，四名涉案人员相继归案。

2022年5月22日，经公安机关邀请，山东省青岛市、即墨区两级检察机关指派检察官介入侦查引导取证。最高人民检察院、山东省人民检察院予以同步指导。因该案系"环评造假"入刑第一案，无先例可循。检察机关通过与公安机关、生态环境部门共同研究、论证，认为应重视林某鑫等人出售"环评报告资质页"行为所造成的危害后果，引导侦查机关调取行政机关对涉案环境影响报告表（书）的认定意见和后续行政处罚决定，收集造成的相关项目损失等证据，查明J公司、Y公司通过环评信用平台公示登记环评项目资质1641次，生效的927份环境影响报告表（书）均被生态环境部门认定为虚假，其中25份存在严重质量问题，造成损失100余万元。

2022年11月27日，青岛市公安局即墨分局以林某鑫、汪某、靳某燕涉嫌提供虚假证明文件罪将案件移送山东省青岛市即墨区人民检察院审查起诉。检察机关经审查，发现以J公司名义出具的虚假环境影响报告表

（书）中，有部分"环评报告资质页"系中介人员谷某欢从林某鑫处购得。谷某欢主观上明知林某鑫等人不开展任何环境影响评价工作，仍从其处购买"环评报告资质页"并出售赚取差价，且情节严重，构成提供虚假证明文件罪，建议公安机关补充移送。

2023年3月26日，即墨区人民检察院以提供虚假证明文件罪对林某鑫等4人提起公诉，并建议即墨区人民法院判处4人有期徒刑三年至一年不等，并处罚金，对靳某燕判处缓刑。

庭审阶段，针对被告人林某鑫等人未参与涉案环境影响报告表（书）编写，主观恶性小，社会危害不大等争议焦点，检察机关认为，林某鑫等人长期从事环境影响评价中介服务，明知环境影响报告表（书）应当由有资质的人员经调查、勘验后出具，仍将"环评报告资质页"连同环境影响评价工程师照片提供给其他无资质人员，不仅编造的环境影响报告表（书）数量多，造成经济损失大，且涉及到二十余个省市、上百个行业，对环境影响评价制度的公信力造成严重破坏，社会影响恶劣，应依法从严惩处。

2023年5月25日，即墨区人民法院依法对该案作出判决，采纳了检察机关指控的全部犯罪事实及量刑建议。宣判后，被告人未上诉，判决已生效。

【典型意义】

环境影响评价是对规划和建设项目实施后可能造成的环境影响进行分析、预测和评估，提出预防或者减轻不良环境影响的对策和措施，进行跟踪监测的方法与制度，是防范环境风险的法治保障。环境影响报告表（书）等是环境影响评价的重要载体，具有社会公信力。第三方环境影响评价中介服务人员将环境影响评价工程师的资质、签名等材料提供给无资质的人员，制作出虚假的环境影响报告表（书）并使用，属提供虚假证明文件的行为。检察机关在办案中，应重视精细化办案，强化对整个造假链的审查，对主观上明知作假、客观上参与造假环节，且符合"情节严重"标准的涉案人员依法予以追诉；引导查明"环评造假"所造成的后果，准确评价涉案行为的社会危害性，确保精准定罪量刑，以高质效检察履职服务保障高品质生态环境，支撑高质量发展。

36. 浙江省杭州市 H 检测科技有限公司、徐某妤等 3 人提供虚假证明文件案（2024 年 6 月 5 日最高人民检察院发布）

【关键词】

提供虚假证明文件罪　环境检测　检察建议

【基本案情】

被告单位杭州市 H 检测科技有限公司（以下简称 H 检测公司）。

被告人徐某妤，H 检测公司总经理。

被告人吕某利，H 检测公司副总经理。

被告人刘某，H 检测公司技术负责人、实验部经理。

2020 年 12 月至 2022 年 2 月期间，被告单位 H 检测公司为招揽客户、提升效益，通过篡改、销毁原始记录，篡改、编造检测数据等多种方式，在开展环境检测业务过程中弄虚作假，为部分客户出具内容虚假的环境检测报告共计 47 份，违法所得 79 万余元；其中 2021 年 3 月 1 日后出具的虚假环境检测报告共计 43 份，违法所得 42 万余元。被告人徐某妤、吕某利作为 H 检测公司主要负责人，明示、暗示、默许、放任公司各业务部门在开展环境检测业务工作中弄虚作假；被告人刘某作为被告单位业务部门主要负责人，明知 H 检测公司存在弄虚作假行为，仍在采样、实验、编制报告环节配合协作，采用少采样、不采样、稀释样品分析、标准样品替代分析、篡改或编造检测结果等方式，共同为客户出具虚假的环境检测报告。

【检察机关履职情况】

2021 年 4 月 30 日，浙江省杭州市生态环境局接省局巡查线索，调查发现 H 检测公司为某储油库竣工项目所出具的报告错漏内容，检测数据明显偏小，且采样员无出入采样地办公区的记录，存在造假嫌疑且数额较大，于 2021 年 11 月 19 日将案件移送至浙江省杭州市公安局。公安机关于同年 12 月 13 日立案侦查。

经公安机关商请，浙江省杭州市拱墅区人民检察院提前介入。因该案涉及环境检测领域，工作专业性强、结果时效性强，且涉案项目众多，细节需核实，拱墅区人民检察院针对案件证据体系提出取证重点、取证方向的建议十余条，引导侦查人员对公司电脑主机存储数据、云端聊天记录、云盘数据进行全面提取勘验，围绕公司经营策略、造假行为模式、涉案人员身份及职责范围等收集书证、言词证据,并请具有环境检测领域专门知识的特邀检察官助理提供意见,梳理出涉案环境检测报告的虚假内容、犯罪金额,查明采样、实验、报告编写各环节造假的事实。

2023年2月21日,公安机关侦查终结后向拱墅区人民检察院移送审查起诉。拱墅区人民检察院审查认为,H检测公司取得检验检测机构资质认定证书,有权出具盖有CMA标识、具有社会公信力的检测报告。涉案检测报告包括环境空气、废水等环境指标数据,项目对环境的影响评价等内容,是环境治理、项目整改、竣工验收、行政审批等事项的重要依据。故该公司系环境领域承担检验检测职责的中介组织,与环境影响评价、环境监测等机构具有相似的地位和作用,属于刑法第二百二十九条所规定的犯罪主体,应追究单位及相关人员的刑事责任。结合单位规章、业务规程、会议决策、职责范围,将放任工作人员弄虚作假的总经理徐某妤,推动、促成出具虚假检测报告的副总经理吕某利认定为直接负责的主管人员,将参与出具虚假检测报告的部门负责人刘某认定为其他直接责任人员。对未达刑事立案追诉标准的其他涉案人员,拱墅区人民检察院向生态环境部门、市场监督管理部门移送行政违法线索,建议及时依法处理。

2023年7月14日,拱墅区人民检察院以提供虚假证明文件罪,依法对被告单位H检测公司、被告人徐某妤等3人向拱墅区人民法院提起公诉,并根据各被告人的地位、作用,以及认罪认罚等情节,分别提出量刑建议。经开庭审理,拱墅区人民法院于2024年2月29日作出一审判决,认定H检测公司、徐某妤、吕某利、刘某均犯提供虚假证明文件罪,并全部采纳检察机关量刑建议,对H检测公司判处罚金20万元,对徐某妤等3人判处有期徒刑十个月至六个月不等,并处罚金,对认罪认罚的从犯刘某适用缓刑。一审判决后,被告人徐某妤不服判决,提出上诉。2024年5月27日,杭州市中级人民法院裁定驳回上诉、维持原判。

拱墅区人民检察院针对案件审查中发现的环境检测造假乱象与监管漏洞,向市场监督管理部门制发加强环境检验检测机构监督管理工作的检察建议,并与公安机关、生态环境部门、市场监督管理部门共同建立环境检测行业专项治理工作机制,实现信息共享、联合督办、法律研讨与业务交流。

【典型意义】

准确真实的环境检测数据是客观评价项目对环境质量影响的基础，是实施环境管理与决策的基本依据之一。检察机关依法服务保障环境检测行业健康、有序发展，一方面，做好"前半篇文章"，借助特邀检察官助理"外脑"支持，在介入侦查引导取证与审查起诉等工作中，不断完善证据体系、夯实证据基础，通过审查分析具有社会公信力的检测报告的内容与用途，依法准确认定第三方环境检验检测组织具有参与生态环境治理的职责，实现对第三方环保服务机构及相关人员的精准惩处。另一方面，写好"后半篇文章"，通过制发社会治理检察建议、与有关行政主管部门建立机制等方式，强化在依法办理第三方环保服务机构弄虚作假案件中的协作配合，推动对第三方环保服务行业所存在问题的协同治理、源头治理、系统治理，用最严密法治守护绿水青山、共建美丽家园。

37. 广东省广州市G机动车检测有限公司、李某山等6人提供虚假证明文件案（2024年6月5日最高人民检察院发布）

【关键词】

提供虚假证明文件罪　机动车尾气检测　亲历性审查　单位犯罪　宽严相济

【基本案情】

被告单位广州市G机动车检测有限公司（以下简称G检测公司）。

被告人李某山，G检测公司股东及法定代表人。

被告人蔡某家，G检测公司股东、站长。

被告人卜某雷，G检测公司副站长。

被不起诉人林某文，G检测公司授权签字人。

被不起诉人王某、张某林，G检测公司汽油线操作员。

G检测公司于2020年9月8日成立，经依法登记从事机动车检测经营服务，并向社会出具具有证明作用的数据和检测报告。李某山为公司股东及法定代表人，负责检测站的全面工作；蔡某家为公司股东、站长、授权签字人，负责财务报销审批、检测报告的审核批准；卜某雷为公司副站长、柴油线操作员、授权签字人，负责柴油车的检测以及检测报告的审核批准；林某文2021年3月至7月担任公司授权签字人，负责检测报告的审核批准；王某、张某林为公司汽油线操作员，负责汽油线检测。

2021年3月至11月期间，G检测公司为了提升公司效益和营业额，违法、违规向客户提供机动车检测服务，通过购买并使用OBD（车载自动诊断系统）模拟器代替真实的车辆诊断仪进行检测、为未经维修的复检车辆购买虚开的车辆维修单、故意减少尾气收集比例、违规放置发动机转速感应器、让检测数据异常车辆通过审核等多种手段，使一千余辆本应无法通过排气污染物检测的车辆通过检测，并出具了排气污染物检测合格的证明文件。

【检察机关履职情况】

该案由广东省广州市生态环境局在日常调查中发现，于2022年1月18日向广东省广州市公安局移送犯罪线索。同年4月1日，广州市公安局决定立案侦查，并于12月14日以李某山等6人涉嫌提供虚假证明文件罪移送广东省广州市人民检察院审查起诉。2023年1月3日，根据级别管辖，广州市人民检察院将本案交广州市白云区人民检察院审查起诉。

检察机关审查案卷后，发现涉案人员均系为G检测公司留住客源的目的实施犯罪，属于为了单位利益。为查明是否成立单位犯罪，检察机关一方面引导侦查机关调取证明授权签字人职责、公司资金往来等情况的书证，OBD模拟器提供方的证言等言词证据，查明G检测公司统一收取车辆检测费，统一支付购买造假工具费用的情况。另一方面，通过实地查看检测流程，了解各涉案人员工作内容等方式开展自行补充侦查，查明包括单位法定代表人、站长在内的各涉案人员均明知公司存在造假情况，仍放任或在工作岗位上实施多种弄虚作假行为，未超出单位整体意志。故查实本案各涉案人员在出具证明文件的过程中各种造假行为均系为了单位利益，代表单位意志，属于单位犯罪。检察机关依法追加G检测公司为犯罪嫌疑单位。

审查起诉期间，涉案人员及辩护律师提出错误数据是系统自动抓取的，在案证据不能推断检测中使用了OBD模拟器等意见。为查明上述辩解情况，检察机关派员协同侦查人员多次实地查看检测操作过程、数值变化、后台数据审核过程，明确检测人员能够知晓主要过程数据，并自行选择报告虚假数据；向生态环境监测中心工作人员咨询系统数据保存规则、数据异常与使用 OBD 模拟器的判定标准，明确检测数据恒定能够证明存在弄虚作假情况。

白云区人民检察院综合考量各涉案人员的犯罪情节与主观恶性，于 2023 年 11 月 3 日以提供虚假证明文件罪对 G 检测公司、李某山、蔡某家、卜某雷依法提起公诉；同年 12 月 15 日，对具有认罪认罚情节且在 G 公司工作时间较短的林某文，在共同犯罪中作用较小的王某、张某林依法作出相对不起诉决定。

2024 年 2 月 6 日，白云区人民法院以提供虚假证明文件罪，对 G 检测公司判处罚金 40 万元，对李某山等 3 人分别判处有期徒刑一年九个月至一年不等，并处罚金，其中对卜某雷适用缓刑。一审宣判后，被告人李某山、蔡某家不服判决，提出上诉。2024 年 5 月 30 日，广州市中级人民法院裁定驳回上诉、维持原判。

【典型意义】

机动车尾气污染已成为大气污染的主要污染源之一，尾气检测是筛查排放不合格机动车、倒逼维修治理、督促机动车达标行驶的重要手段。当前，提供机动车检测服务的第三方机构实行社会化、市场化运营，"交钱过检""包过"等违法犯罪行为屡禁不止。检察机关办理此类专业性较强的案件，要坚持亲历性审查原则，充分运用走访咨询、实地查看等手段，开展引导侦查取证、自行补充侦查等工作，进一步厘清案件事实，深度查明案件细节，完善以证据为中心的刑事指控体系。对涉及单位的案件，把握单位犯罪的实质认定标准，在单位实际控制人、主要负责人默许下实施弄虚作假行为，且违法所得归单位收取后再分配的，应认定单位犯罪。同时，贯彻宽严相济刑事政策，根据单位中各涉案人员的地位作用、参与程度、获利金额、认罪认罚等情况予以分层处理。通过依法履行检察职责，守住控制道路移动污染源的"最后一道阀门"。

第五部分
相关法律法规汇编

一、法律

1.《中华人民共和国刑法》（2023年12月29日修正）（节录）

《中华人民共和国刑法》

（1979年7月1日第五届全国人民代表大会第二次会议通过 1997年3月14日第八届全国人民代表大会第五次会议修订 根据1998年12月29日第九届全国人民代表大会常务委员会第六次会议通过的《全国人民代表大会常务委员会关于惩治骗购外汇、逃汇和非法买卖外汇犯罪的决定》、1999年12月25日第九届全国人民代表大会常务委员会第十三次会议通过的《中华人民共和国刑法修正案》、2001年8月31日第九届全国人民代表大会常务委员会第二十三次会议通过的《中华人民共和国刑法修正案（二）》、2001年12月29日第九届全国人民代表大会常务委员会第二十五次会议通过的《中华人民共和国刑法修正案（二）》、2002年12月28日第九届全国人民代表大会常务委员会第三十一次会议通过的《中华人民共和国刑法修正案（四）》、2005年2月28日第十届全国人民代表大会常务委员会第十四次会议通过的《中华人民共和国刑法修正案（五）》、2006年6月29日第十届全国人民代表大会常务委员会第二十二次会议通过的《中华人民共和国刑法修正案（六）》、2009年2月28日第十一届全国人民代表大会常务委员会第七次会议通过的《中华人民共和国刑法修正案（七）》、2009年8月27日第十一届全国人民代表大会常务委员会第十次会议通过的《全国人民代表大会常务委员会关于修改部分法律的决定》、2011年2月25日第十一届全国人民代表大会常务委员会第十九次会议通过的《中华人民共和国刑法修正案（八）》、2015年8月29日第十二届全国人民代表大会常务委员会第十六次会议通过的《中华人民共和国刑法修正案（九）》、2017年11月4日第十二届全国人民代表大会常务委员会第三十次会议通过的《中华人民共和国刑法修正案（十）》、2020年12月26日第十三届全国人民代表大会常务委员会第二十四次会议通过的《中华人民共和国刑法修正案（十一）》和2023年12月29日第十四届全国人民代表大会常务委员会第七次会议通过的《中华人民共和国刑法修正案（十二）》修正）

第三百三十八条 【污染环境罪】违反国家规定，排放、倾倒或者处置有放射性的废物、含传染病病原体的废物、有毒物质或者其他有害物质，严重污染环境的，处三年以下有期徒刑或者拘役，并处或者单处罚金；情节严重的，处三年以上七年以下有期徒刑，并处罚金；有下列情形之一的，处七年以上有期徒刑，并处罚金：

（一）在饮用水水源保护区、自然保护地核心保护区等依法确定的重点保护区域排放、倾倒、处置有放射性的废物、含传染病病原体的废物、有毒物质，情节特别严重的；

（二）向国家确定的重要江河、湖泊水域排放、倾倒、处置有放射性的废物、含传染病病原体的废物、有毒物质，情节特别严重的；

（三）致使大量永久基本农田基本功能丧失或者遭受永久性破坏的；

（四）致使多人重伤、严重疾病，或者致人严重残疾、死亡的。

有前款行为，同时构成其他犯罪的，依照处罚较重的规定定罪处罚。

2.《中华人民共和国环境保护法》（2014年4月24日修订）

中华人民共和国环境保护法

（1989年12月26日第七届全国人民代表大会常务委员会第十一次会议通过，2014年4月24日第十二届全国人民代表大会常务委员会第八次会议修订）

第一章 总　则

第一条　为保护和改善环境，防治污染和其他公害，保障公众健康，推进生态文明建设，促进经济社会可持续发展，制定本法。

第二条　本法所称环境，是指影响人类生存和发展的各种天然的和经过人工改造的自然因素的总体，包括大气、水、海洋、土地、矿藏、森林、草原、湿地、野生生物、自然遗迹、人文遗迹、自然保护区、风景名胜区、城市和乡村等。

第三条　本法适用于中华人民共和国领域和中华人民共和国管辖的其他海域。

第四条　保护环境是国家的基本国策。

国家采取有利于节约和循环利用资源、保护和改善环境、促进人与自然和谐的经济、技术政策和措施，使经济社会发展与环境保护相协调。

第五条　环境保护坚持保护优先、预防为主、综合治理、公众参与、损害担责的原则。

第六条　一切单位和个人都有保护环境的义务。

地方各级人民政府应当对本行政区域的环境质量负责。

企业事业单位和其他生产经营者应当防止、减少环境污染和生态破坏，对所造成的损害依法承担责任。

公民应当增强环境保护意识，采取低碳、节俭的生活方式，自觉履行环境保护义务。

第七条　国家支持环境保护科学技术研究、开发和应用，鼓励环境保护产业发展，促进环境保护信息化建设，提高环境保护科学技术水平。

第八条　各级人民政府应当加大保护和改善环境、防治污染和其他公害的财政投入，提高财政资金的使用效益。

第九条 各级人民政府应当加强环境保护宣传和普及工作，鼓励基层群众性自治组织、社会组织、环境保护志愿者开展环境保护法律法规和环境保护知识的宣传，营造保护环境的良好风气。

教育行政部门、学校应当将环境保护知识纳入学校教育内容，培养学生的环境保护意识。

新闻媒体应当开展环境保护法律法规和环境保护知识的宣传，对环境违法行为进行舆论监督。

第十条 国务院环境保护主管部门，对全国环境保护工作实施统一监督管理；县级以上地方人民政府环境保护主管部门，对本行政区域环境保护工作实施统一监督管理。

县级以上人民政府有关部门和军队环境保护部门，依照有关法律的规定对资源保护和污染防治等环境保护工作实施监督管理。

第十一条 对保护和改善环境有显著成绩的单位和个人，由人民政府给予奖励。

第十二条 每年6月5日为环境日。

第二章 监督管理

第十三条 县级以上人民政府应当将环境保护工作纳入国民经济和社会发展规划。

国务院环境保护主管部门会同有关部门，根据国民经济和社会发展规划编制国家环境保护规划，报国务院批准并公布实施。

县级以上地方人民政府环境保护主管部门会同有关部门，根据国家环境保护规划的要求，编制本行政区域的环境保护规划，报同级人民政府批准并公布实施。

环境保护规划的内容应当包括生态保护和污染防治的目标、任务、保障措施等，并与主体功能区规划、土地利用总体规划和城乡规划等相衔接。

第十四条 国务院有关部门和省、自治区、直辖市人民政府组织制定经济、技术政策，应当充分考虑对环境的影响，听取有关方面和专家的意见。

第十五条 国务院环境保护主管部门制定国家环境质量标准。

省、自治区、直辖市人民政府对国家环境质量标准中未作规定的项目，可以制定地方环境质量标准；对国家环境质量标准中已作规定的项目，可以制定严于国家环境质量标准的地方环境质量标准。地方环境质量标准应当报国务院环境保护主管部门备案。

国家鼓励开展环境基准研究。

第十六条 国务院环境保护主管部门根据国家环境质量标准和国家经济、技术条件，制定国家污染物排放标准。

省、自治区、直辖市人民政府对国家污染物排放标准中未作规定的项目，可以制定地方污染物排放标准；对国家污染物排放标准中已作规定的项目，可以制定严于国家污染物排放标准的地方污染物排放标准。地方污染物排放标准应当报国务院环境保护主管部门备案。

第十七条 国家建立、健全环境监测制度。国务院环境保护主管部门制定监测规范，会同有关部门组织监测网络，统一规划国家环境质量监测站（点）的设置，建立监测数据共享机制，加强对环境监测的管理。

有关行业、专业等各类环境质量监测站（点）的设置应当符合法律法规规定和监测规范的要求。

监测机构应当使用符合国家标准的监测设备，遵守监测规范。监测机构及其负责人对监测数据的真实性和准确性负责。

第十八条 省级以上人民政府应当组织有关部门或者委托专业机构，对环境状况进行调查、评价，建立环境资源承载能力监测预警机制。

第十九条 编制有关开发利用规划，建设对环境有影响的项目，应当依法进行环境影响评价。

未依法进行环境影响评价的开发利用规划，不得组织实施；未依法进行环境影响评价的建设项目，不得开工建设。

第二十条 国家建立跨行政区域的重点区域、流域环境污染和生态破坏联合防治协调机制，实行统一规划、统一标准、统一监测、统一的防治措施。

前款规定以外的跨行政区域的环境污染和生态破坏的防治，由上级人民政府协调解决，或者由有关地方人民政府协商解决。

第二十一条 国家采取财政、税收、价格、政府采购等方面的政策和措施，鼓励和支持环境保护技术装备、资源综合利用和环境服务等环境保护产业的发展。

第二十二条　企业事业单位和其他生产经营者，在污染物排放符合法定要求的基础上，进一步减少污染物排放的，人民政府应当依法采取财政、税收、价格、政府采购等方面的政策和措施予以鼓励和支持。

第二十三条　企业事业单位和其他生产经营者，为改善环境，依照有关规定转产、搬迁、关闭的，人民政府应当予以支持。

第二十四条　县级以上人民政府环境保护主管部门及其委托的环境监察机构和其他负有环境保护监督管理职责的部门，有权对排放污染物的企业事业单位和其他生产经营者进行现场检查。被检查者应当如实反映情况，提供必要的资料。实施现场检查的部门、机构及其工作人员应当为被检查者保守商业秘密。

第二十五条　企业事业单位和其他生产经营者违反法律法规规定排放污染物，造成或者可能造成严重污染的，县级以上人民政府环境保护主管部门和其他负有环境保护监督管理职责的部门，可以查封、扣押造成污染物排放的设施、设备。

第二十六条　国家实行环境保护目标责任制和考核评价制度。县级以上人民政府应当将环境保护目标完成情况纳入对本级人民政府负有环境保护监督管理职责的部门及其负责人和下级人民政府及其负责人的考核内容，作为对其考核评价的重要依据。考核结果应当向社会公开。

第二十七条　县级以上人民政府应当每年向本级人民代表大会或者人民代表大会常务委员会报告环境状况和环境保护目标完成情况，对发生的重大环境事件应当及时向本级人民代表大会常务委员会报告，依法接受监督。

第三章　保护和改善环境

第二十八条　地方各级人民政府应当根据环境保护目标和治理任务，采取有效措施，改善环境质量。

未达到国家环境质量标准的重点区域、流域的有关地方人民政府，应当制定限期达标规划，并采取措施按期达标。

第二十九条　国家在重点生态功能区、生态环境敏感区和脆弱区等区域划定生态保护红线，实行严格保护。

各级人民政府对具有代表性的各种类型的自然生态系统区域、珍稀、濒危的野生动植物自然分布区域、重要的水源涵养区域，具有重大科学文化价值的地质构造、著名溶洞和化石分布区、冰川、火山、温泉等自然遗迹，以及人文遗迹、古树名木，应当采取措施予以保护，严禁破坏。

第三十条 开发利用自然资源，应当合理开发，保护生物多样性，保障生态安全，依法制定有关生态保护和恢复治理方案并予以实施。

引进外来物种以及研究、开发和利用生物技术，应当采取措施，防止对生物多样性的破坏。

第三十一条 国家建立、健全生态保护补偿制度。

国家加大对生态保护地区的财政转移支付力度。有关地方人民政府应当落实生态保护补偿资金，确保其用于生态保护补偿。

国家指导受益地区和生态保护地区人民政府通过协商或者按照市场规则进行生态保护补偿。

第三十二条 国家加强对大气、水、土壤等的保护，建立和完善相应的调查、监测、评估和修复制度。

第三十三条 各级人民政府应当加强对农业环境的保护，促进农业环境保护新技术的使用，加强对农业污染源的监测预警，统筹有关部门采取措施，防治土壤污染和土地沙化、盐渍化、贫瘠化、石漠化、地面沉降以及防治植被破坏、水土流失、水体富营养化、水源枯竭、种源灭绝等生态失调现象，推广植物病虫害的综合防治。

县级、乡级人民政府应当提高农村环境保护公共服务水平，推动农村环境综合整治。

第三十四条 国务院和沿海地方各级人民政府应当加强对海洋环境的保护。向海洋排放污染物、倾倒废弃物，进行海岸工程和海洋工程建设，应当符合法律法规规定和有关标准，防止和减少对海洋环境的污染损害。

第三十五条 城乡建设应当结合当地自然环境的特点，保护植被、水域和自然景观，加强城市园林、绿地和风景名胜区的建设与管理。

第三十六条 国家鼓励和引导公民、法人和其他组织使用有利于保护环境的产品和再生产品，减少废弃物的产生。

国家机关和使用财政资金的其他组织应当优先采购和使用节能、节水、节材等有利于保护环境的产品、设备和设施。

第三十七条 地方各级人民政府应当采取措施，组织对生活废弃物的分类处置、回收利用。

第三十八条 公民应当遵守环境保护法律法规，配合实施环境保护措施，按照规定对生活废弃物进行分类放置，减少日常生活对环境造成的损害。

第三十九条 国家建立、健全环境与健康监测、调查和风险评估制度；鼓励和组织开展环境质量对公众健康影响的研究，采取措施预防和控制与环境污染有关的疾病。

第四章 防治污染和其他公害

第四十条 国家促进清洁生产和资源循环利用。

国务院有关部门和地方各级人民政府应当采取措施，推广清洁能源的生产和使用。

企业应当优先使用清洁能源，采用资源利用率高、污染物排放量少的工艺、设备以及废弃物综合利用技术和污染物无害化处理技术，减少污染物的产生。

第四十一条 建设项目中防治污染的设施，应当与主体工程同时设计、同时施工、同时投产使用。防治污染的设施应当符合经批准的环境影响评价文件的要求，不得擅自拆除或者闲置。

第四十二条 排放污染物的企业事业单位和其他生产经营者，应当采取措施，防治在生产建设或者其他活动中产生的废气、废水、废渣、医疗废物、粉尘、恶臭气体、放射性物质以及噪声、振动、光辐射、电磁辐射等对环境的污染和危害。

排放污染物的企业事业单位，应当建立环境保护责任制度，明确单位负责人和相关人员的责任。

重点排污单位应当按照国家有关规定和监测规范安装使用监测设备，保证监测设备正常运行，保存原始监测记录。

严禁通过暗管、渗井、渗坑、灌注或者篡改、伪造监测数据，或者不正常运行防治污染设施等逃避监管的方式违法排放污染物。

第四十三条 排放污染物的企业事业单位和其他生产经营者,应当按照国家有关规定缴纳排污费。排污费应当全部专项用于环境污染防治,任何单位和个人不得截留、挤占或者挪作他用。

依照法律规定征收环境保护税的,不再征收排污费。

第四十四条 国家实行重点污染物排放总量控制制度。重点污染物排放总量控制指标由国务院下达,省、自治区、直辖市人民政府分解落实。企业事业单位在执行国家和地方污染物排放标准的同时,应当遵守分解落实到本单位的重点污染物排放总量控制指标。

对超过国家重点污染物排放总量控制指标或者未完成国家确定的环境质量目标的地区,省级以上人民政府环境保护主管部门应当暂停审批其新增重点污染物排放总量的建设项目环境影响评价文件。

第四十五条 国家依照法律规定实行排污许可管理制度。

实行排污许可管理的企业事业单位和其他生产经营者应当按照排污许可证的要求排放污染物;未取得排污许可证的,不得排放污染物。

第四十六条 国家对严重污染环境的工艺、设备和产品实行淘汰制度。任何单位和个人不得生产、销售或者转移、使用严重污染环境的工艺、设备和产品。

禁止引进不符合我国环境保护规定的技术、设备、材料和产品。

第四十七条 各级人民政府及其有关部门和企业事业单位,应当依照《中华人民共和国突发事件应对法》的规定,做好突发环境事件的风险控制、应急准备、应急处置和事后恢复等工作。

县级以上人民政府应当建立环境污染公共监测预警机制,组织制定预警方案;环境受到污染,可能影响公众健康和环境安全时,依法及时公布预警信息,启动应急措施。

企业事业单位应当按照国家有关规定制定突发环境事件应急预案,报环境保护主管部门和有关部门备案。在发生或者可能发生突发环境事件时,企业事业单位应当立即采取措施处理,及时通报可能受到危害的单位和居民,并向环境保护主管部门和有关部门报告。

突发环境事件应急处置工作结束后,有关人民政府应当立即组织评估事件造成的环境影响和损失,并及时将评估结果向社会公布。

第四十八条 生产、储存、运输、销售、使用、处置化学物品和含有放射性物质的物品，应当遵守国家有关规定，防止污染环境。

第四十九条　各级人民政府及其农业等有关部门和机构应当指导农业生产经营者科学种植和养殖，科学合理施用农药、化肥等农业投入品，科学处置农用薄膜、农作物秸秆等农业废弃物，防止农业面源污染。

禁止将不符合农用标准和环境保护标准的固体废物、废水施入农田。施用农药、化肥等农业投入品及进行灌溉，应当采取措施，防止重金属和其他有毒有害物质污染环境。

畜禽养殖场、养殖小区、定点屠宰企业等的选址、建设和管理应当符合有关法律法规规定。从事畜禽养殖和屠宰的单位和个人应当采取措施，对畜禽粪便、尸体和污水等废弃物进行科学处置，防止污染环境。

县级人民政府负责组织农村生活废弃物的处置工作。

第五十条　各级人民政府应当在财政预算中安排资金，支持农村饮用水水源地保护、生活污水和其他废弃物处理、畜禽养殖和屠宰污染防治、土壤污染防治和农村工矿污染治理等环境保护工作。

第五十一条　各级人民政府应当统筹城乡建设污水处理设施及配套管网，固体废物的收集、运输和处置等环境卫生设施，危险废物集中处置设施、场所以及其他环境保护公共设施，并保障其正常运行。

第五十二条　国家鼓励投保环境污染责任保险。

第五章　信息公开和公众参与

第五十三条　公民、法人和其他组织依法享有获取环境信息、参与和监督环境保护的权利。

各级人民政府环境保护主管部门和其他负有环境保护监督管理职责的部门，应当依法公开环境信息、完善公众参与程序，为公民、法人和其他组织参与和监督环境保护提供便利。

第五十四条　国务院环境保护主管部门统一发布国家环境质量、重点污染源监测信息及其他重大环境信息。省级以上人民政府环境保护主管部门定期发布环境状况公报。

县级以上人民政府环境保护主管部门和其他负有环境保护监督管理职责的部门，应当依法公开环境质量、环境监测、突发环境事件以及环境行政许可、行政处罚、排污费的征收和使用情况等信息。

县级以上地方人民政府环境保护主管部门和其他负有环境保护监督管理职责的部门，应当将企业事业单位和其他生产经营者的环境违法信息记入社会诚信档案，及时向社会公布违法者名单。

第五十五条　重点排污单位应当如实向社会公开其主要污染物的名称、排放方式、排放浓度和总量、超标排放情况，以及防治污染设施的建设和运行情况，接受社会监督。

第五十六条　对依法应当编制环境影响报告书的建设项目，建设单位应当在编制时向可能受影响的公众说明情况，充分征求意见。

负责审批建设项目环境影响评价文件的部门在收到建设项目环境影响报告书后，除涉及国家秘密和商业秘密的事项外，应当全文公开；发现建设项目未充分征求公众意见的，应当责成建设单位征求公众意见。

第五十七条　公民、法人和其他组织发现任何单位和个人有污染环境和破坏生态行为的，有权向环境保护主管部门或者其他负有环境保护监督管理职责的部门举报。

公民、法人和其他组织发现地方各级人民政府、县级以上人民政府环境保护主管部门和其他负有环境保护监督管理职责的部门不依法履行职责的，有权向其上级机关或者监察机关举报。

接受举报的机关应当对举报人的相关信息予以保密，保护举报人的合法权益。

第五十八条　对污染环境、破坏生态，损害社会公共利益的行为，符合下列条件的社会组织可以向人民法院提起诉讼：

（一）依法在设区的市级以上人民政府民政部门登记；

（二）专门从事环境保护公益活动连续五年以上且无违法记录。

符合前款规定的社会组织向人民法院提起诉讼，人民法院应当依法受理。

提起诉讼的社会组织不得通过诉讼牟取经济利益。

第六章　法律责任

第五十九条　企业事业单位和其他生产经营者违法排放污染物，受到罚款处罚，被责令改正，拒不改正的，依法作出处罚决定的行政机关可以自责令改正之日的次日起，按照原处罚数额按日连续处罚。

前款规定的罚款处罚，依照有关法律法规按照防治污染设施的运行成本、违法行为造成的直接损失或者违法所得等因素确定的规定执行。

地方性法规可以根据环境保护的实际需要，增加第一款规定的按日连续处罚的违法行为的种类。

第六十条 企业事业单位和其他生产经营者超过污染物排放标准或者超过重点污染物排放总量控制指标排放污染物的，县级以上人民政府环境保护主管部门可以责令其采取限制生产、停产整治等措施；情节严重的，报经有批准权的人民政府批准，责令停业、关闭。

第六十一条 建设单位未依法提交建设项目环境影响评价文件或者环境影响评价文件未经批准，擅自开工建设的，由负有环境保护监督管理职责的部门责令停止建设，处以罚款，并可以责令恢复原状。

第六十二条 违反本法规定，重点排污单位不公开或者不如实公开环境信息的，由县级以上地方人民政府环境保护主管部门责令公开，处以罚款，并予以公告。

第六十三条 企业事业单位和其他生产经营者有下列行为之一，尚不构成犯罪的，除依照有关法律法规规定予以处罚外，由县级以上人民政府环境保护主管部门或者其他有关部门将案件移送公安机关，对其直接负责的主管人员和其他直接责任人员，处十日以上十五日以下拘留；情节较轻的，处五日以上十日以下拘留：

（一）建设项目未依法进行环境影响评价，被责令停止建设，拒不执行的；

（二）违反法律规定，未取得排污许可证排放污染物，被责令停止排污，拒不执行的；

（三）通过暗管、渗井、渗坑、灌注或者篡改、伪造监测数据，或者不正常运行防治污染设施等逃避监管的方式违法排放污染物的；

（四）生产、使用国家明令禁止生产、使用的农药，被责令改正，拒不改正的。

第六十四条 因污染环境和破坏生态造成损害的，应当依照《中华人民共和国侵权责任法》的有关规定承担侵权责任。

第六十五条 环境影响评价机构、环境监测机构以及从事环境监测设备和防治污染设施维护、运营的机构，在有关环境服务活动中弄虚作假，对造成的环境污染和生态破坏负有责任的,除依照有关法律法规规定予以处罚外,还应当与造成环境污染和生态破坏的其他责任者承担连带责任。

第六十六条　提起环境损害赔偿诉讼的时效期间为三年,从当事人知道或者应当知道其受到损害时起计算。

第六十七条　上级人民政府及其环境保护主管部门应当加强对下级人民政府及其有关部门环境保护工作的监督。发现有关工作人员有违法行为,依法应当给予处分的,应当向其任免机关或者监察机关提出处分建议。

依法应当给予行政处罚,而有关环境保护主管部门不给予行政处罚的,上级人民政府环境保护主管部门可以直接作出行政处罚的决定。

第六十八条　地方各级人民政府、县级以上人民政府环境保护主管部门和其他负有环境保护监督管理职责的部门有下列行为之一的,对直接负责的主管人员和其他直接责任人员给予记过、记大过或者降级处分;造成严重后果的,给予撤职或者开除处分,其主要负责人应当引咎辞职:

(一)不符合行政许可条件准予行政许可的;

(二)对环境违法行为进行包庇的;

(三)依法应当作出责令停业、关闭的决定而未作出的;

(四)对超标排放污染物、采用逃避监管的方式排放污染物、造成环境事故以及不落实生态保护措施造成生态破坏等行为,发现或者接到举报未及时查处的;

(五)违反本法规定,查封、扣押企业事业单位和其他生产经营者的设施、设备的;

(六)篡改、伪造或者指使篡改、伪造监测数据的;

(七)应当依法公开环境信息而未公开的;

(八)将征收的排污费截留、挤占或者挪作他用的;

(九)法律法规规定的其他违法行为。

第六十九条　违反本法规定,构成犯罪的,依法追究刑事责任。

第七章　附　　则

第七十条　本法自 2015 年 1 月 1 日起施行。

3.《中华人民共和国大气污染防治法》（2018年10月26日修正）

中华人民共和国大气污染防治法

（1987年9月5日第六届全国人民代表大会常务委员会第二十二次会议通过，根据1995年8月29日第八届全国人民代表大会常务委员会第十五次会议《关于修改〈中华人民共和国大气污染防治法〉的决定》第一次修正，2000年4月29日第九届全国人民代表大会常务委员会第十五次会议第一次修订，2015年8月29日第十二届全国人民代表大会常务委员会第十六次会议第二次修订，根据2018年10月26日第十三届全国人民代表大会常务委员会第六次会议《关于修改〈中华人民共和国野生动物保护法〉等十五部法律的决定》第二次修正）

第一章 总 则

第一条 为保护和改善环境，防治大气污染，保障公众健康，推进生态文明建设，促进经济社会可持续发展，制定本法。

第二条 防治大气污染，应当以改善大气环境质量为目标，坚持源头治理，规划先行，转变经济发展方式，优化产业结构和布局，调整能源结构。

防治大气污染，应当加强对燃煤、工业、机动车船、扬尘、农业等大气污染的综合防治，推行区域大气污染联合防治，对颗粒物、二氧化硫、氮氧化物、挥发性有机物、氨等大气污染物和温室气体实施协同控制。

第三条 县级以上人民政府应当将大气污染防治工作纳入国民经济和社会发展规划，加大对大气污染防治的财政投入。

地方各级人民政府应当对本行政区域的大气环境质量负责，制定规划，采取措施，控制或者逐步削减大气污染物的排放量，使大气环境质量达到规定标准并逐步改善。

第四条 国务院生态环境主管部门会同国务院有关部门，按照国务院的规定，对省、自治区、直辖市大气环境质量改善目标、大气污染防治重点任务完成情况进行考核。省、自治区、直辖市人民政府制定考核办法，对本行政区域内地方大气环境质量改善目标、大气污染防治重点任务完成情况实施考核。考核结果应当向社会公开。

第五条　县级以上人民政府生态环境主管部门对大气污染防治实施统一监督管理。

县级以上人民政府其他有关部门在各自职责范围内对大气污染防治实施监督管理。

第六条　国家鼓励和支持大气污染防治科学技术研究，开展对大气污染来源及其变化趋势的分析，推广先进适用的大气污染防治技术和装备，促进科技成果转化，发挥科学技术在大气污染防治中的支撑作用。

第七条　企业事业单位和其他生产经营者应当采取有效措施，防止、减少大气污染，对所造成的损害依法承担责任。

公民应当增强大气环境保护意识，采取低碳、节俭的生活方式，自觉履行大气环境保护义务。

第二章　大气污染防治标准和限期达标规划

第八条　国务院生态环境主管部门或者省、自治区、直辖市人民政府制定大气环境质量标准，应当以保障公众健康和保护生态环境为宗旨，与经济社会发展相适应，做到科学合理。

第九条　国务院生态环境主管部门或者省、自治区、直辖市人民政府制定大气污染物排放标准，应当以大气环境质量标准和国家经济、技术条件为依据。

第十条　制定大气环境质量标准、大气污染物排放标准，应当组织专家进行审查和论证，并征求有关部门、行业协会、企业事业单位和公众等方面的意见。

第十一条　省级以上人民政府生态环境主管部门应当在其网站上公布大气环境质量标准、大气污染物排放标准，供公众免费查阅、下载。

第十二条　大气环境质量标准、大气污染物排放标准的执行情况应当定期进行评估，根据评估结果对标准适时进行修订。

第十三条　制定燃煤、石油焦、生物质燃料、涂料等含挥发性有机物的产品、烟花爆竹以及锅炉等产品的质量标准,应当明确大气环境保护要求。

制定燃油质量标准,应当符合国家大气污染物控制要求,并与国家机动车船、非道路移动机械大气污染物排放标准相互衔接,同步实施。

前款所称非道路移动机械,是指装配有发动机的移动机械和可运输工业设备。

第十四条 未达到国家大气环境质量标准城市的人民政府应当及时编制大气环境质量限期达标规划,采取措施,按照国务院或者省级人民政府规定的期限达到大气环境质量标准。

编制城市大气环境质量限期达标规划,应当征求有关行业协会、企业事业单位、专家和公众等方面的意见。

第十五条 城市大气环境质量限期达标规划应当向社会公开。直辖市和设区的市的大气环境质量限期达标规划应当报国务院生态环境主管部门备案。

第十六条 城市人民政府每年在向本级人民代表大会或者其常务委员会报告环境状况和环境保护目标完成情况时,应当报告大气环境质量限期达标规划执行情况,并向社会公开。

第十七条 城市大气环境质量限期达标规划应当根据大气污染防治的要求和经济、技术条件适时进行评估、修订。

第三章　大气污染防治的监督管理

第十八条 企业事业单位和其他生产经营者建设对大气环境有影响的项目,应当依法进行环境影响评价、公开环境影响评价文件;向大气排放污染物的,应当符合大气污染物排放标准,遵守重点大气污染物排放总量控制要求。

第十九条 排放工业废气或者本法第七十八条规定名录中所列有毒有害大气污染物的企业事业单位、集中供热设施的燃煤热源生产运营单位以及其他依法实行排污许可管理的单位,应当取得排污许可证。排污许可的具体办法和实施步骤由国务院规定。

第二十条 企业事业单位和其他生产经营者向大气排放污染物的,应当依照法律法规和国务院生态环境主管部门的规定设置大气污染物排放口。

禁止通过偷排、篡改或者伪造监测数据、以逃避现场检查为目的的临时停产、非紧急情况下开启应急排放通道、不正常运行大气污染防治设施等逃避监管的方式排放大气污染物。

第二十一条 国家对重点大气污染物排放实行总量控制。

重点大气污染物排放总量控制目标，由国务院生态环境主管部门在征求国务院有关部门和各省、自治区、直辖市人民政府意见后，会同国务院经济综合主管部门报国务院批准并下达实施。

省、自治区、直辖市人民政府应当按照国务院下达的总量控制目标，控制或者削减本行政区域的重点大气污染物排放总量。

确定总量控制目标和分解总量控制指标的具体办法，由国务院生态环境主管部门会同国务院有关部门规定。省、自治区、直辖市人民政府可以根据本行政区域大气污染防治的需要，对国家重点大气污染物之外的其他大气污染物排放实行总量控制。

国家逐步推行重点大气污染物排污权交易。

第二十二条 对超过国家重点大气污染物排放总量控制指标或者未完成国家下达的大气环境质量改善目标的地区，省级以上人民政府生态环境主管部门应当会同有关部门约谈该地区人民政府的主要负责人，并暂停审批该地区新增重点大气污染物排放总量的建设项目环境影响评价文件。约谈情况应当向社会公开。

第二十三条 国务院生态环境主管部门负责制定大气环境质量和大气污染源的监测和评价规范，组织建设与管理全国大气环境质量和大气污染源监测网，组织开展大气环境质量和大气污染源监测，统一发布全国大气环境质量状况信息。

县级以上地方人民政府生态环境主管部门负责组织建设与管理本行政区域大气环境质量和大气污染源监测网，开展大气环境质量和大气污染源监测，统一发布本行政区域大气环境质量状况信息。

第二十四条 企业事业单位和其他生产经营者应当按照国家有关规定和监测规范，对其排放的工业废气和本法第七十八条规定名录中所列有毒有害大气污染物进行监测，并保存原始监测记录。其中，重点排污单位应当安装、使用大气污染物排放自动监测设备，与生态环境主管部门的监控设备联网，保证监测设备正常运行并依法公开排放信息。监测的具体办法和重点排污单位的条件由国务院生态环境主管部门规定。

重点排污单位名录由设区的市级以上地方人民政府生态环境主管部门按照国务院生态环境主管部门的规定，根据本行政区域的大气环境承载力、重点大气污染物排放总量控制指标的要求以及排污单位排放大气污染物的种类、数量和浓度等因素，商有关部门确定，并向社会公布。

第二十五条　重点排污单位应当对自动监测数据的真实性和准确性负责。生态环境主管部门发现重点排污单位的大气污染物排放自动监测设备传输数据异常，应当及时进行调查。

第二十六条　禁止侵占、损毁或者擅自移动、改变大气环境质量监测设施和大气污染物排放自动监测设备。

第二十七条　国家对严重污染大气环境的工艺、设备和产品实行淘汰制度。

国务院经济综合主管部门会同国务院有关部门确定严重污染大气环境的工艺、设备和产品淘汰期限，并纳入国家综合性产业政策目录。

生产者、进口者、销售者或者使用者应当在规定期限内停止生产、进口、销售或者使用列入前款规定目录中的设备和产品。工艺的采用者应当在规定期限内停止采用列入前款规定目录中的工艺。

被淘汰的设备和产品，不得转让给他人使用。

第二十八条　国务院生态环境主管部门会同有关部门，建立和完善大气污染损害评估制度。

第二十九条　生态环境主管部门及其环境执法机构和其他负有大气环境保护监督管理职责的部门，有权通过现场检查监测、自动监测、遥感监测、远红外摄像等方式，对排放大气污染物的企业事业单位和其他生产经营者进行监督检查。被检查者应当如实反映情况，提供必要的资料。实施检查的部门、机构及其工作人员应当为被检查者保守商业秘密。

第三十条　企业事业单位和其他生产经营者违反法律法规规定排放大气污染物，造成或者可能造成严重大气污染，或者有关证据可能灭失或者被隐匿的，县级以上人民政府生态环境主管部门和其他负有大气环境保护监督管理职责的部门，可以对有关设施、设备、物品采取查封、扣押等行政强制措施。

第三十一条 生态环境主管部门和其他负有大气环境保护监督管理职责的部门应当公布举报电话、电子邮箱等，方便公众举报。

生态环境主管部门和其他负有大气环境保护监督管理职责的部门接到举报的，应当及时处理并对举报人的相关信息予以保密；对实名举报的，应当反馈处理结果等情况，查证属实的，处理结果依法向社会公开，并对举报人给予奖励。

举报人举报所在单位的，该单位不得以解除、变更劳动合同或者其他方式对举报人进行打击报复。

第四章 大气污染防治措施

第一节 燃煤和其他能源污染防治

第三十二条 国务院有关部门和地方各级人民政府应当采取措施，调整能源结构，推广清洁能源的生产和使用；优化煤炭使用方式，推广煤炭清洁高效利用，逐步降低煤炭在一次能源消费中的比重，减少煤炭生产、使用、转化过程中的大气污染物排放。

第三十三条 国家推行煤炭洗选加工，降低煤炭的硫分和灰分，限制高硫分、高灰分煤炭的开采。新建煤矿应当同步建设配套的煤炭洗选设施，使煤炭的硫分、灰分含量达到规定标准；已建成的煤矿除所采煤炭属于低硫分、低灰分或者根据已达标排放的燃煤电厂要求不需要洗选的以外，应当限期建成配套的煤炭洗选设施。

禁止开采含放射性和砷等有毒有害物质超过规定标准的煤炭。

第三十四条 国家采取有利于煤炭清洁高效利用的经济、技术政策和措施，鼓励和支持洁净煤技术的开发和推广。

国家鼓励煤矿企业等采用合理、可行的技术措施，对煤层气进行开采利用，对煤矸石进行综合利用。从事煤层气开采利用的，煤层气排放应当符合有关标准规范。

第三十五条 国家禁止进口、销售和燃用不符合质量标准的煤炭，鼓励燃用优质煤炭。

单位存放煤炭、煤矸石、煤渣、煤灰等物料，应当采取防燃措施，防止大气污染。

第三十六条　地方各级人民政府应当采取措施，加强民用散煤的管理，禁止销售不符合民用散煤质量标准的煤炭，鼓励居民燃用优质煤炭和洁净型煤，推广节能环保型炉灶。

第三十七条　石油炼制企业应当按照燃油质量标准生产燃油。

禁止进口、销售和燃用不符合质量标准的石油焦。

第三十八条　城市人民政府可以划定并公布高污染燃料禁燃区，并根据大气环境质量改善要求，逐步扩大高污染燃料禁燃区范围。高污染燃料的目录由国务院生态环境主管部门确定。

在禁燃区内，禁止销售、燃用高污染燃料；禁止新建、扩建燃用高污染燃料的设施，已建成的，应当在城市人民政府规定的期限内改用天然气、页岩气、液化石油气、电或者其他清洁能源。

第三十九条　城市建设应当统筹规划，在燃煤供热地区，推进热电联产和集中供热。在集中供热管网覆盖地区，禁止新建、扩建分散燃煤供热锅炉；已建成的不能达标排放的燃煤供热锅炉，应当在城市人民政府规定的期限内拆除。

第四十条　县级以上人民政府市场监督管理部门应当会同生态环境主管部门对锅炉生产、进口、销售和使用环节执行环境保护标准或者要求的情况进行监督检查；不符合环境保护标准或者要求的，不得生产、进口、销售和使用。

第四十一条　燃煤电厂和其他燃煤单位应当采用清洁生产工艺，配套建设除尘、脱硫、脱硝等装置，或者采取技术改造等其他控制大气污染物排放的措施。

国家鼓励燃煤单位采用先进的除尘、脱硫、脱硝、脱汞等大气污染物协同控制的技术和装置，减少大气污染物的排放。

第四十二条　电力调度应当优先安排清洁能源发电上网。

第二节　工业污染防治

第四十三条　钢铁、建材、有色金属、石油、化工等企业生产过程中排放粉尘、硫化物和氮氧化物的，应当采用清洁生产工艺，配套建设除尘、脱硫、脱硝等装置，或者采取技术改造等其他控制大气污染物排放的措施。

第四十四条 生产、进口、销售和使用含挥发性有机物的原材料和产品的,其挥发性有机物含量应当符合质量标准或者要求。

国家鼓励生产、进口、销售和使用低毒、低挥发性有机溶剂。

第四十五条 产生含挥发性有机物废气的生产和服务活动,应当在密闭空间或者设备中进行,并按照规定安装、使用污染防治设施;无法密闭的,应当采取措施减少废气排放。

第四十六条 工业涂装企业应当使用低挥发性有机物含量的涂料,并建立台账,记录生产原料、辅料的使用量、废弃量、去向以及挥发性有机物含量。台账保存期限不得少于三年。

第四十七条 石油、化工以及其他生产和使用有机溶剂的企业,应当采取措施对管道、设备进行日常维护、维修,减少物料泄漏,对泄漏的物料应当及时收集处理。

储油储气库、加油加气站、原油成品油码头、原油成品油运输船舶和油罐车、气罐车等,应当按照国家有关规定安装油气回收装置并保持正常使用。

第四十八条 钢铁、建材、有色金属、石油、化工、制药、矿产开采等企业,应当加强精细化管理,采取集中收集处理等措施,严格控制粉尘和气态污染物的排放。

工业生产企业应当采取密闭、围挡、遮盖、清扫、洒水等措施,减少内部物料的堆存、传输、装卸等环节产生的粉尘和气态污染物的排放。

第四十九条 工业生产、垃圾填埋或者其他活动产生的可燃性气体应当回收利用,不具备回收利用条件的,应当进行污染防治处理。

可燃性气体回收利用装置不能正常作业的,应当及时修复或者更新。在回收利用装置不能正常作业期间确需排放可燃性气体的,应当将排放的可燃性气体充分燃烧或者采取其他控制大气污染物排放的措施,并向当地生态环境主管部门报告,按照要求限期修复或者更新。

第三节 机动车船等污染防治

第五十条 国家倡导低碳、环保出行,根据城市规划合理控制燃油机动车保有量,大力发展城市公共交通,提高公共交通出行比例。

国家采取财政、税收、政府采购等措施推广应用节能环保型和新能源机动车船、非道路移动机械，限制高油耗、高排放机动车船、非道路移动机械的发展，减少化石能源的消耗。

省、自治区、直辖市人民政府可以在条件具备的地区，提前执行国家机动车大气污染物排放标准中相应阶段排放限值，并报国务院生态环境主管部门备案。

城市人民政府应当加强并改善城市交通管理，优化道路设置，保障人行道和非机动车道的连续、畅通。

第五十一条 机动车船、非道路移动机械不得超过标准排放大气污染物。

禁止生产、进口或者销售大气污染物排放超过标准的机动车船、非道路移动机械。

第五十二条 机动车、非道路移动机械生产企业应当对新生产的机动车和非道路移动机械进行排放检验。经检验合格的，方可出厂销售。检验信息应当向社会公开。

省级以上人民政府生态环境主管部门可以通过现场检查、抽样检测等方式，加强对新生产、销售机动车和非道路移动机械大气污染物排放状况的监督检查。工业、市场监督管理等有关部门予以配合。

第五十三条 在用机动车应当按照国家或者地方的有关规定，由机动车排放检验机构定期对其进行排放检验。经检验合格的，方可上道路行驶。未经检验合格的，公安机关交通管理部门不得核发安全技术检验合格标志。

县级以上地方人民政府生态环境主管部门可以在机动车集中停放地、维修地对在用机动车的大气污染物排放状况进行监督抽测；在不影响正常通行的情况下，可以通过遥感监测等技术手段对在道路上行驶的机动车的大气污染物排放状况进行监督抽测，公安机关交通管理部门予以配合。

第五十四条 机动车排放检验机构应当依法通过计量认证，使用经依法检定合格的机动车排放检验设备，按照国务院生态环境主管部门制定的规范，对机动车进行排放检验，并与生态环境主管部门联网，实现检验数据实时共享。机动车排放检验机构及其负责人对检验数据的真实性和准确性负责。

生态环境主管部门和认证认可监督管理部门应当对机动车排放检验

机构的排放检验情况进行监督检查。

第五十五条 机动车生产、进口企业应当向社会公布其生产、进口机动车车型的排放检验信息、污染控制技术信息和有关维修技术信息。

机动车维修单位应当按照防治大气污染的要求和国家有关技术规范对在用机动车进行维修，使其达到规定的排放标准。交通运输、生态环境主管部门应当依法加强监督管理。

禁止机动车所有人以临时更换机动车污染控制装置等弄虚作假的方式通过机动车排放检验。禁止机动车维修单位提供该类维修服务。禁止破坏机动车车载排放诊断系统。

第五十六条 生态环境主管部门应当会同交通运输、住房城乡建设、农业行政、水行政等有关部门对非道路移动机械的大气污染物排放状况进行监督检查，排放不合格的，不得使用。

第五十七条 国家倡导环保驾驶，鼓励燃油机动车驾驶人在不影响道路通行且需停车三分钟以上的情况下熄灭发动机，减少大气污染物的排放。

第五十八条 国家建立机动车和非道路移动机械环境保护召回制度。

生产、进口企业获知机动车、非道路移动机械排放大气污染物超过标准，属于设计、生产缺陷或者不符合规定的环境保护耐久性要求的，应当召回；未召回的，由国务院市场监督管理部门会同国务院生态环境主管部门责令其召回。

第五十九条 在用重型柴油车、非道路移动机械未安装污染控制装置或者污染控制装置不符合要求，不能达标排放的，应当加装或者更换符合要求的污染控制装置。

第六十条 在用机动车排放大气污染物超过标准的，应当进行维修；经维修或者采用污染控制技术后，大气污染物排放仍不符合国家在用机动车排放标准的，应当强制报废。其所有人应当将机动车交售给报废机动车回收拆解企业，由报废机动车回收拆解企业按照国家有关规定进行登记、拆解、销毁等处理。

国家鼓励和支持高排放机动车船、非道路移动机械提前报废。

第六十一条 城市人民政府可以根据大气环境质量状况，划定并公布禁止使用高排放非道路移动机械的区域。

第六十二条 船舶检验机构对船舶发动机及有关设备进行排放检验。经检验符合国家排放标准的，船舶方可运营。

第六十三条 内河和江海直达船舶应当使用符合标准的普通柴油。远洋船舶靠港后应当使用符合大气污染物控制要求的船舶用燃油。

新建码头应当规划、设计和建设岸基供电设施；已建成的码头应当逐步实施岸基供电设施改造。船舶靠港后应当优先使用岸电。

第六十四条 国务院交通运输主管部门可以在沿海海域划定船舶大气污染物排放控制区，进入排放控制区的船舶应当符合船舶相关排放要求。

第六十五条 禁止生产、进口、销售不符合标准的机动车船、非道路移动机械用燃料；禁止向汽车和摩托车销售普通柴油以及其他非机动车用燃料；禁止向非道路移动机械、内河和江海直达船舶销售渣油和重油。

第六十六条 发动机油、氮氧化物还原剂、燃料和润滑油添加剂以及其他添加剂的有害物质含量和其他大气环境保护指标，应当符合有关标准的要求，不得损害机动车船污染控制装置效果和耐久性，不得增加新的大气污染物排放。

第六十七条 国家积极推进民用航空器的大气污染防治，鼓励在设计、生产、使用过程中采取有效措施减少大气污染物排放。

民用航空器应当符合国家规定的适航标准中的有关发动机排出物要求。

第四节 扬尘污染防治

第六十八条 地方各级人民政府应当加强对建设施工和运输的管理，保持道路清洁，控制料堆和渣土堆放，扩大绿地、水面、湿地和地面铺装面积，防治扬尘污染。

住房城乡建设、市容环境卫生、交通运输、国土资源等有关部门，应当根据本级人民政府确定的职责，做好扬尘污染防治工作。

第六十九条 建设单位应当将防治扬尘污染的费用列入工程造价，并在施工承包合同中明确施工单位扬尘污染防治责任。施工单位应当制定具体的施工扬尘污染防治实施方案。

从事房屋建筑、市政基础设施建设、河道整治以及建筑物拆除等施工单位，应当向负责监督管理扬尘污染防治的主管部门备案。

施工单位应当在施工工地设置硬质围挡，并采取覆盖、分段作业、择时施工、洒水抑尘、冲洗地面和车辆等有效防尘降尘措施。建筑土方、工程渣土、建筑垃圾应当及时清运；在场地内堆存的，应当采用密闭式防尘网遮盖。工程渣土、建筑垃圾应当进行资源化处理。

施工单位应当在施工工地公示扬尘污染防治措施、负责人、扬尘监督管理主管部门等信息。

暂时不能开工的建设用地，建设单位应当对裸露地面进行覆盖；超过三个月的，应当进行绿化、铺装或者遮盖。

第七十条 运输煤炭、垃圾、渣土、砂石、土方、灰浆等散装、流体物料的车辆应当采取密闭或者其他措施防止物料遗撒造成扬尘污染，并按照规定路线行驶。

装卸物料应当采取密闭或者喷淋等方式防治扬尘污染。

城市人民政府应当加强道路、广场、停车场和其他公共场所的清扫保洁管理，推行清洁动力机械化清扫等低尘作业方式，防治扬尘污染。

第七十一条 市政河道以及河道沿线、公共用地的裸露地面以及其他城镇裸露地面，有关部门应当按照规划组织实施绿化或者透水铺装。

第七十二条 贮存煤炭、煤矸石、煤渣、煤灰、水泥、石灰、石膏、砂土等易产生扬尘的物料应当密闭；不能密闭的，应当设置不低于堆放物高度的严密围挡，并采取有效覆盖措施防治扬尘污染。

码头、矿山、填埋场和消纳场应当实施分区作业，并采取有效措施防治扬尘污染。

第五节 农业和其他污染防治

第七十三条 地方各级人民政府应当推动转变农业生产方式，发展农业循环经济，加大对废弃物综合处理的支持力度，加强对农业生产经营活动排放大气污染物的控制。

第七十四条 农业生产经营者应当改进施肥方式，科学合理施用化肥并按照国家有关规定使用农药，减少氨、挥发性有机物等大气污染物的排放。

禁止在人口集中地区对树木、花草喷洒剧毒、高毒农药。

第七十五条 畜禽养殖场、养殖小区应当及时对污水、畜禽粪便和尸体等进行收集、贮存、清运和无害化处理，防止排放恶臭气体。

第七十六条 各级人民政府及其农业行政等有关部门应当鼓励和支持采用先进适用技术，对秸秆、落叶等进行肥料化、饲料化、能源化、工业原料化、食用菌基料化等综合利用，加大对秸秆还田、收集一体化农业机械的财政补贴力度。

县级人民政府应当组织建立秸秆收集、贮存、运输和综合利用服务体系，采用财政补贴等措施支持农村集体经济组织、农民专业合作经济组织、企业等开展秸秆收集、贮存、运输和综合利用服务。

第七十七条 省、自治区、直辖市人民政府应当划定区域，禁止露天焚烧秸秆、落叶等产生烟尘污染的物质。

第七十八条 国务院生态环境主管部门应当会同国务院卫生行政部门，根据大气污染物对公众健康和生态环境的危害和影响程度，公布有毒有害大气污染物名录，实行风险管理。

排放前款规定名录中所列有毒有害大气污染物的企业事业单位，应当按照国家有关规定建设环境风险预警体系，对排放口和周边环境进行定期监测，评估环境风险，排查环境安全隐患，并采取有效措施防范环境风险。

第七十九条 向大气排放持久性有机污染物的企业事业单位和其他生产经营者以及废弃物焚烧设施的运营单位，应当按照国家有关规定，采取有利于减少持久性有机污染物排放的技术方法和工艺，配备有效的净化装置，实现达标排放。

第八十条 企业事业单位和其他生产经营者在生产经营活动中产生恶臭气体的，应当科学选址，设置合理的防护距离，并安装净化装置或者采取其他措施，防止排放恶臭气体。

第八十一条 排放油烟的餐饮服务业经营者应当安装油烟净化设施并保持正常使用，或者采取其他油烟净化措施，使油烟达标排放，并防止对附近居民的正常生活环境造成污染。

禁止在居民住宅楼、未配套设立专用烟道的商住综合楼以及商住综合楼内与居住层相邻的商业楼层内新建、改建、扩建产生油烟、异味、废气的餐饮服务项目。

任何单位和个人不得在当地人民政府禁止的区域内露天烧烤食品或者为露天烧烤食品提供场地。

第八十二条　禁止在人口集中地区和其他依法需要特殊保护的区域内焚烧沥青、油毡、橡胶、塑料、皮革、垃圾以及其他产生有毒有害烟尘和恶臭气体的物质。

禁止生产、销售和燃放不符合质量标准的烟花爆竹。任何单位和个人不得在城市人民政府禁止的时段和区域内燃放烟花爆竹。

第八十三条　国家鼓励和倡导文明、绿色祭祀。

火葬场应当设置除尘等污染防治设施并保持正常使用，防止影响周边环境。

第八十四条　从事服装干洗和机动车维修等服务活动的经营者，应当按照国家有关标准或者要求设置异味和废气处理装置等污染防治设施并保持正常使用，防止影响周边环境。

第八十五条　国家鼓励、支持消耗臭氧层物质替代品的生产和使用，逐步减少直至停止消耗臭氧层物质的生产和使用。

国家对消耗臭氧层物质的生产、使用、进出口实行总量控制和配额管理。具体办法由国务院规定。

第五章　重点区域大气污染联合防治

第八十六条　国家建立重点区域大气污染联防联控机制，统筹协调重点区域内大气污染防治工作。国务院生态环境主管部门根据主体功能区划、区域大气环境质量状况和大气污染传输扩散规律，划定国家大气污染防治重点区域，报国务院批准。

重点区域内有关省、自治区、直辖市人民政府应当确定牵头的地方人民政府，定期召开联席会议，按照统一规划、统一标准、统一监测、统一的防治措施的要求，开展大气污染联合防治，落实大气污染防治目标责任。国务院生态环境主管部门应当加强指导、督促。

省、自治区、直辖市可以参照第一款规定划定本行政区域的大气污染防治重点区域。

第八十七条　国务院生态环境主管部门会同国务院有关部门、国家大气污染防治重点区域内有关省、自治区、直辖市人民政府，根据重点区域经济社会发展和大气环境承载力,制定重点区域大气污染联合防治行动计划,明确控制目标,优化区域经济布局,统筹交通管理,发展清洁能源,提出重点防治任务和措施,促进重点区域大气环境质量改善。

第八十八条 国务院经济综合主管部门会同国务院生态环境主管部门,结合国家大气污染防治重点区域产业发展实际和大气环境质量状况,进一步提高环境保护、能耗、安全、质量等要求。

重点区域内有关省、自治区、直辖市人民政府应当实施更严格的机动车大气污染物排放标准,统一在用机动车检验方法和排放限值,并配套供应合格的车用燃油。

第八十九条 编制可能对国家大气污染防治重点区域的大气环境造成严重污染的有关工业园区、开发区、区域产业和发展等规划,应当依法进行环境影响评价。规划编制机关应当与重点区域内有关省、自治区、直辖市人民政府或者有关部门会商。

重点区域内有关省、自治区、直辖市建设可能对相邻省、自治区、直辖市大气环境质量产生重大影响的项目,应当及时通报有关信息,进行会商。

会商意见及其采纳情况作为环境影响评价文件审查或者审批的重要依据。

第九十条 国家大气污染防治重点区域内新建、改建、扩建用煤项目的,应当实行煤炭的等量或者减量替代。

第九十一条 国务院生态环境主管部门应当组织建立国家大气污染防治重点区域的大气环境质量监测、大气污染源监测等相关信息共享机制,利用监测、模拟以及卫星、航测、遥感等新技术分析重点区域内大气污染来源及其变化趋势,并向社会公开。

第九十二条 国务院生态环境主管部门和国家大气污染防治重点区域内有关省、自治区、直辖市人民政府可以组织有关部门开展联合执法、跨区域执法、交叉执法。

第六章 重污染天气应对

第九十三条 国家建立重污染天气监测预警体系。

国务院生态环境主管部门会同国务院气象主管机构等有关部门、国家大气污染防治重点区域内有关省、自治区、直辖市人民政府，建立重点区域重污染天气监测预警机制，统一预警分级标准。可能发生区域重污染天气的，应当及时向重点区域内有关省、自治区、直辖市人民政府通报。

省、自治区、直辖市、设区的市人民政府生态环境主管部门会同气象主管机构等有关部门建立本行政区域重污染天气监测预警机制。

第九十四条　县级以上地方人民政府应当将重污染天气应对纳入突发事件应急管理体系。

省、自治区、直辖市、设区的市人民政府以及可能发生重污染天气的县级人民政府，应当制定重污染天气应急预案，向上一级人民政府生态环境主管部门备案，并向社会公布。

第九十五条　省、自治区、直辖市、设区的市人民政府生态环境主管部门应当会同气象主管机构建立会商机制，进行大气环境质量预报。可能发生重污染天气的，应当及时向本级人民政府报告。省、自治区、直辖市、设区的市人民政府依据重污染天气预报信息，进行综合研判，确定预警等级并及时发出预警。预警等级根据情况变化及时调整。任何单位和个人不得擅自向社会发布重污染天气预报预警信息。

预警信息发布后，人民政府及其有关部门应当通过电视、广播、网络、短信等途径告知公众采取健康防护措施，指导公众出行和调整其他相关社会活动。

第九十六条　县级以上地方人民政府应当依据重污染天气的预警等级，及时启动应急预案，根据应急需要可以采取责令有关企业停产或者限产、限制部分机动车行驶、禁止燃放烟花爆竹、停止工地土石方作业和建筑物拆除施工、停止露天烧烤、停止幼儿园和学校组织的户外活动、组织开展人工影响天气作业等应急措施。

应急响应结束后，人民政府应当及时开展应急预案实施情况的评估，适时修改完善应急预案。

第九十七条　发生造成大气污染的突发环境事件，人民政府及其有关部门和相关企业事业单位，应当依照《中华人民共和国突发事件应对法》《中华人民共和国环境保护法》的规定，做好应急处置工作。生态环境主管部门应当及时对突发环境事件产生的大气污染物进行监测，并向社会公布监测信息。

第七章 法律责任

第九十八条 违反本法规定,以拒绝进入现场等方式拒不接受生态环境主管部门及其环境执法机构或者其他负有大气环境保护监督管理职责的部门的监督检查,或者在接受监督检查时弄虚作假的,由县级以上人民政府生态环境主管部门或者其他负有大气环境保护监督管理职责的部门责令改正,处二万元以上二十万元以下的罚款;构成违反治安管理行为的,由公安机关依法予以处罚。

第九十九条 违反本法规定,有下列行为之一的,由县级以上人民政府生态环境主管部门责令改正或者限制生产、停产整治,并处十万元以上一百万元以下的罚款;情节严重的,报经有批准权的人民政府批准,责令停业、关闭:

(一)未依法取得排污许可证排放大气污染物的;

(二)超过大气污染物排放标准或者超过重点大气污染物排放总量控制指标排放大气污染物的;

(三)通过逃避监管的方式排放大气污染物的。

第一百条 违反本法规定,有下列行为之一的,由县级以上人民政府生态环境主管部门责令改正,处二万元以上二十万元以下的罚款;拒不改正的,责令停产整治:

(一)侵占、损毁或者擅自移动、改变大气环境质量监测设施或者大气污染物排放自动监测设备的;

(二)未按照规定对所排放的工业废气和有毒有害大气污染物进行监测并保存原始监测记录的;

(三)未按照规定安装、使用大气污染物排放自动监测设备或者未按照规定与生态环境主管部门的监控设备联网,并保证监测设备正常运行的;

(四)重点排污单位不公开或者不如实公开自动监测数据的;

(五)未按照规定设置大气污染物排放口的。

第一百零一条 违反本法规定,生产、进口、销售或者使用国家综合性产业政策目录中禁止的设备和产品,采用国家综合性产业政策目录中禁止的工艺,或者将淘汰的设备和产品转让给他人使用的,由县级以上人民政府经济综合主管部门、海关按照职责责令改正，没收违法所得，并处货值金额一倍以上三倍以下的罚款；拒不改正的，报经有批准权的人民政府批准，责令停业、关闭。进口行为构成走私的，由海关依法予以处罚。

第一百零二条　违反本法规定，煤矿未按照规定建设配套煤炭洗选设施的，由县级以上人民政府能源主管部门责令改正，处十万元以上一百万元以下的罚款；拒不改正的，报经有批准权的人民政府批准，责令停业、关闭。

违反本法规定，开采含放射性和砷等有毒有害物质超过规定标准的煤炭的，由县级以上人民政府按照国务院规定的权限责令停业、关闭。

第一百零三条　违反本法规定，有下列行为之一的，由县级以上地方人民政府市场监督管理部门责令改正，没收原材料、产品和违法所得，并处货值金额一倍以上三倍以下的罚款：

（一）销售不符合质量标准的煤炭、石油焦的；

（二）生产、销售挥发性有机物含量不符合质量标准或者要求的原材料和产品的；

（三）生产、销售不符合标准的机动车船和非道路移动机械用燃料、发动机油、氮氧化物还原剂、燃料和润滑油添加剂以及其他添加剂的；

（四）在禁燃区内销售高污染燃料的。

第一百零四条　违反本法规定，有下列行为之一的，由海关责令改正，没收原材料、产品和违法所得，并处货值金额一倍以上三倍以下的罚款；构成走私的，由海关依法予以处罚：

（一）进口不符合质量标准的煤炭、石油焦的；

（二）进口挥发性有机物含量不符合质量标准或者要求的原材料和产品的；

（三）进口不符合标准的机动车船和非道路移动机械用燃料、发动机油、氮氧化物还原剂、燃料和润滑油添加剂以及其他添加剂的。

第一百零五条　违反本法规定，单位燃用不符合质量标准的煤炭、石油焦的，由县级以上人民政府生态环境主管部门责令改正，处货值金额一倍以上三倍以下的罚款。

第一百零六条　违反本法规定，使用不符合标准或者要求的船舶用燃油的，由海事管理机构、渔业主管部门按照职责处一万元以上十万元以下的罚款。

第一百零七条　违反本法规定，在禁燃区内新建、扩建燃用高污染燃料的设施，或者未按照规定停止燃用高污染燃料，或者在城市集中供热管网覆盖地区新建、扩建分散燃煤供热锅炉，或者未按照规定拆除已建成的不能达标排放的燃煤供热锅炉的，由县级以上地方人民政府生态环境主管部门没收燃用高污染燃料的设施，组织拆除燃煤供热锅炉，并处二万元以上二十万元以下的罚款。

违反本法规定，生产、进口、销售或者使用不符合规定标准或者要求的锅炉，由县级以上人民政府市场监督管理、生态环境主管部门责令改正，没收违法所得，并处二万元以上二十万元以下的罚款。

第一百零八条　违反本法规定，有下列行为之一的，由县级以上人民政府生态环境主管部门责令改正，处二万元以上二十万元以下的罚款；拒不改正的，责令停产整治：

（一）产生含挥发性有机物废气的生产和服务活动，未在密闭空间或者设备中进行，未按照规定安装、使用污染防治设施，或者未采取减少废气排放措施的；

（二）工业涂装企业未使用低挥发性有机物含量涂料或者未建立、保存台账的；

（三）石油、化工以及其他生产和使用有机溶剂的企业，未采取措施对管道、设备进行日常维护、维修，减少物料泄漏或者对泄漏的物料未及时收集处理的；

（四）储油储气库、加油加气站和油罐车、气罐车等，未按照国家有关规定安装并正常使用油气回收装置的；

（五）钢铁、建材、有色金属、石油、化工、制药、矿产开采等企业，未采取集中收集处理、密闭、围挡、遮盖、清扫、洒水等措施，控制、减少粉尘和气态污染物排放的；

（六）工业生产、垃圾填埋或者其他活动中产生的可燃性气体未回收利用，不具备回收利用条件未进行防治污染处理，或者可燃性气体回收利用装置不能正常作业，未及时修复或者更新的。

第一百零九条　违反本法规定，生产超过污染物排放标准的机动车、非道路移动机械的，由省级以上人民政府生态环境主管部门责令改正，没收违法所得,并处货值金额一倍以上三倍以下的罚款,没收销毁无法达到污染物排放标准的机动车、非道路移动机械;拒不改正的,责令停产整治,并由国务院机动车生产主管部门责令停止生产该车型。

违反本法规定,机动车、非道路移动机械生产企业对发动机、污染控制装置弄虚作假、以次充好,冒充排放检验合格产品出厂销售的,由省级以上人民政府生态环境主管部门责令停产整治,没收违法所得,并处货值金额一倍以上三倍以下的罚款,没收销毁无法达到污染物排放标准的机动车、非道路移动机械,并由国务院机动车生产主管部门责令停止生产该车型。

第一百一十条　违反本法规定,进口、销售超过污染物排放标准的机动车、非道路移动机械的,由县级以上人民政府市场监督管理部门、海关按照职责没收违法所得,并处货值金额一倍以上三倍以下的罚款,没收销毁无法达到污染物排放标准的机动车、非道路移动机械;进口行为构成走私的,由海关依法予以处罚。

违反本法规定,销售的机动车、非道路移动机械不符合污染物排放标准的,销售者应当负责修理、更换、退货;给购买者造成损失的,销售者应当赔偿损失。

第一百一十一条　违反本法规定,机动车生产、进口企业未按照规定向社会公布其生产、进口机动车车型的排放检验信息或者污染控制技术信息的,由省级以上人民政府生态环境主管部门责令改正,处五万元以上五十万元以下的罚款。

违反本法规定,机动车生产、进口企业未按照规定向社会公布其生产、进口机动车车型的有关维修技术信息的,由省级以上人民政府交通运输主管部门责令改正,处五万元以上五十万元以下的罚款。

第一百一十二条　违反本法规定,伪造机动车、非道路移动机械排放检验结果或者出具虚假排放检验报告的,由县级以上人民政府生态环境主管部门没收违法所得,并处十万元以上五十万元以下的罚款;情节严重的,由负责资质认定的部门取消其检验资格。

违反本法规定,伪造船舶排放检验结果或者出具虚假排放检验报告的,由海事管理机构依法予以处罚。

违反本法规定,以临时更换机动车污染控制装置等弄虚作假的方式通过机动车排放检验或者破坏机动车车载排放诊断系统的，由县级以上人民政府生态环境主管部门责令改正，对机动车所有人处五千元的罚款；对机动车维修单位处每辆机动车五千元的罚款。

第一百一十三条　违反本法规定，机动车驾驶人驾驶排放检验不合格的机动车上道路行驶的，由公安机关交通管理部门依法予以处罚。

第一百一十四条　违反本法规定，使用排放不合格的非道路移动机械，或者在用重型柴油车、非道路移动机械未按照规定加装、更换污染控制装置的，由县级以上人民政府生态环境等主管部门按照职责责令改正，处五千元的罚款。

违反本法规定，在禁止使用高排放非道路移动机械的区域使用高排放非道路移动机械的，由城市人民政府生态环境等主管部门依法予以处罚。

第一百一十五条　违反本法规定，施工单位有下列行为之一的，由县级以上人民政府住房城乡建设等主管部门按照职责责令改正，处一万元以上十万元以下的罚款；拒不改正的，责令停工整治：

（一）施工工地未设置硬质围挡，或者未采取覆盖、分段作业、择时施工、洒水抑尘、冲洗地面和车辆等有效防尘降尘措施的；

（二）建筑土方、工程渣土、建筑垃圾未及时清运，或者未采用密闭式防尘网遮盖的。

违反本法规定，建设单位未对暂时不能开工的建设用地的裸露地面进行覆盖，或者未对超过三个月不能开工的建设用地的裸露地面进行绿化、铺装或者遮盖的，由县级以上人民政府住房城乡建设等主管部门依照前款规定予以处罚。

第一百一十六条　违反本法规定，运输煤炭、垃圾、渣土、砂石、土方、灰浆等散装、流体物料的车辆，未采取密闭或者其他措施防止物料遗撒的，由县级以上地方人民政府确定的监督管理部门责令改正，处二千元以上二万元以下的罚款；拒不改正的，车辆不得上道路行驶。

第一百一十七条　违反本法规定，有下列行为之一的，由县级以上人民政府生态环境等主管部门按照职责责令改正，处一万元以上十万元以下的罚款；拒不改正的，责令停工整治或者停业整治：

（一）未密闭煤炭、煤矸石、煤渣、煤灰、水泥、石灰、石膏、砂土等易产生扬尘的物料的；

（二）对不能密闭的易产生扬尘的物料，未设置不低于堆放物高度的严密围挡，或者未采取有效覆盖措施防治扬尘污染的；

（三）装卸物料未采取密闭或者喷淋等方式控制扬尘排放的；

（四）存放煤炭、煤矸石、煤渣、煤灰等物料，未采取防燃措施的；

（五）码头、矿山、填埋场和消纳场未采取有效措施防治扬尘污染的；

（六）排放有毒有害大气污染物名录中所列有毒有害大气污染物的企业事业单位，未按照规定建设环境风险预警体系或者对排放口和周边环境进行定期监测、排查环境安全隐患并采取有效措施防范环境风险的；

（七）向大气排放持久性有机污染物的企业事业单位和其他生产经营者以及废弃物焚烧设施的运营单位，未按照国家有关规定采取有利于减少持久性有机污染物排放的技术方法和工艺，配备净化装置的；

（八）未采取措施防止排放恶臭气体的。

第一百一十八条　违反本法规定，排放油烟的餐饮服务业经营者未安装油烟净化设施、不正常使用油烟净化设施或者未采取其他油烟净化措施，超过排放标准排放油烟的，由县级以上地方人民政府确定的监督管理部门责令改正，处五千元以上五万元以下的罚款；拒不改正的，责令停业整治。

违反本法规定，在居民住宅楼、未配套设立专用烟道的商住综合楼、商住综合楼内与居住层相邻的商业楼层内新建、改建、扩建产生油烟、异味、废气的餐饮服务项目的，由县级以上地方人民政府确定的监督管理部门责令改正；拒不改正的，予以关闭，并处一万元以上十万元以下的罚款。

违反本法规定，在当地人民政府禁止的时段和区域内露天烧烤食品或者为露天烧烤食品提供场地的，由县级以上地方人民政府确定的监督管理部门责令改正，没收烧烤工具和违法所得，并处五百元以上二万元以下的罚款。

第一百一十九条　违反本法规定，在人口集中地区对树木、花草喷洒剧毒、高毒农药，或者露天焚烧秸秆、落叶等产生烟尘污染的物质的，由县级以上地方人民政府确定的监督管理部门责令改正，并可以处五百元以上二千元以下的罚款。

违反本法规定，在人口集中地区和其他依法需要特殊保护的区域内，焚烧沥青、油毡、橡胶、塑料、皮革、垃圾以及其他产生有毒有害烟尘和恶臭气体的物质的，由县级人民政府确定的监督管理部门责令改正，对单位处一万元以上十万元以下的罚款，对个人处五百元以上二千元以下的罚款。

违反本法规定，在城市人民政府禁止的时段和区域内燃放烟花爆竹的，由县级以上地方人民政府确定的监督管理部门依法予以处罚。

第一百二十条　违反本法规定，从事服装干洗和机动车维修等服务活动，未设置异味和废气处理装置等污染防治设施并保持正常使用，影响周边环境的，由县级以上地方人民政府生态环境主管部门责令改正，处二千元以上二万元以下的罚款；拒不改正的，责令停业整治。

第一百二十一条　违反本法规定，擅自向社会发布重污染天气预报预警信息，构成违反治安管理行为的，由公安机关依法予以处罚。

违反本法规定，拒不执行停止工地土石方作业或者建筑物拆除施工等重污染天气应急措施的，由县级以上地方人民政府确定的监督管理部门处一万元以上十万元以下的罚款。

第一百二十二条　违反本法规定，造成大气污染事故的，由县级以上人民政府生态环境主管部门依照本条第二款的规定处以罚款；对直接负责的主管人员和其他直接责任人员可以处上一年度从本企业事业单位取得收入百分之五十以下的罚款。

对造成一般或者较大大气污染事故的，按照污染事故造成直接损失的一倍以上三倍以下计算罚款；对造成重大或者特大大气污染事故的，按照污染事故造成的直接损失的三倍以上五倍以下计算罚款。

第一百二十三条　违反本法规定，企业事业单位和其他生产经营者有下列行为之一，受到罚款处罚，被责令改正，拒不改正的，依法作出处罚决定的行政机关可以自责令改正之日的次日起，按照原处罚数额按日连续处罚：

（一）未依法取得排污许可证排放大气污染物的；

（二）超过大气污染物排放标准或者超过重点大气污染物排放总量控制指标排放大气污染物的；

（三）通过逃避监管的方式排放大气污染物的；

（四）建筑施工或者贮存易产生扬尘的物料未采取有效措施防治扬尘污染的。

第一百二十四条　违反本法规定，对举报人以解除、变更劳动合同或者其他方式打击报复的，应当依照有关法律的规定承担责任。

第一百二十五条　排放大气污染物造成损害的，应当依法承担侵权责任。

第一百二十六条　地方各级人民政府、县级以上人民政府生态环境主管部门和其他负有大气环境保护监督管理职责的部门及其工作人员滥用职权、玩忽职守、徇私舞弊、弄虚作假的，依法给予处分。

第一百二十七条　违反本法规定，构成犯罪的，依法追究刑事责任。

第八章　附　　则

第一百二十八条　海洋工程的大气污染防治，依照《中华人民共和国海洋环境保护法》的有关规定执行。

第一百二十九条　本法自2016年1月1日起施行。

4.《中华人民共和国土壤污染防治法》（2018年8月31日）

中华人民共和国土壤污染防治法

（2018年8月31日第十三届全国人民代表大会常务委员会第五次会议通过）

第一章　总　　则

第一条　为了保护和改善生态环境，防治土壤污染，保障公众健康，推动土壤资源永续利用，推进生态文明建设，促进经济社会可持续发展，制定本法。

第二条　在中华人民共和国领域及管辖的其他海域从事土壤污染防治及相关活动，适用本法。

本法所称土壤污染，是指因人为因素导致某种物质进入陆地表层土壤，引起土壤化学、物理、生物等方面特性的改变，影响土壤功能和有效利用，危害公众健康或者破坏生态环境的现象。

第三条　土壤污染防治应当坚持预防为主、保护优先、分类管理、风险管控、污染担责、公众参与的原则。

第四条　任何组织和个人都有保护土壤、防止土壤污染的义务。

土地使用权人从事土地开发利用活动，企业事业单位和其他生产经营者从事生产经营活动，应当采取有效措施，防止、减少土壤污染，对所造成的土壤污染依法承担责任。

第五条　地方各级人民政府应当对本行政区域土壤污染防治和安全利用负责。

国家实行土壤污染防治目标责任制和考核评价制度，将土壤污染防治目标完成情况作为考核评价地方各级人民政府及其负责人、县级以上人民政府负有土壤污染防治监督管理职责的部门及其负责人的内容。

第六条　各级人民政府应当加强对土壤污染防治工作的领导，组织、协调、督促有关部门依法履行土壤污染防治监督管理职责。

第七条　国务院生态环境主管部门对全国土壤污染防治工作实施统一监督管理；国务院农业农村、自然资源、住房城乡建设、林业草原等主管部门在各自职责范围内对土壤污染防治工作实施监督管理。

地方人民政府生态环境主管部门对本行政区域土壤污染防治工作实施统一监督管理；地方人民政府农业农村、自然资源、住房城乡建设、林业草原等主管部门在各自职责范围内对土壤污染防治工作实施监督管理。

第八条　国家建立土壤环境信息共享机制。

国务院生态环境主管部门应当会同国务院农业农村、自然资源、住房城乡建设、水利、卫生健康、林业草原等主管部门建立土壤环境基础数据库，构建全国土壤环境信息平台，实行数据动态更新和信息共享。

第九条　国家支持土壤污染风险管控和修复、监测等污染防治科学技术研究开发、成果转化和推广应用，鼓励土壤污染防治产业发展，加强土壤污染防治专业技术人才培养，促进土壤污染防治科学技术进步。

国家支持土壤污染防治国际交流与合作。

第十条　各级人民政府及其有关部门、基层群众性自治组织和新闻媒体应当加强土壤污染防治宣传教育和科学普及，增强公众土壤污染防治意识，引导公众依法参与土壤污染防治工作。

第二章 规划、标准、普查和监测

第十一条 县级以上人民政府应当将土壤污染防治工作纳入国民经济和社会发展规划、环境保护规划。

设区的市级以上地方人民政府生态环境主管部门应当会同发展改革、农业农村、自然资源、住房城乡建设、林业草原等主管部门，根据环境保护规划要求、土地用途、土壤污染状况普查和监测结果等，编制土壤污染防治规划，报本级人民政府批准后公布实施。

第十二条 国务院生态环境主管部门根据土壤污染状况、公众健康风险、生态风险和科学技术水平，并按照土地用途，制定国家土壤污染风险管控标准，加强土壤污染防治标准体系建设。

省级人民政府对国家土壤污染风险管控标准中未作规定的项目，可以制定地方土壤污染风险管控标准；对国家土壤污染风险管控标准中已作规定的项目，可以制定严于国家土壤污染风险管控标准的地方土壤污染风险管控标准。地方土壤污染风险管控标准应当报国务院生态环境主管部门备案。

土壤污染风险管控标准是强制性标准。

国家支持对土壤环境背景值和环境基准的研究。

第十三条 制定土壤污染风险管控标准，应当组织专家进行审查和论证，并征求有关部门、行业协会、企业事业单位和公众等方面的意见。

土壤污染风险管控标准的执行情况应当定期评估，并根据评估结果对标准适时修订。

省级以上人民政府生态环境主管部门应当在其网站上公布土壤污染风险管控标准，供公众免费查阅、下载。

第十四条 国务院统一领导全国土壤污染状况普查。国务院生态环境主管部门会同国务院农业农村、自然资源、住房城乡建设、林业草原等主管部门，每十年至少组织开展一次全国土壤污染状况普查。

国务院有关部门、设区的市级以上地方人民政府可以根据本行业、本行政区域实际情况组织开展土壤污染状况详查。

第十五条 国家实行土壤环境监测制度。

国务院生态环境主管部门制定土壤环境监测规范，会同国务院农业农村、自然资源、住房城乡建设、水利、卫生健康、林业草原等主管部门组织监测网络，统一规划国家土壤环境监测站（点）的设置。

第十六条　地方人民政府农业农村、林业草原主管部门应当会同生态环境、自然资源主管部门对下列农用地地块进行重点监测：

（一）产出的农产品污染物含量超标的；

（二）作为或者曾作为污水灌溉区的；

（三）用于或者曾用于规模化养殖，固体废物堆放、填埋的；

（四）曾作为工矿用地或者发生过重大、特大污染事故的；

（五）有毒有害物质生产、贮存、利用、处置设施周边的；

（六）国务院农业农村、林业草原、生态环境、自然资源主管部门规定的其他情形。

第十七条　地方人民政府生态环境主管部门应当会同自然资源主管部门对下列建设用地地块进行重点监测：

（一）曾用于生产、使用、贮存、回收、处置有毒有害物质的；

（二）曾用于固体废物堆放、填埋的；

（三）曾发生过重大、特大污染事故的；

（四）国务院生态环境、自然资源主管部门规定的其他情形。

第三章　预防和保护

第十八条　各类涉及土地利用的规划和可能造成土壤污染的建设项目，应当依法进行环境影响评价。环境影响评价文件应当包括对土壤可能造成的不良影响及应当采取的相应预防措施等内容。

第十九条　生产、使用、贮存、运输、回收、处置、排放有毒有害物质的单位和个人，应当采取有效措施，防止有毒有害物质渗漏、流失、扬散，避免土壤受到污染。

第二十条　国务院生态环境主管部门应当会同国务院卫生健康等主管部门，根据对公众健康、生态环境的危害和影响程度，对土壤中有毒有害物质进行筛查评估，公布重点控制的土壤有毒有害物质名录，并适时更新。

第二十一条　设区的市级以上地方人民政府生态环境主管部门应当

按照国务院生态环境主管部门的规定，根据有毒有害物质排放等情况，制定本行政区域土壤污染重点监管单位名录，向社会公开并适时更新。

土壤污染重点监管单位应当履行下列义务：

（一）严格控制有毒有害物质排放，并按年度向生态环境主管部门报告排放情况；

（二）建立土壤污染隐患排查制度，保证持续有效防止有毒有害物质渗漏、流失、扬散；

（三）制定、实施自行监测方案，并将监测数据报生态环境主管部门。

前款规定的义务应当在排污许可证中载明。

土壤污染重点监管单位应当对监测数据的真实性和准确性负责。生态环境主管部门发现土壤污染重点监管单位监测数据异常，应当及时进行调查。

设区的市级以上地方人民政府生态环境主管部门应当定期对土壤污染重点监管单位周边土壤进行监测。

第二十二条　企业事业单位拆除设施、设备或者建筑物、构筑物的，应当采取相应的土壤污染防治措施。

土壤污染重点监管单位拆除设施、设备或者建筑物、构筑物的，应当制定包括应急措施在内的土壤污染防治工作方案，报地方人民政府生态环境、工业和信息化主管部门备案并实施。

第二十三条　各级人民政府生态环境、自然资源主管部门应当依法加强对矿产资源开发区域土壤污染防治的监督管理，按照相关标准和总量控制的要求，严格控制可能造成土壤污染的重点污染物排放。

尾矿库运营、管理单位应当按照规定，加强尾矿库的安全管理，采取措施防止土壤污染。危库、险库、病库以及其他需要重点监管的尾矿库的运营、管理单位应当按照规定，进行土壤污染状况监测和定期评估。

第二十四条　国家鼓励在建筑、通信、电力、交通、水利等领域的信息、网络、防雷、接地等建设工程中采用新技术、新材料，防止土壤污染。

禁止在土壤中使用重金属含量超标的降阻产品。

第二十五条　建设和运行污水集中处理设施、固体废物处置设施，应当依照法律法规和相关标准的要求，采取措施防止土壤污染。

地方人民政府生态环境主管部门应当定期对污水集中处理设施、固体废物处置设施周边土壤进行监测；对不符合法律法规和相关标准要求的，应当根据监测结果，要求污水集中处理设施、固体废物处置设施运营单位采取相应改进措施。

地方各级人民政府应当统筹规划、建设城乡生活污水和生活垃圾处理、处置设施，并保障其正常运行，防止土壤污染。

第二十六条 国务院农业农村、林业草原主管部门应当制定规划，完善相关标准和措施，加强农用地农药、化肥使用指导和使用总量控制，加强农用薄膜使用控制。

国务院农业农村主管部门应当加强农药、肥料登记，组织开展农药、肥料对土壤环境影响的安全性评价。

制定农药、兽药、肥料、饲料、农用薄膜等农业投入品及其包装物标准和农田灌溉用水水质标准，应当适应土壤污染防治的要求。

第二十七条 地方人民政府农业农村、林业草原主管部门应当开展农用地土壤污染防治宣传和技术培训活动，扶持农业生产专业化服务，指导农业生产者合理使用农药、兽药、肥料、饲料、农用薄膜等农业投入品，控制农药、兽药、化肥等的使用量。

地方人民政府农业农村主管部门应当鼓励农业生产者采取有利于防止土壤污染的种养结合、轮作休耕等农业耕作措施；支持采取土壤改良、土壤肥力提升等有利于土壤养护和培育的措施；支持畜禽粪便处理、利用设施的建设。

第二十八条 禁止向农用地排放重金属或者其他有毒有害物质含量超标的污水、污泥，以及可能造成土壤污染的清淤底泥、尾矿、矿渣等。

县级以上人民政府有关部门应当加强对畜禽粪便、沼渣、沼液等收集、贮存、利用、处置的监督管理，防止土壤污染。

农田灌溉用水应当符合相应的水质标准，防止土壤、地下水和农产品污染。地方人民政府生态环境主管部门应当会同农业农村、水利主管部门加强对农田灌溉用水水质的管理，对农田灌溉用水水质进行监测和监督检查。

第二十九条 国家鼓励和支持农业生产者采取下列措施：

（一）使用低毒、低残留农药以及先进喷施技术；

（二）使用符合标准的有机肥、高效肥；

（三）采用测土配方施肥技术、生物防治等病虫害绿色防控技术；

（四）使用生物可降解农用薄膜；

（五）综合利用秸秆、移出高富集污染物秸秆；

（六）按照规定对酸性土壤等进行改良。

第三十条　禁止生产、销售、使用国家明令禁止的农业投入品。

农业投入品生产者、销售者和使用者应当及时回收农药、肥料等农业投入品的包装废弃物和农用薄膜，并将农药包装废弃物交由专门的机构或者组织进行无害化处理。具体办法由国务院农业农村主管部门会同国务院生态环境等主管部门制定。

国家采取措施，鼓励、支持单位和个人回收农业投入品包装废弃物和农用薄膜。

第三十一条　国家加强对未污染土壤的保护。

地方各级人民政府应当重点保护未污染的耕地、林地、草地和饮用水水源地。

各级人民政府应当加强对国家公园等自然保护地的保护，维护其生态功能。

对未利用地应当予以保护，不得污染和破坏。

第三十二条　县级以上地方人民政府及其有关部门应当按照土地利用总体规划和城乡规划，严格执行相关行业企业布局选址要求，禁止在居民区和学校、医院、疗养院、养老院等单位周边新建、改建、扩建可能造成土壤污染的建设项目。

第三十三条　国家加强对土壤资源的保护和合理利用。对开发建设过程中剥离的表土，应当单独收集和存放，符合条件的应当优先用于土地复垦、土壤改良、造地和绿化等。

禁止将重金属或者其他有毒有害物质含量超标的工业固体废物、生活垃圾或者污染土壤用于土地复垦。

第三十四条　因科学研究等特殊原因，需要进口土壤的，应当遵守国家出入境检验检疫的有关规定。

第四章 风险管控和修复

第一节 一般规定

第三十五条 土壤污染风险管控和修复,包括土壤污染状况调查和土壤污染风险评估、风险管控、修复、风险管控效果评估、修复效果评估、后期管理等活动。

第三十六条 实施土壤污染状况调查活动,应当编制土壤污染状况调查报告。

土壤污染状况调查报告应当主要包括地块基本信息、污染物含量是否超过土壤污染风险管控标准等内容。污染物含量超过土壤污染风险管控标准的,土壤污染状况调查报告还应当包括污染类型、污染来源以及地下水是否受到污染等内容。

第三十七条 实施土壤污染风险评估活动,应当编制土壤污染风险评估报告。

土壤污染风险评估报告应当主要包括下列内容:

(一)主要污染物状况;

(二)土壤及地下水污染范围;

(三)农产品质量安全风险、公众健康风险或者生态风险;

(四)风险管控、修复的目标和基本要求等。

第三十八条 实施风险管控、修复活动,应当因地制宜、科学合理,提高针对性和有效性。

实施风险管控、修复活动,不得对土壤和周边环境造成新的污染。

第三十九条 实施风险管控、修复活动前,地方人民政府有关部门有权根据实际情况,要求土壤污染责任人、土地使用权人采取移除污染源、防止污染扩散等措施。

第四十条 实施风险管控、修复活动中产生的废水、废气和固体废物,应当按照规定进行处理、处置,并达到相关环境保护标准。

实施风险管控、修复活动中产生的固体废物以及拆除的设施、设备或者建筑物、构筑物属于危险废物的,应当依照法律法规和相关标准的要求进行处置。

修复施工期间,应当设立公告牌,公开相关情况和环境保护措施。

第四十一条 修复施工单位转运污染土壤的,应当制定转运计划,将运输时间、方式、线路和污染土壤数量、去向、最终处置措施等,提前报所在地和接收地生态环境主管部门。

转运的污染土壤属于危险废物的,修复施工单位应当依照法律法规和相关标准的要求进行处置。

第四十二条 实施风险管控效果评估、修复效果评估活动,应当编制效果评估报告。

效果评估报告应当主要包括是否达到土壤污染风险评估报告确定的风险管控、修复目标等内容。

风险管控、修复活动完成后,需要实施后期管理的,土壤污染责任人应当按照要求实施后期管理。

第四十三条 从事土壤污染状况调查和土壤污染风险评估、风险管控、修复、风险管控效果评估、修复效果评估、后期管理等活动的单位,应当具备相应的专业能力。

受委托从事前款活动的单位对其出具的调查报告、风险评估报告、风险管控效果评估报告、修复效果评估报告的真实性、准确性、完整性负责,并按照约定对风险管控、修复、后期管理等活动结果负责。

第四十四条 发生突发事件可能造成土壤污染的,地方人民政府及其有关部门和相关企业事业单位以及其他生产经营者应当立即采取应急措施,防止土壤污染,并依照本法规定做好土壤污染状况监测、调查和土壤污染风险评估、风险管控、修复等工作。

第四十五条 土壤污染责任人负有实施土壤污染风险管控和修复的义务。土壤污染责任人无法认定的,土地使用权人应当实施土壤污染风险管控和修复。

地方人民政府及其有关部门可以根据实际情况组织实施土壤污染风险管控和修复。

国家鼓励和支持有关当事人自愿实施土壤污染风险管控和修复。

第四十六条 因实施或者组织实施土壤污染状况调查和土壤污染风险评估、风险管控、修复、风险管控效果评估、修复效果评估、后期管理等活动所支出的费用,由土壤污染责任人承担。

第四十七条 土壤污染责任人变更的,由变更后承继其债权、债务的单位或者个人履行相关土壤污染风险管控和修复义务并承担相关费用。

第四十八条 土壤污染责任人不明确或者存在争议的，农用地由地方人民政府农业农村、林业草原主管部门会同生态环境、自然资源主管部门认定，建设用地由地方人民政府生态环境主管部门会同自然资源主管部门认定。认定办法由国务院生态环境主管部门会同有关部门制定。

第二节 农用地

第四十九条 国家建立农用地分类管理制度。按照土壤污染程度和相关标准，将农用地划分为优先保护类、安全利用类和严格管控类。

第五十条 县级以上地方人民政府应当依法将符合条件的优先保护类耕地划为永久基本农田，实行严格保护。

在永久基本农田集中区域，不得新建可能造成土壤污染的建设项目；已经建成的，应当限期关闭拆除。

第五十一条 未利用地、复垦土地等拟开垦为耕地的，地方人民政府农业农村主管部门应当会同生态环境、自然资源主管部门进行土壤污染状况调查，依法进行分类管理。

第五十二条 对土壤污染状况普查、详查和监测、现场检查表明有土壤污染风险的农用地地块，地方人民政府农业农村、林业草原主管部门应当会同生态环境、自然资源主管部门进行土壤污染状况调查。

对土壤污染状况调查表明污染物含量超过土壤污染风险管控标准的农用地地块，地方人民政府农业农村、林业草原主管部门应当会同生态环境、自然资源主管部门组织进行土壤污染风险评估，并按照农用地分类管理制度管理。

第五十三条 对安全利用类农用地地块，地方人民政府农业农村、林业草原主管部门，应当结合主要作物品种和种植习惯等情况，制定并实施安全利用方案。

安全利用方案应当包括下列内容：

（一）农艺调控、替代种植；

（二）定期开展土壤和农产品协同监测与评价；

（三）对农民、农民专业合作社及其他农业生产经营主体进行技术指导和培训；

（四）其他风险管控措施。

第五十四条 对严格管控类农用地地块，地方人民政府农业农村、林业草原主管部门应当采取下列风险管控措施：

（一）提出划定特定农产品禁止生产区域的建议，报本级人民政府批准后实施；

（二）按照规定开展土壤和农产品协同监测与评价；

（三）对农民、农民专业合作社及其他农业生产经营主体进行技术指导和培训；

（四）其他风险管控措施。

各级人民政府及其有关部门应当鼓励对严格管控类农用地采取调整种植结构、退耕还林还草、退耕还湿、轮作休耕、轮牧休牧等风险管控措施，并给予相应的政策支持。

第五十五条 安全利用类和严格管控类农用地地块的土壤污染影响或者可能影响地下水、饮用水水源安全的，地方人民政府生态环境主管部门应当会同农业农村、林业草原等主管部门制定防治污染的方案，并采取相应的措施。

第五十六条 对安全利用类和严格管控类农用地地块，土壤污染责任人应当按照国家有关规定以及土壤污染风险评估报告的要求，采取相应的风险管控措施，并定期向地方人民政府农业农村、林业草原主管部门报告。

第五十七条 对产出的农产品污染物含量超标，需要实施修复的农用地地块，土壤污染责任人应当编制修复方案，报地方人民政府农业农村、林业草原主管部门备案并实施。修复方案应当包括地下水污染防治的内容。

修复活动应当优先采取不影响农业生产、不降低土壤生产功能的生物修复措施，阻断或者减少污染物进入农作物食用部分，确保农产品质量安全。

风险管控、修复活动完成后，土壤污染责任人应当另行委托有关单位对风险管控效果、修复效果进行评估，并将效果评估报告报地方人民政府农业农村、林业草原主管部门备案。

农村集体经济组织及其成员、农民专业合作社及其他农业生产经营主体等负有协助实施土壤污染风险管控和修复的义务。

第三节 建设用地

第五十八条 国家实行建设用地土壤污染风险管控和修复名录制度。

建设用地土壤污染风险管控和修复名录由省级人民政府生态环境主管部门会同自然资源等主管部门制定，按照规定向社会公开，并根据风险管控、修复情况适时更新。

第五十九条 对土壤污染状况普查、详查和监测、现场检查表明有土壤污染风险的建设用地地块，地方人民政府生态环境主管部门应当要求土地使用权人按照规定进行土壤污染状况调查。

用途变更为住宅、公共管理与公共服务用地的，变更前应当按照规定进行土壤污染状况调查。

前两款规定的土壤污染状况调查报告应当报地方人民政府生态环境主管部门，由地方人民政府生态环境主管部门会同自然资源主管部门组织评审。

第六十条 对土壤污染状况调查报告评审表明污染物含量超过土壤污染风险管控标准的建设用地地块，土壤污染责任人、土地使用权人应当按照国务院生态环境主管部门的规定进行土壤污染风险评估，并将土壤污染风险评估报告报省级人民政府生态环境主管部门。

第六十一条 省级人民政府生态环境主管部门应当会同自然资源等主管部门按照国务院生态环境主管部门的规定，对土壤污染风险评估报告组织评审，及时将需要实施风险管控、修复的地块纳入建设用地土壤污染风险管控和修复名录，并定期向国务院生态环境主管部门报告。

列入建设用地土壤污染风险管控和修复名录的地块，不得作为住宅、公共管理与公共服务用地。

第六十二条 对建设用地土壤污染风险管控和修复名录中的地块，土壤污染责任人应当按照国家有关规定以及土壤污染风险评估报告的要求，采取相应的风险管控措施，并定期向地方人民政府生态环境主管部门报告。风险管控措施应当包括地下水污染防治的内容。

第六十三条 对建设用地土壤污染风险管控和修复名录中的地块，地方人民政府生态环境主管部门可以根据实际情况采取下列风险管控措施：

（一）提出划定隔离区域的建议，报本级人民政府批准后实施；

（二）进行土壤及地下水污染状况监测；

（三）其他风险管控措施。

第六十四条 对建设用地土壤污染风险管控和修复名录中需要实施修复的地块，土壤污染责任人应当结合土地利用总体规划和城乡规划编制修复方案，报地方人民政府生态环境主管部门备案并实施。修复方案应当包括地下水污染防治的内容。

第六十五条 风险管控、修复活动完成后，土壤污染责任人应当另行委托有关单位对风险管控效果、修复效果进行评估，并将效果评估报告报地方人民政府生态环境主管部门备案。

第六十六条 对达到土壤污染风险评估报告确定的风险管控、修复目标的建设用地地块，土壤污染责任人、土地使用权人可以申请省级人民政府生态环境主管部门移出建设用地土壤污染风险管控和修复名录。

省级人民政府生态环境主管部门应当会同自然资源等主管部门对风险管控效果评估报告、修复效果评估报告组织评审，及时将达到土壤污染风险评估报告确定的风险管控、修复目标且可以安全利用的地块移出建设用地土壤污染风险管控和修复名录，按照规定向社会公开，并定期向国务院生态环境主管部门报告。

未达到土壤污染风险评估报告确定的风险管控、修复目标的建设用地地块，禁止开工建设任何与风险管控、修复无关的项目。

第六十七条 土壤污染重点监管单位生产经营用地的用途变更或者在其土地使用权收回、转让前，应当由土地使用权人按照规定进行土壤污染状况调查。土壤污染状况调查报告应当作为不动产登记资料送交地方人民政府不动产登记机构，并报地方人民政府生态环境主管部门备案。

第六十八条 土地使用权已经被地方人民政府收回，土壤污染责任人为原土地使用权人的，由地方人民政府组织实施土壤污染风险管控和修复。

第五章 保障和监督

第六十九条 国家采取有利于土壤污染防治的财政、税收、价格、金融等经济政策和措施。

第七十条　各级人民政府应当加强对土壤污染的防治，安排必要的资金用于下列事项：

（一）土壤污染防治的科学技术研究开发、示范工程和项目；

（二）各级人民政府及其有关部门组织实施的土壤污染状况普查、监测、调查和土壤污染责任人认定、风险评估、风险管控、修复等活动；

（三）各级人民政府及其有关部门对涉及土壤污染的突发事件的应急处置；

（四）各级人民政府规定的涉及土壤污染防治的其他事项。

使用资金应当加强绩效管理和审计监督，确保资金使用效益。

第七十一条　国家加大土壤污染防治资金投入力度，建立土壤污染防治基金制度。设立中央土壤污染防治专项资金和省级土壤污染防治基金，主要用于农用地土壤污染防治和土壤污染责任人或者土地使用权人无法认定的土壤污染风险管控和修复以及政府规定的其他事项。

对本法实施之前产生的，并且土壤污染责任人无法认定的污染地块，土地使用权人实际承担土壤污染风险管控和修复的，可以申请土壤污染防治基金，集中用于土壤污染风险管控和修复。

土壤污染防治基金的具体管理办法，由国务院财政主管部门会同国务院生态环境、农业农村、自然资源、住房城乡建设、林业草原等主管部门制定。

第七十二条　国家鼓励金融机构加大对土壤污染风险管控和修复项目的信贷投放。

国家鼓励金融机构在办理土地权利抵押业务时开展土壤污染状况调查。

第七十三条　从事土壤污染风险管控和修复的单位依照法律、行政法规的规定，享受税收优惠。

第七十四条　国家鼓励并提倡社会各界为防治土壤污染捐赠财产，并依照法律、行政法规的规定，给予税收优惠。

第七十五条　县级以上人民政府应当将土壤污染防治情况纳入环境状况和环境保护目标完成情况年度报告，向本级人民代表大会或者人民代表大会常务委员会报告。

第七十六条 省级以上人民政府生态环境主管部门应当会同有关部门对土壤污染问题突出、防治工作不力、群众反映强烈的地区，约谈设区的市级以上地方人民政府及其有关部门主要负责人，要求其采取措施及时整改。约谈整改情况应当向社会公开。

第七十七条 生态环境主管部门及其环境执法机构和其他负有土壤污染防治监督管理职责的部门，有权对从事可能造成土壤污染活动的企业事业单位和其他生产经营者进行现场检查、取样，要求被检查者提供有关资料、就有关问题作出说明。

被检查者应当配合检查工作，如实反映情况，提供必要的资料。

实施现场检查的部门、机构及其工作人员应当为被检查者保守商业秘密。

第七十八条 企业事业单位和其他生产经营者违反法律法规规定排放有毒有害物质，造成或者可能造成严重土壤污染的，或者有关证据可能灭失或者被隐匿的，生态环境主管部门和其他负有土壤污染防治监督管理职责的部门，可以查封、扣押有关设施、设备、物品。

第七十九条 地方人民政府安全生产监督管理部门应当监督尾矿库运营、管理单位履行防治土壤污染的法定义务，防止其发生可能污染土壤的事故；地方人民政府生态环境主管部门应当加强对尾矿库土壤污染防治情况的监督检查和定期评估，发现风险隐患的，及时督促尾矿库运营、管理单位采取相应措施。

地方人民政府及其有关部门应当依法加强对向沙漠、滩涂、盐碱地、沼泽地等未利用地非法排放有毒有害物质等行为的监督检查。

第八十条 省级以上人民政府生态环境主管部门和其他负有土壤污染防治监督管理职责的部门应当将从事土壤污染状况调查和土壤污染风险评估、风险管控、修复、风险管控效果评估、修复效果评估、后期管理等活动的单位和个人的执业情况，纳入信用系统建立信用记录，将违法信息记入社会诚信档案，并纳入全国信用信息共享平台和国家企业信用信息公示系统向社会公布。

第八十一条 生态环境主管部门和其他负有土壤污染防治监督管理职责的部门应当依法公开土壤污染状况和防治信息。

国务院生态环境主管部门负责统一发布全国土壤环境信息；省级人

民政府生态环境主管部门负责统一发布本行政区域土壤环境信息。生态环境主管部门应当将涉及主要食用农产品生产区域的重大土壤环境信息，及时通报同级农业农村、卫生健康和食品安全主管部门。

公民、法人和其他组织享有依法获取土壤污染状况和防治信息、参与和监督土壤污染防治的权利。

第八十二条 土壤污染状况普查报告、监测数据、调查报告和土壤污染风险评估报告、风险管控效果评估报告、修复效果评估报告等，应当及时上传全国土壤环境信息平台。

第八十三条 新闻媒体对违反土壤污染防治法律法规的行为享有舆论监督的权利，受监督的单位和个人不得打击报复。

第八十四条 任何组织和个人对污染土壤的行为，均有向生态环境主管部门和其他负有土壤污染防治监督管理职责的部门报告或者举报的权利。

生态环境主管部门和其他负有土壤污染防治监督管理职责的部门应当将土壤污染防治举报方式向社会公布，方便公众举报。

接到举报的部门应当及时处理并对举报人的相关信息予以保密；对实名举报并查证属实的，给予奖励。

举报人举报所在单位的，该单位不得以解除、变更劳动合同或者其他方式对举报人进行打击报复。

第六章 法律责任

第八十五条 地方各级人民政府、生态环境主管部门或者其他负有土壤污染防治监督管理职责的部门未依照本法规定履行职责的，对直接负责的主管人员和其他直接责任人员依法给予处分。

依照本法规定应当作出行政处罚决定而未作出的，上级主管部门可以直接作出行政处罚决定。

第八十六条 违反本法规定，有下列行为之一的，由地方人民政府生态环境主管部门或者其他负有土壤污染防治监督管理职责的部门责令改正，处以罚款；拒不改正的，责令停产整治：

（一）土壤污染重点监管单位未制定、实施自行监测方案，或者未将监测数据报生态环境主管部门的；

（二）土壤污染重点监管单位篡改、伪造监测数据的；

（三）土壤污染重点监管单位未按年度报告有毒有害物质排放情况，或者未建立土壤污染隐患排查制度的；

（四）拆除设施、设备或者建筑物、构筑物，企业事业单位未采取相应的土壤污染防治措施或者土壤污染重点监管单位未制定、实施土壤污染防治工作方案的；

（五）尾矿库运营、管理单位未按照规定采取措施防止土壤污染的；

（六）尾矿库运营、管理单位未按照规定进行土壤污染状况监测的；

（七）建设和运行污水集中处理设施、固体废物处置设施，未依照法律法规和相关标准的要求采取措施防止土壤污染的。

有前款规定行为之一的，处二万元以上二十万元以下的罚款；有前款第二项、第四项、第五项、第七项规定行为之一，造成严重后果的，处二十万元以上二百万元以下的罚款。

第八十七条 违反本法规定，向农用地排放重金属或者其他有毒有害物质含量超标的污水、污泥，以及可能造成土壤污染的清淤底泥、尾矿、矿渣等的，由地方人民政府生态环境主管部门责令改正，处十万元以上五十万元以下的罚款；情节严重的，处五十万元以上二百万元以下的罚款，并可以将案件移送公安机关，对直接负责的主管人员和其他直接责任人员处五日以上十五日以下的拘留；有违法所得的，没收违法所得。

第八十八条 违反本法规定，农业投入品生产者、销售者、使用者未按照规定及时回收肥料等农业投入品的包装废弃物或者农用薄膜，或者未按照规定及时回收农药包装废弃物交由专门的机构或者组织进行无害化处理的，由地方人民政府农业农村主管部门责令改正，处一万元以上十万元以下的罚款；农业投入品使用者为个人的，可以处二百元以上二千元以下的罚款。

第八十九条 违反本法规定，将重金属或者其他有毒有害物质含量超标的工业固体废物、生活垃圾或者污染土壤用于土地复垦的，由地方人民政府生态环境主管部门责令改正，处十万元以上一百万元以下的罚款；有违法所得的，没收违法所得。

第九十条 违反本法规定，受委托从事土壤污染状况调查和土壤污染风险评估、风险管控效果评估、修复效果评估活动的单位，出具虚假调查报告、风险评估报告、风险管控效果评估报告、修复效果评估报告的，由地方人民政府生态环境主管部门处十万元以上五十万元以下的罚款；情节严重的，禁止从事上述业务，并处五十万元以上一百万元以下的罚款；有违法所得的，没收违法所得。

前款规定的单位出具虚假报告的，由地方人民政府生态环境主管部门对直接负责的主管人员和其他直接责任人员处一万元以上五万元以下的罚款；情节严重的，十年内禁止从事前款规定的业务；构成犯罪的，终身禁止从事前款规定的业务。

本条第一款规定的单位和委托人恶意串通，出具虚假报告，造成他人人身或者财产损害的，还应当与委托人承担连带责任。

第九十一条 违反本法规定，有下列行为之一的，由地方人民政府生态环境主管部门责令改正，处十万元以上五十万元以下的罚款；情节严重的，处五十万元以上一百万元以下的罚款；有违法所得的，没收违法所得；对直接负责的主管人员和其他直接责任人员处五千元以上二万元以下的罚款：

（一）未单独收集、存放开发建设过程中剥离的表土的；

（二）实施风险管控、修复活动对土壤、周边环境造成新的污染的；

（三）转运污染土壤，未将运输时间、方式、线路和污染土壤数量、去向、最终处置措施等提前报所在地和接收地生态环境主管部门的；

（四）未达到土壤污染风险评估报告确定的风险管控、修复目标的建设用地地块，开工建设与风险管控、修复无关的项目的。

第九十二条 违反本法规定，土壤污染责任人或者土地使用权人未按照规定实施后期管理的，由地方人民政府生态环境主管部门或者其他负有土壤污染防治监督管理职责的部门责令改正，处一万元以上五万元以下的罚款；情节严重的，处五万元以上五十万元以下的罚款。

第九十三条 违反本法规定，被检查者拒不配合检查，或者在接受检查时弄虚作假的，由地方人民政府生态环境主管部门或者其他负有土壤污染防治监督管理职责的部门责令改正，处二万元以上二十万元以下的罚款；对直接负责的主管人员和其他直接责任人员处五千元以上二万元以下的罚款。

第九十四条 违反本法规定，土壤污染责任人或者土地使用权人有下列行为之一的，由地方人民政府生态环境主管部门或者其他负有土壤污染防治监督管理职责的部门责令改正，处二万元以上二十万元以下的罚款；拒不改正的，处二十万元以上一百万元以下的罚款，并委托他人代为履行，所需费用由土壤污染责任人或者土地使用权人承担；对直接负责的主管人员和其他直接责任人员处五千元以上二万元以下的罚款：

（一）未按照规定进行土壤污染状况调查的；

（二）未按照规定进行土壤污染风险评估的；

（三）未按照规定采取风险管控措施的；

（四）未按照规定实施修复的；

（五）风险管控、修复活动完成后，未另行委托有关单位对风险管控效果、修复效果进行评估的。

土壤污染责任人或者土地使用权人有前款第三项、第四项规定行为之一，情节严重的，地方人民政府生态环境主管部门或者其他负有土壤污染防治监督管理职责的部门可以将案件移送公安机关，对直接负责的主管人员和其他直接责任人员处五日以上十五日以下的拘留。

第九十五条 违反本法规定，有下列行为之一的，由地方人民政府有关部门责令改正；拒不改正的，处一万元以上五万元以下的罚款：

（一）土壤污染重点监管单位未按照规定将土壤污染防治工作方案报地方人民政府生态环境、工业和信息化主管部门备案的；

（二）土壤污染责任人或者土地使用权人未按照规定将修复方案、效果评估报告报地方人民政府生态环境、农业农村、林业草原主管部门备案的；

（三）土地使用权人未按照规定将土壤污染状况调查报告报地方人民政府生态环境主管部门备案的。

第九十六条 污染土壤造成他人人身或者财产损害的，应当依法承担侵权责任。

土壤污染责任人无法认定，土地使用权人未依照本法规定履行土壤污染风险管控和修复义务，造成他人人身或者财产损害的，应当依法承担侵权责任。

土壤污染引起的民事纠纷，当事人可以向地方人民政府生态环境等主管部门申请调解处理，也可以向人民法院提起诉讼。

第九十七条 污染土壤损害国家利益、社会公共利益的,有关机关和组织可以依照《中华人民共和国环境保护法》《中华人民共和国民事诉讼法》《中华人民共和国行政诉讼法》等法律的规定向人民法院提起诉讼。

第九十八条 违反本法规定,构成违反治安管理行为的,由公安机关依法给予治安管理处罚;构成犯罪的,依法追究刑事责任。

第七章 附 则

第九十九条 本法自 2019 年 1 月 1 日起施行。

5.《中华人民共和国水污染防治法》(2017 年 6 月 27 日修正)

中华人民共和国水污染防治法

(1984 年 5 月 11 日第六届全国人民代表大会常务委员会第五次会议通过,根据 1996 年 5 月 15 日第八届全国人民代表大会常务委员会第十九次会议《关于修改〈中华人民共和国水污染防治法〉的决定》第一次修正,2008 年 2 月 28 日第十届全国人民代表大会常务委员会第三十二次会议修订,根据 2017 年 6 月 27 日第十二届全国人民代表大会常务委员会第二十八次会议《关于修改〈中华人民共和国水污染防治法〉的决定》第二次修正)

第一章 总 则

第一条 为了保护和改善环境,防治水污染,保护水生态,保障饮用水安全,维护公众健康,推进生态文明建设,促进经济社会可持续发展,制定本法。

第二条 本法适用于中华人民共和国领域内的江河、湖泊、运河、渠道、水库等地表水体以及地下水体的污染防治。

海洋污染防治适用《中华人民共和国海洋环境保护法》。

第三条 水污染防治应当坚持预防为主、防治结合、综合治理的原则,优先保护饮用水水源,严格控制工业污染、城镇生活污染,防治农业面源污染，积极推进生态治理工程建设，预防、控制和减少水环境污染和生态破坏。

第四条 县级以上人民政府应当将水环境保护工作纳入国民经济和社会发展规划。

地方各级人民政府对本行政区域的水环境质量负责，应当及时采取措施防治水污染。

第五条 省、市、县、乡建立河长制，分级分段组织领导本行政区域内江河、湖泊的水资源保护、水域岸线管理、水污染防治、水环境治理等工作。

第六条 国家实行水环境保护目标责任制和考核评价制度，将水环境保护目标完成情况作为对地方人民政府及其负责人考核评价的内容。

第七条 国家鼓励、支持水污染防治的科学技术研究和先进适用技术的推广应用，加强水环境保护的宣传教育。

第八条 国家通过财政转移支付等方式，建立健全对位于饮用水水源保护区区域和江河、湖泊、水库上游地区的水环境生态保护补偿机制。

第九条 县级以上人民政府环境保护主管部门对水污染防治实施统一监督管理。

交通主管部门的海事管理机构对船舶污染水域的防治实施监督管理。

县级以上人民政府水行政、国土资源、卫生、建设、农业、渔业等部门以及重要江河、湖泊的流域水资源保护机构，在各自的职责范围内，对有关水污染防治实施监督管理。

第十条 排放水污染物，不得超过国家或者地方规定的水污染物排放标准和重点水污染物排放总量控制指标。

第十一条 任何单位和个人都有义务保护水环境，并有权对污染损害水环境的行为进行检举。

县级以上人民政府及其有关主管部门对在水污染防治工作中做出显著成绩的单位和个人给予表彰和奖励。

第二章 水污染防治的标准和规划

第十二条 国务院环境保护主管部门制定国家水环境质量标准。

省、自治区、直辖市人民政府可以对国家水环境质量标准中未作规定的项目，制定地方标准，并报国务院环境保护主管部门备案。

第十三条 国务院环境保护主管部门会同国务院水行政主管部门和有关省、自治区、直辖市人民政府，可以根据国家确定的重要江河、湖泊流域水体的使用功能以及有关地区的经济、技术条件，确定该重要江河、湖泊流域的省界水体适用的水环境质量标准，报国务院批准后施行。

第十四条 国务院环境保护主管部门根据国家水环境质量标准和国家经济、技术条件，制定国家水污染物排放标准。

省、自治区、直辖市人民政府对国家水污染物排放标准中未作规定的项目，可以制定地方水污染物排放标准；对国家水污染物排放标准中已作规定的项目，可以制定严于国家水污染物排放标准的地方水污染物排放标准。地方水污染物排放标准须报国务院环境保护主管部门备案。

向已有地方水污染物排放标准的水体排放污染物的，应当执行地方水污染物排放标准。

第十五条 国务院环境保护主管部门和省、自治区、直辖市人民政府，应当根据水污染防治的要求和国家或者地方的经济、技术条件，适时修订水环境质量标准和水污染物排放标准。

第十六条 防治水污染应当按流域或者按区域进行统一规划。国家确定的重要江河、湖泊的流域水污染防治规划，由国务院环境保护主管部门会同国务院经济综合宏观调控、水行政等部门和有关省、自治区、直辖市人民政府编制，报国务院批准。

前款规定外的其他跨省、自治区、直辖市江河、湖泊的流域水污染防治规划，根据国家确定的重要江河、湖泊的流域水污染防治规划和本地实际情况，由有关省、自治区、直辖市人民政府环境保护主管部门会同同级水行政等部门和有关市、县人民政府编制，经有关省、自治区、直辖市人民政府审核，报国务院批准。

省、自治区、直辖市内跨县江河、湖泊的流域水污染防治规划，根据国家确定的重要江河、湖泊的流域水污染防治规划和本地实际情况，由省、自治区、直辖市人民政府环境保护主管部门会同同级水行政等部门编制，报省、自治区、直辖市人民政府批准，并报国务院备案。

经批准的水污染防治规划是防治水污染的基本依据，规划的修订须经原批准机关批准。

县级以上地方人民政府应当根据依法批准的江河、湖泊的流域水污染防治规划，组织制定本行政区域的水污染防治规划。

第十七条　有关市、县级人民政府应当按照水污染防治规划确定的水环境质量改善目标的要求，制定限期达标规划，采取措施按期达标。

有关市、县级人民政府应当将限期达标规划报上一级人民政府备案，并向社会公开。

第十八条　市、县级人民政府每年在向本级人民代表大会或者其常务委员会报告环境状况和环境保护目标完成情况时，应当报告水环境质量限期达标规划执行情况，并向社会公开。

第三章　水污染防治的监督管理

第十九条　新建、改建、扩建直接或者间接向水体排放污染物的建设项目和其他水上设施，应当依法进行环境影响评价。

建设单位在江河、湖泊新建、改建、扩建排污口的，应当取得水行政主管部门或者流域管理机构同意；涉及通航、渔业水域的，环境保护主管部门在审批环境影响评价文件时，应当征求交通、渔业主管部门的意见。

建设项目的水污染防治设施，应当与主体工程同时设计、同时施工、同时投入使用。水污染防治设施应当符合经批准或者备案的环境影响评价文件的要求。

第二十条　国家对重点水污染物排放实施总量控制制度。

重点水污染物排放总量控制指标，由国务院环境保护主管部门在征求国务院有关部门和各省、自治区、直辖市人民政府意见后，会同国务院经济综合宏观调控部门报国务院批准并下达实施。

省、自治区、直辖市人民政府应当按照国务院的规定削减和控制本行政区域的重点水污染物排放总量。具体办法由国务院环境保护主管部门会同国务院有关部门规定。

省、自治区、直辖市人民政府可以根据本行政区域水环境质量状况和水污染防治工作的需要，对国家重点水污染物之外的其他水污染物排放实行总量控制。

对超过重点水污染物排放总量控制指标或者未完成水环境质量改善

目标的地区,省级以上人民政府环境保护主管部门应当会同有关部门约谈该地区人民政府的主要负责人,并暂停审批新增重点水污染物排放总量的建设项目的环境影响评价文件。约谈情况应当向社会公开。

第二十一条　直接或者间接向水体排放工业废水和医疗污水以及其他按照规定应当取得排污许可证方可排放的废水、污水的企业事业单位和其他生产经营者,应当取得排污许可证;城镇污水集中处理设施的运营单位,也应当取得排污许可证。排污许可证应当明确排放水污染物的种类、浓度、总量和排放去向等要求。排污许可的具体办法由国务院规定。

禁止企业事业单位和其他生产经营者无排污许可证或者违反排污许可证的规定向水体排放前款规定的废水、污水。

第二十二条　向水体排放污染物的企业事业单位和其他生产经营者,应当按照法律、行政法规和国务院环境保护主管部门的规定设置排污口;在江河、湖泊设置排污口的,还应当遵守国务院水行政主管部门的规定。

第二十三条　实行排污许可管理的企业事业单位和其他生产经营者应当按照国家有关规定和监测规范,对所排放的水污染物自行监测,并保存原始监测记录。重点排污单位还应当安装水污染物排放自动监测设备,与环境保护主管部门的监控设备联网,并保证监测设备正常运行。具体办法由国务院环境保护主管部门规定。

应当安装水污染物排放自动监测设备的重点排污单位名录,由设区的市级以上地方人民政府环境保护主管部门根据本行政区域的环境容量、重点水污染物排放总量控制指标的要求以及排污单位排放水污染物的种类、数量和浓度等因素,商同级有关部门确定。

第二十四条　实行排污许可管理的企业事业单位和其他生产经营者应当对监测数据的真实性和准确性负责。

环境保护主管部门发现重点排污单位的水污染物排放自动监测设备传输数据异常,应当及时进行调查。

第二十五条　国家建立水环境质量监测和水污染物排放监测制度。国务院环境保护主管部门负责制定水环境监测规范,统一发布国家水环境状况信息,会同国务院水行政等部门组织监测网络,统一规划国家水环境质量监测站(点)的设置,建立监测数据共享机制,加强对水环境监测的管理。

第二十六条 国家确定的重要江河、湖泊流域的水资源保护工作机构负责监测其所在流域的省界水体的水环境质量状况,并将监测结果及时报国务院环境保护主管部门和国务院水行政主管部门;有经国务院批准成立的流域水资源保护领导机构的,应当将监测结果及时报告流域水资源保护领导机构。

第二十七条 国务院有关部门和县级以上地方人民政府开发、利用和调节、调度水资源时,应当统筹兼顾,维持江河的合理流量和湖泊、水库以及地下水体的合理水位,保障基本生态用水,维护水体的生态功能。

第二十八条 国务院环境保护主管部门应当会同国务院水行政等部门和有关省、自治区、直辖市人民政府,建立重要江河、湖泊的流域水环境保护联合协调机制,实行统一规划、统一标准、统一监测、统一的防治措施。

第二十九条 国务院环境保护主管部门和省、自治区、直辖市人民政府环境保护主管部门应当会同同级有关部门根据流域生态环境功能需要,明确流域生态环境保护要求,组织开展流域环境资源承载能力监测、评价,实施流域环境资源承载能力预警。

县级以上地方人民政府应当根据流域生态环境功能需要,组织开展江河、湖泊、湿地保护与修复,因地制宜建设人工湿地、水源涵养林、沿河沿湖植被缓冲带和隔离带等生态环境治理与保护工程,整治黑臭水体,提高流域环境资源承载能力。

从事开发建设活动,应当采取有效措施,维护流域生态环境功能,严守生态保护红线。

第三十条 环境保护主管部门和其他依照本法规定行使监督管理权的部门,有权对管辖范围内的排污单位进行现场检查,被检查的单位应当如实反映情况,提供必要的资料。检查机关有义务为被检查的单位保守在检查中获取的商业秘密。

第三十一条 跨行政区域的水污染纠纷,由有关地方人民政府协商解决,或者由其共同的上级人民政府协调解决。

第四章 水污染防治措施

第一节 一般规定

第三十二条 国务院环境保护主管部门应当会同国务院卫生主管部门，根据对公众健康和生态环境的危害和影响程度，公布有毒有害水污染物名录，实行风险管理。

排放前款规定名录中所列有毒有害水污染物的企业事业单位和其他生产经营者，应当对排污口和周边环境进行监测，评估环境风险，排查环境安全隐患，并公开有毒有害水污染物信息，采取有效措施防范环境风险。

第三十三条 禁止向水体排放油类、酸液、碱液或者剧毒废液。

禁止在水体清洗装贮过油类或者有毒污染物的车辆和容器。

第三十四条 禁止向水体排放、倾倒放射性固体废物或者含有高放射性和中放射性物质的废水。

向水体排放含低放射性物质的废水，应当符合国家有关放射性污染防治的规定和标准。

第三十五条 向水体排放含热废水，应当采取措施，保证水体的水温符合水环境质量标准。

第三十六条 含病原体的污水应当经过消毒处理；符合国家有关标准后，方可排放。

第三十七条 禁止向水体排放、倾倒工业废渣、城镇垃圾和其他废弃物。

禁止将含有汞、镉、砷、铬、铅、氰化物、黄磷等的可溶性剧毒废渣向水体排放、倾倒或者直接埋入地下。

存放可溶性剧毒废渣的场所，应当采取防水、防渗漏、防流失的措施。

第三十八条 禁止在江河、湖泊、运河、渠道、水库最高水位线以下的滩地和岸坡堆放、存贮固体废弃物和其他污染物。

第三十九条 禁止利用渗井、渗坑、裂隙、溶洞，私设暗管，篡改、伪造监测数据，或者不正常运行水污染防治设施等逃避监管的方式排放水污染物。

第四十条　化学品生产企业以及工业集聚区、矿山开采区、尾矿库、危险废物处置场、垃圾填埋场等的运营、管理单位，应当采取防渗漏等措施，并建设地下水水质监测井进行监测，防止地下水污染。

加油站等的地下油罐应当使用双层罐或者采取建造防渗池等其他有效措施，并进行防渗漏监测，防止地下水污染。

禁止利用无防渗漏措施的沟渠、坑塘等输送或者存贮含有毒污染物的废水、含病原体的污水和其他废弃物。

第四十一条　多层地下水的含水层水质差异大的，应当分层开采；对已受污染的潜水和承压水，不得混合开采。

第四十二条　兴建地下工程设施或者进行地下勘探、采矿等活动，应当采取防护性措施，防止地下水污染。

报废矿井、钻井或者取水井等，应当实施封井或者回填。

第四十三条　人工回灌补给地下水，不得恶化地下水质。

第二节　工业水污染防治

第四十四条　国务院有关部门和县级以上地方人民政府应当合理规划工业布局，要求造成水污染的企业进行技术改造，采取综合防治措施，提高水的重复利用率，减少废水和污染物排放量。

第四十五条　排放工业废水的企业应当采取有效措施，收集和处理产生的全部废水，防止污染环境。含有毒有害水污染物的工业废水应当分类收集和处理，不得稀释排放。

工业集聚区应当配套建设相应的污水集中处理设施，安装自动监测设备，与环境保护主管部门的监控设备联网，并保证监测设备正常运行。

向污水集中处理设施排放工业废水的，应当按照国家有关规定进行预处理，达到集中处理设施处理工艺要求后方可排放。

第四十六条　国家对严重污染水环境的落后工艺和设备实行淘汰制度。

国务院经济综合宏观调控部门会同国务院有关部门，公布限期禁止采用的严重污染水环境的工艺名录和限期禁止生产、销售、进口、使用的严重污染水环境的设备名录。

生产者、销售者、进口者或者使用者应当在规定的期限内停止生产、销售、进口或者使用列入前款规定的设备名录中的设备。工艺的采用者应当在规定的期限内停止采用列入前款规定的工艺名录中的工艺。

依照本条第二款、第三款规定被淘汰的设备，不得转让给他人使用。

第四十七条 国家禁止新建不符合国家产业政策的小型造纸、制革、印染、染料、炼焦、炼硫、炼砷、炼汞、炼油、电镀、农药、石棉、水泥、玻璃、钢铁、火电以及其他严重污染水环境的生产项目。

第四十八条 企业应当采用原材料利用效率高、污染物排放量少的清洁工艺，并加强管理，减少水污染物的产生。

第三节 城镇水污染防治

第四十九条 城镇污水应当集中处理。

县级以上地方人民政府应当通过财政预算和其他渠道筹集资金，统筹安排建设城镇污水集中处理设施及配套管网，提高本行政区域城镇污水的收集率和处理率。

国务院建设主管部门应当会同国务院经济综合宏观调控、环境保护主管部门，根据城乡规划和水污染防治规划，组织编制全国城镇污水处理设施建设规划。县级以上地方人民政府组织建设、经济综合宏观调控、环境保护、水行政等部门编制本行政区域的城镇污水处理设施建设规划。县级以上地方人民政府建设主管部门应当按照城镇污水处理设施建设规划，组织建设城镇污水集中处理设施及配套管网，并加强对城镇污水集中处理设施运营的监督管理。

城镇污水集中处理设施的运营单位按照国家规定向排污者提供污水处理的有偿服务，收取污水处理费用，保证污水集中处理设施的正常运行。收取的污水处理费用应当用于城镇污水集中处理设施的建设运行和污泥处理处置，不得挪作他用。

城镇污水集中处理设施的污水处理收费、管理以及使用的具体办法，由国务院规定。

第五十条 向城镇污水集中处理设施排放水污染物，应当符合国家或者地方规定的水污染物排放标准。

城镇污水集中处理设施的运营单位，应当对城镇污水集中处理设施的出水水质负责。

环境保护主管部门应当对城镇污水集中处理设施的出水水质和水量进行监督检查。

第五十一条 城镇污水集中处理设施的运营单位或者污泥处理处置单位应当安全处理处置污泥，保证处理处置后的污泥符合国家标准，并对污泥的去向等进行记录。

第四节 农业和农村水污染防治

第五十二条 国家支持农村污水、垃圾处理设施的建设，推进农村污水、垃圾集中处理。

地方各级人民政府应当统筹规划建设农村污水、垃圾处理设施，并保障其正常运行。

第五十三条 制定化肥、农药等产品的质量标准和使用标准，应当适应水环境保护要求。

第五十四条 使用农药，应当符合国家有关农药安全使用的规定和标准。

运输、存贮农药和处置过期失效农药，应当加强管理，防止造成水污染。

第五十五条 县级以上地方人民政府农业主管部门和其他有关部门，应当采取措施，指导农业生产者科学、合理地施用化肥和农药，推广测土配方施肥技术和高效低毒低残留农药，控制化肥和农药的过量使用，防止造成水污染。

第五十六条 国家支持畜禽养殖场、养殖小区建设畜禽粪便、废水的综合利用或者无害化处理设施。

畜禽养殖场、养殖小区应当保证其畜禽粪便、废水的综合利用或者无害化处理设施正常运转，保证污水达标排放，防止污染水环境。

畜禽散养密集区所在地县、乡级人民政府应当组织对畜禽粪便污水进行分户收集、集中处理利用。

第五十七条 从事水产养殖应当保护水域生态环境，科学确定养殖密度，合理投饵和使用药物，防止污染水环境。

第五十八条 农田灌溉用水应当符合相应的水质标准，防止污染土壤、地下水和农产品。

禁止向农田灌溉渠道排放工业废水或者医疗污水。向农田灌溉渠道排放城镇污水以及未综合利用的畜禽养殖废水、农产品加工废水的，应当保证其下游最近的灌溉取水点的水质符合农田灌溉水质标准。

第五节 船舶水污染防治

第五十九条 船舶排放含油污水、生活污水，应当符合船舶污染物排放标准。从事海洋航运的船舶进入内河和港口的，应当遵守内河的船舶污染物排放标准。

船舶的残油、废油应当回收，禁止排入水体。

禁止向水体倾倒船舶垃圾。

船舶装载运输油类或者有毒货物，应当采取防止溢流和渗漏的措施，防止货物落水造成水污染。

进入中华人民共和国内河的国际航线船舶排放压载水的，应当采用压载水处理装置或者采取其他等效措施，对压载水进行灭活等处理。禁止排放不符合规定的船舶压载水。

第六十条 船舶应当按照国家有关规定配置相应的防污设备和器材，并持有合法有效的防止水域环境污染的证书与文书。

船舶进行涉及污染物排放的作业，应当严格遵守操作规程，并在相应的记录簿上如实记载。

第六十一条 港口、码头、装卸站和船舶修造厂所在地市、县级人民政府应当统筹规划建设船舶污染物、废弃物的接收、转运及处理处置设施。

港口、码头、装卸站和船舶修造厂应当备有足够的船舶污染物、废弃物的接收设施。从事船舶污染物、废弃物接收作业，或者从事装载油类、污染危害性货物船舱清洗作业的单位，应当具备与其运营规模相适应的接收处理能力。

第六十二条 船舶及有关作业单位从事有污染风险的作业活动，应当按照有关法律法规和标准，采取有效措施，防止造成水污染。海事管理机构、渔业主管部门应当加强对船舶及有关作业活动的监督管理。

船舶进行散装液体污染危害性货物的过驳作业，应当编制作业方案，采取有效的安全和污染防治措施，并报作业地海事管理机构批准。

禁止采取冲滩方式进行船舶拆解作业。

第五章 饮用水水源和其他特殊水体保护

第六十三条 国家建立饮用水水源保护区制度。饮用水水源保护区分为一级保护区和二级保护区；必要时，可以在饮用水水源保护区外围划定一定的区域作为准保护区。

饮用水水源保护区的划定，由有关市、县人民政府提出划定方案，报省、自治区、直辖市人民政府批准；跨市、县饮用水水源保护区的划定，由有关市、县人民政府协商提出划定方案，报省、自治区、直辖市人民政府批准；协商不成的，由省、自治区、直辖市人民政府环境保护主管部门会同同级水行政、国土资源、卫生、建设等部门提出划定方案，征求同级有关部门的意见后，报省、自治区、直辖市人民政府批准。

跨省、自治区、直辖市的饮用水水源保护区，由有关省、自治区、直辖市人民政府商有关流域管理机构划定；协商不成的，由国务院环境保护主管部门会同同级水行政、国土资源、卫生、建设等部门提出划定方案，征求国务院有关部门的意见后，报国务院批准。

国务院和省、自治区、直辖市人民政府可以根据保护饮用水水源的实际需要，调整饮用水水源保护区的范围，确保饮用水安全。有关地方人民政府应当在饮用水水源保护区的边界设立明确的地理界标和明显的警示标志。

第六十四条 在饮用水水源保护区内，禁止设置排污口。

第六十五条 禁止在饮用水水源一级保护区内新建、改建、扩建与供水设施和保护水源无关的建设项目；已建成的与供水设施和保护水源无关的建设项目，由县级以上人民政府责令拆除或者关闭。

禁止在饮用水水源一级保护区内从事网箱养殖、旅游、游泳、垂钓或者其他可能污染饮用水水体的活动。

第六十六条 禁止在饮用水水源二级保护区内新建、改建、扩建排放污染物的建设项目；已建成的排放污染物的建设项目，由县级以上人民政府责令拆除或者关闭。

在饮用水水源二级保护区内从事网箱养殖、旅游等活动的，应当按照规定采取措施，防止污染饮用水水体。

第六十七条　禁止在饮用水水源准保护区内新建、扩建对水体污染严重的建设项目；改建建设项目，不得增加排污量。

第六十八条　县级以上地方人民政府应当根据保护饮用水水源的实际需要，在准保护区内采取工程措施或者建造湿地、水源涵养林等生态保护措施，防止水污染物直接排入饮用水水体，确保饮用水安全。

第六十九条　县级以上地方人民政府应当组织环境保护等部门，对饮用水水源保护区、地下水型饮用水源的补给区及供水单位周边区域的环境状况和污染风险进行调查评估，筛查可能存在的污染风险因素，并采取相应的风险防范措施。

饮用水水源受到污染可能威胁供水安全的，环境保护主管部门应当责令有关企业事业单位和其他生产经营者采取停止排放水污染物等措施，并通报饮用水供水单位和供水、卫生、水行政等部门；跨行政区域的，还应当通报相关地方人民政府。

第七十条　单一水源供水城市的人民政府应当建设应急水源或者备用水源，有条件的地区可以开展区域联网供水。

县级以上地方人民政府应当合理安排、布局农村饮用水水源，有条件的地区可以采取城镇供水管网延伸或者建设跨村、跨乡镇联片集中供水工程等方式，发展规模集中供水。

第七十一条　饮用水供水单位应当做好取水口和出水口的水质检测工作。发现取水口水质不符合饮用水水源水质标准或者出水口水质不符合饮用水卫生标准的，应当及时采取相应措施，并向所在地市、县级人民政府供水主管部门报告。供水主管部门接到报告后，应当通报环境保护、卫生、水行政等部门。

饮用水供水单位应当对供水水质负责，确保供水设施安全可靠运行，保证供水水质符合国家有关标准。

第七十二条　县级以上地方人民政府应当组织有关部门监测、评估本行政区域内饮用水水源、供水单位供水和用户水龙头出水的水质等饮用水安全状况。

县级以上地方人民政府有关部门应当至少每季度向社会公开一次饮用水安全状况信息。

第七十三条　国务院和省、自治区、直辖市人民政府根据水环境保护的需要，可以规定在饮用水水源保护区内，采取禁止或者限制使用含磷洗涤剂、化肥、农药以及限制种植养殖等措施。

第七十四条 县级以上人民政府可以对风景名胜区水体、重要渔业水体和其他具有特殊经济文化价值的水体划定保护区，并采取措施，保证保护区的水质符合规定用途的水环境质量标准。

第七十五条 在风景名胜区水体、重要渔业水体和其他具有特殊经济文化价值的水体的保护区内，不得新建排污口。在保护区附近新建排污口，应当保证保护区水体不受污染。

第六章 水污染事故处置

第七十六条 各级人民政府及其有关部门，可能发生水污染事故的企业事业单位，应当依照《中华人民共和国突发事件应对法》的规定，做好突发水污染事故的应急准备、应急处置和事后恢复等工作。

第七十七条 可能发生水污染事故的企业事业单位，应当制定有关水污染事故的应急方案，做好应急准备，并定期进行演练。

生产、储存危险化学品的企业事业单位，应当采取措施，防止在处理安全生产事故过程中产生的可能严重污染水体的消防废水、废液直接排入水体。

第七十八条 企业事业单位发生事故或者其他突发性事件，造成或者可能造成水污染事故的，应当立即启动本单位的应急方案，采取隔离等应急措施，防止水污染物进入水体，并向事故发生地的县级以上地方人民政府或者环境保护主管部门报告。环境保护主管部门接到报告后，应当及时向本级人民政府报告，并抄送有关部门。

造成渔业污染事故或者渔业船舶造成水污染事故的，应当向事故发生地的渔业主管部门报告，接受调查处理。其他船舶造成水污染事故的，应当向事故发生地的海事管理机构报告，接受调查处理；给渔业造成损害的，海事管理机构应当通知渔业主管部门参与调查处理。

第七十九条 市、县级人民政府应当组织编制饮用水安全突发事件应急预案。

饮用水供水单位应当根据所在地饮用水安全突发事件应急预案，制定相应的突发事件应急方案，报所在地市、县级人民政府备案，并定期进行演练。

饮用水水源发生水污染事故，或者发生其他可能影响饮用水安全的突发性事件，饮用水供水单位应当采取应急处理措施，向所在地市、县级人民政府报告，并向社会公开。有关人民政府应当根据情况及时启动应急预案，采取有效措施，保障供水安全。

第七章 法律责任

第八十条 环境保护主管部门或者其他依照本法规定行使监督管理权的部门，不依法作出行政许可或者办理批准文件的，发现违法行为或者接到对违法行为的举报后不予查处的，或者有其他未依照本法规定履行职责的行为的，对直接负责的主管人员和其他直接责任人员依法给予处分。

第八十一条 以拖延、围堵、滞留执法人员等方式拒绝、阻挠环境保护主管部门或者其他依照本法规定行使监督管理权的部门的监督检查，或者在接受监督检查时弄虚作假的，由县级以上人民政府环境保护主管部门或者其他依照本法规定行使监督管理权的部门责令改正，处二万元以上二十万元以下的罚款。

第八十二条 违反本法规定，有下列行为之一的，由县级以上人民政府环境保护主管部门责令限期改正，处二万元以上二十万元以下的罚款；逾期不改正的，责令停产整治：

（一）未按照规定对所排放的水污染物自行监测，或者未保存原始监测记录的；

（二）未按照规定安装水污染物排放自动监测设备，未按照规定与环境保护主管部门的监控设备联网，或者未保证监测设备正常运行的；

（三）未按照规定对有毒有害水污染物的排污口和周边环境进行监测，或者未公开有毒有害水污染物信息的。

第八十三条 违反本法规定，有下列行为之一的，由县级以上人民政府环境保护主管部门责令改正或者责令限制生产、停产整治，并处十万元以上一百万元以下的罚款；情节严重的，报经有批准权的人民政府批准，责令停业、关闭：

（一）未依法取得排污许可证排放水污染物的；

（二）超过水污染物排放标准或者超过重点水污染物排放总量控制指

标排放水污染物的；

（三）利用渗井、渗坑、裂隙、溶洞，私设暗管，篡改、伪造监测数据，或者不正常运行水污染防治设施等逃避监管的方式排放水污染物的；

（四）未按照规定进行预处理，向污水集中处理设施排放不符合处理工艺要求的工业废水的。

第八十四条　在饮用水水源保护区内设置排污口的，由县级以上地方人民政府责令限期拆除，处十万元以上五十万元以下的罚款；逾期不拆除的，强制拆除，所需费用由违法者承担，处五十万元以上一百万元以下的罚款，并可以责令停产整治。

除前款规定外，违反法律、行政法规和国务院环境保护主管部门的规定设置排污口的，由县级以上地方人民政府环境保护主管部门责令限期拆除，处二万元以上十万元以下的罚款；逾期不拆除的，强制拆除，所需费用由违法者承担，处十万元以上五十万元以下的罚款；情节严重的，可以责令停产整治。

未经水行政主管部门或者流域管理机构同意，在江河、湖泊新建、改建、扩建排污口的，由县级以上人民政府水行政主管部门或者流域管理机构依据职权，依照前款规定采取措施、给予处罚。

第八十五条　有下列行为之一的，由县级以上地方人民政府环境保护主管部门责令停止违法行为，限期采取治理措施，消除污染，处以罚款；逾期不采取治理措施的，环境保护主管部门可以指定有治理能力的单位代为治理，所需费用由违法者承担：

（一）向水体排放油类、酸液、碱液的；

（二）向水体排放剧毒废液，或者将含有汞、镉、砷、铬、铅、氰化物、黄磷等的可溶性剧毒废渣向水体排放、倾倒或者直接埋入地下的；

（三）在水体清洗装贮过油类、有毒污染物的车辆或者容器的；

（四）向水体排放、倾倒工业废渣、城镇垃圾或者其他废弃物，或者在江河、湖泊、运河、渠道、水库最高水位线以下的滩地、岸坡堆放、存贮固体废弃物或者其他污染物的；

（五）向水体排放、倾倒放射性固体废物或者含有高放射性、中放射性物质的废水的；

（六）违反国家有关规定或者标准，向水体排放含低放射性物质的废水、热废水或者含病原体的污水的；

（七）未采取防渗漏等措施，或者未建设地下水水质监测井进行监测的；

（八）加油站等的地下油罐未使用双层罐或者采取建造防渗池等其他有效措施，或者未进行防渗漏监测的；

（九）未按照规定采取防护性措施，或者利用无防渗漏措施的沟渠、坑塘等输送或者存贮含有毒污染物的废水、含病原体的污水或者其他废弃物的。

有前款第三项、第四项、第六项、第七项、第八项行为之一的，处二万元以上二十万元以下的罚款。有前款第一项、第二项、第五项、第九项行为之一的，处十万元以上一百万元以下的罚款；情节严重的，报经有批准权的人民政府批准，责令停业、关闭。

第八十六条　违反本法规定，生产、销售、进口或者使用列入禁止生产、销售、进口、使用的严重污染水环境的设备名录中的设备，或者采用列入禁止采用的严重污染水环境的工艺名录中的工艺的，由县级以上人民政府经济综合宏观调控部门责令改正，处五万元以上二十万元以下的罚款；情节严重的，由县级以上人民政府经济综合宏观调控部门提出意见，报请本级人民政府责令停业、关闭。

第八十七条　违反本法规定，建设不符合国家产业政策的小型造纸、制革、印染、染料、炼焦、炼硫、炼砷、炼汞、炼油、电镀、农药、石棉、水泥、玻璃、钢铁、火电以及其他严重污染水环境的生产项目的，由所在地的市、县人民政府责令关闭。

第八十八条　城镇污水集中处理设施的运营单位或者污泥处理处置单位，处理处置后的污泥不符合国家标准，或者对污泥去向等未进行记录的，由城镇排水主管部门责令限期采取治理措施，给予警告；造成严重后果的，处十万元以上二十万元以下的罚款；逾期不采取治理措施的，城镇排水主管部门可以指定有治理能力的单位代为治理，所需费用由违法者承担。

第八十九条　船舶未配置相应的防污染设备和器材，或者未持有合法有效的防止水域环境污染的证书与文书的，由海事管理机构、渔业主管部门按照职责分工责令限期改正，处二千元以上二万元以下的罚款；逾期不改正的，责令船舶临时停航。

船舶进行涉及污染物排放的作业，未遵守操作规程或者未在相应的记录簿上如实记载的，由海事管理机构、渔业主管部门按照职责分工责令改正，处二千元以上二万元以下的罚款。

第九十条 违反本法规定，有下列行为之一的，由海事管理机构、渔业主管部门按照职责分工责令停止违法行为，处一万元以上十万元以下的罚款；造成水污染的，责令限期采取治理措施，消除污染，处二万元以上二十万元以下的罚款；逾期不采取治理措施的，海事管理机构、渔业主管部门按照职责分工可以指定有治理能力的单位代为治理，所需费用由船舶承担：

（一）向水体倾倒船舶垃圾或者排放船舶的残油、废油的；

（二）未经作业地海事管理机构批准，船舶进行散装液体污染危害性货物的过驳作业的；

（三）船舶及有关作业单位从事有污染风险的作业活动，未按照规定采取污染防治措施的；

（四）以冲滩方式进行船舶拆解的；

（五）进入中华人民共和国内河的国际航线船舶，排放不符合规定的船舶压载水的。

第九十一条 有下列行为之一的，由县级以上地方人民政府环境保护主管部门责令停止违法行为，处十万元以上五十万元以下的罚款；并报经有批准权的人民政府批准，责令拆除或者关闭：

（一）在饮用水水源一级保护区内新建、改建、扩建与供水设施和保护水源无关的建设项目的；

（二）在饮用水水源二级保护区内新建、改建、扩建排放污染物的建设项目的；

（三）在饮用水水源准保护区内新建、扩建对水体污染严重的建设项目，或者改建建设项目增加排污量的。

在饮用水水源一级保护区内从事网箱养殖或者组织进行旅游、垂钓或者其他可能污染饮用水水体的活动的，由县级以上地方人民政府环境保护主管部门责令停止违法行为，处二万元以上十万元以下的罚款。个人在饮用水水源一级保护区内游泳、垂钓或者从事其他可能污染饮用水水体的活动的，由县级以上地方人民政府环境保护主管部门责令停止违法行为，可以处五百元以下的罚款。

第九十二条　饮用水供水单位供水水质不符合国家规定标准的，由所在地市、县级人民政府供水主管部门责令改正，处二万元以上二十万元以下的罚款；情节严重的，报经有批准权的人民政府批准，可以责令停业整顿；对直接负责的主管人员和其他直接责任人员依法给予处分。

第九十三条　企业事业单位有下列行为之一的，由县级以上人民政府环境保护主管部门责令改正；情节严重的，处二万元以上十万元以下的罚款：

（一）不按照规定制定水污染事故的应急方案的；

（二）水污染事故发生后，未及时启动水污染事故的应急方案，采取有关应急措施的。

第九十四条　企业事业单位违反本法规定，造成水污染事故的，除依法承担赔偿责任外，由县级以上人民政府环境保护主管部门依照本条第二款的规定处以罚款，责令限期采取治理措施，消除污染；未按照要求采取治理措施或者不具备治理能力的，由环境保护主管部门指定有治理能力的单位代为治理，所需费用由违法者承担；对造成重大或者特大水污染事故的，还可以报经有批准权的人民政府批准，责令关闭；对直接负责的主管人员和其他直接责任人员可以处上一年度从本单位取得的收入百分之五十以下的罚款；有《中华人民共和国环境保护法》第六十三条规定的违法排放水污染物等行为之一，尚不构成犯罪的，由公安机关对直接负责的主管人员和其他直接责任人员处十日以上十五日以下的拘留；情节较轻的，处五日以上十日以下的拘留。

对造成一般或者较大水污染事故的，按照水污染事故造成的直接损失的百分之二十计算罚款；对造成重大或者特大水污染事故的，按照水污染事故造成的直接损失的百分之三十计算罚款。

造成渔业污染事故或者渔业船舶造成水污染事故的，由渔业主管部门进行处罚；其他船舶造成水污染事故的，由海事管理机构进行处罚。

第九十五条　企业事业单位和其他生产经营者违法排放水污染物，受到罚款处罚，被责令改正的，依法作出处罚决定的行政机关应当组织复查，发现其继续违法排放水污染物或者拒绝、阻挠复查的，依照《中华人民共和国环境保护法》的规定按日连续处罚。

第九十六条　因水污染受到损害的当事人，有权要求排污方排除危害和赔偿损失。

由于不可抗力造成水污染损害的，排污方不承担赔偿责任；法律另有规定的除外。

水污染损害是由受害人故意造成的，排污方不承担赔偿责任。水污染损害是由受害人重大过失造成的，可以减轻排污方的赔偿责任。

水污染损害是由第三人造成的，排污方承担赔偿责任后，有权向第三人追偿。

第九十七条　因水污染引起的损害赔偿责任和赔偿金额的纠纷，可以根据当事人的请求，由环境保护主管部门或者海事管理机构、渔业主管部门按照职责分工调解处理；调解不成的，当事人可以向人民法院提起诉讼。当事人也可以直接向人民法院提起诉讼。

第九十八条　因水污染引起的损害赔偿诉讼，由排污方就法律规定的免责事由及其行为与损害结果之间不存在因果关系承担举证责任。

第九十九条　因水污染受到损害的当事人人数众多的，可以依法由当事人推选代表人进行共同诉讼。

环境保护主管部门和有关社会团体可以依法支持因水污染受到损害的当事人向人民法院提起诉讼。

国家鼓励法律服务机构和律师为水污染损害诉讼中的受害人提供法律援助。

第一百条　因水污染引起的损害赔偿责任和赔偿金额的纠纷，当事人可以委托环境监测机构提供监测数据。环境监测机构应当接受委托，如实提供有关监测数据。

第一百零一条　违反本法规定，构成犯罪的，依法追究刑事责任。

第八章　附　　则

第一百零二条　本法中下列用语的含义：

（一）水污染，是指水体因某种物质的介入，而导致其化学、物理、生物或者放射性等方面特性的改变，从而影响水的有效利用，危害人体健康或者破坏生态环境，造成水质恶化的现象。

（二）水污染物，是指直接或者间接向水体排放的，能导致水体污染的物质。

（三）有毒污染物，是指那些直接或者间接被生物摄入体内后，可能导致该生物或者其后代发病、行为反常、遗传异变、生理机能失常、机体变形或者死亡的污染物。

（四）污泥，是指污水处理过程中产生的半固态或者固态物质。

（五）渔业水体，是指划定的鱼虾类的产卵场、索饵场、越冬场、洄游通道和鱼虾贝藻类的养殖场的水体。

第一百零三条　本法自 2008 年 6 月 1 日起施行。

6.《中华人民共和国放射性污染防治法》（2003 年 6 月 28 日）

中华人民共和国放射性污染防治法

（2003 年 6 月 28 日第十届全国人民代表大会常务委员会第三次会议通过，2003 年 6 月 28 日公布，自 2003 年 10 月 1 日起施行）

第一章　总　　则

第一条　为了防治放射性污染，保护环境，保障人体健康，促进核能、核技术的开发与和平利用，制定本法。

第二条　本法适用于中华人民共和国领域和管辖的其他海域在核设施选址、建造、运行、退役和核技术、铀（钍）矿、伴生放射性矿开发利用过程中发生的放射性污染的防治活动。

第三条　国家对放射性污染的防治，实行预防为主、防治结合、严格管理、安全第一的方针。

第四条　国家鼓励、支持放射性污染防治的科学研究和技术开发利用，推广先进的放射性污染防治技术。

国家支持开展放射性污染防治的国际交流与合作。

第五条　县级以上人民政府应当将放射性污染防治工作纳入环境保护规划。

县级以上人民政府应当组织开展有针对性的放射性污染防治宣传教育，使公众了解放射性污染防治的有关情况和科学知识。

第六条 任何单位和个人有权对造成放射性污染的行为提出检举和控告。

第七条 在放射性污染防治工作中作出显著成绩的单位和个人，由县级以上人民政府给予奖励。

第八条 国务院环境保护行政主管部门对全国放射性污染防治工作依法实施统一监督管理。

国务院卫生行政部门和其他有关部门依据国务院规定的职责，对有关的放射性污染防治工作依法实施监督管理。

第二章 放射性污染防治的监督管理

第九条 国家放射性污染防治标准由国务院环境保护行政主管部门根据环境安全要求、国家经济技术条件制定。国家放射性污染防治标准由国务院环境保护行政主管部门和国务院标准化行政主管部门联合发布。

第十条 国家建立放射性污染监测制度。国务院环境保护行政主管部门会同国务院其他有关部门组织环境监测网络，对放射性污染实施监测管理。

第十一条 国务院环境保护行政主管部门和国务院其他有关部门，按照职责分工，各负其责，互通信息，密切配合，对核设施、铀（钍）矿开发利用中的放射性污染防治进行监督检查。

县级以上地方人民政府环境保护行政主管部门和同级其他有关部门，按照职责分工，各负其责，互通信息，密切配合，对本行政区域内核技术利用、伴生放射性矿开发利用中的放射性污染防治进行监督检查。

监督检查人员进行现场检查时，应当出示证件。被检查的单位必须如实反映情况，提供必要的资料。监督检查人员应当为被检查单位保守技术秘密和业务秘密。对涉及国家秘密的单位和部位进行检查时，应当遵守国家有关保守国家秘密的规定，依法办理有关审批手续。

第十二条 核设施营运单位、核技术利用单位、铀（钍）矿和伴生放射性矿开发利用单位，负责本单位放射性污染的防治，接受环境保护行政主管部门和其他有关部门的监督管理，并依法对其造成的放射性污染承担责任。

第十三条 核设施营运单位、核技术利用单位、铀（钍）矿和伴生放射性矿开发利用单位，必须采取安全与防护措施，预防发生可能导致放射性污染的各类事故，避免放射性污染危害。

核设施营运单位、核技术利用单位、铀（钍）矿和伴生放射性矿开发利用单位，应当对其工作人员进行放射性安全教育、培训，采取有效的防护安全措施。

第十四条 国家对从事放射性污染防治的专业人员实行资格管理制度；对从事放射性污染监测工作的机构实行资质管理制度。

第十五条 运输放射性物质和含放射源的射线装置，应当采取有效措施，防止放射性污染。具体办法由国务院规定。

第十六条 放射性物质和射线装置应当设置明显的放射性标识和中文警示说明。生产、销售、使用、贮存、处置放射性物质和射线装置的场所，以及运输放射性物质和含放射源的射线装置的工具，应当设置明显的放射性标志。

第十七条 含有放射性物质的产品，应当符合国家放射性污染防治标准；不符合国家放射性污染防治标准的，不得出厂和销售。

使用伴生放射性矿渣和含有天然放射性物质的石材做建筑和装修材料，应当符合国家建筑材料放射性核素控制标准。

第三章 核设施的放射性污染防治

第十八条 核设施选址，应当进行科学论证，并按照国家有关规定办理审批手续。在办理核设施选址审批手续前，应当编制环境影响报告书，报国务院环境保护行政主管部门审查批准；未经批准，有关部门不得办理核设施选址批准文件。

第十九条 核设施营运单位在进行核设施建造、装料、运行、退役等活动前，必须按照国务院有关核设施安全监督管理的规定，申请领取核设施建造、运行许可证和办理装料、退役等审批手续。

核设施营运单位领取有关许可证或者批准文件后，方可进行相应的建造、装料、运行、退役等活动。

第二十条 核设施营运单位应当在申请领取核设施建造、运行许可证和办理退役审批手续前编制环境影响报告书，报国务院环境保护行政主管部门审查批准；未经批准，有关部门不得颁发许可证和办理批准文件。

第二十一条 与核设施相配套的放射性污染防治设施，应当与主体工程同时设计、同时施工、同时投入使用。

放射性污染防治设施应当与主体工程同时验收；验收合格的，主体工程方可投入生产或者使用。

第二十二条 进口核设施，应当符合国家放射性污染防治标准；没有相应的国家放射性污染防治标准的，采用国务院环境保护行政主管部门指定的国外有关标准。

第二十三条 核动力厂等重要核设施外围地区应当划定规划限制区。规划限制区的划定和管理办法，由国务院规定。

第二十四条 核设施营运单位应当对核设施周围环境中所含的放射性核素的种类、浓度以及核设施流出物中的放射性核素总量实施监测，并定期向国务院环境保护行政主管部门和所在地省、自治区、直辖市人民政府环境保护行政主管部门报告监测结果。

国务院环境保护行政主管部门负责对核动力厂等重要核设施实施监督性监测，并根据需要对其他核设施的流出物实施监测。监督性监测系统的建设、运行和维护费用由财政预算安排。

第二十五条 核设施营运单位应当建立健全安全保卫制度，加强安全保卫工作，并接受公安部门的监督指导。

核设施营运单位应当按照核设施的规模和性质制定核事故场内应急计划，做好应急准备。

出现核事故应急状态时，核设施营运单位必须立即采取有效的应急措施控制事故，并向核设施主管部门和环境保护行政主管部门、卫生行政部门、公安部门以及其他有关部门报告。

第二十六条 国家建立健全核事故应急制度。

核设施主管部门、环境保护行政主管部门、卫生行政部门、公安部门以及其他有关部门，在本级人民政府的组织领导下，按照各自的职责依法做好核事故应急工作。

中国人民解放军和中国人民武装警察部队按照国务院、中央军事委员会的有关规定在核事故应急中实施有效的支援。

第二十七条 核设施营运单位应当制定核设施退役计划。

核设施的退役费用和放射性废物处置费用应当预提，列入投资概算或者生产成本。核设施的退役费用和放射性废物处置费用的提取和管理办法，由国务院财政部门、价格主管部门会同国务院环境保护行政主管部门、核设施主管部门规定。

第四章 核技术利用的放射性污染防治

第二十八条 生产、销售、使用放射性同位素和射线装置的单位，应当按照国务院有关放射性同位素与射线装置放射防护的规定申请领取许可证，办理登记手续。

转让、进口放射性同位素和射线装置的单位以及装备有放射性同位素的仪表的单位，应当按照国务院有关放射性同位素与射线装置放射防护的规定办理有关手续。

第二十九条 生产、销售、使用放射性同位素和加速器、中子发生器以及含放射源的射线装置的单位，应当在申请领取许可证前编制环境影响评价文件，报省、自治区、直辖市人民政府环境保护行政主管部门审查批准；未经批准，有关部门不得颁发许可证。

国家建立放射性同位素备案制度。具体办法由国务院规定。

第三十条 新建、改建、扩建放射工作场所的放射防护设施，应当与主体工程同时设计、同时施工、同时投入使用。

放射防护设施应当与主体工程同时验收；验收合格的，主体工程方可投入生产或者使用。

第三十一条 放射性同位素应当单独存放，不得与易燃、易爆、腐蚀性物品等一起存放，其贮存场所应当采取有效的防火、防盗、防射线泄漏的安全防护措施，并指定专人负责保管。贮存、领取、使用、归还放射性同位素时，应当进行登记、检查，做到账物相符。

第三十二条 生产、使用放射性同位素和射线装置的单位，应当按照国务院环境保护行政主管部门的规定对其产生的放射性废物进行收集、包装、贮存。

生产放射源的单位，应当按照国务院环境保护行政主管部门的规定回收和利用废旧放射源；使用放射源的单位，应当按照国务院环境保护行政主管部门的规定将废旧放射源交回生产放射源的单位或者送交专门从事放射性固体废物贮存、处置的单位。

第三十三条 生产、销售、使用、贮存放射源的单位，应当建立健全安全保卫制度，指定专人负责，落实安全责任制，制定必要的事故应急措施。发生放射源丢失、被盗和放射性污染事故时，有关单位和个人必须立即采取应急措施，并向公安部门、卫生行政部门和环境保护行政主管部门报告。

公安部门、卫生行政部门和环境保护行政主管部门接到放射源丢失、被盗和放射性污染事故报告后，应当报告本级人民政府，并按照各自的职责立即组织采取有效措施，防止放射性污染蔓延，减少事故损失。当地人民政府应当及时将有关情况告知公众，并做好事故的调查、处理工作。

第五章 铀（钍）矿和伴生放射性矿开发利用的放射性污染防治

第三十四条 开发利用或者关闭铀（钍）矿的单位，应当在申请领取采矿许可证或者办理退役审批手续前编制环境影响报告书，报国务院环境保护行政主管部门审查批准。

开发利用伴生放射性矿的单位，应当在申请领取采矿许可证前编制环境影响报告书，报省级以上人民政府环境保护行政主管部门审查批准。

第三十五条 与铀（钍）矿和伴生放射性矿开发利用建设项目相配套的放射性污染防治设施，应当与主体工程同时设计、同时施工、同时投入使用。

放射性污染防治设施应当与主体工程同时验收；验收合格的，主体工程方可投入生产或者使用。

第三十六条 铀（钍）矿开发利用单位应当对铀（钍）矿的流出物和周围的环境实施监测，并定期向国务院环境保护行政主管部门和所在地省、自治区、直辖市人民政府环境保护行政主管部门报告监测结果。

第三十七条 对铀（钍）矿和伴生放射性矿开发利用过程中产生的尾矿，应当建造尾矿库进行贮存、处置；建造的尾矿库应当符合放射性污染防治的要求。

第三十八条 铀（钍）矿开发利用单位应当制定铀（钍）矿退役计划。铀矿退役费用由国家财政预算安排。

第六章 放射性废物管理

第三十九条 核设施营运单位、核技术利用单位、铀（钍）矿和伴生放射性矿开发利用单位，应当合理选择和利用原材料，采用先进的生产工艺和设备，尽量减少放射性废物的产生量。

第四十条 向环境排放放射性废气、废液，必须符合国家放射性污染防治标准。

第四十一条 产生放射性废气、废液的单位向环境排放符合国家放射性污染防治标准的放射性废气、废液，应当向审批环境影响评价文件的环境保护行政主管部门申请放射性核素排放量，并定期报告排放计量结果。

第四十二条 产生放射性废液的单位，必须按照国家放射性污染防治标准的要求，对不得向环境排放的放射性废液进行处理或者贮存。

产生放射性废液的单位，向环境排放符合国家放射性污染防治标准的放射性废液，必须采用符合国务院环境保护行政主管部门规定的排放方式。

禁止利用渗井、渗坑、天然裂隙、溶洞或者国家禁止的其他方式排放放射性废液。

第四十三条 低、中水平放射性固体废物在符合国家规定的区域实行近地表处置。

高水平放射性固体废物实行集中的深地质处置。

α放射性固体废物依照前款规定处置。

禁止在内河水域和海洋上处置放射性固体废物。

第四十四条 国务院核设施主管部门会同国务院环境保护行政主管部门根据地质条件和放射性固体废物处置的需要，在环境影响评价的基础上编制放射性固体废物处置场所选址规划，报国务院批准后实施。

有关地方人民政府应当根据放射性固体废物处置场所选址规划，提供放射性固体废物处置场所的建设用地，并采取有效措施支持放射性固体废物的处置。

第四十五条 产生放射性固体废物的单位，应当按照国务院环境保护行政主管部门的规定，对其产生的放射性固体废物进行处理后，送交放射性固体废物处置单位处置，并承担处置费用。

放射性固体废物处置费用收取和使用管理办法，由国务院财政部门、价格主管部门会同国务院环境保护行政主管部门规定。

第四十六条 设立专门从事放射性固体废物贮存、处置的单位，必须经国务院环境保护行政主管部门审查批准，取得许可证。具体办法由国务院规定。

禁止未经许可或者不按照许可的有关规定从事贮存和处置放射性固体废物的活动。

禁止将放射性固体废物提供或者委托给无许可证的单位贮存和处置。

第四十七条 禁止将放射性废物和被放射性污染的物品输入中华人民共和国境内或者经中华人民共和国境内转移。

第七章　法律责任

第四十八条 放射性污染防治监督管理人员违反法律规定，利用职务上的便利收受他人财物、谋取其他利益，或者玩忽职守，有下列行为之一的，依法给予行政处分；构成犯罪的，依法追究刑事责任：

（一）对不符合法定条件的单位颁发许可证和办理批准文件的；

（二）不依法履行监督管理职责的；

（三）发现违法行为不予查处的。

第四十九条 违反本法规定，有下列行为之一的，由县级以上人民政府环境保护行政主管部门或者其他有关部门依据职权责令限期改正，可以处二万元以下罚款：

（一）不按照规定报告有关环境监测结果的；

（二）拒绝环境保护行政主管部门和其他有关部门进行现场检查，或者被检查时不如实反映情况和提供必要资料的。

第五十条 违反本法规定，未编制环境影响评价文件，或者环境影响评价文件未经环境保护行政主管部门批准，擅自进行建造、运行、生产和使用等活动的，由审批环境影响评价文件的环境保护行政主管部门责令停止违法行为，限期补办手续或者恢复原状，并处一万元以上二十万元以下罚款。

第五十一条 违反本法规定，未建造放射性污染防治设施、放射防护设施,或者防治防护设施未经验收合格,主体工程即投入生产或者使用的,由审批环境影响评价文件的环境保护行政主管部门责令停止违法行为,限期改正,并处五万元以上二十万元以下罚款。

第五十二条　违反本法规定,未经许可或者批准,核设施营运单位擅自进行核设施的建造、装料、运行、退役等活动的,由国务院环境保护行政主管部门责令停止违法行为,限期改正,并处二十万元以上五十万元以下罚款;构成犯罪的,依法追究刑事责任。

第五十三条　违反本法规定,生产、销售、使用、转让、进口、贮存放射性同位素和射线装置以及装备有放射性同位素的仪表的,由县级以上人民政府环境保护行政主管部门或者其他有关部门依据职权责令停止违法行为,限期改正;逾期不改正的,责令停产停业或者吊销许可证;有违法所得的,没收违法所得;违法所得十万元以上的,并处违法所得一倍以上五倍以下罚款;没有违法所得或者违法所得不足十万元的,并处一万元以上十万元以下罚款;构成犯罪的,依法追究刑事责任。

第五十四条　违反本法规定,有下列行为之一的,由县级以上人民政府环境保护行政主管部门责令停止违法行为,限期改正,处以罚款;构成犯罪的,依法追究刑事责任:

(一)未建造尾矿库或者不按照放射性污染防治的要求建造尾矿库,贮存、处置铀(钍)矿和伴生放射性矿的尾矿的;

(二)向环境排放不得排放的放射性废气、废液的;

(三)不按照规定的方式排放放射性废液,利用渗井、渗坑、天然裂隙、溶洞或者国家禁止的其他方式排放放射性废液的;

(四)不按照规定处理或者贮存不得向环境排放的放射性废液的;

(五)将放射性固体废物提供或者委托给无许可证的单位贮存和处置的。

有前款第(一)项、第(二)项、第(三)项、第(五)项行为之一的,处十万元以上二十万元以下罚款;有前款第(四)项行为的,处一万元以上十万元以下罚款。

第五十五条　违反本法规定,有下列行为之一的,由县级以上人民政府环境保护行政主管部门或者其他有关部门依据职权责令限期改正;逾期不改正的,责令停产停业,并处二万元以上十万元以下罚款;构成犯罪的，依法追究刑事责任：

（一）不按照规定设置放射性标识、标志、中文警示说明的；

（二）不按照规定建立健全安全保卫制度和制定事故应急计划或者应急措施的；

（三）不按照规定报告放射源丢失、被盗情况或者放射性污染事故的。

第五十六条 产生放射性固体废物的单位，不按照本法第四十五条的规定对其产生的放射性固体废物进行处置的，由审批该单位立项环境影响评价文件的环境保护行政主管部门责令停止违法行为，限期改正；逾期不改正的，指定有处置能力的单位代为处置，所需费用由产生放射性固体废物的单位承担，可以并处二十万元以下罚款；构成犯罪的，依法追究刑事责任。

第五十七条 违反本法规定，有下列行为之一的，由省级以上人民政府环境保护行政主管部门责令停产停业或者吊销许可证；有违法所得的，没收违法所得；违法所得十万元以上的，并处违法所得一倍以上五倍以下罚款；没有违法所得或者违法所得不足十万元的，并处五万元以上十万元以下罚款；构成犯罪的，依法追究刑事责任：

（一）未经许可，擅自从事贮存和处置放射性固体废物活动的；

（二）不按照许可的有关规定从事贮存和处置放射性固体废物活动的。

第五十八条 向中华人民共和国境内输入放射性废物和被放射性污染的物品，或者经中华人民共和国境内转移放射性废物和被放射性污染的物品的，由海关责令退运该放射性废物和被放射性污染的物品，并处五十万元以上一百万元以下罚款；构成犯罪的，依法追究刑事责任。

第五十九条 因放射性污染造成他人损害的，应当依法承担民事责任。

第八章 附 则

第六十条 军用设施、装备的放射性污染防治，由国务院和军队的有关主管部门依照本法规定的原则和国务院、中央军事委员会规定的职责实施监督管理。

第六十一条 劳动者在职业活动中接触放射性物质造成的职业病的防治，依照《中华人民共和国职业病防治法》的规定执行。

第六十二条　本法中下列用语的含义：

（一）放射性污染，是指由于人类活动造成物料、人体、场所、环境介质表面或者内部出现超过国家标准的放射性物质或者射线。

（二）核设施，是指核动力厂（核电厂、核热电厂、核供汽供热厂等）和其他反应堆（研究堆、实验堆、临界装置等）；核燃料生产、加工、贮存和后处理设施；放射性废物的处理和处置设施等。

（三）核技术利用，是指密封放射源、非密封放射源和射线装置在医疗、工业、农业、地质调查、科学研究和教学等领域中的使用。

（四）放射性同位素，是指某种发生放射性衰变的元素中具有相同原子序数但质量不同的核素。

（五）放射源，是指除研究堆和动力堆核燃料循环范畴的材料以外，永久密封在容器中或者有严密包层并呈固态的放射性材料。

（六）射线装置，是指X线机、加速器、中子发生器以及含放射源的装置。

（七）伴生放射性矿，是指含有较高水平天然放射性核素浓度的非铀矿（如稀土矿和磷酸盐矿等）。

（八）放射性废物，是指含有放射性核素或者被放射性核素污染，其浓度或者比活度大于国家确定的清洁解控水平，预期不再使用的废弃物。

第六十三条　本法自2003年10月1日起施行。

7.《中华人民共和国固体废物污染环境防治法》(2020年4月29日修订)

中华人民共和国固体废物污染环境防治法

（1995年10月30日第八届全国人民代表大会常务委员会第十六次会议通过，2004年12月29日第十届全国人民代表大会常务委员会第十三次会议第一次修订，根据2013年6月29日第十二届全国人民代表大会常务委员会第三次会议《关于修改〈中华人民共和国文物保护法〉等十二部法律的决定》第一次修正，根据2015年4月24日第十二届全国人民代表大会常务委员会第十四次会议《关于修改〈中华人民共和国港口法〉等七部法律的决定》第二次修正，根据2016年11月7日第十二届全国人民代表大会常务委员会第二十四次会议《关于修改〈中华人民共和国对外贸易法〉等十二部法律的决定》第三次修正，2020年4月29日第十三届全国人民代表大会常务委员会第十七次会议第二次修订）

第一章 总 则

第一条 为了保护和改善生态环境，防治固体废物污染环境，保障公众健康，维护生态安全，推进生态文明建设，促进经济社会可持续发展，制定本法。

第二条 固体废物污染环境的防治适用本法。

固体废物污染海洋环境的防治和放射性固体废物污染环境的防治不适用本法。

第三条 国家推行绿色发展方式，促进清洁生产和循环经济发展。

国家倡导简约适度、绿色低碳的生活方式，引导公众积极参与固体废物污染环境防治。

第四条 固体废物污染环境防治坚持减量化、资源化和无害化的原则。

任何单位和个人都应当采取措施，减少固体废物的产生量，促进固体废物的综合利用，降低固体废物的危害性。

第五条 固体废物污染环境防治坚持污染担责的原则。

产生、收集、贮存、运输、利用、处置固体废物的单位和个人，应当采取措施，防止或者减少固体废物对环境的污染，对所造成的环境污染依法承担责任。

第六条 国家推行生活垃圾分类制度。

生活垃圾分类坚持政府推动、全民参与、城乡统筹、因地制宜、简便易行的原则。

第七条 地方各级人民政府对本行政区域固体废物污染环境防治负责。

国家实行固体废物污染环境防治目标责任制和考核评价制度，将固体废物污染环境防治目标完成情况纳入考核评价的内容。

第八条 各级人民政府应当加强对固体废物污染环境防治工作的领导，组织、协调、督促有关部门依法履行固体废物污染环境防治监督管理职责。

省、自治区、直辖市之间可以协商建立跨行政区域固体废物污染环境的联防联控机制，统筹规划制定、设施建设、固体废物转移等工作。

第九条 国务院生态环境主管部门对全国固体废物污染环境防治工作实施统一监督管理。国务院发展改革、工业和信息化、自然资源、住房城乡建设、交通运输、农业农村、商务、卫生健康、海关等主管部门在各自职责范围内负责固体废物污染环境防治的监督管理工作。

地方人民政府生态环境主管部门对本行政区域固体废物污染环境防治工作实施统一监督管理。地方人民政府发展改革、工业和信息化、自然资源、住房城乡建设、交通运输、农业农村、商务、卫生健康等主管部门在各自职责范围内负责固体废物污染环境防治的监督管理工作。

第十条 国家鼓励、支持固体废物污染环境防治的科学研究、技术开发、先进技术推广和科学普及，加强固体废物污染环境防治科技支撑。

第十一条 国家机关、社会团体、企业事业单位、基层群众性自治组织和新闻媒体应当加强固体废物污染环境防治宣传教育和科学普及，增强公众固体废物污染环境防治意识。

学校应当开展生活垃圾分类以及其他固体废物污染环境防治知识普

及和教育。

第十二条 各级人民政府对在固体废物污染环境防治工作以及相关的综合利用活动中做出显著成绩的单位和个人，按照国家有关规定给予表彰、奖励。

第二章　监督管理

第十三条 县级以上人民政府应当将固体废物污染环境防治工作纳入国民经济和社会发展规划、生态环境保护规划，并采取有效措施减少固体废物的产生量、促进固体废物的综合利用、降低固体废物的危害性，最大限度降低固体废物填埋量。

第十四条 国务院生态环境主管部门应当会同国务院有关部门根据国家环境质量标准和国家经济、技术条件，制定固体废物鉴别标准、鉴别程序和国家固体废物污染环境防治技术标准。

第十五条 国务院标准化主管部门应当会同国务院发展改革、工业和信息化、生态环境、农业农村等主管部门，制定固体废物综合利用标准。

综合利用固体废物应当遵守生态环境法律法规，符合固体废物污染环境防治技术标准。使用固体废物综合利用产物应当符合国家规定的用途、标准。

第十六条 国务院生态环境主管部门应当会同国务院有关部门建立全国危险废物等固体废物污染环境防治信息平台，推进固体废物收集、转移、处置等全过程监控和信息化追溯。

第十七条 建设产生、贮存、利用、处置固体废物的项目，应当依法进行环境影响评价，并遵守国家有关建设项目环境保护管理的规定。

第十八条 建设项目的环境影响评价文件确定需要配套建设的固体废物污染环境防治设施，应当与主体工程同时设计、同时施工、同时投入使用。建设项目的初步设计，应当按照环境保护设计规范的要求，将固体废物污染环境防治内容纳入环境影响评价文件，落实防治固体废物污染环境和破坏生态的措施以及固体废物污染环境防治设施投资概算。

建设单位应当依照有关法律法规的规定，对配套建设的固体废物污染环境防治设施进行验收，编制验收报告，并向社会公开。

第十九条　收集、贮存、运输、利用、处置固体废物的单位和其他生产经营者，应当加强对相关设施、设备和场所的管理和维护，保证其正常运行和使用。

第二十条　产生、收集、贮存、运输、利用、处置固体废物的单位和其他生产经营者，应当采取防扬散、防流失、防渗漏或者其他防止污染环境的措施，不得擅自倾倒、堆放、丢弃、遗撒固体废物。

禁止任何单位或者个人向江河、湖泊、运河、渠道、水库及其最高水位线以下的滩地和岸坡以及法律法规规定的其他地点倾倒、堆放、贮存固体废物。

第二十一条　在生态保护红线区域、永久基本农田集中区域和其他需要特别保护的区域内，禁止建设工业固体废物、危险废物集中贮存、利用、处置的设施、场所和生活垃圾填埋场。

第二十二条　转移固体废物出省、自治区、直辖市行政区域贮存、处置的，应当向固体废物移出地的省、自治区、直辖市人民政府生态环境主管部门提出申请。移出地的省、自治区、直辖市人民政府生态环境主管部门应当及时商经接受地的省、自治区、直辖市人民政府生态环境主管部门同意后，在规定期限内批准转移该固体废物出省、自治区、直辖市行政区域。未经批准的，不得转移。

转移固体废物出省、自治区、直辖市行政区域利用的，应当报固体废物移出地的省、自治区、直辖市人民政府生态环境主管部门备案。移出地的省、自治区、直辖市人民政府生态环境主管部门应当将备案信息通报接受地的省、自治区、直辖市人民政府生态环境主管部门。

第二十三条　禁止中华人民共和国境外的固体废物进境倾倒、堆放、处置。

第二十四条　国家逐步实现固体废物零进口，由国务院生态环境主管部门会同国务院商务、发展改革、海关等主管部门组织实施。

第二十五条　海关发现进口货物疑似固体废物的，可以委托专业机构开展属性鉴别，并根据鉴别结论依法管理。

第二十六条　生态环境主管部门及其环境执法机构和其他负有固体废物污染环境防治监督管理职责的部门，在各自职责范围内有权对从事产生、收集、贮存、运输、利用、处置固体废物等活动的单位和其他生产经营者进行现场检查。被检查者应当如实反映情况，并提供必要的资料。

实施现场检查，可以采取现场监测、采集样品、查阅或者复制与固体废物污染环境防治相关的资料等措施。检查人员进行现场检查，应当出示证件。对现场检查中知悉的商业秘密应当保密。

第二十七条　有下列情形之一，生态环境主管部门和其他负有固体废物污染环境防治监督管理职责的部门，可以对违法收集、贮存、运输、利用、处置的固体废物及设施、设备、场所、工具、物品予以查封、扣押：

（一）可能造成证据灭失、被隐匿或者非法转移的；

（二）造成或者可能造成严重环境污染的。

第二十八条　生态环境主管部门应当会同有关部门建立产生、收集、贮存、运输、利用、处置固体废物的单位和其他生产经营者信用记录制度，将相关信用记录纳入全国信用信息共享平台。

第二十九条　设区的市级人民政府生态环境主管部门应当会同住房城乡建设、农业农村、卫生健康等主管部门，定期向社会发布固体废物的种类、产生量、处置能力、利用处置状况等信息。

产生、收集、贮存、运输、利用、处置固体废物的单位，应当依法及时公开固体废物污染环境防治信息，主动接受社会监督。

利用、处置固体废物的单位，应当依法向公众开放设施、场所，提高公众环境保护意识和参与程度。

第三十条　县级以上人民政府应当将工业固体废物、生活垃圾、危险废物等固体废物污染环境防治情况纳入环境状况和环境保护目标完成情况年度报告，向本级人民代表大会或者人民代表大会常务委员会报告。

第三十一条　任何单位和个人都有权对造成固体废物污染环境的单位和个人进行举报。

生态环境主管部门和其他负有固体废物污染环境防治监督管理职责的部门应当将固体废物污染环境防治举报方式向社会公布，方便公众举报。

接到举报的部门应当及时处理并对举报人的相关信息予以保密；对实名举报并查证属实的，给予奖励。

举报人举报所在单位的，该单位不得以解除、变更劳动合同或者其他方式对举报人进行打击报复。

第三章 工业固体废物

第三十二条 国务院生态环境主管部门应当会同国务院发展改革、工业和信息化等主管部门对工业固体废物对公众健康、生态环境的危害和影响程度等作出界定，制定防治工业固体废物污染环境的技术政策，组织推广先进的防治工业固体废物污染环境的生产工艺和设备。

第三十三条 国务院工业和信息化主管部门应当会同国务院有关部门组织研究开发、推广减少工业固体废物产生量和降低工业固体废物危害性的生产工艺和设备，公布限期淘汰产生严重污染环境的工业固体废物的落后生产工艺、设备的名录。

生产者、销售者、进口者、使用者应当在国务院工业和信息化主管部门会同国务院有关部门规定的期限内分别停止生产、销售、进口或者使用列入前款规定名录中的设备。生产工艺的采用者应当在国务院工业和信息化主管部门会同国务院有关部门规定的期限内停止采用列入前款规定名录中的工艺。

列入限期淘汰名录被淘汰的设备，不得转让给他人使用。

第三十四条 国务院工业和信息化主管部门应当会同国务院发展改革、生态环境等主管部门，定期发布工业固体废物综合利用技术、工艺、设备和产品导向目录，组织开展工业固体废物资源综合利用评价，推动工业固体废物综合利用。

第三十五条 县级以上地方人民政府应当制定工业固体废物污染环境防治工作规划，组织建设工业固体废物集中处置等设施，推动工业固体废物污染环境防治工作。

第三十六条 产生工业固体废物的单位应当建立健全工业固体废物产生、收集、贮存、运输、利用、处置全过程的污染环境防治责任制度，建立工业固体废物管理台账，如实记录产生工业固体废物的种类、数量、流向、贮存、利用、处置等信息，实现工业固体废物可追溯、可查询，并采取防治工业固体废物污染环境的措施。

禁止向生活垃圾收集设施中投放工业固体废物。

第三十七条 产生工业固体废物的单位委托他人运输、利用、处置工业固体废物的，应当对受托方的主体资格和技术能力进行核实，依法签订书面合同，在合同中约定污染防治要求。

受托方运输、利用、处置工业固体废物，应当依照有关法律法规的规定和合同约定履行污染防治要求，并将运输、利用、处置情况告知产生工业固体废物的单位。

产生工业固体废物的单位违反本条第一款规定的，除依照有关法律法规的规定予以处罚外，还应当与造成环境污染和生态破坏的受托方承担连带责任。

第三十八条 产生工业固体废物的单位应当依法实施清洁生产审核，合理选择和利用原材料、能源和其他资源，采用先进的生产工艺和设备，减少工业固体废物的产生量，降低工业固体废物的危害性。

第三十九条 产生工业固体废物的单位应当取得排污许可证。排污许可的具体办法和实施步骤由国务院规定。

产生工业固体废物的单位应当向所在地生态环境主管部门提供工业固体废物的种类、数量、流向、贮存、利用、处置等有关资料，以及减少工业固体废物产生、促进综合利用的具体措施，并执行排污许可管理制度的相关规定。

第四十条 产生工业固体废物的单位应当根据经济、技术条件对工业固体废物加以利用；对暂时不利用或者不能利用的，应当按照国务院生态环境等主管部门的规定建设贮存设施、场所，安全分类存放，或者采取无害化处置措施。贮存工业固体废物应当采取符合国家环境保护标准的防护措施。

建设工业固体废物贮存、处置的设施、场所，应当符合国家环境保护标准。

第四十一条 产生工业固体废物的单位终止的，应当在终止前对工业固体废物的贮存、处置的设施、场所采取污染防治措施，并对未处置的工业固体废物作出妥善处置，防止污染环境。

产生工业固体废物的单位发生变更的，变更后的单位应当按照国家有关环境保护的规定对未处置的工业固体废物及其贮存、处置的设施、场所进行安全处置或者采取有效措施保证该设施、场所安全运行。变更前当事人对工业固体废物及其贮存、处置的设施、场所的污染防治责任另有约定的，从其约定；但是，不得免除当事人的污染防治义务。

对2005年4月1日前已经终止的单位未处置的工业固体废物及其贮存、处置的设施、场所进行安全处置的费用，由有关人民政府承担；但是，该单位享有的土地使用权依法转让的，应当由土地使用权受让人承担处置费用。当事人另有约定的，从其约定；但是，不得免除当事人的污染防治义务。

第四十二条　矿山企业应当采取科学的开采方法和选矿工艺，减少尾矿、煤矸石、废石等矿业固体废物的产生量和贮存量。

国家鼓励采取先进工艺对尾矿、煤矸石、废石等矿业固体废物进行综合利用。

尾矿、煤矸石、废石等矿业固体废物贮存设施停止使用后，矿山企业应当按照国家有关环境保护等规定进行封场，防止造成环境污染和生态破坏。

第四章　生活垃圾

第四十三条　县级以上地方人民政府应当加快建立分类投放、分类收集、分类运输、分类处理的生活垃圾管理系统，实现生活垃圾分类制度有效覆盖。

县级以上地方人民政府应当建立生活垃圾分类工作协调机制，加强和统筹生活垃圾分类管理能力建设。

各级人民政府及其有关部门应当组织开展生活垃圾分类宣传，教育引导公众养成生活垃圾分类习惯，督促和指导生活垃圾分类工作。

第四十四条　县级以上地方人民政府应当有计划地改进燃料结构，发展清洁能源，减少燃料废渣等固体废物的产生量。

县级以上地方人民政府有关部门应当加强产品生产和流通过程管理，避免过度包装，组织净菜上市，减少生活垃圾的产生量。

第四十五条　县级以上人民政府应当统筹安排建设城乡生活垃圾收集、运输、处理设施，确定设施厂址，提高生活垃圾的综合利用和无害化处置水平，促进生活垃圾收集、处理的产业化发展，逐步建立和完善生活垃圾污染环境防治的社会服务体系。

县级以上地方人民政府有关部门应当统筹规划，合理安排回收、分拣、打包网点，促进生活垃圾的回收利用工作。

第四十六条 地方各级人民政府应当加强农村生活垃圾污染环境的防治，保护和改善农村人居环境。

国家鼓励农村生活垃圾源头减量。城乡结合部、人口密集的农村地区和其他有条件的地方，应当建立城乡一体的生活垃圾管理系统；其他农村地区应当积极探索生活垃圾管理模式，因地制宜，就近就地利用或者妥善处理生活垃圾。

第四十七条 设区的市级以上人民政府环境卫生主管部门应当制定生活垃圾清扫、收集、贮存、运输和处理设施、场所建设运行规范，发布生活垃圾分类指导目录，加强监督管理。

第四十八条 县级以上地方人民政府环境卫生等主管部门应当组织对城乡生活垃圾进行清扫、收集、运输和处理，可以通过招标等方式选择具备条件的单位从事生活垃圾的清扫、收集、运输和处理。

第四十九条 产生生活垃圾的单位、家庭和个人应当依法履行生活垃圾源头减量和分类投放义务，承担生活垃圾产生者责任。

任何单位和个人都应当依法在指定的地点分类投放生活垃圾。禁止随意倾倒、抛撒、堆放或者焚烧生活垃圾。

机关、事业单位等应当在生活垃圾分类工作中起示范带头作用。

已经分类投放的生活垃圾，应当按照规定分类收集、分类运输、分类处理。

第五十条 清扫、收集、运输、处理城乡生活垃圾，应当遵守国家有关环境保护和环境卫生管理的规定，防止污染环境。

从生活垃圾中分类并集中收集的有害垃圾，属于危险废物的，应当按照危险废物管理。

第五十一条 从事公共交通运输的经营单位，应当及时清扫、收集运输过程中产生的生活垃圾。

第五十二条 农贸市场、农产品批发市场等应当加强环境卫生管理，保持环境卫生清洁，对所产生的垃圾及时清扫、分类收集、妥善处理。

第五十三条 从事城市新区开发、旧区改建和住宅小区开发建设、村镇建设的单位，以及机场、码头、车站、公园、商场、体育场馆等公共设施、场所的经营管理单位，应当按照国家有关环境卫生的规定，配套建设生活垃圾收集设施。

县级以上地方人民政府应当统筹生活垃圾公共转运、处理设施与前款规定的收集设施的有效衔接，并加强生活垃圾分类收运体系和再生资源回收体系在规划、建设、运营等方面的融合。

第五十四条 从生活垃圾中回收的物质应当按照国家规定的用途、标准使用，不得用于生产可能危害人体健康的产品。

第五十五条 建设生活垃圾处理设施、场所，应当符合国务院生态环境主管部门和国务院住房城乡建设主管部门规定的环境保护和环境卫生标准。

鼓励相邻地区统筹生活垃圾处理设施建设，促进生活垃圾处理设施跨行政区域共建共享。

禁止擅自关闭、闲置或者拆除生活垃圾处理设施、场所；确有必要关闭、闲置或者拆除的，应当经所在地的市、县级人民政府环境卫生主管部门商所在地生态环境主管部门同意后核准，并采取防止污染环境的措施。

第五十六条 生活垃圾处理单位应当按照国家有关规定，安装使用监测设备，实时监测污染物的排放情况，将污染排放数据实时公开。监测设备应当与所在地生态环境主管部门的监控设备联网。

第五十七条 县级以上地方人民政府环境卫生主管部门负责组织开展厨余垃圾资源化、无害化处理工作。

产生、收集厨余垃圾的单位和其他生产经营者，应当将厨余垃圾交由具备相应资质条件的单位进行无害化处理。

禁止畜禽养殖场、养殖小区利用未经无害化处理的厨余垃圾饲喂畜禽。

第五十八条 县级以上地方人民政府应当按照产生者付费原则，建立生活垃圾处理收费制度。

县级以上地方人民政府制定生活垃圾处理收费标准，应当根据本地实际，结合生活垃圾分类情况，体现分类计价、计量收费等差别化管理，并充分征求公众意见。生活垃圾处理收费标准应当向社会公布。

生活垃圾处理费应当专项用于生活垃圾的收集、运输和处理等，不得挪作他用。

第五十九条 省、自治区、直辖市和设区的市、自治州可以结合实际，制定本地方生活垃圾具体管理办法。

第五章 建筑垃圾、农业固体废物等

第六十条 县级以上地方人民政府应当加强建筑垃圾污染环境的防治，建立建筑垃圾分类处理制度。

县级以上地方人民政府应当制定包括源头减量、分类处理、消纳设施和场所布局及建设等在内的建筑垃圾污染环境防治工作规划。

第六十一条 国家鼓励采用先进技术、工艺、设备和管理措施，推进建筑垃圾源头减量，建立建筑垃圾回收利用体系。

县级以上地方人民政府应当推动建筑垃圾综合利用产品应用。

第六十二条 县级以上地方人民政府环境卫生主管部门负责建筑垃圾污染环境防治工作，建立建筑垃圾全过程管理制度，规范建筑垃圾产生、收集、贮存、运输、利用、处置行为，推进综合利用，加强建筑垃圾处置设施、场所建设，保障处置安全，防止污染环境。

第六十三条 工程施工单位应当编制建筑垃圾处理方案，采取污染防治措施，并报县级以上地方人民政府环境卫生主管部门备案。

工程施工单位应当及时清运工程施工过程中产生的建筑垃圾等固体废物，并按照环境卫生主管部门的规定进行利用或者处置。

工程施工单位不得擅自倾倒、抛撒或者堆放工程施工过程中产生的建筑垃圾。

第六十四条 县级以上人民政府农业农村主管部门负责指导农业固体废物回收利用体系建设，鼓励和引导有关单位和其他生产经营者依法收集、贮存、运输、利用、处置农业固体废物，加强监督管理，防止污染环境。

第六十五条 产生秸秆、废弃农用薄膜、农药包装废弃物等农业固体废物的单位和其他生产经营者，应当采取回收利用和其他防止污染环境的措施。

从事畜禽规模养殖应当及时收集、贮存、利用或者处置养殖过程中产生的畜禽粪污等固体废物，避免造成环境污染。

禁止在人口集中地区、机场周围、交通干线附近以及当地人民政府

划定的其他区域露天焚烧秸秆。

国家鼓励研究开发、生产、销售、使用在环境中可降解且无害的农用薄膜。

第六十六条 国家建立电器电子、铅蓄电池、车用动力电池等产品的生产者责任延伸制度。

电器电子、铅蓄电池、车用动力电池等产品的生产者应当按照规定以自建或者委托等方式建立与产品销售量相匹配的废旧产品回收体系，并向社会公开，实现有效回收和利用。

国家鼓励产品的生产者开展生态设计，促进资源回收利用。

第六十七条 国家对废弃电器电子产品等实行多渠道回收和集中处理制度。

禁止将废弃机动车船等交由不符合规定条件的企业或者个人回收、拆解。

拆解、利用、处置废弃电器电子产品、废弃机动车船等，应当遵守有关法律法规的规定，采取防止污染环境的措施。

第六十八条 产品和包装物的设计、制造，应当遵守国家有关清洁生产的规定。国务院标准化主管部门应当根据国家经济和技术条件、固体废物污染环境防治状况以及产品的技术要求，组织制定有关标准，防止过度包装造成环境污染。

生产经营者应当遵守限制商品过度包装的强制性标准，避免过度包装。县级以上地方人民政府市场监督管理部门和有关部门应当按照各自职责，加强对过度包装的监督管理。

生产、销售、进口依法被列入强制回收目录的产品和包装物的企业，应当按照国家有关规定对该产品和包装物进行回收。

电子商务、快递、外卖等行业应当优先采用可重复使用、易回收利用的包装物，优化物品包装，减少包装物的使用，并积极回收利用包装物。县级以上地方人民政府商务、邮政等主管部门应当加强监督管理。

国家鼓励和引导消费者使用绿色包装和减量包装。

第六十九条 国家依法禁止、限制生产、销售和使用不可降解塑料袋等一次性塑料制品。

商品零售场所开办单位、电子商务平台企业和快递企业、外卖企业应当按照国家有关规定向商务、邮政等主管部门报告塑料袋等一次性塑料制品的使用、回收情况。

国家鼓励和引导减少使用、积极回收塑料袋等一次性塑料制品，推广应用可循环、易回收、可降解的替代产品。

第七十条 旅游、住宿等行业应当按照国家有关规定推行不主动提供一次性用品。

机关、企业事业单位等的办公场所应当使用有利于保护环境的产品、设备和设施，减少使用一次性办公用品。

第七十一条 城镇污水处理设施维护运营单位或者污泥处理单位应当安全处理污泥，保证处理后的污泥符合国家有关标准，对污泥的流向、用途、用量等进行跟踪、记录，并报告城镇排水主管部门、生态环境主管部门。

县级以上人民政府城镇排水主管部门应当将污泥处理设施纳入城镇排水与污水处理规划，推动同步建设污泥处理设施与污水处理设施，鼓励协同处理，污水处理费征收标准和补偿范围应当覆盖污泥处理成本和污水处理设施正常运营成本。

第七十二条 禁止擅自倾倒、堆放、丢弃、遗撒城镇污水处理设施产生的污泥和处理后的污泥。

禁止重金属或者其他有毒有害物质含量超标的污泥进入农用地。

从事水体清淤疏浚应当按照国家有关规定处理清淤疏浚过程中产生的底泥，防止污染环境。

第七十三条 各级各类实验室及其设立单位应当加强对实验室产生的固体废物的管理，依法收集、贮存、运输、利用、处置实验室固体废物。实验室固体废物属于危险废物的，应当按照危险废物管理。

第六章 危险废物

第七十四条 危险废物污染环境的防治，适用本章规定；本章未作规定的，适用本法其他有关规定。

第七十五条 国务院生态环境主管部门应当会同国务院有关部门制定国家危险废物名录，规定统一的危险废物鉴别标准、鉴别方法、识别标志和鉴别单位管理要求。国家危险废物名录应当动态调整。

国务院生态环境主管部门根据危险废物的危害特性和产生数量,科学评估其环境风险,实施分级分类管理,建立信息化监管体系,并通过信息化手段管理、共享危险废物转移数据和信息。

第七十六条 省、自治区、直辖市人民政府应当组织有关部门编制危险废物集中处置设施、场所的建设规划,科学评估危险废物处置需求,合理布局危险废物集中处置设施、场所,确保本行政区域的危险废物得到妥善处置。

编制危险废物集中处置设施、场所的建设规划,应当征求有关行业协会、企业事业单位、专家和公众等方面的意见。

相邻省、自治区、直辖市之间可以开展区域合作,统筹建设区域性危险废物集中处置设施、场所。

第七十七条 对危险废物的容器和包装物以及收集、贮存、运输、利用、处置危险废物的设施、场所,应当按照规定设置危险废物识别标志。

第七十八条 产生危险废物的单位,应当按照国家有关规定制定危险废物管理计划;建立危险废物管理台账,如实记录有关信息,并通过国家危险废物信息管理系统向所在地生态环境主管部门申报危险废物的种类、产生量、流向、贮存、处置等有关资料。

前款所称危险废物管理计划应当包括减少危险废物产生量和降低危险废物危害性的措施以及危险废物贮存、利用、处置措施。危险废物管理计划应当报产生危险废物的单位所在地生态环境主管部门备案。

产生危险废物的单位已经取得排污许可证的,执行排污许可管理制度的规定。

第七十九条 产生危险废物的单位,应当按照国家有关规定和环境保护标准要求贮存、利用、处置危险废物,不得擅自倾倒、堆放。

第八十条 从事收集、贮存、利用、处置危险废物经营活动的单位,应当按照国家有关规定申请取得许可证。许可证的具体管理办法由国务院制定。

禁止无许可证或者未按照许可证规定从事危险废物收集、贮存、利用、处置的经营活动。

禁止将危险废物提供或者委托给无许可证的单位或者其他生产经营

者从事收集、贮存、利用、处置活动。

第八十一条 收集、贮存危险废物，应当按照危险废物特性分类进行。禁止混合收集、贮存、运输、处置性质不相容而未经安全性处置的危险废物。

贮存危险废物应当采取符合国家环境保护标准的防护措施。禁止将危险废物混入非危险废物中贮存。

从事收集、贮存、利用、处置危险废物经营活动的单位，贮存危险废物不得超过一年；确需延长期限的，应当报经颁发许可证的生态环境主管部门批准；法律、行政法规另有规定的除外。

第八十二条 转移危险废物的，应当按照国家有关规定填写、运行危险废物电子或者纸质转移联单。

跨省、自治区、直辖市转移危险废物的，应当向危险废物移出地省、自治区、直辖市人民政府生态环境主管部门申请。移出地省、自治区、直辖市人民政府生态环境主管部门应当及时商经接受地省、自治区、直辖市人民政府生态环境主管部门同意后，在规定期限内批准转移该危险废物，并将批准信息通报相关省、自治区、直辖市人民政府生态环境主管部门和交通运输主管部门。未经批准的，不得转移。

危险废物转移管理应当全程管控、提高效率，具体办法由国务院生态环境主管部门会同国务院交通运输主管部门和公安部门制定。

第八十三条 运输危险废物，应当采取防止污染环境的措施，并遵守国家有关危险货物运输管理的规定。

禁止将危险废物与旅客在同一运输工具上载运。

第八十四条 收集、贮存、运输、利用、处置危险废物的场所、设施、设备和容器、包装物及其他物品转作他用时，应当按照国家有关规定经过消除污染处理，方可使用。

第八十五条 产生、收集、贮存、运输、利用、处置危险废物的单位，应当依法制定意外事故的防范措施和应急预案，并向所在地生态环境主管部门和其他负有固体废物污染环境防治监督管理职责的部门备案；生态环境主管部门和其他负有固体废物污染环境防治监督管理职责的部门应当进行检查。

第八十六条 因发生事故或者其他突发性事件，造成危险废物严重污染环境的单位，应当立即采取有效措施消除或者减轻对环境的污染危害，及时通报可能受到污染危害的单位和居民，并向所在地生态环境主管部门和有关部门报告，接受调查处理。

第八十七条 在发生或者有证据证明可能发生危险废物严重污染环境、威胁居民生命财产安全时，生态环境主管部门或者其他负有固体废物污染环境防治监督管理职责的部门应当立即向本级人民政府和上一级人民政府有关部门报告，由人民政府采取防止或者减轻危害的有效措施。有关人民政府可以根据需要责令停止导致或者可能导致环境污染事故的作业。

第八十八条 重点危险废物集中处置设施、场所退役前，运营单位应当按照国家有关规定对设施、场所采取污染防治措施。退役的费用应当预提，列入投资概算或者生产成本，专门用于重点危险废物集中处置设施、场所的退役。具体提取和管理办法，由国务院财政部门、价格主管部门会同国务院生态环境主管部门规定。

第八十九条 禁止经中华人民共和国过境转移危险废物。

第九十条 医疗废物按照国家危险废物名录管理。县级以上地方人民政府应当加强医疗废物集中处置能力建设。

县级以上人民政府卫生健康、生态环境等主管部门应当在各自职责范围内加强对医疗废物收集、贮存、运输、处置的监督管理，防止危害公众健康、污染环境。

医疗卫生机构应当依法分类收集本单位产生的医疗废物，交由医疗废物集中处置单位处置。医疗废物集中处置单位应当及时收集、运输和处置医疗废物。

医疗卫生机构和医疗废物集中处置单位，应当采取有效措施，防止医疗废物流失、泄漏、渗漏、扩散。

第九十一条 重大传染病疫情等突发事件发生时，县级以上人民政府应当统筹协调医疗废物等危险废物收集、贮存、运输、处置等工作，保障所需的车辆、场地、处置设施和防护物资。卫生健康、生态环境、环境卫生、交通运输等主管部门应当协同配合，依法履行应急处置职责。

第七章 保障措施

第九十二条 国务院有关部门、县级以上地方人民政府及其有关部门在编制国土空间规划和相关专项规划时，应当统筹生活垃圾、建筑垃圾、危险废物等固体废物转运、集中处置等设施建设需求，保障转运、集中处置等设施用地。

第九十三条 国家采取有利于固体废物污染环境防治的经济、技术政策和措施，鼓励、支持有关方面采取有利于固体废物污染环境防治的措施，加强对从事固体废物污染环境防治工作人员的培训和指导，促进固体废物污染环境防治产业专业化、规模化发展。

第九十四条 国家鼓励和支持科研单位、固体废物产生单位、固体废物利用单位、固体废物处置单位等联合攻关，研究开发固体废物综合利用、集中处置等的新技术，推动固体废物污染环境防治技术进步。

第九十五条 各级人民政府应当加强固体废物污染环境的防治，按照事权划分的原则安排必要的资金用于下列事项：

（一）固体废物污染环境防治的科学研究、技术开发；

（二）生活垃圾分类；

（三）固体废物集中处置设施建设；

（四）重大传染病疫情等突发事件产生的医疗废物等危险废物应急处置；

（五）涉及固体废物污染环境防治的其他事项。

使用资金应当加强绩效管理和审计监督，确保资金使用效益。

第九十六条 国家鼓励和支持社会力量参与固体废物污染环境防治工作，并按照国家有关规定给予政策扶持。

第九十七条 国家发展绿色金融，鼓励金融机构加大对固体废物污染环境防治项目的信贷投放。

第九十八条 从事固体废物综合利用等固体废物污染环境防治工作的，依照法律、行政法规的规定，享受税收优惠。

国家鼓励并提倡社会各界为防治固体废物污染环境捐赠财产，并依照法律、行政法规的规定，给予税收优惠。

第九十九条 收集、贮存、运输、利用、处置危险废物的单位，应当按照国家有关规定，投保环境污染责任保险。

第一百条 国家鼓励单位和个人购买、使用综合利用产品和可重复使用产品。

县级以上人民政府及其有关部门在政府采购过程中，应当优先采购综合利用产品和可重复使用产品。

第八章 法律责任

第一百零一条 生态环境主管部门或者其他负有固体废物污染环境防治监督管理职责的部门违反本法规定，有下列行为之一，由本级人民政府或者上级人民政府有关部门责令改正，对直接负责的主管人员和其他直接责任人员依法给予处分：

（一）未依法作出行政许可或者办理批准文件的；

（二）对违法行为进行包庇的；

（三）未依法查封、扣押的；

（四）发现违法行为或者接到对违法行为的举报后未予查处的；

（五）有其他滥用职权、玩忽职守、徇私舞弊等违法行为的。

依照本法规定应当作出行政处罚决定而未作出的，上级主管部门可以直接作出行政处罚决定。

第一百零二条 违反本法规定，有下列行为之一，由生态环境主管部门责令改正，处以罚款，没收违法所得；情节严重的，报经有批准权的人民政府批准，可以责令停业或者关闭：

（一）产生、收集、贮存、运输、利用、处置固体废物的单位未依法及时公开固体废物污染环境防治信息的；

（二）生活垃圾处理单位未按照国家有关规定安装使用监测设备、实时监测污染物的排放情况并公开污染排放数据的；

（三）将列入限期淘汰名录被淘汰的设备转让给他人使用的；

（四）在生态保护红线区域、永久基本农田集中区域和其他需要特别保护的区域内，建设工业固体废物、危险废物集中贮存、利用、处置的设施、场所和生活垃圾填埋场的；

（五）转移固体废物出省、自治区、直辖市行政区域贮存、处置未经批准的；

（六）转移固体废物出省、自治区、直辖市行政区域利用未报备案的；

（七）擅自倾倒、堆放、丢弃、遗撒工业固体废物，或者未采取相应

防范措施,造成工业固体废物扬散、流失、渗漏或者其他环境污染的;

(八)产生工业固体废物的单位未建立固体废物管理台账并如实记录的;

(九)产生工业固体废物的单位违反本法规定委托他人运输、利用、处置工业固体废物的;

(十)贮存工业固体废物未采取符合国家环境保护标准的防护措施的;

(十一)单位和其他生产经营者违反固体废物管理其他要求,污染环境、破坏生态的。

有前款第一项、第八项行为之一,处五万元以上二十万元以下的罚款;有前款第二项、第三项、第四项、第五项、第六项、第九项、第十项、第十一项行为之一,处十万元以上一百万元以下的罚款;有前款第七项行为,处所需处置费用一倍以上三倍以下的罚款,所需处置费用不足十万元的,按十万元计算。对前款第十一项行为的处罚,有关法律、行政法规另有规定的,适用其规定。

第一百零三条 违反本法规定,以拖延、围堵、滞留执法人员等方式拒绝、阻挠监督检查,或者在接受监督检查时弄虚作假的,由生态环境主管部门或者其他负有固体废物污染环境防治监督管理职责的部门责令改正,处五万元以上二十万元以下的罚款;对直接负责的主管人员和其他直接责任人员,处二万元以上十万元以下的罚款。

第一百零四条 违反本法规定,未依法取得排污许可证产生工业固体废物的,由生态环境主管部门责令改正或者限制生产、停产整治,处十万元以上一百万元以下的罚款;情节严重的,报经有批准权的人民政府批准,责令停业或者关闭。

第一百零五条 违反本法规定,生产经营者未遵守限制商品过度包装的强制性标准的,由县级以上地方人民政府市场监督管理部门或者有关部门责令改正;拒不改正的,处二千元以上二万元以下的罚款;情节严重的,处二万元以上十万元以下的罚款。

第一百零六条 违反本法规定,未遵守国家有关禁止、限制使用不可降解塑料袋等一次性塑料制品的规定,或者未按照国家有关规定报告塑料袋等一次性塑料制品的使用情况的,由县级以上地方人民政府商务、邮政等主管部门责令改正，处一万元以上十万元以下的罚款。

第一百零七条 从事畜禽规模养殖未及时收集、贮存、利用或者处置养殖过程中产生的畜禽粪污等固体废物的，由生态环境主管部门责令改正，可以处十万元以下的罚款；情节严重的，报经有批准权的人民政府批准，责令停业或者关闭。

第一百零八条 违反本法规定，城镇污水处理设施维护运营单位或者污泥处理单位对污泥流向、用途、用量等未进行跟踪、记录，或者处理后的污泥不符合国家有关标准的，由城镇排水主管部门责令改正，给予警告；造成严重后果的，处十万元以上二十万元以下的罚款；拒不改正的，城镇排水主管部门可以指定有治理能力的单位代为治理，所需费用由违法者承担。

违反本法规定，擅自倾倒、堆放、丢弃、遗撒城镇污水处理设施产生的污泥和处理后的污泥的，由城镇排水主管部门责令改正，处二十万元以上二百万元以下的罚款，对直接负责的主管人员和其他直接责任人员处二万元以上十万元以下的罚款；造成严重后果的，处二百万元以上五百万元以下的罚款，对直接负责的主管人员和其他直接责任人员处五万元以上五十万元以下的罚款；拒不改正的，城镇排水主管部门可以指定有治理能力的单位代为治理，所需费用由违法者承担。

第一百零九条 违反本法规定，生产、销售、进口或者使用淘汰的设备，或者采用淘汰的生产工艺的，由县级以上地方人民政府指定的部门责令改正，处十万元以上一百万元以下的罚款，没收违法所得；情节严重的，由县级以上地方人民政府指定的部门提出意见，报经有批准权的人民政府批准，责令停业或者关闭。

第一百一十条 尾矿、煤矸石、废石等矿业固体废物贮存设施停止使用后，未按照国家有关环境保护规定进行封场的，由生态环境主管部门责令改正，处二十万元以上一百万元以下的罚款。

第一百一十一条 违反本法规定，有下列行为之一，由县级以上地方人民政府环境卫生主管部门责令改正，处以罚款，没收违法所得：

（一）随意倾倒、抛撒、堆放或者焚烧生活垃圾的；

（二）擅自关闭、闲置或者拆除生活垃圾处理设施、场所的；

（三）工程施工单位未编制建筑垃圾处理方案报备案，或者未及时清运施工过程中产生的固体废物的；

（四）工程施工单位擅自倾倒、抛撒或者堆放工程施工过程中产生的建筑垃圾，或者未按照规定对施工过程中产生的固体废物进行利用或者处置的；

（五）产生、收集厨余垃圾的单位和其他生产经营者未将厨余垃圾交由具备相应资质条件的单位进行无害化处理的；

（六）畜禽养殖场、养殖小区利用未经无害化处理的厨余垃圾饲喂畜禽的；

（七）在运输过程中沿途丢弃、遗撒生活垃圾的。

单位有前款第一项、第七项行为之一，处五万元以上五十万元以下的罚款；单位有前款第二项、第三项、第四项、第五项、第六项行为之一，处十万元以上一百万元以下的罚款；个人有前款第一项、第五项、第七项行为之一，处一百元以上五百元以下的罚款。

违反本法规定，未在指定的地点分类投放生活垃圾的，由县级以上地方人民政府环境卫生主管部门责令改正；情节严重的，对单位处五万元以上五十万元以下的罚款，对个人依法处以罚款。

第一百一十二条 违反本法规定，有下列行为之一，由生态环境主管部门责令改正，处以罚款，没收违法所得；情节严重的，报经有批准权的人民政府批准，可以责令停业或者关闭：

（一）未按照规定设置危险废物识别标志的；

（二）未按照国家有关规定制定危险废物管理计划或者申报危险废物有关资料的；

（三）擅自倾倒、堆放危险废物的；

（四）将危险废物提供或者委托给无许可证的单位或者其他生产经营者从事经营活动的；

（五）未按照国家有关规定填写、运行危险废物转移联单或者未经批准擅自转移危险废物的；

（六）未按照国家环境保护标准贮存、利用、处置危险废物或者将危险废物混入非危险废物中贮存的；

（七）未经安全性处置，混合收集、贮存、运输、处置具有不相容性质的危险废物的；

（八）将危险废物与旅客在同一运输工具上载运的；

（九）未经消除污染处理，将收集、贮存、运输、处置危险废物的场所、设施、设备和容器、包装物及其他物品转作他用的；

（十）未采取相应防范措施，造成危险废物扬散、流失、渗漏或者其他环境污染的；

（十一）在运输过程中沿途丢弃、遗撒危险废物的；

（十二）未制定危险废物意外事故防范措施和应急预案的；

（十三）未按照国家有关规定建立危险废物管理台账并如实记录的。

有前款第一项、第二项、第五项、第六项、第七项、第八项、第九项、第十二项、第十三项行为之一，处十万元以上一百万元以下的罚款；有前款第三项、第四项、第十项、第十一项行为之一，处所需处置费用三倍以上五倍以下的罚款，所需处置费用不足二十万元的，按二十万元计算。

第一百一十三条 违反本法规定，危险废物产生者未按照规定处置其产生的危险废物被责令改正后拒不改正的，由生态环境主管部门组织代为处置，处置费用由危险废物产生者承担；拒不承担代为处置费用的，处代为处置费用一倍以上三倍以下的罚款。

第一百一十四条 无许可证从事收集、贮存、利用、处置危险废物经营活动的，由生态环境主管部门责令改正，处一百万元以上五百万元以下的罚款，并报经有批准权的人民政府批准，责令停业或者关闭；对法定代表人、主要负责人、直接负责的主管人员和其他责任人员，处十万元以上一百万元以下的罚款。

未按照许可证规定从事收集、贮存、利用、处置危险废物经营活动的，由生态环境主管部门责令改正，限制生产、停产整治，处五十万元以上二百万元以下的罚款；对法定代表人、主要负责人、直接负责的主管人员和其他责任人员，处五万元以上五十万元以下的罚款；情节严重的，报经有批准权的人民政府批准，责令停业或者关闭，还可以由发证机关吊销许可证。

第一百一十五条 违反本法规定，将中华人民共和国境外的固体废物输入境内的，由海关责令退运该固体废物，处五十万元以上五百万元以下的罚款。

承运人对前款规定的固体废物的退运、处置，与进口者承担连带责任。

第一百一十六条　违反本法规定，经中华人民共和国过境转移危险废物的，由海关责令退运该危险废物，处五十万元以上五百万元以下的罚款。

第一百一十七条　对已经非法入境的固体废物，由省级以上人民政府生态环境主管部门依法向海关提出处理意见，海关应当依照本法第一百一十五条的规定作出处罚决定；已经造成环境污染的，由省级以上人民政府生态环境主管部门责令进口者消除污染。

第一百一十八条　违反本法规定，造成固体废物污染环境事故的，除依法承担赔偿责任外，由生态环境主管部门依照本条第二款的规定处以罚款，责令限期采取治理措施；造成重大或者特大固体废物污染环境事故的，还可以报经有批准权的人民政府批准，责令关闭。

造成一般或者较大固体废物污染环境事故的，按照事故造成的直接经济损失的一倍以上三倍以下计算罚款；造成重大或者特大固体废物污染环境事故的，按照事故造成的直接经济损失的三倍以上五倍以下计算罚款，并对法定代表人、主要负责人、直接负责的主管人员和其他责任人员处上一年度从本单位取得的收入百分之五十以下的罚款。

第一百一十九条　单位和其他生产经营者违反本法规定排放固体废物，受到罚款处罚，被责令改正的，依法作出处罚决定的行政机关应当组织复查，发现其继续实施该违法行为的，依照《中华人民共和国环境保护法》的规定按日连续处罚。

第一百二十条　违反本法规定，有下列行为之一，尚不构成犯罪的，由公安机关对法定代表人、主要负责人、直接负责的主管人员和其他责任人员处十日以上十五日以下的拘留；情节较轻的，处五日以上十日以下的拘留：

（一）擅自倾倒、堆放、丢弃、遗撒固体废物，造成严重后果的；

（二）在生态保护红线区域、永久基本农田集中区域和其他需要特别保护的区域内，建设工业固体废物、危险废物集中贮存、利用、处置的设施、场所和生活垃圾填埋场的；

（三）将危险废物提供或者委托给无许可证的单位或者其他生产经营

者堆放、利用、处置的；

（四）无许可证或者未按照许可证规定从事收集、贮存、利用、处置危险废物经营活动的；

（五）未经批准擅自转移危险废物的；

（六）未采取防范措施，造成危险废物扬散、流失、渗漏或者其他严重后果的。

第一百二十一条 固体废物污染环境、破坏生态，损害国家利益、社会公共利益的，有关机关和组织可以依照《中华人民共和国环境保护法》、《中华人民共和国民事诉讼法》、《中华人民共和国行政诉讼法》等法律的规定向人民法院提起诉讼。

第一百二十二条 固体废物污染环境、破坏生态给国家造成重大损失的，由设区的市级以上地方人民政府或者其指定的部门、机构组织与造成环境污染和生态破坏的单位和其他生产经营者进行磋商，要求其承担损害赔偿责任；磋商未达成一致的，可以向人民法院提起诉讼。

对于执法过程中查获的无法确定责任人或者无法退运的固体废物，由所在地县级以上地方人民政府组织处理。

第一百二十三条 违反本法规定，构成违反治安管理行为的，由公安机关依法给予治安管理处罚；构成犯罪的，依法追究刑事责任；造成人身、财产损害的，依法承担民事责任。

第九章　附　　则

第一百二十四条 本法下列用语的含义：

（一）固体废物，是指在生产、生活和其他活动中产生的丧失原有利用价值或者虽未丧失利用价值但被抛弃或者放弃的固态、半固态和置于容器中的气态的物品、物质以及法律、行政法规规定纳入固体废物管理的物品、物质。经无害化加工处理，并且符合强制性国家产品质量标准，不会危害公众健康和生态安全，或者根据固体废物鉴别标准和鉴别程序认定为不属于固体废物的除外。

（二）工业固体废物，是指在工业生产活动中产生的固体废物。

（三）生活垃圾，是指在日常生活中或者为日常生活提供服务的活动中产生的固体废物，以及法律、行政法规规定视为生活垃圾的固体废物。

（四）建筑垃圾，是指建设单位、施工单位新建、改建、扩建和拆除各类建筑物、构筑物、管网等，以及居民装饰装修房屋过程中产生的弃土、弃料和其他固体废物。

（五）农业固体废物，是指在农业生产活动中产生的固体废物。

（六）危险废物，是指列入国家危险废物名录或者根据国家规定的危险废物鉴别标准和鉴别方法认定的具有危险特性的固体废物。

（七）贮存，是指将固体废物临时置于特定设施或者场所中的活动。

（八）利用，是指从固体废物中提取物质作为原材料或者燃料的活动。

（九）处置，是指将固体废物焚烧和用其他改变固体废物的物理、化学、生物特性的方法，达到减少已产生的固体废物数量、缩小固体废物体积、减少或者消除其危险成分的活动，或者将固体废物最终置于符合环境保护规定要求的填埋场的活动。

第一百二十五条　液态废物的污染防治，适用本法；但是，排入水体的废水的污染防治适用有关法律，不适用本法。

第一百二十六条　本法自 2020 年 9 月 1 日起施行。

8.《中华人民共和国海洋环境保护法》（2023年10月24日修订）

中华人民共和国海洋环境保护法

（1982年8月23日第五届全国人民代表大会常务委员会第二十四次会议通过，1999年12月25日第九届全国人民代表大会常务委员会第十三次会议第一次修订，根据2013年12月28日第十二届全国人民代表大会常务委员会第六次会议《关于修改〈中华人民共和国海洋环境保护法〉等七部法律的决定》第一次修正，根据2016年11月7日第十二届全国人民代表大会常务委员会第二十四次会议《关于修改〈中华人民共和国海洋环境保护法〉的决定》第二次修正，根据2017年11月4日第十二届全国人民代表大会常务委员会第三十次会议《关于修改〈中华人民共和国会计法〉等十一部法律的决定》第三次修正，2023年10月24日第十四届全国人民代表大会常务委员会第六次会议第二次修订）

第一章 总 则

第一条 为了保护和改善海洋环境，保护海洋资源，防治污染损害，保障生态安全和公众健康，维护国家海洋权益，建设海洋强国，推进生态文明建设，促进经济社会可持续发展，实现人与自然和谐共生，根据宪法，制定本法。

第二条 本法适用于中华人民共和国管辖海域。

在中华人民共和国管辖海域内从事航行、勘探、开发、生产、旅游、科学研究及其他活动，或者在沿海陆域内从事影响海洋环境活动的任何单位和个人，应当遵守本法。

在中华人民共和国管辖海域以外，造成中华人民共和国管辖海域环境污染、生态破坏的，适用本法相关规定。

第三条 海洋环境保护应当坚持保护优先、预防为主、源头防控、陆海统筹、综合治理、公众参与、损害担责的原则。

第四条 国务院生态环境主管部门负责全国海洋环境的监督管理，负责全国防治陆源污染物、海岸工程和海洋工程建设项目（以下称工程建设项目）、海洋倾倒废弃物对海洋环境污染损害的环境保护工作，指导、协调和监督全国海洋生态保护修复工作。

国务院自然资源主管部门负责海洋保护和开发利用的监督管理，负责全国海洋生态、海域海岸线和海岛的修复工作。

国务院交通运输主管部门负责所辖港区水域内非军事船舶和港区水域外非渔业、非军事船舶污染海洋环境的监督管理，组织、协调、指挥重大海上溢油应急处置。海事管理机构具体负责上述水域内相关船舶污染海洋环境的监督管理，并负责污染事故的调查处理；对在中华人民共和国管辖海域航行、停泊和作业的外国籍船舶造成的污染事故登轮检查处理。船舶污染事故给渔业造成损害的，应当吸收渔业主管部门参与调查处理。

国务院渔业主管部门负责渔港水域内非军事船舶和渔港水域外渔业船舶污染海洋环境的监督管理，负责保护渔业水域生态环境工作，并调查处理前款规定的污染事故以外的渔业污染事故。

国务院发展改革、水行政、住房和城乡建设、林业和草原等部门在各自职责范围内负责有关行业、领域涉及的海洋环境保护工作。

海警机构在职责范围内对海洋工程建设项目、海洋倾倒废弃物对海洋环境污染损害、自然保护地海岸线向海一侧保护利用等活动进行监督检查，查处违法行为，按照规定权限参与海洋环境污染事故的应急处置和调查处理。

军队生态环境保护部门负责军事船舶污染海洋环境的监督管理及污染事故的调查处理。

第五条 沿海县级以上地方人民政府对其管理海域的海洋环境质量负责。

国家实行海洋环境保护目标责任制和考核评价制度，将海洋环境保护目标完成情况纳入考核评价的内容。

第六条 沿海县级以上地方人民政府可以建立海洋环境保护区域协作机制，组织协调其管理海域的环境保护工作。

跨区域的海洋环境保护工作，由有关沿海地方人民政府协商解决，或者由上级人民政府协调解决。

跨部门的重大海洋环境保护工作，由国务院生态环境主管部门协调；协调未能解决的，由国务院作出决定。

第七条 国务院和沿海县级以上地方人民政府应当将海洋环境保护工作纳入国民经济和社会发展规划，按照事权和支出责任划分原则，将海洋环境保护工作所需经费纳入本级政府预算。

第八条 各级人民政府及其有关部门应当加强海洋环境保护的宣传教育和知识普及工作，增强公众海洋环境保护意识，引导公众依法参与海洋环境保护工作；鼓励基层群众性自治组织、社会组织、志愿者等开展海洋环境保护法律法规和知识的宣传活动；按照职责分工依法公开海洋环境相关信息。

新闻媒体应当采取多种形式开展海洋环境保护的宣传报道，并对违法行为进行舆论监督。

第九条 任何单位和个人都有保护海洋环境的义务，并有权对污染海洋环境、破坏海洋生态的单位和个人，以及海洋环境监督管理人员的违法行为进行监督和检举。

从事影响海洋环境活动的任何单位和个人，都应当采取有效措施，防止、减轻海洋环境污染、生态破坏。排污者应当依法公开排污信息。

第十条 国家鼓励、支持海洋环境保护科学技术研究、开发和应用，促进海洋环境保护信息化建设，加强海洋环境保护专业技术人才培养，提高海洋环境保护科学技术水平。

国家鼓励、支持海洋环境保护国际交流与合作。

第十一条 对在海洋环境保护工作中做出显著成绩的单位和个人，按照国家有关规定给予表彰和奖励。

第二章 海洋环境监督管理

第十二条 国家实施陆海统筹、区域联动的海洋环境监督管理制度，加强规划、标准、监测等监督管理制度的衔接协调。

各级人民政府及其有关部门应当加强海洋环境监督管理能力建设，提高海洋环境监督管理科技化、信息化水平。

第十三条 国家优先将生态功能极重要、生态极敏感脆弱的海域划入生态保护红线，实行严格保护。

开发利用海洋资源或者从事影响海洋环境的建设活动，应当根据国土空间规划科学合理布局，严格遵守国土空间用途管制要求，严守生态保护红线，不得造成海洋生态环境的损害。沿海地方各级人民政府应当根据国土空间规划，保护和科学合理地使用海域。沿海省、自治区、直辖市人民政府应当加强对生态保护红线内人为活动的监督管理，定期评估保护成效。

国务院有关部门、沿海设区的市级以上地方人民政府及其有关部门，对其组织编制的国土空间规划和相关规划，应当依法进行包括海洋环境保护内容在内的环境影响评价。

第十四条 国务院生态环境主管部门会同有关部门、机构和沿海省、自治区、直辖市人民政府制定全国海洋生态环境保护规划，报国务院批准后实施。全国海洋生态环境保护规划应当与全国国土空间规划相衔接。

沿海地方各级人民政府应当根据全国海洋生态环境保护规划，组织实施其管理海域的海洋环境保护工作。

第十五条 沿海省、自治区、直辖市人民政府应当根据其管理海域的生态环境和资源利用状况，将其管理海域纳入生态环境分区管控方案和生态环境准入清单，报国务院生态环境主管部门备案后实施。生态环境分区管控方案和生态环境准入清单应当与国土空间规划相衔接。

第十六条 国务院生态环境主管部门根据海洋环境质量状况和国家经济、技术条件，制定国家海洋环境质量标准。

沿海省、自治区、直辖市人民政府对国家海洋环境质量标准中未作规定的项目，可以制定地方海洋环境质量标准；对国家海洋环境质量标准中已作规定的项目，可以制定严于国家海洋环境质量标准的地方海洋环境质量标准。地方海洋环境质量标准应当报国务院生态环境主管部门备案。

国家鼓励开展海洋环境基准研究。

第十七条 制定海洋环境质量标准，应当征求有关部门、行业协会、企业事业单位、专家和公众等的意见，提高海洋环境质量标准的科学性。

海洋环境质量标准应当定期评估，并根据评估结果适时修订。

第十八条 国家和有关地方水污染物排放标准的制定，应当将海洋环境质量标准作为重要依据之一。

对未完成海洋环境保护目标的海域，省级以上人民政府生态环境主管部门暂停审批新增相应种类污染物排放总量的建设项目环境影响报告书（表），会同有关部门约谈该地区人民政府及其有关部门的主要负责人，要求其采取有效措施及时整改，约谈和整改情况应当向社会公开。

第十九条 国家加强海洋环境质量管控，推进海域综合治理，严格海域排污许可管理，提升重点海域海洋环境质量。

需要直接向海洋排放工业废水、医疗污水的海岸工程和海洋工程单位，城镇污水集中处理设施的运营单位及其他企业事业单位和生产经营者，应当依法取得排污许可证。排污许可的管理按照国务院有关规定执行。

实行排污许可管理的企业事业单位和其他生产经营者应当执行排污许可证关于排放污染物的种类、浓度、排放量、排放方式、排放去向和自行监测等要求。

禁止通过私设暗管或者篡改、伪造监测数据，以及不正常运行污染防治设施等逃避监管的方式向海洋排放污染物。

第二十条 国务院生态环境主管部门根据海洋环境状况和质量改善要求，会同国务院发展改革、自然资源、住房和城乡建设、交通运输、水行政、渔业等部门和海警机构，划定国家环境治理重点海域及其控制区域，制定综合治理行动方案，报国务院批准后实施。

沿海设区的市级以上地方人民政府应当根据综合治理行动方案，制定其管理海域的实施方案，因地制宜采取特别管控措施，开展综合治理，协同推进重点海域治理与美丽海湾建设。

第二十一条 直接向海洋排放应税污染物的企业事业单位和其他生产经营者，应当依照法律规定缴纳环境保护税。

向海洋倾倒废弃物，应当按照国家有关规定缴纳倾倒费。具体办法由国务院发展改革部门、国务院财政主管部门会同国务院生态环境主管部门制定。

第二十二条 国家加强防治海洋环境污染损害的科学技术的研究和开发，对严重污染海洋环境的落后生产工艺和落后设备，实行淘汰制度。

企业事业单位和其他生产经营者应当优先使用清洁低碳能源，采用资源利用率高、污染物排放量少的清洁生产工艺，防止对海洋环境的污染。

第二十三条 国务院生态环境主管部门负责海洋生态环境监测工作，制定海洋生态环境监测规范和标准并监督实施，组织实施海洋生态环境质量监测，统一发布国家海洋生态环境状况公报，定期组织对海洋生态环境质量状况进行调查评价。

国务院自然资源主管部门组织开展海洋资源调查和海洋生态预警监测，发布海洋生态预警监测警报和公报。

其他依照本法规定行使海洋环境监督管理权的部门和机构应当按照职责分工开展监测、监视。

第二十四条 国务院有关部门和海警机构应当向国务院生态环境主管部门提供编制国家海洋生态环境状况公报所必需的入海河口和海洋环境监测、调查、监视等方面的资料。

生态环境主管部门应当向有关部门和海警机构提供与海洋环境监督管理有关的资料。

第二十五条 国务院生态环境主管部门会同有关部门和机构通过智能化的综合信息系统，为海洋环境保护监督管理、信息共享提供服务。

国务院有关部门、海警机构和沿海县级以上地方人民政府及其有关部门应当按照规定，推进综合监测、协同监测和常态化监测，加强监测数据、执法信息等海洋环境管理信息共享，提高海洋环境保护综合管理水平。

第二十六条 国家加强海洋辐射环境监测，国务院生态环境主管部门负责制定海洋辐射环境应急监测方案并组织实施。

第二十七条 因发生事故或者其他突发性事件，造成或者可能造成海洋环境污染、生态破坏事件的单位和个人，应当立即采取有效措施解除或者减轻危害，及时向可能受到危害者通报，并向依照本法规定行使海洋环境监督管理权的部门和机构报告，接受调查处理。

沿海县级以上地方人民政府在本行政区域近岸海域的生态环境受到严重损害时，应当采取有效措施，解除或者减轻危害。

第二十八条 国家根据防止海洋环境污染的需要，制定国家重大海上污染事件应急预案，建立健全海上溢油污染等应急机制，保障应对工作的必要经费。

国家建立重大海上溢油应急处置部际联席会议制度。国务院交通运输主管部门牵头组织编制国家重大海上溢油应急处置预案并组织实施。

国务院生态环境主管部门负责制定全国海洋石油勘探开发海上溢油污染事件应急预案并组织实施。

国家海事管理机构负责制定全国船舶重大海上溢油污染事件应急预案，报国务院生态环境主管部门、国务院应急管理部门备案。

沿海县级以上地方人民政府及其有关部门应当制定有关应急预案，在发生海洋突发环境事件时，及时启动应急预案，采取有效措施，解除或者减轻危害。

可能发生海洋突发环境事件的单位，应当按照有关规定，制定本单位的应急预案，配备应急设备和器材，定期组织开展应急演练；应急预案应当向依照本法规定行使海洋环境监督管理权的部门和机构备案。

第二十九条 依照本法规定行使海洋环境监督管理权的部门和机构，有权对从事影响海洋环境活动的单位和个人进行现场检查；在巡航监视中发现违反本法规定的行为时，应当予以制止并调查取证，必要时有权采取有效措施，防止事态扩大，并报告有关部门或者机构处理。

被检查者应当如实反映情况，提供必要的资料。检查者应当依法为被检查者保守商业秘密、个人隐私和个人信息。

依照本法规定行使海洋环境监督管理权的部门和机构可以在海上实行联合执法。

第三十条 造成或者可能造成严重海洋环境污染、生态破坏的，或者有关证据可能灭失或者被隐匿的，依照本法规定行使海洋环境监督管理权的部门和机构可以查封、扣押有关船舶、设施、设备、物品。

第三十一条 在中华人民共和国管辖海域以外，造成或者可能造成中华人民共和国管辖海域环境污染、生态破坏的，有关部门和机构有权采取必要的措施。

第三十二条 国务院生态环境主管部门会同有关部门和机构建立向海洋排放污染物、从事废弃物海洋倾倒、从事海洋生态环境治理和服务的企业事业单位和其他生产经营者信用记录与评价应用制度，将相关信用记录纳入全国公共信用信息共享平台。

第三章 海洋生态保护

第三十三条 国家加强海洋生态保护，提升海洋生态系统质量和多样性、稳定性、持续性。

国务院和沿海地方各级人民政府应当采取有效措施，重点保护红树林、珊瑚礁、海藻场、海草床、滨海湿地、海岛、海湾、入海河口、重要渔业水域等具有典型性、代表性的海洋生态系统，珍稀濒危海洋生物的天然集中分布区，具有重要经济价值的海洋生物生存区域及有重大科学文化价值的海洋自然遗迹和自然景观。

第三十四条 国务院和沿海省、自治区、直辖市人民政府及其有关部门根据保护海洋的需要，依法将重要的海洋生态系统、珍稀濒危海洋生物的天然集中分布区、海洋自然遗迹和自然景观集中分布区等区域纳入国家公园、自然保护区或者自然公园等自然保护地。

第三十五条 国家建立健全海洋生态保护补偿制度。

国务院和沿海省、自治区、直辖市人民政府应当通过转移支付、产业扶持等方式支持开展海洋生态保护补偿。

沿海地方各级人民政府应当落实海洋生态保护补偿资金，确保其用于海洋生态保护补偿。

第三十六条 国家加强海洋生物多样性保护，健全海洋生物多样性调查、监测、评估和保护体系，维护和修复重要海洋生态廊道，防止对海洋生物多样性的破坏。

开发利用海洋和海岸带资源，应当对重要海洋生态系统、生物物种、生物遗传资源实施有效保护，维护海洋生物多样性。

引进海洋动植物物种，应当进行科学论证，避免对海洋生态系统造成危害。

第三十七条 国家鼓励科学开展水生生物增殖放流，支持科学规划，因地制宜采取投放人工鱼礁和种植海藻场、海草床、珊瑚等措施，恢复海洋生物多样性，修复改善海洋生态。

第三十八条 开发海岛及周围海域的资源，应当采取严格的生态保护措施，不得造成海岛地形、岸滩、植被和海岛周围海域生态环境的损害。

第三十九条 国家严格保护自然岸线,建立健全自然岸线控制制度。沿海省、自治区、直辖市人民政府负责划定严格保护岸线的范围并发布。

沿海地方各级人民政府应当加强海岸线分类保护与利用,保护修复自然岸线,促进人工岸线生态化,维护岸线岸滩稳定平衡,因地制宜、科学合理划定海岸建筑退缩线。

禁止违法占用、损害自然岸线。

第四十条 国务院水行政主管部门确定重要入海河流的生态流量管控指标,应当征求并研究国务院生态环境、自然资源等部门的意见。确定生态流量管控指标,应当进行科学论证,综合考虑水资源条件、气候状况、生态环境保护要求、生活生产用水状况等因素。

入海河口所在地县级以上地方人民政府及其有关部门按照河海联动的要求,制定实施河口生态修复和其他保护措施方案,加强对水、沙、盐、潮滩、生物种群、河口形态的综合监测,采取有效措施防止海水入侵和倒灌,维护河口良好生态功能。

第四十一条 沿海地方各级人民政府应当结合当地自然环境的特点,建设海岸防护设施、沿海防护林、沿海城镇园林和绿地,对海岸侵蚀和海水入侵地区进行综合治理。

禁止毁坏海岸防护设施、沿海防护林、沿海城镇园林和绿地。

第四十二条 对遭到破坏的具有重要生态、经济、社会价值的海洋生态系统,应当进行修复。海洋生态修复应当以改善生境、恢复生物多样性和生态系统基本功能为重点,以自然恢复为主、人工修复为辅,并优先修复具有典型性、代表性的海洋生态系统。

国务院自然资源主管部门负责统筹海洋生态修复,牵头组织编制海洋生态修复规划并实施有关海洋生态修复重大工程。编制海洋生态修复规划,应当进行科学论证评估。

国务院自然资源、生态环境等部门应当按照职责分工开展修复成效监督评估。

第四十三条 国务院自然资源主管部门负责开展全国海洋生态灾害预防、风险评估和隐患排查治理。

沿海县级以上地方人民政府负责其管理海域的海洋生态灾害应对工作,采取必要的灾害预防、处置和灾后恢复措施,防止和减轻灾害影响。

企业事业单位和其他生产经营者应当采取必要应对措施，防止海洋生态灾害扩大。

第四十四条 国家鼓励发展生态渔业，推广多种生态渔业生产方式，改善海洋生态状况，保护海洋环境。

沿海县级以上地方人民政府应当因地制宜编制并组织实施养殖水域滩涂规划，确定可以用于养殖业的水域和滩涂，科学划定海水养殖禁养区、限养区和养殖区，建立禁养区内海水养殖的清理和退出机制。

第四十五条 从事海水养殖活动应当保护海域环境，科学确定养殖规模和养殖密度，合理投饵、投肥，正确使用药物，及时规范收集处理固体废物，防止造成海洋生态环境的损害。

禁止在氮磷浓度严重超标的近岸海域新增或者扩大投饵、投肥海水养殖规模。

向海洋排放养殖尾水污染物等应当符合污染物排放标准。沿海省、自治区、直辖市人民政府应当制定海水养殖污染物排放相关地方标准，加强养殖尾水污染防治的监督管理。

工厂化养殖和设置统一排污口的集中连片养殖的排污单位，应当按照有关规定对养殖尾水自行监测。

第四章　陆源污染物污染防治

第四十六条 向海域排放陆源污染物，应当严格执行国家或者地方规定的标准和有关规定。

第四十七条 入海排污口位置的选择，应当符合国土空间用途管制要求，根据海水动力条件和有关规定，经科学论证后，报设区的市级以上人民政府生态环境主管部门备案。排污口的责任主体应当加强排污口监测，按照规定开展监控和自动监测。

生态环境主管部门应当在完成备案后十五个工作日内将入海排污口设置情况通报自然资源、渔业等部门和海事管理机构、海警机构、军队生态环境保护部门。

沿海县级以上地方人民政府应当根据排污口类别、责任主体，组织有关部门对本行政区域内各类入海排污口进行排查整治和日常监督管理，建立健全近岸水体、入海排污口、排污管线、污染源全链条治理体系。

国务院生态环境主管部门负责制定入海排污口设置和管理的具体办法，制定入海排污口技术规范，组织建设统一的入海排污口信息平台，加强动态更新、信息共享和公开。

第四十八条　禁止在自然保护地、重要渔业水域、海水浴场、生态保护红线区域及其他需要特别保护的区域，新设工业排污口和城镇污水处理厂排污口；法律、行政法规另有规定的除外。

在有条件的地区，应当将排污口深水设置，实行离岸排放。

第四十九条　经开放式沟（渠）向海洋排放污染物的，对开放式沟（渠）按照国家和地方的有关规定、标准实施水环境质量管理。

第五十条　国务院有关部门和县级以上地方人民政府及其有关部门应当依照水污染防治有关法律、行政法规的规定，加强入海河流管理，协同推进入海河流污染防治，使入海河口的水质符合入海河口环境质量相关要求。

入海河流流域省、自治区、直辖市人民政府应当按照国家有关规定，加强入海总氮、总磷排放的管控，制定控制方案并组织实施。

第五十一条　禁止向海域排放油类、酸液、碱液、剧毒废液。

禁止向海域排放污染海洋环境、破坏海洋生态的放射性废水。

严格控制向海域排放含有不易降解的有机物和重金属的废水。

第五十二条　含病原体的医疗污水、生活污水和工业废水应当经过处理，符合国家和地方有关排放标准后，方可排入海域。

第五十三条　含有机物和营养物质的工业废水、生活污水，应当严格控制向海湾、半封闭海及其他自净能力较差的海域排放。

第五十四条　向海域排放含热废水，应当采取有效措施，保证邻近自然保护地、渔业水域的水温符合国家和地方海洋环境质量标准，避免热污染对珍稀濒危海洋生物、海洋水产资源造成危害。

第五十五条　沿海地方各级人民政府应当加强农业面源污染防治。沿海农田、林场施用化学农药，应当执行国家农药安全使用的规定和标准。沿海农田、林场应当合理使用化肥和植物生长调节剂。

第五十六条　在沿海陆域弃置、堆放和处理尾矿、矿渣、煤灰渣、垃圾和其他固体废物的，依照《中华人民共和国固体废物污染环境防治法》的有关规定执行，并采取有效措施防止固体废物进入海洋。

禁止在岸滩弃置、堆放和处理固体废物；法律、行政法规另有规定的除外。

第五十七条 沿海县级以上地方人民政府负责其管理海域的海洋垃圾污染防治，建立海洋垃圾监测、清理制度，统筹规划建设陆域接收、转运、处理海洋垃圾的设施，明确有关部门、乡镇、街道、企业事业单位等的海洋垃圾管控区域，建立海洋垃圾监测、拦截、收集、打捞、运输、处理体系并组织实施，采取有效措施鼓励、支持公众参与上述活动。国务院生态环境、住房和城乡建设、发展改革等部门应当按照职责分工加强海洋垃圾污染防治的监督指导和保障。

第五十八条 禁止经中华人民共和国内水、领海过境转移危险废物。

经中华人民共和国管辖的其他海域转移危险废物的，应当事先取得国务院生态环境主管部门的书面同意。

第五十九条 沿海县级以上地方人民政府应当建设和完善排水管网，根据改善海洋环境质量的需要建设城镇污水处理厂和其他污水处理设施，加强城乡污水处理。

建设污水海洋处置工程，应当符合国家有关规定。

第六十条 国家采取必要措施，防止、减少和控制来自大气层或者通过大气层造成的海洋环境污染损害。

第五章 工程建设项目污染防治

第六十一条 新建、改建、扩建工程建设项目，应当遵守国家有关建设项目环境保护管理的规定，并把污染防治和生态保护所需资金纳入建设项目投资计划。

禁止在依法划定的自然保护地、重要渔业水域及其他需要特别保护的区域，违法建设污染环境、破坏生态的工程建设项目或者从事其他活动。

第六十二条 工程建设项目应当按照国家有关建设项目环境影响评价的规定进行环境影响评价。未依法进行并通过环境影响评价的建设项目，不得开工建设。

环境保护设施应当与主体工程同时设计、同时施工、同时投产使用。环境保护设施应当符合经批准的环境影响评价报告书（表）的要求。建设单位应当依照有关法律法规的规定，对环境保护设施进行验收，编制验收报告，并向社会公开。环境保护设施未经验收或者经验收不合格的，建设项目不得投入生产或者使用。

第六十三条　禁止在沿海陆域新建不符合国家产业政策的化学制浆造纸、化工、印染、制革、电镀、酿造、炼油、岸边冲滩拆船及其他严重污染海洋环境的生产项目。

第六十四条　新建、改建、扩建工程建设项目，应当采取有效措施，保护国家和地方重点保护的野生动植物及其生存环境，保护海洋水产资源，避免或者减轻对海洋生物的影响。

禁止在严格保护岸线范围内开采海砂。依法在其他区域开发利用海砂资源，应当采取严格措施，保护海洋环境。载运海砂资源应当持有合法来源证明；海砂开采者应当为载运海砂的船舶提供合法来源证明。

从岸上打井开采海底矿产资源，应当采取有效措施，防止污染海洋环境。

第六十五条　工程建设项目不得使用含超标准放射性物质或者易溶出有毒有害物质的材料；不得造成领海基点及其周围环境的侵蚀、淤积和损害，不得危及领海基点的稳定。

第六十六条　工程建设项目需要爆破作业时，应当采取有效措施，保护海洋环境。

海洋石油勘探开发及输油过程中，应当采取有效措施，避免溢油事故的发生。

第六十七条　工程建设项目不得违法向海洋排放污染物、废弃物及其他有害物质。

海洋油气钻井平台（船）、生产生活平台、生产储卸装置等海洋油气装备的含油污水和油性混合物，应当经过处理达标后排放；残油、废油应当予以回收，不得排放入海。

钻井所使用的油基泥浆和其他有毒复合泥浆不得排放入海。水基泥浆和无毒复合泥浆及钻屑的排放，应当符合国家有关规定。

第六十八条　海洋油气钻井平台（船）、生产生活平台、生产储卸装置等海洋油气装备及其有关海上设施，不得向海域处置含油的工业固体废物。处置其他固体废物，不得造成海洋环境污染。

第六十九条 海上试油时，应当确保油气充分燃烧，油和油性混合物不得排放入海。

第七十条 勘探开发海洋油气资源，应当按照有关规定编制油气污染应急预案，报国务院生态环境主管部门海域派出机构备案。

第六章 废弃物倾倒污染防治

第七十一条 任何个人和未经批准的单位，不得向中华人民共和国管辖海域倾倒任何废弃物。

需要倾倒废弃物的，产生废弃物的单位应当向国务院生态环境主管部门海域派出机构提出书面申请，并出具废弃物特性和成分检验报告，取得倾倒许可证后，方可倾倒。

国家鼓励疏浚物等废弃物的综合利用，避免或者减少海洋倾倒。

禁止中华人民共和国境外的废弃物在中华人民共和国管辖海域倾倒。

第七十二条 国务院生态环境主管部门根据废弃物的毒性、有毒物质含量和对海洋环境影响程度，制定海洋倾倒废弃物评价程序和标准。

可以向海洋倾倒的废弃物名录，由国务院生态环境主管部门制定。

第七十三条 国务院生态环境主管部门会同国务院自然资源主管部门编制全国海洋倾倒区规划，并征求国务院交通运输、渔业等部门和海警机构的意见，报国务院批准。

国务院生态环境主管部门根据全国海洋倾倒区规划，按照科学、合理、经济、安全的原则及时选划海洋倾倒区，征求国务院交通运输、渔业等部门和海警机构的意见，并向社会公告。

第七十四条 国务院生态环境主管部门组织开展海洋倾倒区使用状况评估，根据评估结果予以调整、暂停使用或者封闭海洋倾倒区。

海洋倾倒区的调整、暂停使用和封闭情况，应当通报国务院有关部门、海警机构并向社会公布。

第七十五条 获准和实施倾倒废弃物的单位，应当按照许可证注明的期限及条件，到指定的区域进行倾倒。倾倒作业船舶等载运工具应当安装使用符合要求的海洋倾倒在线监控设备，并与国务院生态环境主管部门监管系统联网。

第七十六条 获准和实施倾倒废弃物的单位，应当按照规定向颁发许可证的国务院生态环境主管部门海域派出机构报告倾倒情况。倾倒废弃物的船舶应当向驶出港的海事管理机构、海警机构作出报告。

第七十七条 禁止在海上焚烧废弃物。

禁止在海上处置污染海洋环境、破坏海洋生态的放射性废物或者其他放射性物质。

第七十八条 获准倾倒废弃物的单位委托实施废弃物海洋倾倒作业的，应当对受托单位的主体资格、技术能力和信用状况进行核实，依法签订书面合同，在合同中约定污染防治与生态保护要求，并监督实施。

受托单位实施废弃物海洋倾倒作业，应当依照有关法律法规的规定和合同约定，履行污染防治和生态保护要求。

获准倾倒废弃物的单位违反本条第一款规定的，除依照有关法律法规的规定予以处罚外，还应当与造成环境污染、生态破坏的受托单位承担连带责任。

第七章 船舶及有关作业活动污染防治

第七十九条 在中华人民共和国管辖海域，任何船舶及相关作业不得违法向海洋排放船舶垃圾、生活污水、含油污水、含有毒有害物质污水、废气等污染物，废弃物，压载水和沉积物及其他有害物质。

船舶应当按照国家有关规定采取有效措施，对压载水和沉积物进行处理处置，严格防控引入外来有害生物。

从事船舶污染物、废弃物接收和船舶清舱、洗舱作业活动的，应当具备相应的接收处理能力。

第八十条 船舶应当配备相应的防污设备和器材。

船舶的结构、配备的防污设备和器材应当符合国家防治船舶污染海洋环境的有关规定，并经检验合格。

船舶应当取得并持有防治海洋环境污染的证书与文书，在进行涉及船舶污染物、压载水和沉积物排放及操作时，应当按照有关规定监测、监控，如实记录并保存。

第八十一条 船舶应当遵守海上交通安全法律、法规的规定，防止因碰撞、触礁、搁浅、火灾或者爆炸等引起的海难事故，造成海洋环境的污染。

第八十二条 国家完善并实施船舶油污损害民事赔偿责任制度；按照船舶油污损害赔偿责任由船东和货主共同承担风险的原则，完善并实施船舶油污保险、油污损害赔偿基金制度，具体办法由国务院规定。

第八十三条 载运具有污染危害性货物进出港口的船舶，其承运人、货物所有人或者代理人，应当事先向海事管理机构申报。经批准后，方可进出港口或者装卸作业。

第八十四条 交付船舶载运污染危害性货物的，托运人应当将货物的正式名称、污染危害性以及应当采取的防护措施如实告知承运人。污染危害性货物的单证、包装、标志、数量限制等，应当符合对所交付货物的有关规定。

需要船舶载运污染危害性不明的货物，应当按照有关规定事先进行评估。

装卸油类及有毒有害货物的作业，船岸双方应当遵守安全防污操作规程。

第八十五条 港口、码头、装卸站和船舶修造拆解单位所在地县级以上地方人民政府应当统筹规划建设船舶污染物等的接收、转运、处理处置设施，建立相应的接收、转运、处理处置多部门联合监管制度。

沿海县级以上地方人民政府负责对其管理海域的渔港和渔业船舶停泊点及周边区域污染防治的监督管理，规范生产生活污水和渔业垃圾回收处置，推进污染防治设备建设和环境清理整治。

港口、码头、装卸站和船舶修造拆解单位应当按照有关规定配备足够的用于处理船舶污染物、废弃物的接收设施，使该设施处于良好状态并有效运行。

装卸油类等污染危害性货物的港口、码头、装卸站和船舶应当编制污染应急预案，并配备相应的污染应急设备和器材。

第八十六条 国家海事管理机构组织制定中国籍船舶禁止或者限制安装和使用的有害材料名录。

船舶修造单位或者船舶所有人、经营人或者管理人应当在船上备有有害材料清单，在船舶建造、营运和维修过程中持续更新，并在船舶拆解前提供给从事船舶拆解的单位。

第八十七条 从事船舶拆解的单位，应当采取有效的污染防治措施，在船舶拆解前将船舶污染物减至最小量,对拆解产生的船舶污染物、废弃物和其他有害物质进行安全与环境无害化处置。拆解的船舶部件不得进入水体。

禁止采取冲滩方式进行船舶拆解作业。

第八十八条 国家倡导绿色低碳智能航运,鼓励船舶使用新能源或者清洁能源,淘汰高耗能高排放老旧船舶,减少温室气体和大气污染物的排放。沿海县级以上地方人民政府应当制定港口岸电、船舶受电等设施建设和改造计划,并组织实施。港口岸电设施的供电能力应当与靠港船舶的用电需求相适应。

船舶应当按照国家有关规定采取有效措施提高能效水平。具备岸电使用条件的船舶靠港应当按照国家有关规定使用岸电,但是使用清洁能源的除外。具备岸电供应能力的港口经营人、岸电供电企业应当按照国家有关规定为具备岸电使用条件的船舶提供岸电。

国务院和沿海县级以上地方人民政府对港口岸电设施、船舶受电设施的改造和使用,清洁能源或者新能源动力船舶建造等按照规定给予支持。

第八十九条 船舶及有关作业活动应当遵守有关法律法规和标准,采取有效措施,防止造成海洋环境污染。海事管理机构等应当加强对船舶及有关作业活动的监督管理。

船舶进行散装液体污染危害性货物的过驳作业,应当编制作业方案,采取有效的安全和污染防治措施,并事先按照有关规定报经批准。

第九十条 船舶发生海难事故,造成或者可能造成海洋环境重大污染损害的,国家海事管理机构有权强制采取避免或者减少污染损害的措施。

对在公海上因发生海难事故,造成中华人民共和国管辖海域重大污染损害后果或者具有污染威胁的船舶、海上设施,国家海事管理机构有权采取与实际的或者可能发生的损害相称的必要措施。

第九十一条 所有船舶均有监视海上污染的义务,在发现海上污染事件或者违反本法规定的行为时,应当立即向就近的依照本法规定行使海洋环境监督管理权的部门或者机构报告。

民用航空器发现海上排污或者污染事件,应当及时向就近的民用航空空中交通管制单位报告。接到报告的单位，应当立即向依照本法规定行使海洋环境监督管理权的部门或者机构通报。

第九十二条　国务院交通运输主管部门可以划定船舶污染物排放控制区。进入控制区的船舶应当符合船舶污染物排放相关控制要求。

第八章　法律责任

第九十三条　违反本法规定，有下列行为之一，由依照本法规定行使海洋环境监督管理权的部门或者机构责令改正或者责令采取限制生产、停产整治等措施，并处以罚款；情节严重的，报经有批准权的人民政府批准，责令停业、关闭：

（一）向海域排放本法禁止排放的污染物或者其他物质的；

（二）未依法取得排污许可证排放污染物的；

（三）超过标准、总量控制指标排放污染物的；

（四）通过私设暗管或者篡改、伪造监测数据，或者不正常运行污染防治设施等逃避监管的方式违法向海洋排放污染物的；

（五）违反本法有关船舶压载水和沉积物排放和管理规定的；

（六）其他未依照本法规定向海洋排放污染物、废弃物的。

有前款第一项、第二项行为之一的，处二十万元以上一百万元以下的罚款；有前款第三项行为的，处十万元以上一百万元以下的罚款；有前款第四项行为的，处十万元以上一百万元以下的罚款，情节严重的，吊销排污许可证；有前款第五项、第六项行为之一的，处一万元以上二十万元以下的罚款。个人擅自在岸滩弃置、堆放和处理生活垃圾的，按次处一百元以上一千元以下的罚款。

第九十四条　违反本法规定，有下列行为之一，由依照本法规定行使海洋环境监督管理权的部门或者机构责令改正，处以罚款：

（一）未依法公开排污信息或者弄虚作假的；

（二）因发生事故或者其他突发性事件，造成或者可能造成海洋环境污染、生态破坏事件，未按照规定通报或者报告的；

（三）未按照有关规定制定应急预案并备案，或者未按照有关规定配备应急设备、器材的；

（四）因发生事故或者其他突发性事件，造成或者可能造成海洋环境污染、生态破坏事件，未立即采取有效措施或者逃逸的；

（五）未采取必要应对措施，造成海洋生态灾害危害扩大的。

有前款第一项行为的，处二万元以上二十万元以下的罚款，拒不改正的，责令限制生产、停产整治；有前款第二项行为的，处五万元以上五十万元以下的罚款，对直接负责的主管人员和其他直接责任人员处一万元以上十万元以下的罚款，并可以暂扣或者吊销相关任职资格许可；有前款第三项行为的，处二万元以上二十万元以下的罚款；有前款第四项、第五项行为之一的，处二十万元以上二百万元以下的罚款。

第九十五条 违反本法规定，拒绝、阻挠调查和现场检查，或者在被检查时弄虚作假的，由依照本法规定行使海洋环境监督管理权的部门或者机构责令改正，处五万元以上二十万元以下的罚款；对直接负责的主管人员和其他直接责任人员处二万元以上十万元以下的罚款。

第九十六条 违反本法规定，造成珊瑚礁等海洋生态系统或者自然保护地破坏的，由依照本法规定行使海洋环境监督管理权的部门或者机构责令改正、采取补救措施，处每平方米一千元以上一万元以下的罚款。

第九十七条 违反本法规定，有下列行为之一，由依照本法规定行使海洋环境监督管理权的部门或者机构责令改正，处以罚款：

（一）占用、损害自然岸线的；

（二）在严格保护岸线范围内开采海砂的；

（三）违反本法其他关于海砂、矿产资源规定的。

有前款第一项行为的，处每米五百元以上一万元以下的罚款；有前款第二项行为的，处货值金额二倍以上二十倍以下的罚款，货值金额不足十万元的，处二十万元以上二百万元以下的罚款；有前款第三项行为的，处五万元以上五十万元以下的罚款。

第九十八条 违反本法规定，从事海水养殖活动有下列行为之一，由依照本法规定行使海洋环境监督管理权的部门或者机构责令改正，处二万元以上二十万元以下的罚款；情节严重的，报经有批准权的人民政府批准，责令停业、关闭：

（一）违反禁养区、限养区规定的；

（二）违反养殖规模、养殖密度规定的；

（三）违反投饵、投肥、药物使用规定的；

（四）未按照有关规定对养殖尾水自行监测的。

第九十九条 违反本法规定设置入海排污口的，由生态环境主管部门责令关闭或者拆除，处二万元以上十万元以下的罚款；拒不关闭或者拆除的，强制关闭、拆除，所需费用由违法者承担，处十万元以上五十万元以下的罚款；情节严重的，可以责令停产整治。

违反本法规定，设置入海排污口未备案的，由生态环境主管部门责令改正，处二万元以上十万元以下的罚款。

违反本法规定，入海排污口的责任主体未按照规定开展监控、自动监测的，由生态环境主管部门责令改正，处二万元以上十万元以下的罚款；拒不改正的，可以责令停产整治。

自然资源、渔业等部门和海事管理机构、海警机构、军队生态环境保护部门发现前三款违法行为之一的，应当通报生态环境主管部门。

第一百条 违反本法规定，经中华人民共和国管辖海域，转移危险废物的，由国家海事管理机构责令非法运输该危险废物的船舶退出中华人民共和国管辖海域，处五十万元以上五百万元以下的罚款。

第一百零一条 违反本法规定，建设单位未落实建设项目投资计划有关要求的，由生态环境主管部门责令改正，处五万元以上二十万元以下的罚款；拒不改正的，处二十万元以上一百万元以下的罚款。

违反本法规定，建设单位未依法报批或者报请重新审核环境影响报告书（表），擅自开工建设的，由生态环境主管部门或者海警机构责令其停止建设，根据违法情节和危害后果，处建设项目总投资额百分之一以上百分之五以下的罚款，并可以责令恢复原状；对建设单位直接负责的主管人员和其他直接责任人员，依法给予处分。建设单位未依法备案环境影响登记表的，由生态环境主管部门责令备案，处五万元以下的罚款。

第一百零二条 违反本法规定，在依法划定的自然保护地、重要渔业水域及其他需要特别保护的区域建设污染环境、破坏生态的工程建设项目或者从事其他活动，或者在沿海陆域新建不符合国家产业政策的生产项目的，由县级以上人民政府按照管理权限责令关闭。

违反生态环境准入清单进行生产建设活动的，由依照本法规定行使海洋环境监督管理权的部门或者机构责令停止违法行为，限期拆除并恢复原状，所需费用由违法者承担，处五十万元以上五百万元以下的罚款，对直接负责的主管人员和其他直接责任人员处五万元以上十万元以下的罚款；情节严重的，报经有批准权的人民政府批准，责令关闭。

第一百零三条 违反本法规定，环境保护设施未与主体工程同时设计、同时施工、同时投产使用的，或者环境保护设施未建成、未达到规定要求、未经验收或者经验收不合格即投入生产、使用的，由生态环境主管部门或者海警机构责令改正，处二十万元以上一百万元以下的罚款；拒不改正的，处一百万元以上二百万元以下的罚款；对直接负责的主管人员和其他责任人员处五万元以上二十万元以下的罚款；造成重大环境污染、生态破坏的，责令其停止生产、使用，或者报经有批准权的人民政府批准，责令关闭。

第一百零四条 违反本法规定，工程建设项目有下列行为之一，由依照本法规定行使海洋环境监督管理权的部门或者机构责令其停止违法行为、消除危害，处二十万元以上一百万元以下的罚款；情节严重的，报经有批准权的人民政府批准，责令停业、关闭：

（一）使用含超标准放射性物质或者易溶出有毒有害物质的材料的；

（二）造成领海基点及其周围环境的侵蚀、淤积、损害，或者危及领海基点稳定的。

第一百零五条 违反本法规定进行海洋油气勘探开发活动，造成海洋环境污染的，由海警机构责令改正，给予警告，并处二十万元以上一百万元以下的罚款。

第一百零六条 违反本法规定，有下列行为之一，由国务院生态环境主管部门及其海域派出机构、海事管理机构或者海警机构责令改正，处以罚款，必要时可以扣押船舶；情节严重的，报经有批准权的人民政府批准，责令停业、关闭：

（一）倾倒废弃物的船舶驶出港口未报告的；

（二）未取得倾倒许可证，向海洋倾倒废弃物的；

（三）在海上焚烧废弃物或者处置放射性废物及其他放射性物质的。

有前款第一项行为的，对违法船舶的所有人、经营人或者管理人处三千元以上三万元以下的罚款，对船长、责任船员或者其他责任人员处五百元以上五千元以下的罚款；有前款第二项行为的，处二十万元以上二百万元以下的罚款；有前款第三项行为的，处五十万元以上五百万元以下的罚款。有前款第二项、第三项行为之一，两年内受到行政处罚三次以上的，三年内不得从事废弃物海洋倾倒活动。

第一百零七条 违反本法规定，有下列行为之一，由国务院生态环境主管部门及其海域派出机构、海事管理机构或者海警机构责令改正，处以罚款，暂扣或者吊销倾倒许可证，必要时可以扣押船舶；情节严重的，报经有批准权的人民政府批准，责令停业、关闭：

（一）未按照国家规定报告倾倒情况的；

（二）未按照国家规定安装使用海洋倾废在线监控设备的；

（三）获准倾倒废弃物的单位未依照本法规定委托实施废弃物海洋倾倒作业或者未依照本法规定监督实施的；

（四）未按照倾倒许可证的规定倾倒废弃物的。

有前款第一项行为的，按次处五千元以上二万元以下的罚款；有前款第二项行为的，处二万元以上二十万元以下的罚款；有前款第三项行为的，处三万元以上三十万元以下的罚款；有前款第四项行为的，处二十万元以上一百万元以下的罚款，被吊销倾倒许可证的，三年内不得从事废弃物海洋倾倒活动。

以提供虚假申请材料、欺骗、贿赂等不正当手段申请取得倾倒许可证的，由国务院生态环境主管部门及其海域派出机构依法撤销倾倒许可证，并处二十万元以上五十万元以下的罚款；三年内不得再次申请倾倒许可证。

第一百零八条 违反本法规定，将中华人民共和国境外废弃物运进中华人民共和国管辖海域倾倒的，由海警机构责令改正，根据造成或者可能造成的危害后果，处五十万元以上五百万元以下的罚款。

第一百零九条 违反本法规定，有下列行为之一，由依照本法规定行使海洋环境监督管理权的部门或者机构责令改正，处以罚款：

（一）港口、码头、装卸站、船舶修造拆解单位未按照规定配备或者有效运行船舶污染物、废弃物接收设施，或者船舶的结构、配备的防污设备和器材不符合国家防污规定或者未经检验合格的；

（二）从事船舶污染物、废弃物接收和船舶清舱、洗舱作业活动，不具备相应接收处理能力的；

（三）从事船舶拆解、旧船改装、打捞和其他水上、水下施工作业，造成海洋环境污染损害的；

（四）采取冲滩方式进行船舶拆解作业的。

有前款第一项、第二项行为之一的，处二万元以上三十万元以下的罚款；有前款第三项行为的，处五万元以上二十万元以下的罚款；有前款第四项行为的，处十万元以上一百万元以下的罚款。

第一百一十条 违反本法规定，有下列行为之一，由依照本法规定行使海洋环境监督管理权的部门或者机构责令改正，处以罚款：

（一）未在船上备有有害材料清单，未在船舶建造、营运和维修过程中持续更新有害材料清单，或者未在船舶拆解前将有害材料清单提供给从事船舶拆解单位的；

（二）船舶未持有防污证书、防污文书，或者不按照规定监测、监控，如实记载和保存船舶污染物、压载水和沉积物的排放及操作记录的；

（三）船舶采取措施提高能效水平未达到有关规定的；

（四）进入控制区的船舶不符合船舶污染物排放相关控制要求的；

（五）具备岸电供应能力的港口经营人、岸电供电企业未按照国家规定为具备岸电使用条件的船舶提供岸电的；

（六）具备岸电使用条件的船舶靠港，不按照国家规定使用岸电的。

有前款第一项行为的，处二万元以下的罚款；有前款第二项行为的，处十万元以下的罚款；有前款第三项行为的，处一万元以上十万元以下的罚款；有前款第四项行为的，处三万元以上三十万元以下的罚款；有前款第五项、第六项行为之一的，处一万元以上十万元以下的罚款，情节严重的，处十万元以上五十万元以下的罚款。

第一百一十一条 违反本法规定，有下列行为之一，由依照本法规定行使海洋环境监督管理权的部门或者机构责令改正，处以罚款：

（一）拒报或者谎报船舶载运污染危害性货物申报事项的；

（二）托运人未将托运的污染危害性货物的正式名称、污染危害性以及应当采取的防护措施如实告知承运人的；

（三）托运人交付承运人的污染危害性货物的单证、包装、标志、数量限制不符合对所交付货物的有关规定的；

（四）托运人在托运的普通货物中夹带污染危害性货物或者将污染危害性货物谎报为普通货物的；

（五）需要船舶载运污染危害性不明的货物，未按照有关规定事先进行评估的。

有前款第一项行为的，处五万元以下的罚款；有前款第二项行为的，处五万元以上十万元以下的罚款；有前款第三项、第五项行为之一的，处二万元以上十万元以下的罚款；有前款第四项行为的，处十万元以上二十万元以下的罚款。

第一百一十二条 违反本法规定，有下列行为之一，由依照本法规定行使海洋环境监督管理权的部门或者机构责令改正，处一万元以上五万元以下的罚款：

（一）载运具有污染危害性货物的船舶未经许可进出港口或者装卸作业的；

（二）装卸油类及有毒有害货物的作业，船岸双方未遵守安全防污操作规程的；

（三）船舶进行散装液体污染危害性货物的过驳作业，未编制作业方案或者未按照有关规定报经批准的。

第一百一十三条 企业事业单位和其他生产经营者违反本法规定向海域排放、倾倒、处置污染物、废弃物或者其他物质，受到罚款处罚，被责令改正的，依法作出处罚决定的部门或者机构应当组织复查，发现其继续实施该违法行为或者拒绝、阻挠复查的，依照《中华人民共和国环境保护法》的规定按日连续处罚。

第一百一十四条 对污染海洋环境、破坏海洋生态，造成他人损害的，依照《中华人民共和国民法典》等法律的规定承担民事责任。

对污染海洋环境、破坏海洋生态，给国家造成重大损失的，由依照本法规定行使海洋环境监督管理权的部门代表国家对责任者提出损害赔偿要求。

前款规定的部门不提起诉讼的，人民检察院可以向人民法院提起诉讼。前款规定的部门提起诉讼的，人民检察院可以支持起诉。

第一百一十五条 对违反本法规定，造成海洋环境污染、生态破坏事故的单位，除依法承担赔偿责任外，由依照本法规定行使海洋环境监督管理权的部门或者机构处以罚款；对直接负责的主管人员和其他直接责任人员可以处上一年度从本单位取得收入百分之五十以下的罚款；直接负责的主管人员和其他直接责任人员属于公职人员的，依法给予处分。

对造成一般或者较大海洋环境污染、生态破坏事故的，按照直接损失的百分之二十计算罚款；对造成重大或者特大海洋环境污染、生态破坏事故的，按照直接损失的百分之三十计算罚款。

第一百一十六条 完全属于下列情形之一，经过及时采取合理措施，仍然不能避免对海洋环境造成污染损害的，造成污染损害的有关责任者免予承担责任：

（一）战争；

（二）不可抗拒的自然灾害；

（三）负责灯塔或者其他助航设备的主管部门，在执行职责时的疏忽，或者其他过失行为。

第一百一十七条 未依照本法规定缴纳倾倒费的，由国务院生态环境主管部门及其海域派出机构责令限期缴纳；逾期拒不缴纳的，处应缴纳倾倒费数额一倍以上三倍以下的罚款，并可以报经有批准权的人民政府批准，责令停业、关闭。

第一百一十八条 海洋环境监督管理人员滥用职权、玩忽职守、徇私舞弊，造成海洋环境污染损害、生态破坏的，依法给予处分。

第一百一十九条 违反本法规定，构成违反治安管理行为的，依法给予治安管理处罚；构成犯罪的，依法追究刑事责任。

第九章 附 则

第一百二十条 本法中下列用语的含义是：

（一）海洋环境污染损害，是指直接或者间接地把物质或者能量引入海洋环境，产生损害海洋生物资源、危害人体健康、妨害渔业和海上其他合法活动、损害海水使用素质和减损环境质量等有害影响。

（二）内水，是指我国领海基线向内陆一侧的所有海域。

（三）沿海陆域，是指与海岸相连，或者通过管道、沟渠、设施，直接或者间接向海洋排放污染物及其相关活动的一带区域。

（四）滨海湿地，是指低潮时水深不超过六米的水域及其沿岸浸湿地带，包括水深不超过六米的永久性水域、潮间带（或者洪泛地带）和沿海低地等，但是用于养殖的人工的水域和滩涂除外。

（五）陆地污染源（简称陆源），是指从陆地向海域排放污染物，造成或者可能造成海洋环境污染的场所、设施等。

（六）陆源污染物，是指由陆地污染源排放的污染物。

（七）倾倒，是指通过船舶、航空器、平台或者其他载运工具，向海洋处置废弃物和其他有害物质的行为，包括弃置船舶、航空器、平台及其辅助设施和其他浮动工具的行为。

（八）海岸线，是指多年大潮平均高潮位时海陆分界痕迹线，以国家组织开展的海岸线修测结果为准。

（九）入海河口，是指河流终端与受水体（海）相结合的地段。

（十）海洋生态灾害，是指受自然环境变化或者人为因素影响，导致一种或者多种海洋生物暴发性增殖或者高度聚集，对海洋生态系统结构和功能造成损害。

（十一）渔业水域，是指鱼虾蟹贝类的产卵场、索饵场、越冬场、洄游通道和鱼虾蟹贝藻类及其他水生动植物的养殖场。

（十二）排放，是指把污染物排入海洋的行为，包括泵出、溢出、泄出、喷出和倒出。

（十三）油类，是指任何类型的油及其炼制品。

（十四）入海排污口，是指直接或者通过管道、沟、渠等排污通道向海洋环境水体排放污水的口门，包括工业排污口、城镇污水处理厂排污口、农业排口及其他排口等类型。

（十五）油性混合物，是指任何含有油份的混合物。

（十六）海上焚烧，是指以热摧毁为目的，在海上焚烧设施上，故意焚烧废弃物或者其他物质的行为，但是船舶、平台或者其他人工构造物正常操作中所附带发生的行为除外。

第一百二十一条　涉及海洋环境监督管理的有关部门的具体职权划分，本法未作规定的，由国务院规定。

沿海县级以上地方人民政府行使海洋环境监督管理权的部门的职责，由省、自治区、直辖市人民政府根据本法及国务院有关规定确定。

第一百二十二条　军事船舶和军事用海环境保护管理办法，由国务院、中央军事委员会依照本法制定。

第一百二十三条　中华人民共和国缔结或者参加的与海洋环境保护

有关的国际条约与本法有不同规定的，适用国际条约的规定；但是，中华人民共和国声明保留的条款除外。

第一百二十四条　本法自 2024 年 1 月 1 日起施行。

9.《中华人民共和国环境影响评价法》(2018 年 12 月 29 日修正)

中华人民共和国环境影响评价法

（2002 年 10 月 28 日第九届全国人民代表大会常务委员会第三十次会议通过，根据 2016 年 7 月 2 日第十二届全国人民代表大会常务委员会第二十一次会议《关于修改〈中华人民共和国节约能源法〉等六部法律的决定》第一次修正，根据 2018 年 12 月 29 日第十三届全国人民代表大会常务委员会第七次会议《关于修改〈中华人民共和国劳动法〉等七部法律的决定》第二次修正）

第一章　总　则

第一条　为了实施可持续发展战略，预防因规划和建设项目实施后对环境造成不良影响，促进经济、社会和环境的协调发展，制定本法。

第二条　本法所称环境影响评价，是指对规划和建设项目实施后可能造成的环境影响进行分析、预测和评估，提出预防或者减轻不良环境影响的对策和措施，进行跟踪监测的方法与制度。

第三条　编制本法第九条所规定的范围内的规划，在中华人民共和国领域和中华人民共和国管辖的其他海域内建设对环境有影响的项目，应当依照本法进行环境影响评价。

第四条　环境影响评价必须客观、公开、公正，综合考虑规划或者建设项目实施后对各种环境因素及其所构成的生态系统可能造成的影响，为决策提供科学依据。

第五条　国家鼓励有关单位、专家和公众以适当方式参与环境影响评价。

第六条 国家加强环境影响评价的基础数据库和评价指标体系建设，鼓励和支持对环境影响评价的方法、技术规范进行科学研究，建立必要的环境影响评价信息共享制度，提高环境影响评价的科学性。

国务院生态环境主管部门应当会同国务院有关部门，组织建立和完善环境影响评价的基础数据库和评价指标体系。

第二章 规划的环境影响评价

第七条 国务院有关部门、设区的市级以上地方人民政府及其有关部门，对其组织编制的土地利用的有关规划，区域、流域、海域的建设、开发利用规划，应当在规划编制过程中组织进行环境影响评价，编写该规划有关环境影响的篇章或者说明。

规划有关环境影响的篇章或者说明，应当对规划实施后可能造成的环境影响作出分析、预测和评估，提出预防或者减轻不良环境影响的对策和措施，作为规划草案的组成部分一并报送规划审批机关。

未编写有关环境影响的篇章或者说明的规划草案，审批机关不予审批。

第八条 国务院有关部门、设区的市级以上地方人民政府及其有关部门，对其组织编制的工业、农业、畜牧业、林业、能源、水利、交通、城市建设、旅游、自然资源开发的有关专项规划（以下简称专项规划），应当在该专项规划草案上报审批前，组织进行环境影响评价，并向审批该专项规划的机关提出环境影响报告书。

前款所列专项规划中的指导性规划，按照本法第七条的规定进行环境影响评价。

第九条 依照本法第七条、第八条的规定进行环境影响评价的规划的具体范围，由国务院生态环境主管部门会同国务院有关部门规定，报国务院批准。

第十条 专项规划的环境影响报告书应当包括下列内容：

（一）实施该规划对环境可能造成影响的分析、预测和评估；

（二）预防或者减轻不良环境影响的对策和措施；

（三）环境影响评价的结论。

第十一条 专项规划的编制机关对可能造成不良环境影响并直接涉

及公众环境权益的规划，应当在该规划草案报送审批前，举行论证会、听证会，或者采取其他形式，征求有关单位、专家和公众对环境影响报告书草案的意见。但是，国家规定需要保密的情形除外。

编制机关应当认真考虑有关单位、专家和公众对环境影响报告书草案的意见，并应当在报送审查的环境影响报告书中附具对意见采纳或者不采纳的说明。

第十二条 专项规划的编制机关在报批规划草案时，应当将环境影响报告书一并附送审批机关审查；未附送环境影响报告书的，审批机关不予审批。

第十三条 设区的市级以上人民政府在审批专项规划草案，作出决策前，应当先由人民政府指定的生态环境主管部门或者其他部门召集有关部门代表和专家组成审查小组，对环境影响报告书进行审查。审查小组应当提出书面审查意见。

参加前款规定的审查小组的专家，应当从按照国务院生态环境主管部门的规定设立的专家库内的相关专业的专家名单中，以随机抽取的方式确定。

由省级以上人民政府有关部门负责审批的专项规划，其环境影响报告书的审查办法，由国务院生态环境主管部门会同国务院有关部门制定。

第十四条 审查小组提出修改意见的，专项规划的编制机关应当根据环境影响报告书结论和审查意见对规划草案进行修改完善，并对环境影响报告书结论和审查意见的采纳情况作出说明；不采纳的，应当说明理由。

设区的市级以上人民政府或者省级以上人民政府有关部门在审批专项规划草案时，应当将环境影响报告书结论以及审查意见作为决策的重要依据。

在审批中未采纳环境影响报告书结论以及审查意见的，应当作出说明，并存档备查。

第十五条 对环境有重大影响的规划实施后，编制机关应当及时组织环境影响的跟踪评价，并将评价结果报告审批机关；发现有明显不良环境影响的，应当及时提出改进措施。

第三章 建设项目的环境影响评价

第十六条 国家根据建设项目对环境的影响程度，对建设项目的环境影响评价实行分类管理。

建设单位应当按照下列规定组织编制环境影响报告书、环境影响报告表或者填报环境影响登记表（以下统称环境影响评价文件）：

（一）可能造成重大环境影响的，应当编制环境影响报告书，对产生的环境影响进行全面评价；

（二）可能造成轻度环境影响的，应当编制环境影响报告表，对产生的环境影响进行分析或者专项评价；

（三）对环境影响很小、不需要进行环境影响评价的，应当填报环境影响登记表。

建设项目的环境影响评价分类管理名录，由国务院生态环境主管部门制定并公布。

第十七条 建设项目的环境影响报告书应当包括下列内容：

（一）建设项目概况；

（二）建设项目周围环境现状；

（三）建设项目对环境可能造成影响的分析、预测和评估；

（四）建设项目环境保护措施及其技术、经济论证；

（五）建设项目对环境影响的经济损益分析；

（六）对建设项目实施环境监测的建议；

（七）环境影响评价的结论。

环境影响报告表和环境影响登记表的内容和格式，由国务院生态环境主管部门制定。

第十八条 建设项目的环境影响评价，应当避免与规划的环境影响评价相重复。

作为一项整体建设项目的规划，按照建设项目进行环境影响评价，不进行规划的环境影响评价。

已经进行了环境影响评价的规划包含具体建设项目的，规划的环境影响评价结论应当作为建设项目环境影响评价的重要依据，建设项目环境影响评价的内容应当根据规划的环境影响评价审查意见予以简化。

第十九条　建设单位可以委托技术单位对其建设项目开展环境影响评价，编制建设项目环境影响报告书、环境影响报告表；建设单位具备环境影响评价技术能力的，可以自行对其建设项目开展环境影响评价，编制建设项目环境影响报告书、环境影响报告表。

编制建设项目环境影响报告书、环境影响报告表应当遵守国家有关环境影响评价标准、技术规范等规定。

国务院生态环境主管部门应当制定建设项目环境影响报告书、环境影响报告表编制的能力建设指南和监管办法。

接受委托为建设单位编制建设项目环境影响报告书、环境影响报告表的技术单位，不得与负责审批建设项目环境影响报告书、环境影响报告表的生态环境主管部门或者其他有关审批部门存在任何利益关系。

第二十条　建设单位应当对建设项目环境影响报告书、环境影响报告表的内容和结论负责，接受委托编制建设项目环境影响报告书、环境影响报告表的技术单位对其编制的建设项目环境影响报告书、环境影响报告表承担相应责任。

设区的市级以上人民政府生态环境主管部门应当加强对建设项目环境影响报告书、环境影响报告表编制单位的监督管理和质量考核。

负责审批建设项目环境影响报告书、环境影响报告表的生态环境主管部门应当将编制单位、编制主持人和主要编制人员的相关违法信息记入社会诚信档案，并纳入全国信用信息共享平台和国家企业信用信息公示系统向社会公布。

任何单位和个人不得为建设单位指定编制建设项目环境影响报告书、环境影响报告表的技术单位。

第二十一条　除国家规定需要保密的情形外，对环境可能造成重大影响、应当编制环境影响报告书的建设项目，建设单位应当在报批建设项目环境影响报告书前，举行论证会、听证会，或者采取其他形式，征求有关单位、专家和公众的意见。

建设单位报批的环境影响报告书应当附具对有关单位、专家和公众的意见采纳或者不采纳的说明。

第二十二条　建设项目的环境影响报告书、报告表，由建设单位按照国务院的规定报有审批权的生态环境主管部门审批。

海洋工程建设项目的海洋环境影响报告书的审批，依照《中华人民共和国海洋环境保护法》的规定办理。

审批部门应当自收到环境影响报告书之日起六十日内，收到环境影响报告表之日起三十日内，分别作出审批决定并书面通知建设单位。

国家对环境影响登记表实行备案管理。

审核、审批建设项目环境影响报告书、报告表以及备案环境影响登记表，不得收取任何费用。

第二十三条 国务院生态环境主管部门负责审批下列建设项目的环境影响评价文件：

（一）核设施、绝密工程等特殊性质的建设项目；

（二）跨省、自治区、直辖市行政区域的建设项目；

（三）由国务院审批的或者由国务院授权有关部门审批的建设项目。

前款规定以外的建设项目的环境影响评价文件的审批权限，由省、自治区、直辖市人民政府规定。

建设项目可能造成跨行政区域的不良环境影响，有关生态环境主管部门对该项目的环境影响评价结论有争议的，其环境影响评价文件由共同的上一级生态环境主管部门审批。

第二十四条 建设项目的环境影响评价文件经批准后，建设项目的性质、规模、地点、采用的生产工艺或者防治污染、防止生态破坏的措施发生重大变动的，建设单位应当重新报批建设项目的环境影响评价文件。

建设项目的环境影响评价文件自批准之日起超过五年，方决定该项目开工建设的，其环境影响评价文件应当报原审批部门重新审核；原审批部门应当自收到建设项目环境影响评价文件之日起十日内，将审核意见书面通知建设单位。

第二十五条 建设项目的环境影响评价文件未依法经审批部门审查或者审查后未予批准的，建设单位不得开工建设。

第二十六条 建设项目建设过程中，建设单位应当同时实施环境影响报告书、环境影响报告表以及环境影响评价文件审批部门审批意见中提出的环境保护对策措施。

第二十七条 在项目建设、运行过程中产生不符合经审批的环境影响评价文件的情形的，建设单位应当组织环境影响的后评价，采取改进措施，并报原环境影响评价文件审批部门和建设项目审批部门备案；原环境影响评价文件审批部门也可以责成建设单位进行环境影响的后评价，采取改进措施。

第二十八条 生态环境主管部门应当对建设项目投入生产或者使用后所产生的环境影响进行跟踪检查，对造成严重环境污染或者生态破坏的，应当查清原因、查明责任。对属于建设项目环境影响报告书、环境影响报告表存在基础资料明显不实，内容存在重大缺陷、遗漏或者虚假，环境影响评价结论不正确或者不合理等严重质量问题的，依照本法第三十二条的规定追究建设单位及其相关责任人员和接受委托编制建设项目环境影响报告书、环境影响报告表的技术单位及其相关人员的法律责任；属于审批部门工作人员失职、渎职，对依法不应批准的建设项目环境影响报告书、环境影响报告表予以批准的，依照本法第三十四条的规定追究其法律责任。

第四章 法律责任

第二十九条 规划编制机关违反本法规定，未组织环境影响评价，或者组织环境影响评价时弄虚作假或者有失职行为，造成环境影响评价严重失实的，对直接负责的主管人员和其他直接责任人员，由上级机关或者监察机关依法给予行政处分。

第三十条 规划审批机关对依法应当编写有关环境影响的篇章或者说明而未编写的规划草案，依法应当附送环境影响报告书而未附送的专项规划草案，违法予以批准的，对直接负责的主管人员和其他直接责任人员，由上级机关或者监察机关依法给予行政处分。

第三十一条 建设单位未依法报批建设项目环境影响报告书、报告表，或者未依照本法第二十四条的规定重新报批或者报请重新审核环境影响报告书、报告表，擅自开工建设的，由县级以上生态环境主管部门责令停止建设，根据违法情节和危害后果，处建设项目总投资额百分之一以上百分之五以下的罚款，并可以责令恢复原状；对建设单位直接负责的主管人员和其他直接责任人员，依法给予行政处分。

建设项目环境影响报告书、报告表未经批准或者未经原审批部门重新审核同意，建设单位擅自开工建设的，依照前款的规定处罚、处分。

建设单位未依法备案建设项目环境影响登记表的，由县级以上生态环境主管部门责令备案，处五万元以下的罚款。

海洋工程建设项目的建设单位有本条所列违法行为的，依照《中华人民共和国海洋环境保护法》的规定处罚。

第三十二条 建设项目环境影响报告书、环境影响报告表存在基础资料明显不实，内容存在重大缺陷、遗漏或者虚假，环境影响评价结论不正确或者不合理等严重质量问题的，由设区的市级以上人民政府生态环境主管部门对建设单位处五十万元以上二百万元以下的罚款，并对建设单位的法定代表人、主要负责人、直接负责的主管人员和其他直接责任人员，处五万元以上二十万元以下的罚款。

接受委托编制建设项目环境影响报告书、环境影响报告表的技术单位违反国家有关环境影响评价标准和技术规范等规定，致使其编制的建设项目环境影响报告书、环境影响报告表存在基础资料明显不实，内容存在重大缺陷、遗漏或者虚假，环境影响评价结论不正确或者不合理等严重质量问题的，由设区的市级以上人民政府生态环境主管部门对技术单位处所收费用三倍以上五倍以下的罚款；情节严重的，禁止从事环境影响报告书、环境影响报告表编制工作；有违法所得的，没收违法所得。

编制单位有本条第一款、第二款规定的违法行为的，编制主持人和主要编制人员五年内禁止从事环境影响报告书、环境影响报告表编制工作；构成犯罪的，依法追究刑事责任，并终身禁止从事环境影响报告书、环境影响报告表编制工作。

第三十三条 负责审核、审批、备案建设项目环境影响评价文件的部门在审批、备案中收取费用的，由其上级机关或者监察机关责令退还；情节严重的，对直接负责的主管人员和其他直接责任人员依法给予行政处分。

第三十四条 生态环境主管部门或者其他部门的工作人员徇私舞弊，滥用职权，玩忽职守，违法批准建设项目环境影响评价文件的，依法给予行政处分；构成犯罪的，依法追究刑事责任。

第五章 附 则

第三十五条 省、自治区、直辖市人民政府可以根据本地的实际情况，要求对本辖区的县级人民政府编制的规划进行环境影响评价。具体办法由省、自治区、直辖市参照本法第二章的规定制定。

第三十六条 军事设施建设项目的环境影响评价办法，由中央军事委员会依照本法的原则制定。

第三十七条 本法自 2003 年 9 月 1 日起施行。

二、法规

1.《危险废物经营许可证管理办法》(2016年2月6日修订)

危险废物经营许可证管理办法

(2004年5月30日中华人民共和国国务院令第408号公布,根据2013年12月7日《国务院关于修改部分行政法规的决定》第一次修订,根据2016年2月6日《国务院关于修改部分行政法规的决定》第二次修订)

第一章 总 则

第一条 为了加强对危险废物收集、贮存和处置经营活动的监督管理,防治危险废物污染环境,根据《中华人民共和国固体废物污染环境防治法》,制定本办法。

第二条 在中华人民共和国境内从事危险废物收集、贮存、处置经营活动的单位,应当依照本办法的规定,领取危险废物经营许可证。

第三条 危险废物经营许可证按照经营方式,分为危险废物收集、贮存、处置综合经营许可证和危险废物收集经营许可证。

领取危险废物综合经营许可证的单位,可以从事各类别危险废物的收集、贮存、处置经营活动;领取危险废物收集经营许可证的单位,只能从事机动车维修活动中产生的废矿物油和居民日常生活中产生的废镉镍电池的危险废物收集经营活动。

第四条 县级以上人民政府环境保护主管部门依照本办法的规定,负责危险废物经营许可证的审批颁发与监督管理工作。

第二章　申请领取危险废物经营许可证的条件

第五条　申请领取危险废物收集、贮存、处置综合经营许可证,应当具备下列条件:

(一)有3名以上环境工程专业或者相关专业中级以上职称,并有3年以上固体废物污染治理经历的技术人员;

(二)有符合国务院交通主管部门有关危险货物运输安全要求的运输工具;

(三)有符合国家或者地方环境保护标准和安全要求的包装工具,中转和临时存放设施、设备以及经验收合格的贮存设施、设备;

(四)有符合国家或者省、自治区、直辖市危险废物处置设施建设规划,符合国家或者地方环境保护标准和安全要求的处置设施、设备和配套的污染防治设施;其中,医疗废物集中处置设施,还应当符合国家有关医疗废物处置的卫生标准和要求;

(五)有与所经营的危险废物类别相适应的处置技术和工艺;

(六)有保证危险废物经营安全的规章制度、污染防治措施和事故应急救援措施;

(七)以填埋方式处置危险废物的,应当依法取得填埋场所的土地使用权。

第六条　申请领取危险废物收集经营许可证,应当具备下列条件:

(一)有防雨、防渗的运输工具;

(二)有符合国家或者地方环境保护标准和安全要求的包装工具,中转和临时存放设施、设备;

(三)有保证危险废物经营安全的规章制度、污染防治措施和事故应急救援措施。

第三章　申请领取危险废物经营许可证的程序

第七条　国家对危险废物经营许可证实行分级审批颁发。

医疗废物集中处置单位的危险废物经营许可证,由医疗废物集中处置设施所在地设区的市级人民政府环境保护主管部门审批颁发。

危险废物收集经营许可证,由县级人民政府环境保护主管部门审批颁发。

本条第二款、第三款规定之外的危险废物经营许可证，由省、自治区、直辖市人民政府环境保护主管部门审批颁发。

第八条 申请领取危险废物经营许可证的单位，应当在从事危险废物经营活动前向发证机关提出申请，并附具本办法第五条或者第六条规定条件的证明材料。

第九条 发证机关应当自受理申请之日起 20 个工作日内，对申请单位提交的证明材料进行审查，并对申请单位的经营设施进行现场核查。符合条件的，颁发危险废物经营许可证，并予以公告；不符合条件的，书面通知申请单位并说明理由。

发证机关在颁发危险废物经营许可证前，可以根据实际需要征求卫生、城乡规划等有关主管部门和专家的意见。

第十条 危险废物经营许可证包括下列主要内容：

（一）法人名称、法定代表人、住所；

（二）危险废物经营方式；

（三）危险废物类别；

（四）年经营规模；

（五）有效期限；

（六）发证日期和证书编号。

危险废物综合经营许可证的内容，还应当包括贮存、处置设施的地址。

第十一条 危险废物经营单位变更法人名称、法定代表人和住所的，应当自工商变更登记之日起 15 个工作日内，向原发证机关申请办理危险废物经营许可证变更手续。

第十二条 有下列情形之一的，危险废物经营单位应当按照原申请程序，重新申请领取危险废物经营许可证：

（一）改变危险废物经营方式的；

（二）增加危险废物类别的；

（三）新建或者改建、扩建原有危险废物经营设施的；

（四）经营危险废物超过原批准年经营规模 20% 以上的。

第十三条 危险废物综合经营许可证有效期为 5 年；危险废物收集

经营许可证有效期为 3 年。

危险废物经营许可证有效期届满，危险废物经营单位继续从事危险废物经营活动的，应当于危险废物经营许可证有效期届满 30 个工作日前向原发证机关提出换证申请。原发证机关应当自受理换证申请之日起 20 个工作日内进行审查，符合条件的，予以换证；不符合条件的，书面通知申请单位并说明理由。

第十四条　危险废物经营单位终止从事收集、贮存、处置危险废物经营活动的，应当对经营设施、场所采取污染防治措施，并对未处置的危险废物作出妥善处理。

危险废物经营单位应当在采取前款规定措施之日起 20 个工作日内向原发证机关提出注销申请，由原发证机关进行现场核查合格后注销危险废物经营许可证。

第十五条　禁止无经营许可证或者不按照经营许可证规定从事危险废物收集、贮存、处置经营活动。

禁止从中华人民共和国境外进口或者经中华人民共和国过境转移电子类危险废物。

禁止将危险废物提供或者委托给无经营许可证的单位从事收集、贮存、处置经营活动。

禁止伪造、变造、转让危险废物经营许可证。

第四章　监督管理

第十六条　县级以上地方人民政府环境保护主管部门应当于每年 3 月 31 日前将上一年度危险废物经营许可证颁发情况报上一级人民政府环境保护主管部门备案。

上级环境保护主管部门应当加强对下级环境保护主管部门审批颁发危险废物经营许可证情况的监督检查，及时纠正下级环境保护主管部门审批颁发危险废物经营许可证过程中的违法行为。

第十七条　县级以上人民政府环境保护主管部门应当通过书面核查和实地检查等方式，加强对危险废物经营单位的监督检查，并将监督检查情况和处理结果予以记录，由监督检查人员签字后归档。

公众有权查阅县级以上人民政府环境保护主管部门的监督检查记录。

县级以上人民政府环境保护主管部门发现危险废物经营单位在经营活动中有不符合原发证条件的情形的，应当责令其限期整改。

第十八条　县级以上人民政府环境保护主管部门有权要求危险废物经营单位定期报告危险废物经营活动情况。危险废物经营单位应当建立危险废物经营情况记录簿，如实记载收集、贮存、处置危险废物的类别、来源、去向和有无事故等事项。

危险废物经营单位应当将危险废物经营情况记录簿保存10年以上，以填埋方式处置危险废物的经营情况记录簿应当永久保存。终止经营活动的，应当将危险废物经营情况记录簿移交所在地县级以上地方人民政府环境保护主管部门存档管理。

第十九条　县级以上人民政府环境保护主管部门应当建立、健全危险废物经营许可证的档案管理制度，并定期向社会公布审批颁发危险废物经营许可证的情况。

第二十条　领取危险废物收集经营许可证的单位，应当与处置单位签订接收合同，并将收集的废矿物油和废镉镍电池在90个工作日内提供或者委托给处置单位进行处置。

第二十一条　危险废物的经营设施在废弃或者改作其他用途前，应当进行无害化处理。

填埋危险废物的经营设施服役期届满后，危险废物经营单位应当按照有关规定对填埋过危险废物的土地采取封闭措施，并在划定的封闭区域设置永久性标记。

第五章　法律责任

第二十二条　违反本办法第十一条规定的，由县级以上地方人民政府环境保护主管部门责令限期改正，给予警告；逾期不改正的，由原发证机关暂扣危险废物经营许可证。

第二十三条　违反本办法第十二条、第十三条第二款规定的，由县级以上地方人民政府环境保护主管部门责令停止违法行为；有违法所得的，没收违法所得；违法所得超过10万元的，并处违法所得1倍以上2倍以下的罚款；没有违法所得或者违法所得不足10万元的，处5万元以上10万元以下的罚款。

第二十四条 违反本办法第十四条第一款、第二十一条规定的，由县级以上地方人民政府环境保护主管部门责令限期改正；逾期不改正的，处5万元以上10万元以下的罚款；造成污染事故，构成犯罪的，依法追究刑事责任。

第二十五条 违反本办法第十五条第一款、第二款、第三款规定的，依照《中华人民共和国固体废物污染环境防治法》的规定予以处罚。

违反本办法第十五条第四款规定的，由县级以上地方人民政府环境保护主管部门收缴危险废物经营许可证或者由原发证机关吊销危险废物经营许可证，并处5万元以上10万元以下的罚款；构成犯罪的，依法追究刑事责任。

第二十六条 违反本办法第十八条规定的，由县级以上地方人民政府环境保护主管部门责令限期改正，给予警告；逾期不改正的，由原发证机关暂扣或者吊销危险废物经营许可证。

第二十七条 违反本办法第二十条规定的，由县级以上地方人民政府环境保护主管部门责令限期改正，给予警告；逾期不改正的，处1万元以上5万元以下的罚款，并可以由原发证机关暂扣或者吊销危险废物经营许可证。

第二十八条 危险废物经营单位被责令限期整改，逾期不整改或者经整改仍不符合原发证条件的，由原发证机关暂扣或者吊销危险废物经营许可证。

第二十九条 被依法吊销或者收缴危险废物经营许可证的单位，5年内不得再申请领取危险废物经营许可证。

第三十条 县级以上人民政府环境保护主管部门的工作人员，有下列行为之一的，依法给予行政处分；构成犯罪的，依法追究刑事责任：

（一）向不符合本办法规定条件的单位颁发危险废物经营许可证的；

（二）发现未依法取得危险废物经营许可证的单位和个人擅自从事危险废物经营活动不予查处或者接到举报后不依法处理的；

（三）对依法取得危险废物经营许可证的单位不履行监督管理职责或者发现违反本办法规定的行为不予查处的；

（四）在危险废物经营许可证管理工作中有其他渎职行为的。

第六章 附 则

第三十一条 本办法下列用语的含义：

（一）危险废物，是指列入国家危险废物名录或者根据国家规定的危险废物鉴别标准和鉴别方法认定的具有危险性的废物。

（二）收集，是指危险废物经营单位将分散的危险废物进行集中的活动。

（三）贮存，是指危险废物经营单位在危险废物处置前，将其放置在符合环境保护标准的场所或者设施中，以及为了将分散的危险废物进行集中，在自备的临时设施或者场所每批置放重量超过5000千克或者置放时间超过90个工作日的活动。

（四）处置，是指危险废物经营单位将危险废物焚烧、煅烧、熔融、烧结、裂解、中和、消毒、蒸馏、萃取、沉淀、过滤、拆解以及用其他改变危险废物物理、化学、生物特性的方法，达到减少危险废物数量、缩小危险废物体积、减少或者消除其危险成分的活动，或者将危险废物最终置于符合环境保护规定要求的场所或者设施并不再回取的活动。

第三十二条 本办法施行前，依照地方性法规、规章或者其他文件的规定已经取得危险废物经营许可证的单位，应当在原危险废物经营许可证有效期届满30个工作日前，依照本办法的规定重新申请领取危险废物经营许可证。逾期不办理的，不得继续从事危险废物经营活动。

第三十三条 本办法自2004年7月1日起施行。

2.《排污许可管理条例》（2021年1月24日）

排污许可管理条例

（2020年12月9日国务院第117次常务会议通过，2021年1月24日公布，自2021年3月1日起施行）

第一章 总 则

第一条 为了加强排污许可管理，规范企业事业单位和其他生产经营者排污行为，控制污染物排放，保护和改善生态环境，根据《中华人民共和国环境保护法》等有关法律，制定本条例。

第二条 依照法律规定实行排污许可管理的企业事业单位和其他生产经营者（以下称排污单位），应当依照本条例规定申请取得排污许可证；未取得排污许可证的，不得排放污染物。

根据污染物产生量、排放量、对环境的影响程度等因素，对排污单位实行排污许可分类管理：

（一）污染物产生量、排放量或者对环境的影响程度较大的排污单位，实行排污许可重点管理；

（二）污染物产生量、排放量和对环境的影响程度都较小的排污单位，实行排污许可简化管理。

实行排污许可管理的排污单位范围、实施步骤和管理类别名录，由国务院生态环境主管部门拟订并报国务院批准后公布实施。制定实行排污许可管理的排污单位范围、实施步骤和管理类别名录，应当征求有关部门、行业协会、企业事业单位和社会公众等方面的意见。

第三条 国务院生态环境主管部门负责全国排污许可的统一监督管理。

设区的市级以上地方人民政府生态环境主管部门负责本行政区域排污许可的监督管理。

第四条 国务院生态环境主管部门应当加强全国排污许可证管理信息平台建设和管理，提高排污许可在线办理水平。

排污许可证审查与决定、信息公开等应当通过全国排污许可证管理信息平台办理。

第五条 设区的市级以上人民政府应当将排污许可管理工作所需经费列入本级预算。

第二章 申请与审批

第六条 排污单位应当向其生产经营场所所在地设区的市级以上地方人民政府生态环境主管部门（以下称审批部门）申请取得排污许可证。

排污单位有两个以上生产经营场所排放污染物的，应当按照生产经营场所分别申请取得排污许可证。

第七条 申请取得排污许可证,可以通过全国排污许可证管理信息平台提交排污许可证申请表,也可以通过信函等方式提交。

排污许可证申请表应当包括下列事项:

(一)排污单位名称、住所、法定代表人或者主要负责人、生产经营场所所在地、统一社会信用代码等信息;

(二)建设项目环境影响报告书(表)批准文件或者环境影响登记表备案材料;

(三)按照污染物排放口、主要生产设施或者车间、厂界申请的污染物排放种类、排放浓度和排放量,执行的污染物排放标准和重点污染物排放总量控制指标;

(四)污染防治设施、污染物排放口位置和数量、污染物排放方式、排放去向、自行监测方案等信息;

(五)主要生产设施、主要产品及产能、主要原辅材料、产生和排放污染物环节等信息,及其是否涉及商业秘密等不宜公开情形的情况说明。

第八条 有下列情形之一的,申请取得排污许可证还应当提交相应材料:

(一)属于实行排污许可重点管理的,排污单位在提出申请前已通过全国排污许可证管理信息平台公开单位基本信息、拟申请许可事项的说明材料;

(二)属于城镇和工业污水集中处理设施的,排污单位的纳污范围、管网布置、最终排放去向等说明材料;

(三)属于排放重点污染物的新建、改建、扩建项目以及实施技术改造项目的,排污单位通过污染物排放量削减替代获得重点污染物排放总量控制指标的说明材料。

第九条 审批部门对收到的排污许可证申请,应当根据下列情况分别作出处理:

(一)依法不需要申请取得排污许可证的,应当即时告知不需要申请取得排污许可证;

(二)不属于本审批部门职权范围的,应当即时作出不予受理的决定,并告知排污单位向有审批权的生态环境主管部门申请;

(三)申请材料存在可以当场更正的错误的,应当允许排污单位当场更正；

（四）申请材料不齐全或者不符合法定形式的，应当当场或者在3日内出具告知单，一次性告知排污单位需要补正的全部材料；逾期不告知的，自收到申请材料之日起即视为受理；

（五）属于本审批部门职权范围，申请材料齐全、符合法定形式，或者排污单位按照要求补正全部申请材料的，应当受理。

审批部门应当在全国排污许可证管理信息平台上公开受理或者不予受理排污许可证申请的决定，同时向排污单位出具加盖本审批部门专用印章和注明日期的书面凭证。

第十条　审批部门应当对排污单位提交的申请材料进行审查，并可以对排污单位的生产经营场所进行现场核查。

审批部门可以组织技术机构对排污许可证申请材料进行技术评估，并承担相应费用。

技术机构应当对其提出的技术评估意见负责，不得向排污单位收取任何费用。

第十一条　对具备下列条件的排污单位，颁发排污许可证：

（一）依法取得建设项目环境影响报告书（表）批准文件，或者已经办理环境影响登记表备案手续；

（二）污染物排放符合污染物排放标准要求，重点污染物排放符合排污许可证申请与核发技术规范、环境影响报告书（表）批准文件、重点污染物排放总量控制要求；其中，排污单位生产经营场所位于未达到国家环境质量标准的重点区域、流域的，还应当符合有关地方人民政府关于改善生态环境质量的特别要求；

（三）采用污染防治设施可以达到许可排放浓度要求或者符合污染防治可行技术；

（四）自行监测方案的监测点位、指标、频次等符合国家自行监测规范。

第十二条　对实行排污许可简化管理的排污单位，审批部门应当自受理申请之日起20日内作出审批决定；对符合条件的颁发排污许可证，对不符合条件的不予许可并书面说明理由。

对实行排污许可重点管理的排污单位，审批部门应当自受理申请之日起 30 日内作出审批决定；需要进行现场核查的，应当自受理申请之日起 45 日内作出审批决定；对符合条件的颁发排污许可证，对不符合条件的不予许可并书面说明理由。

审批部门应当通过全国排污许可证管理信息平台生成统一的排污许可证编号。

第十三条　排污许可证应当记载下列信息：

（一）排污单位名称、住所、法定代表人或者主要负责人、生产经营场所所在地等；

（二）排污许可证有效期限、发证机关、发证日期、证书编号和二维码等；

（三）产生和排放污染物环节、污染防治设施等；

（四）污染物排放口位置和数量、污染物排放方式和排放去向等；

（五）污染物排放种类、许可排放浓度、许可排放量等；

（六）污染防治设施运行和维护要求、污染物排放口规范化建设要求等；

（七）特殊时段禁止或者限制污染物排放的要求；

（八）自行监测、环境管理台账记录、排污许可证执行报告的内容和频次等要求；

（九）排污单位环境信息公开要求；

（十）存在大气污染物无组织排放情形时的无组织排放控制要求；

（十一）法律法规规定排污单位应当遵守的其他控制污染物排放的要求。

第十四条　排污许可证有效期为 5 年。

排污许可证有效期届满，排污单位需要继续排放污染物的，应当于排污许可证有效期届满 60 日前向审批部门提出申请。审批部门应当自受理申请之日起 20 日内完成审查；对符合条件的予以延续，对不符合条件的不予延续并书面说明理由。

排污单位变更名称、住所、法定代表人或者主要负责人的，应当自变更之日起 30 日内，向审批部门申请办理排污许可证变更手续。

第十五条　在排污许可证有效期内，排污单位有下列情形之一的，应当重新申请取得排污许可证：

（一）新建、改建、扩建排放污染物的项目；

（二）生产经营场所、污染物排放口位置或者污染物排放方式、排放去向发生变化；

（三）污染物排放口数量或者污染物排放种类、排放量、排放浓度增加。

第十六条　排污单位适用的污染物排放标准、重点污染物总量控制要求发生变化，需要对排污许可证进行变更的，审批部门可以依法对排污许可证相应事项进行变更。

第三章　排污管理

第十七条　排污许可证是对排污单位进行生态环境监管的主要依据。

排污单位应当遵守排污许可证规定，按照生态环境管理要求运行和维护污染防治设施，建立环境管理制度，严格控制污染物排放。

第十八条　排污单位应当按照生态环境主管部门的规定建设规范化污染物排放口，并设置标志牌。

污染物排放口位置和数量、污染物排放方式和排放去向应当与排污许可证规定相符。

实施新建、改建、扩建项目和技术改造的排污单位，应当在建设污染防治设施的同时，建设规范化污染物排放口。

第十九条　排污单位应当按照排污许可证规定和有关标准规范，依法开展自行监测，并保存原始监测记录。原始监测记录保存期限不得少于5年。

排污单位应当对自行监测数据的真实性、准确性负责，不得篡改、伪造。

第二十条　实行排污许可重点管理的排污单位，应当依法安装、使用、维护污染物排放自动监测设备，并与生态环境主管部门的监控设备联网。

排污单位发现污染物排放自动监测设备传输数据异常的，应及时报告生态环境主管部门，并进行检查、修复。

第二十一条　排污单位应当建立环境管理台账记录制度，按照排污许可证规定的格式、内容和频次，如实记录主要生产设施、污染防治设施运行情况以及污染物排放浓度、排放量。环境管理台账记录保存期限不得少于 5 年。

排污单位发现污染物排放超过污染物排放标准等异常情况时，应当立即采取措施消除、减轻危害后果，如实进行环境管理台账记录，并报告生态环境主管部门，说明原因。超过污染物排放标准等异常情况下的污染物排放计入排污单位的污染物排放量。

第二十二条 排污单位应当按照排污许可证规定的内容、频次和时间要求，向审批部门提交排污许可证执行报告，如实报告污染物排放行为、排放浓度、排放量等。

排污许可证有效期内发生停产的，排污单位应当在排污许可证执行报告中如实报告污染物排放变化情况并说明原因。

排污许可证执行报告中报告的污染物排放量可以作为年度生态环境统计、重点污染物排放总量考核、污染源排放清单编制的依据。

第二十三条 排污单位应当按照排污许可证规定，如实在全国排污许可证管理信息平台上公开污染物排放信息。

污染物排放信息应当包括污染物排放种类、排放浓度和排放量，以及污染防治设施的建设运行情况、排污许可证执行报告、自行监测数据等；其中，水污染物排入市政排水管网的，还应当包括污水接入市政排水管网位置、排放方式等信息。

第二十四条 污染物产生量、排放量和对环境的影响程度都很小的企业事业单位和其他生产经营者，应当填报排污登记表，不需要申请取得排污许可证。

需要填报排污登记表的企业事业单位和其他生产经营者范围名录，由国务院生态环境主管部门制定并公布。制定需要填报排污登记表的企业事业单位和其他生产经营者范围名录，应当征求有关部门、行业协会、企业事业单位和社会公众等方面的意见。

需要填报排污登记表的企业事业单位和其他生产经营者，应当在全国排污许可证管理信息平台上填报基本信息、污染物排放去向、执行的污染物排放标准以及采取的污染防治措施等信息；填报的信息发生变动的，应当自发生变动之日起 20 日内进行变更填报。

第四章 监督检查

第二十五条 生态环境主管部门应当加强对排污许可的事中事后监管,将排污许可执法检查纳入生态环境执法年度计划,根据排污许可管理类别、排污单位信用记录和生态环境管理需要等因素,合理确定检查频次和检查方式。

生态环境主管部门应当在全国排污许可证管理信息平台上记录执法检查时间、内容、结果以及处罚决定,同时将处罚决定纳入国家有关信用信息系统向社会公布。

第二十六条 排污单位应当配合生态环境主管部门监督检查,如实反映情况,并按照要求提供排污许可证、环境管理台账记录、排污许可证执行报告、自行监测数据等相关材料。

禁止伪造、变造、转让排污许可证。

第二十七条 生态环境主管部门可以通过全国排污许可证管理信息平台监控排污单位的污染物排放情况,发现排污单位的污染物排放浓度超过许可排放浓度的,应当要求排污单位提供排污许可证、环境管理台账记录、排污许可证执行报告、自行监测数据等相关材料进行核查,必要时可以组织开展现场监测。

第二十八条 生态环境主管部门根据行政执法过程中收集的监测数据,以及排污单位的排污许可证、环境管理台账记录、排污许可证执行报告、自行监测数据等相关材料,对排污单位在规定周期内的污染物排放量,以及排污单位污染防治设施运行和维护是否符合排污许可证规定进行核查。

第二十九条 生态环境主管部门依法通过现场监测、排污单位污染物排放自动监测设备、全国排污许可证管理信息平台获得的排污单位污染物排放数据,可以作为判定污染物排放浓度是否超过许可排放浓度的证据。

排污单位自行监测数据与生态环境主管部门及其所属监测机构在行政执法过程中收集的监测数据不一致的,以生态环境主管部门及其所属监测机构收集的监测数据作为行政执法依据。

第三十条 国家鼓励排污单位采用污染防治可行技术。国务院生态环境主管部门制定并公布污染防治可行技术指南。

排污单位未采用污染防治可行技术的，生态环境主管部门应当根据排污许可证、环境管理台账记录、排污许可证执行报告、自行监测数据等相关材料，以及生态环境主管部门及其所属监测机构在行政执法过程中收集的监测数据，综合判断排污单位采用的污染防治技术能否稳定达到排污许可证规定；对不能稳定达到排污许可证规定的，应当提出整改要求，并可以增加检查频次。

制定污染防治可行技术指南，应当征求有关部门、行业协会、企业事业单位和社会公众等方面的意见。

第三十一条 任何单位和个人对排污单位违反本条例规定的行为，均有向生态环境主管部门举报的权利。

接到举报的生态环境主管部门应当依法处理，按照有关规定向举报人反馈处理结果，并为举报人保密。

第五章 法律责任

第三十二条 违反本条例规定，生态环境主管部门在排污许可证审批或者监督管理中有下列行为之一的，由上级机关责令改正；对直接负责的主管人员和其他直接责任人员依法给予处分：

（一）对符合法定条件的排污许可证申请不予受理或者不在法定期限内审批；

（二）向不符合法定条件的排污单位颁发排污许可证；

（三）违反审批权限审批排污许可证；

（四）发现违法行为不予查处；

（五）不依法履行监督管理职责的其他行为。

第三十三条 违反本条例规定，排污单位有下列行为之一的，由生态环境主管部门责令改正或者限制生产、停产整治，处20万元以上100万元以下的罚款；情节严重的，报经有批准权的人民政府批准，责令停业、关闭：

（一）未取得排污许可证排放污染物；

（二）排污许可证有效期届满未申请延续或者延续申请未经批准排放污染物；

（三）被依法撤销、注销、吊销排污许可证后排放污染物；

（四）依法应当重新申请取得排污许可证，未重新申请取得排污许可证排放污染物。

第三十四条　违反本条例规定，排污单位有下列行为之一的，由生态环境主管部门责令改正或者限制生产、停产整治，处20万元以上100万元以下的罚款；情节严重的，吊销排污许可证，报经有批准权的人民政府批准，责令停业、关闭：

（一）超过许可排放浓度、许可排放量排放污染物；

（二）通过暗管、渗井、渗坑、灌注或者篡改、伪造监测数据，或者不正常运行污染防治设施等逃避监管的方式违法排放污染物。

第三十五条　违反本条例规定，排污单位有下列行为之一的，由生态环境主管部门责令改正，处5万元以上20万元以下的罚款；情节严重的，处20万元以上100万元以下的罚款，责令限制生产、停产整治：

（一）未按照排污许可证规定控制大气污染物无组织排放；

（二）特殊时段未按照排污许可证规定停止或者限制排放污染物。

第三十六条　违反本条例规定，排污单位有下列行为之一的，由生态环境主管部门责令改正，处2万元以上20万元以下的罚款；拒不改正的，责令停产整治：

（一）污染物排放口位置或者数量不符合排污许可证规定；

（二）污染物排放方式或者排放去向不符合排污许可证规定；

（三）损毁或者擅自移动、改变污染物排放自动监测设备；

（四）未按照排污许可证规定安装、使用污染物排放自动监测设备并与生态环境主管部门的监控设备联网，或者未保证污染物排放自动监测设备正常运行；

（五）未按照排污许可证规定制定自行监测方案并开展自行监测；

（六）未按照排污许可证规定保存原始监测记录；

（七）未按照排污许可证规定公开或者不如实公开污染物排放信息；

（八）发现污染物排放自动监测设备传输数据异常或者污染物排放超过污染物排放标准等异常情况不报告；

（九）违反法律法规规定的其他控制污染物排放要求的行为。

第三十七条　违反本条例规定，排污单位有下列行为之一的，由生态环境主管部门责令改正，处每次 5 千元以上 2 万元以下的罚款；法律另有规定的，从其规定：

（一）未建立环境管理台账记录制度，或者未按照排污许可证规定记录；

（二）未如实记录主要生产设施及污染防治设施运行情况或者污染物排放浓度、排放量；

（三）未按照排污许可证规定提交排污许可证执行报告；

（四）未如实报告污染物排放行为或者污染物排放浓度、排放量。

第三十八条　排污单位违反本条例规定排放污染物，受到罚款处罚，被责令改正的，生态环境主管部门应当组织复查，发现其继续实施该违法行为或者拒绝、阻挠复查的，依照《中华人民共和国环境保护法》的规定按日连续处罚。

第三十九条　排污单位拒不配合生态环境主管部门监督检查，或者在接受监督检查时弄虚作假的，由生态环境主管部门责令改正，处 2 万元以上 20 万元以下的罚款。

第四十条　排污单位以欺骗、贿赂等不正当手段申请取得排污许可证的，由审批部门依法撤销其排污许可证，处 20 万元以上 50 万元以下的罚款，3 年内不得再次申请排污许可证。

第四十一条　违反本条例规定，伪造、变造、转让排污许可证的，由生态环境主管部门没收相关证件或者吊销排污许可证，处 10 万元以上 30 万元以下的罚款，3 年内不得再次申请排污许可证。

第四十二条　违反本条例规定，接受审批部门委托的排污许可技术机构弄虚作假的，由审批部门解除委托关系，将相关信息记入其信用记录，在全国排污许可证管理信息平台上公布，同时纳入国家有关信用信息系统向社会公布；情节严重的，禁止从事排污许可技术服务。

第四十三条　需要填报排污登记表的企业事业单位和其他生产经营者，未依照本条例规定填报排污信息的，由生态环境主管部门责令改正，可以处 5 万元以下的罚款。

第四十四条　排污单位有下列行为之一，尚不构成犯罪的，除依照本条例规定予以处罚外，对其直接负责的主管人员和其他直接责任人员，依照《中华人民共和国环境保护法》的规定处以拘留：

（一）未取得排污许可证排放污染物，被责令停止排污，拒不执行；

（二）通过暗管、渗井、渗坑、灌注或者篡改、伪造监测数据，或者不正常运行污染防治设施等逃避监管的方式违法排放污染物。

第四十五条　违反本条例规定，构成违反治安管理行为的，依法给予治安管理处罚；构成犯罪的，依法追究刑事责任。

第六章　附　　则

第四十六条　本条例施行前已经实际排放污染物的排污单位，不符合本条例规定条件的，应当在国务院生态环境主管部门规定的期限内进行整改，达到本条例规定的条件并申请取得排污许可证；逾期未取得排污许可证的，不得继续排放污染物。整改期限内，生态环境主管部门应当向其下达排污限期整改通知书，明确整改内容、整改期限等要求。

第四十七条　排污许可证申请表、环境管理台账记录、排污许可证执行报告等文件的格式和内容要求，以及排污许可证申请与核发技术规范等，由国务院生态环境主管部门制定。

第四十八条　企业事业单位和其他生产经营者涉及国家秘密的，其排污许可、监督管理等应当遵守保密法律法规的规定。

第四十九条　飞机、船舶、机动车、列车等移动污染源的污染物排放管理，依照相关法律法规的规定执行。

第五十条　排污单位应当遵守安全生产规定，按照安全生产管理要求运行和维护污染防治设施，建立安全生产管理制度。

在运行和维护污染防治设施过程中违反安全生产规定，发生安全生产事故的，对负有责任的排污单位依照《中华人民共和国安全生产法》的有关规定予以处罚。

第五十一条　本条例自2021年3月1日起施行。

3.《中华人民共和国防治陆源污染物污染损害海洋环境管理条例》（1990年6月22日）

中华人民共和国防治陆源污染物污染损害海洋环境管理条例

（1990年5月25日国务院第六十一次常委会议通过，1990年6月22日中华人民共和国国务院令第61号发布，自1990年8月1日起施行）

第一条　为加强对陆地污染源的监督管理，防治陆源污染物污染损害海洋环境，根据《中华人民共和国海洋环境保护法》，制定本条例。

第二条　本条例所称陆法污染源（简称陆源），是指从陆地向海域排放污染物，造成或者可能造成海洋环境污染损害的场所、设施等。

本条例所称陆源污染物是指由前款陆源排放的污染物。

第三条　本条例适用于在中华人民共和国境内向海域排放陆源污染物的一切单位和个人。

防止拆船污染损害海洋环境，依照《防止拆船污染环境管理条例》执行。

第四条　国务院环境保护行政主管部门，主管全国防治陆源污染物污染损害海洋环境工作。

沿海县级以上地方人民政府环境保护行政主管部门，主管本行政区域内防治陆源污染物污染损害海洋环境工作。

第五条　任何单位和个人向海域排放陆源污染物，必须执行国家和地方发布的污染物排放标准和有关规定。

第六条　任何单位和个人向海域排放陆源污染物，必须向其所在地环境保护行政主管部门申报登记拥有的污染物排放设施、处理设施和在正常作业条件下排放污染物的种类、数量和浓度，提供防治陆源污染物污染损害海洋环境的资料，并将上述事项和资料抄送海洋行政主管部门。

排放污染物的种类、数量和浓度有重大改变或者拆除、闲置污染物处理设施的，应当征得所在地环境保护行政主管部门同意并经原审批部门批准。

第七条　任何单位和个人向海域排放陆源污染物，超过国家和地方污染物排放标准的，必须缴纳超标准排污费，并负责治理。

第八条　任何单位和个人，不得在海洋特别保护区、海上自然保护区、海滨风景游览区、盐场保护区、海水浴场、重要渔业水域和其他需要特殊保护的区域内兴建排污口。

对在前款区域内已建的排污口，排放污染物超过国家和地方排放标准的，限期治理。

第九条　对向海域排放陆源污染物造成海洋环境严重污染损害的企业事业单位，限期治理。

第十条　国务院各部门或者省、自治区、直辖市人民政府直接管辖的企业事业单位的限期治理，由省、自治区、直辖市人民政府的环境保护行政主管部门提出意见，报同级人民政府决定。市、县或者市、县以下人民政府管辖的企业事业单位的限期治理，由市、县人民政府环境保护行政主管部门提出意见，报同级人民政府决定。被限期治理的企业事业单位必须如期完成治理任务。

第十一条　禁止在岸滩擅自堆放、弃置和处理固体废弃物。确需临时堆放、处理固体废弃物的，必须按照沿海省、自治区、直辖市人民政府环境保护行政主管部门规定的审批程序，提出书面申请。其主要内容包括：

（一）申请单位的名称、地址；

（二）堆放、处理的地点和占地面积；

（三）固体废弃物的种类、成分，年堆放量、处理量，积存堆放、处理的总量和堆放高度；

（四）固体废弃物堆放、处理的期限，最终处置方式；

（五）堆放、处理固体废弃物可能对海洋环境造成的污染损害；

（六）防止堆放、处理固体废弃物污染损害海洋环境的技术和措施；

（七）审批机关认为需要说明的其他事项。

现有的固体废弃物临时堆放、处理场地，未经县级以上地方人民政府环境保护行政主管部门批准的，由县级以上地方人民政府环境保护行政主管部门责令限期补办审批手续。

第十二条　被批准设置废弃物堆放场、处理场的单位和个人，必须建造防护提和防渗漏、防场尘等设施，经批准设置废弃物堆放场、处理场的环境保护行政主管部门验收合格后方可使用。

在批准使用的废弃物堆放场、处理场内，不得擅自堆放、弃置未经批准的其他种类的废弃物。不得露天堆放含剧毒、放射性、易溶解和易挥发性物质的废弃物；非露天堆放上述废弃物，不得作为最终处置方式。

第十三条 禁止在岸滩采用不正当的稀释、渗透方式排放有毒、有害废水。

第十四条 禁止向海域排放含高、中放射性物质的废水。

向海域排放含低放射性物质的废水，必须执行国家有关放射防护的规定和标准。

第十五条 禁止向海域排放油类、酸液、碱液和毒液。

向海域排放含油废水、含有害重金属废水和其他工业废水，必须经过处理，符合国家和地方规定的排放标准和有关规定。处理后的残渣不得弃置入海。

第十六条 向海域排放含病原体的废水，必须经过处理，符合国家和地方规定的排放标准和有关规定。

第十七条 向海域排放含热废水的水温应当符合国家有关规定。

第十八条 向自净能力较差的海域排放含有机物和营养物质的工业废水和生活废水，应当控制排放量；排污口应当设置在海水交换良好处，并采用合理的排放方式，防止海水富营养化。

第十九条 禁止将失效或者禁用的药物及药具弃置岸滩。

第二十条 入海河口处发生陆源污染物污染损害海洋环境事故，确有证据证明是由河流携带污染物造成的，由入海河口处所在地的省、自治区、直辖市人民政府环境保护行政主管部门调查处理；河流跨越省、自治区、直辖市的，由入海河口处所在省、自治区、直辖市人民政府环境保护行政主管部门和水利部门会同有关省、自治区、直辖市人民政府环境保护行政主管部门、水利部门和流域管理机构调查处理。

第二十一条 沿海相邻或者相向地区向同一海域排放陆源污染物的，由有关地方人民政府协商制定共同防治陆源污染物污染损害海洋环境的措施。

第二十二条 一切单位和个人造成陆源污染物污染损害海洋环境事故时，必须立即采用措施处理，并在事故发生后四十八小时内，向当地人民政府环境保护行政主管部门作出事故发生的时间、地点、类型和排放污染物的数量、经济损失、人员受害等情况的初步报告，并抄送有关部门。

事故查清后，应当向当地人民政府环境保护行政主管部门作出书面报告，并附有关证明文件。

各级人民政府环境保护行政主管部门接到陆源污染物污染损害海洋环境事故的初步报告后，应当立即会同有关部门采用措施，消除或者减轻污染，并由县级以上人民政府环境保护行政主管部门会同有关部门或者由县级以上人民政府环境保护行政主管部门授权的部门对事故进行调查处理。

第二十三条　县级以上人民政府环境保护行政主管部门，按照项目管理权限，可以会同项目主管部门对排放陆源污染物的单位和个人进行现场检查，被检查者必须如实反映情况、提供资料。检查者有责任为被检查者保守技术秘密和业务秘密。法律法规另有规定的除外。

第二十四条　违反本条例规定，具有下列情形之一的，由县级以上人民政府环境保护行政主管部门责令改正，并可处以三百元以上三千元以下的罚款：

（一）拒报或者谎报排污申报登记事项的；

（二）拒绝、阻挠环境保护行政主管部门现场检查，或者在被检查中弄虚作假的。

第二十五条　废弃物堆放场、处理场的防污染设施未经环境保护行政主管部门验收或者验收不合格而强行使用的，由环境保护行政主管部门责令改正，并可处以五千元以上二万元以下的罚款。

第二十六条　违反本条例规定，具有下列情形之一的，由县级以上人民政府环境保护行政主管部门责令改正，并可处以五千元以上十万元以下的罚款：

（一）未经所在地环境保护行政主管部门同意和原批准部门批准，擅自改变污染物排放的种类、增加污染物排放的数量、浓度或者拆除、闲置污染物处理设施的；

（二）在本条例第八条第一款规定的区域内兴建排污口的。

第二十七条　违反本条例规定，具有下列情形之一的，由县级以上人民政府环境保护行政主管部门责令改正，并可处以一千元以上二万元以下的罚款；情节严重的，可处以二万元以上十万元以下的罚款：

（一）在岸滩采用不正当的稀释、渗透方式排放有毒、有害废水的；

（二）向海域排放含高、中放射性物质的废水的；

（三）向海域排放油类、酸液、碱液和毒液的；

（四）向岸滩弃置失效或者禁用的药物和药具的；

（五）向海域排放含油废水、含病原体废水、含热废水、含低放射性物质废水、含有害重金属废水和其他工业废水超过国家和地方规定的排放标准和有关规定或者将处理后的残渣弃置入海的；

（六）未经县级以上地方人民政府环境保护行政主管部门批准，擅自在岸滩堆放、弃置和处理废弃物或者在废弃物堆放场、处理场内，擅自堆放、处理未经批准的其他种类的废弃物或者露天堆放含剧毒、放射性、易溶解和易挥发性物质的废弃物的。

第二十八条　对逾期未完成限期治理任务的企业事业单位，征收两倍的超标准排污费，并可根据危害和损害后果，处以一万元以上十万元以下的罚款，或者责令停业、关闭。

罚款由环境保护行政主管部门决定。责令停业、关闭，由作出限期治理决定的人民政府决定；责令国务院各部门直接管辖的企业事业单位停业、关闭，须报国务院批准。

第二十九条　不按规定缴纳超标准排污费的，除追缴超标准排污费及滞纳金外，并可由县级以上人民政府环境保护行政主管部门处以一千元以上一万元以下的罚款。

第三十条　对造成陆源污染物污染损害海洋环境事故，导致重大经济损失的，由县级以上人民政府环境保护行政主管部门按照直接损失百分之三十计算罚款，但最高不得超过二十万元。

第三十一条　县级人民政府环境保护行政主管部门可处以一万元以下的罚款，超过一万元的罚款，报上级环境保护行政主管部门批准。

省辖市级人民政府环境保护行政主管部门可处以五万元以下的罚款，超过五万元的罚款，报上级环境保护行政主管部门批准。

省、自治区、直辖市人民政府环境保护行政主管部门可处以二十万元以下的罚款。

罚款全部上交国库，任何单位和个人不得截留、分成。

第三十二条　缴纳超标准排污费或者被处以罚款的单位、个人，并不免除消除污染、排除危害和赔偿损失的责任。

第三十三条　当事人对行政处罚决定不服的，可以在接到处罚通知之日起十五日内，依法申请复议；对复议决定不服的，可以在接到复议决定之日起十五日内，向人民法院起诉。当事人也可以在接到处罚通知之日起十五日内，直接向人民法院起诉。当事人逾期不申请复议、也不向人民法院起诉、又不履行处罚决定的，由作出处罚决定的机关申请人民法院强制执行。

第三十四条　环境保护行政主管部门工作人员滥用职权、玩忽职守、徇私舞弊的，由其所在单位或者上级主管机关给予行政处分；构成犯罪的，依法追究刑事责任。

第三十五条　沿海省、自治区、直辖市人民政府，可以根据本条例制定实施办法。

第三十六条　本条例由国务院环境保护行政主管部门负责解释。

第三十七条　本条例自1990年8月1日起施行。

4.《碳排放权交易管理暂行条例》（2024年1月25日）

碳排放权交易管理暂行条例

（2024年1月5日国务院第23次常务会议通过，2024年1月25日公布，自2024年5月1日起施行）

第一条　为了规范碳排放权交易及相关活动，加强对温室气体排放的控制，积极稳妥推进碳达峰碳中和，促进经济社会绿色低碳发展，推进生态文明建设，制定本条例。

第二条　本条例适用于全国碳排放权交易市场的碳排放权交易及相关活动。

第三条　碳排放权交易及相关活动的管理，应当坚持中国共产党的领导，贯彻党和国家路线方针政策和决策部署，坚持温室气体排放控制与经济社会发展相适应，坚持政府引导与市场调节相结合，遵循公开、公平、公正的原则。

国家加强碳排放权交易领域的国际合作与交流。

第四条　国务院生态环境主管部门负责碳排放权交易及相关活动的监督管理工作。国务院有关部门按照职责分工，负责碳排放权交易及相关活动的有关监督管理工作。

地方人民政府生态环境主管部门负责本行政区域内碳排放权交易及相关活动的监督管理工作。地方人民政府有关部门按照职责分工，负责本行政区域内碳排放权交易及相关活动的有关监督管理工作。

第五条 全国碳排放权注册登记机构按照国家有关规定，负责碳排放权交易产品登记，提供交易结算等服务。全国碳排放权交易机构按照国家有关规定，负责组织开展碳排放权集中统一交易。登记和交易的收费应当合理，收费项目、收费标准和管理办法应当向社会公开。

全国碳排放权注册登记机构和全国碳排放权交易机构应当按照国家有关规定，完善相关业务规则，建立风险防控和信息披露制度。

国务院生态环境主管部门会同国务院市场监督管理部门、中国人民银行和国务院银行业监督管理机构，对全国碳排放权注册登记机构和全国碳排放权交易机构进行监督管理，并加强信息共享和执法协作配合。

碳排放权交易应当逐步纳入统一的公共资源交易平台体系。

第六条 碳排放权交易覆盖的温室气体种类和行业范围，由国务院生态环境主管部门会同国务院发展改革等有关部门根据国家温室气体排放控制目标研究提出，报国务院批准后实施。

碳排放权交易产品包括碳排放配额和经国务院批准的其他现货交易产品。

第七条 纳入全国碳排放权交易市场的温室气体重点排放单位（以下简称重点排放单位）以及符合国家有关规定的其他主体，可以参与碳排放权交易。

生态环境主管部门、其他对碳排放权交易及相关活动负有监督管理职责的部门（以下简称其他负有监督管理职责的部门）、全国碳排放权注册登记机构、全国碳排放权交易机构以及本条例规定的技术服务机构的工作人员，不得参与碳排放权交易。

第八条 国务院生态环境主管部门会同国务院有关部门，根据国家温室气体排放控制目标，制定重点排放单位的确定条件。省、自治区、直辖市人民政府（以下统称省级人民政府）生态环境主管部门会同同级有关部门，按照重点排放单位的确定条件制定本行政区域年度重点排放单位名录。

重点排放单位的确定条件和年度重点排放单位名录应当向社会公布。

第九条　国务院生态环境主管部门会同国务院有关部门，根据国家温室气体排放控制目标，综合考虑经济社会发展、产业结构调整、行业发展阶段、历史排放情况、市场调节需要等因素，制定年度碳排放配额总量和分配方案，并组织实施。碳排放配额实行免费分配，并根据国家有关要求逐步推行免费和有偿相结合的分配方式。

省级人民政府生态环境主管部门会同同级有关部门，根据年度碳排放配额总量和分配方案，向本行政区域内的重点排放单位发放碳排放配额，不得违反年度碳排放配额总量和分配方案发放或者调剂碳排放配额。

第十条　依照本条例第六条、第八条、第九条的规定研究提出碳排放权交易覆盖的温室气体种类和行业范围、制定重点排放单位的确定条件以及年度碳排放配额总量和分配方案，应当征求省级人民政府、有关行业协会、企业事业单位、专家和公众等方面的意见。

第十一条　重点排放单位应当采取有效措施控制温室气体排放，按照国家有关规定和国务院生态环境主管部门制定的技术规范，制定并严格执行温室气体排放数据质量控制方案，使用依法经计量检定合格或者校准的计量器具开展温室气体排放相关检验检测，如实准确统计核算本单位温室气体排放量，编制上一年度温室气体排放报告（以下简称年度排放报告），并按照规定将排放统计核算数据、年度排放报告报送其生产经营场所所在地省级人民政府生态环境主管部门。

重点排放单位应当对其排放统计核算数据、年度排放报告的真实性、完整性、准确性负责。

重点排放单位应当按照国家有关规定，向社会公开其年度排放报告中的排放量、排放设施、统计核算方法等信息。年度排放报告所涉数据的原始记录和管理台账应当至少保存5年。

重点排放单位可以委托依法设立的技术服务机构开展温室气体排放相关检验检测、编制年度排放报告。

第十二条　省级人民政府生态环境主管部门应当对重点排放单位报送的年度排放报告进行核查，确认其温室气体实际排放量。核查工作应当在规定的时限内完成，并自核查完成之日起7个工作日内向重点排放单位反馈核查结果。核查结果应当向社会公开。

省级人民政府生态环境主管部门可以通过政府购买服务等方式，委托依法设立的技术服务机构对年度排放报告进行技术审核。重点排放单位应当配合技术服务机构开展技术审核工作，如实提供有关数据和资料。

第十三条 接受委托开展温室气体排放相关检验检测的技术服务机构，应当遵守国家有关技术规程和技术规范要求，对其出具的检验检测报告承担相应责任，不得出具不实或者虚假的检验检测报告。重点排放单位应当按照国家有关规定制作和送检样品，对样品的代表性、真实性负责。

接受委托编制年度排放报告、对年度排放报告进行技术审核的技术服务机构，应当按照国家有关规定，具备相应的设施设备、技术能力和技术人员，建立业务质量管理制度，独立、客观、公正开展相关业务，对其出具的年度排放报告和技术审核意见承担相应责任，不得篡改、伪造数据资料，不得使用虚假的数据资料或者实施其他弄虚作假行为。年度排放报告编制和技术审核的具体管理办法由国务院生态环境主管部门会同国务院有关部门制定。

技术服务机构在同一省、自治区、直辖市范围内不得同时从事年度排放报告编制业务和技术审核业务。

第十四条 重点排放单位应当根据省级人民政府生态环境主管部门对年度排放报告的核查结果，按照国务院生态环境主管部门规定的时限，足额清缴其碳排放配额。

重点排放单位可以通过全国碳排放权交易市场购买或者出售碳排放配额，其购买的碳排放配额可以用于清缴。

重点排放单位可以按照国家有关规定，购买经核证的温室气体减排量用于清缴其碳排放配额。

第十五条 碳排放权交易可以采取协议转让、单向竞价或者符合国家有关规定的其他现货交易方式。

禁止任何单位和个人通过欺诈、恶意串通、散布虚假信息等方式操纵全国碳排放权交易市场或者扰乱全国碳排放权交易市场秩序。

第十六条 国务院生态环境主管部门建立全国碳排放权交易市场管理平台，加强对碳排放配额分配、清缴以及重点排放单位温室气体排放情况等的全过程监督管理，并与国务院有关部门实现信息共享。

第十七条 生态环境主管部门和其他负有监督管理职责的部门，可以在各自职责范围内对重点排放单位等交易主体、技术服务机构进行现场检查。

生态环境主管部门和其他负有监督管理职责的部门进行现场检查，可以采取查阅、复制相关资料，查询、检查相关信息系统等措施，并可以要求有关单位和个人就相关事项作出说明。被检查者应当如实反映情况、提供资料，不得拒绝、阻碍。

进行现场检查，检查人员不得少于2人，并应当出示执法证件。检查人员对检查中知悉的国家秘密、商业秘密，依法负有保密义务。

第十八条 任何单位和个人对违反本条例规定的行为，有权向生态环境主管部门和其他负有监督管理职责的部门举报。接到举报的部门应当依法及时处理，按照国家有关规定向举报人反馈处理结果，并为举报人保密。

第十九条 生态环境主管部门或者其他负有监督管理职责的部门的工作人员在碳排放权交易及相关活动的监督管理工作中滥用职权、玩忽职守、徇私舞弊的，应当依法给予处分。

第二十条 生态环境主管部门、其他负有监督管理职责的部门、全国碳排放权注册登记机构、全国碳排放权交易机构以及本条例规定的技术服务机构的工作人员参与碳排放权交易的，由国务院生态环境主管部门责令依法处理持有的碳排放配额等交易产品，没收违法所得，可以并处所交易碳排放配额等产品的价款等值以下的罚款；属于国家工作人员的，还应当依法给予处分。

第二十一条 重点排放单位有下列情形之一的，由生态环境主管部门责令改正，处5万元以上50万元以下的罚款；拒不改正的，可以责令停产整治：

（一）未按照规定制定并执行温室气体排放数据质量控制方案；

（二）未按照规定报送排放统计核算数据、年度排放报告；

（三）未按照规定向社会公开年度排放报告中的排放量、排放设施、统计核算方法等信息；

（四）未按照规定保存年度排放报告所涉数据的原始记录和管理台账。

第二十二条 重点排放单位有下列情形之一的，由生态环境主管部门责令改正，没收违法所得，并处违法所得5倍以上10倍以下的罚款；没有违法所得或者违法所得不足50万元的，处50万元以上200万元以下的罚款；对其直接负责的主管人员和其他直接责任人员处5万元以上20

万元以下的罚款；拒不改正的，按照 50% 以上 100% 以下的比例核减其下一年度碳排放配额，可以责令停产整治：

（一）未按照规定统计核算温室气体排放量；

（二）编制的年度排放报告存在重大缺陷或者遗漏，在年度排放报告编制过程中篡改、伪造数据资料，使用虚假的数据资料或者实施其他弄虚作假行为；

（三）未按照规定制作和送检样品。

第二十三条　技术服务机构出具不实或者虚假的检验检测报告的，由生态环境主管部门责令改正，没收违法所得，并处违法所得 5 倍以上 10 倍以下的罚款；没有违法所得或者违法所得不足 2 万元的，处 2 万元以上 10 万元以下的罚款；情节严重的，由负责资质认定的部门取消其检验检测资质。

技术服务机构出具的年度排放报告或者技术审核意见存在重大缺陷或者遗漏，在年度排放报告编制或者对年度排放报告进行技术审核过程中篡改、伪造数据资料，使用虚假的数据资料或者实施其他弄虚作假行为的，由生态环境主管部门责令改正，没收违法所得，并处违法所得 5 倍以上 10 倍以下的罚款；没有违法所得或者违法所得不足 20 万元的，处 20 万元以上 100 万元以下的罚款；情节严重的，禁止其从事年度排放报告编制和技术审核业务。

技术服务机构因本条第一款、第二款规定的违法行为受到处罚的，对其直接负责的主管人员和其他直接责任人员处 2 万元以上 20 万元以下的罚款，5 年内禁止从事温室气体排放相关检验检测、年度排放报告编制和技术审核业务；情节严重的，终身禁止从事前述业务。

第二十四条　重点排放单位未按照规定清缴其碳排放配额的，由生态环境主管部门责令改正，处未清缴的碳排放配额清缴时限前 1 个月市场交易平均成交价格 5 倍以上 10 倍以下的罚款；拒不改正的，按照未清缴的碳排放配额等量核减其下一年度碳排放配额，可以责令停产整治。

第二十五条　操纵全国碳排放权交易市场的，由国务院生态环境主管部门责令改正，没收违法所得，并处违法所得 1 倍以上 10 倍以下的罚款；没有违法所得或者违法所得不足 50 万元的，处 50 万元以上 500 万元以下的罚款。单位因前述违法行为受到处罚的，对其直接负责的主管人员和其他直接责任人员给予警告，并处10万元以上100万元以下的罚款。

扰乱全国碳排放权交易市场秩序的，由国务院生态环境主管部门责令改正，没收违法所得，并处违法所得1倍以上10倍以下的罚款；没有违法所得或者违法所得不足10万元的，处10万元以上100万元以下的罚款。单位因前述违法行为受到处罚的，对其直接负责的主管人员和其他直接责任人员给予警告，并处5万元以上50万元以下的罚款。

第二十六条　拒绝、阻碍生态环境主管部门或者其他负有监督管理职责的部门依法实施监督检查的，由生态环境主管部门或者其他负有监督管理职责的部门责令改正，处2万元以上20万元以下的罚款。

第二十七条　国务院生态环境主管部门会同国务院有关部门建立重点排放单位等交易主体、技术服务机构信用记录制度，将重点排放单位等交易主体、技术服务机构因违反本条例规定受到行政处罚等信息纳入国家有关信用信息系统，并依法向社会公布。

第二十八条　违反本条例规定，给他人造成损害的，依法承担民事责任；构成违反治安管理行为的，依法给予治安管理处罚；构成犯罪的，依法追究刑事责任。

第二十九条　对本条例施行前建立的地方碳排放权交易市场，应当参照本条例的规定健全完善有关管理制度，加强监督管理。

本条例施行后，不再新建地方碳排放权交易市场，重点排放单位不再参与相同温室气体种类和相同行业的地方碳排放权交易市场的碳排放权交易。

第三十条　本条例下列用语的含义：

（一）温室气体，是指大气中吸收和重新放出红外辐射的自然和人为的气态成分，包括二氧化碳、甲烷、氧化亚氮、氢氟碳化物、全氟化碳、六氟化硫和三氟化氮。

（二）碳排放配额，是指分配给重点排放单位规定时期内的二氧化碳等温室气体的排放额度。1个单位碳排放配额相当于向大气排放1吨的二氧化碳当量。

（三）清缴，是指重点排放单位在规定的时限内，向生态环境主管部门缴纳等同于其经核查确认的上一年度温室气体实际排放量的碳排放配额的行为。

第三十一条 重点排放单位消费非化石能源电力的，按照国家有关规定对其碳排放配额和温室气体排放量予以相应调整。

第三十二条 国务院生态环境主管部门会同国务院民用航空等主管部门可以依照本条例规定的原则，根据实际需要，结合民用航空等行业温室气体排放控制的特点，对民用航空等行业的重点排放单位名录制定、碳排放配额发放与清缴、温室气体排放数据统计核算和年度排放报告报送与核查等制定具体管理办法。

第三十三条 本条例自 2024 年 5 月 1 日起施行。

5.《国家危险废物名录》(2025 年版)(2024 年 11 月 26 日)

国家危险废物名录（2025 年版）

（2024 年 11 月 8 日由生态环境部 2024 年第 5 次部务会议审议通过，并经国家发展改革委、公安部、交通运输部、国家卫生健康委同意，2024 年 11 月 26 日公布，自 2025 年 1 月 1 日起施行）

第一条 根据《中华人民共和国固体废物污染环境防治法》的有关规定，制定本名录。

第二条 具有下列情形之一的固体废物（包括液态废物），列入本名录：

（一）具有毒性、腐蚀性、易燃性、反应性或者感染性一种或者几种危险特性的；

（二）不排除具有危险特性，可能对生态环境或者人体健康造成有害影响，需要按照危险废物进行管理的。

第三条 列入本名录附录《危险废物豁免管理清单》中的危险废物，在所列的豁免环节，且满足相应的豁免条件时，可以按照豁免内容的规定实行豁免管理。

第四条 危险废物与其他物质混合后的固体废物，以及危险废物利用处置后的固体废物的属性判定，按照国家规定的危险废物鉴别标准执行。

第五条 本名录中有关术语的含义如下：

（一）废物类别，是在《控制危险废物越境转移及其处置巴塞尔公约》划定的类别基础上，结合我国实际情况对危险废物进行的分类。

（二）行业来源，是指危险废物的产生行业。

（三）废物代码，是指危险废物的唯一代码，为8位数字。其中，第1-3位为危险废物产生行业代码（依据《国民经济行业分类（GB/T 4754-2017）》确定），第4-6位为危险废物顺序代码，第7-8位为危险废物类别代码。

（四）危险特性，是指对生态环境和人体健康具有有害影响的毒性（Toxicity，T）、腐蚀性（Corrosivity，C）、易燃性（Ignitability，I）、反应性（Reactivity，R）和感染性（Infectivity，In）。

第六条 对不明确是否具有危险特性的固体废物，应当按照国家规定的危险废物鉴别标准和鉴别方法予以认定。

经鉴别具有危险特性的，属于危险废物，应当根据其主要有害成分和危险特性对照本名录中已有废物代码进行归类；无法按已有废物代码归类的，应当确定其所属废物类别，按代码"900-000-××"（××为危险废物类别代码）进行归类管理。

经鉴别不具有危险特性的，不属于危险废物。

第七条 本名录根据实际情况实行动态调整。

第八条 本名录自2025年1月1日起施行。《国家危险废物名录（2021年版）》（生态环境部、国家发展和改革委员会、公安部、交通运输部、国家卫生健康委员会令第15号）同时废止。

附表

国家危险废物名录

废物类别	行业来源	废物代码	危险废物	危险特性
HW01 医疗废物	卫生	841-001-01	感染性废物	In
		841-002-01	损伤性废物	In
		841-003-01	病理性废物	In
		841-004-01	化学性废物	T/C/I/R
		841-005-01	药物性废物	T

续表

废物类别	行业来源	废物代码	危险废物	危险特性
HW02 医药废物	化学药品原料药制造	271-001-02	化学合成原料药生产过程中产生的蒸馏及反应残余物	T
		271-002-02	化学合成原料药生产过程中产生的废母液及反应基废物	T
		271-003-02	化学合成原料药生产过程中产生的废脱色过滤介质	T
		271-004-02	化学合成原料药生产过程中产生的废吸附剂	T
		271-005-02	化学合成原料药及中间体生产过程中的废弃的产品及中间体	T
	化学药品制剂制造	272-001-02	化学药品制剂生产过程中原料药提纯精制、再加工产生的蒸馏及反应残余物	T
		272-003-02	化学药品制剂生产过程中产生的废脱色过滤介质及吸附剂	T
		272-005-02	化学药品制剂生产过程中产生的废弃的产品及原料药	T
	兽用药品制造	275-001-02	使用砷或者有机砷化合物生产兽药过程中产生的废水处理污泥	T
		275-002-02	使用砷或者有机砷化合物生产兽药过程中产生的蒸馏残余物	T
		275-003-02	使用砷或者有机砷化合物生产兽药过程中产生的废脱色过滤介质及吸附剂	T
	兽用药品制造	275-004-02	其他兽药生产过程中产生的蒸馏及反应残余物	T
		275-005-02	其他兽药生产过程中产生的废脱色过滤介质及吸附剂	T
		275-006-02	兽药生产过程中产生的废母液、反应基和培养基废物	T
		275-008-02	兽药生产过程中产生的废弃的产品及原料药	T

续表

废物类别	行业来源	废物代码	危险废物	危险特性
HW02 医药废物	生物药品制品制造	276-001-02	利用生物技术生产生物化学药品、基因工程药物过程中产生的蒸馏及反应残余物	T
		276-002-02	利用生物技术生产生物化学药品、基因工程药物（不包括利用生物技术合成他汀类降脂药物、降糖类药物）过程中产生的废母液、反应基和培养基废物	T
		276-003-02	利用生物技术生产生物化学药品、基因工程药物（不包括利用生物技术合成他汀类降脂药物、降糖类药物）过程中产生的废脱色过滤介质	T
		276-004-02	利用生物技术生产生物化学药品、基因工程药物过程中产生的废吸附剂	T
		276-005-02	利用生物技术生产生物化学药品、基因工程药物及中间体过程中产生的废弃的产品、原料药和中间体	T
HW03 废药物、药品	非特定行业	900-002-03	销售及使用过程中产生的失效、变质、不合格、淘汰、伪劣的化学药品和生物制品，以及《医疗用毒性药品管理办法》中所列的毒性中药	T
HW04 农药废物	农药制造	263-001-04	氯丹生产过程中六氯环戊二烯过滤产生的残余物，及氯化反应器真空汽提产生的废物	T
		263-002-04	乙拌磷生产过程中甲苯回收工艺产生的蒸馏残渣	T
		263-003-04	甲拌磷生产过程中二乙基二硫代磷酸过滤产生的残余物	T
		263-004-04	2,4,5-三氯苯氧乙酸生产过程中四氯苯蒸馏产生的重馏分及蒸馏残余物	T
		263-005-04	2,4-二氯苯氧乙酸生产过程中苯酚氯化工段产生的含2,6-二氯苯酚精馏残渣	T

续表

废物类别	行业来源	废物代码	危险废物	危险特性
HW04 农药废物	农药制造	263-006-04	乙烯基双二硫代氨基甲酸及其盐类生产过程中产生的过滤、蒸发和离心分离残余物及废水处理污泥，产品研磨和包装工序集（除）尘装置收集的粉尘和地面清扫废物	T
		263-007-04	溴甲烷生产过程中产生的废吸附剂、反应器产生的蒸馏残液和废水分离器产生的废物	T
		263-008-04	其他农药生产过程中产生的蒸馏及反应残余物（不包括赤霉酸发酵滤渣）	T
		263-009-04	农药生产过程中产生的废母液、反应罐及容器清洗废液	T
		263-010-04	农药生产过程中产生的废滤料及吸附剂	T
		263-011-04	农药生产过程中产生的废水处理污泥（不包括赤霉酸生产废水生化处理污泥）和蒸发处理残渣（液）	T
		263-012-04	农药生产、配制过程中产生的过期原料和废弃产品	T
	非特定行业	900-003-04	销售及使用过程中产生的失效、变质、不合格、淘汰、伪劣的农药产品，以及废弃的与农药直接接触或者含有农药残余物的包装物	T
HW05 木材防腐剂废物	木材加工	201-001-05	使用五氯酚进行木材防腐过程中产生的废水处理污泥，以及木材防腐处理过程中产生的沾染该防腐剂的废弃木材残片	T
		201-002-05	使用杂酚油进行木材防腐过程中产生的废水处理污泥，以及木材防腐处理过程中产生的沾染该防腐剂的废弃木材残片	T

续表

废物类别	行业来源	废物代码	危险废物	危险特性
HW05 木材防腐剂废物	木材加工	201-003-05	使用含砷、铬等无机防腐剂进行木材防腐过程中产生的废水处理污泥,以及木材防腐处理过程中产生的沾染该防腐剂的废弃木材残片	T
	专用化学产品制造	266-001-05	木材防腐化学品生产过程中产生的反应残余物、废过滤介质及吸附剂	T
		266-002-05	木材防腐化学品生产过程中产生的废水处理污泥	T
		266-003-05	木材防腐化学品生产、配制过程中产生的过期原料和废弃产品	T
	非特定行业	900-004-05	销售及使用过程中产生的失效、变质、不合格、淘汰、伪劣的木材防腐化学药品	T
HW06 废有机溶剂与含有机溶剂废物	非特定行业	900-401-06	工业生产中作为清洗剂、萃取剂、溶剂或者反应介质使用后废弃的四氯化碳、二氯甲烷、1,1-二氯乙烷、1,2-二氯乙烷、1,1,1-三氯乙烷、1,1,2-三氯乙烷、三氯乙烯、四氯乙烯,以及在使用前混合的含有一种或者多种上述卤化溶剂的混合/调和溶剂	T, I
		900-402-06	工业生产中作为清洗剂、萃取剂、溶剂或者反应介质使用后废弃的有机溶剂,包括苯、苯乙烯、丁醇、丙酮、正己烷、甲苯、邻二甲苯、间二甲苯、对二甲苯、1,2,4-三甲苯、乙苯、乙醇、异丙醇、乙醚、丙醚、乙酸甲酯、乙酸乙酯、乙酸丁酯、丙酸丁酯、苯酚,以及在使用前混合的含有一种或者多种上述溶剂的混合/调和溶剂	T, I, R

续表

废物类别	行业来源	废物代码	危险废物	危险特性
HW06 废有机溶剂与含有机溶剂废物	非特定行业	900-404-06	工业生产中作为清洗剂、萃取剂、溶剂或者反应介质使用后废弃的其他列入《危险化学品目录》的有机溶剂，以及在使用前混合的含有一种或者多种上述溶剂的混合/调和溶剂	T, I, R
		900-405-06	900-401-06、900-402-06、900-404-06中所列废有机溶剂再生处理过程中产生的废活性炭及其他过滤吸附介质	T, I, R
		900-407-06	900-401-06、900-402-06、900-404-06中所列废有机溶剂分馏再生过程中产生的高沸物和釜底残渣	T, I, R
		900-409-06	900-401-06、900-402-06、900-404-06中所列废有机溶剂再生处理过程中产生的废水处理浮渣和污泥（不包括废水生化处理污泥）	T
HW07 热处理含氰废物	金属表面处理及热处理加工	336-001-07	使用氰化物进行金属热处理产生的淬火池残渣	T, R
		336-002-07	使用氰化物进行金属热处理产生的淬火废水处理污泥	T, R
		336-003-07	含氰热处理炉维修过程中产生的废内衬	T, R
		336-004-07	热处理渗碳炉产生的热处理渗碳氰渣	T, R
		336-005-07	金属热处理工艺盐浴槽（釜）清洗产生的含氰残渣和含氰废液	T, R
		336-049-07	氰化物热处理和退火作业过程中产生的残渣	T, R
HW08 废矿物油与含矿物油废物	石油开采	071-001-08	石油开采和联合站贮存产生的油泥和油脚	T, I
		071-002-08	以矿物油为连续相配制钻井泥浆用于石油开采所产生的钻井岩屑和废弃钻井泥浆	T

续表

废物类别	行业来源	废物代码	危险废物	危险特性
HW08 废矿物油与含矿物油废物	天然气开采	072-001-08	以矿物油为连续相配制钻井泥浆用于天然气开采所产生的钻井岩屑和废弃钻井泥浆	T
	精炼石油产品制造	251-001-08	清洗矿物油储存、输送设施过程中产生的油/水和烃/水混合物	T
		251-002-08	石油初炼过程中储存设施、油-水-固态物质分离器、积水槽、沟渠及其他输送管道、污水池、雨水收集管道产生的含油污泥	T, I
		251-003-08	石油炼制过程中含油废水隔油、气浮、沉淀等处理过程中产生的浮油、浮渣和污泥（不包括废水生化处理污泥）	T
		251-004-08	石油炼制过程中溶气浮选工艺产生的浮渣	T, I
		251-005-08	石油炼制过程中产生的溢出废油或者乳剂	T, I
		251-006-08	石油炼制换热器管束清洗过程中产生的含油污泥	T
		251-010-08	石油炼制过程中澄清油浆槽底沉积物	T, I
		251-011-08	石油炼制过程中进油管路过滤或者分离装置产生的残渣	T, I
		251-012-08	石油炼制过程中产生的废过滤介质	T
	电子元件及专用材料制造	398-001-08	锂电池隔膜生产过程中产生的废白油	T
	橡胶制品业	291-001-08	橡胶生产过程中产生的废溶剂油	T, I
	非特定行业	900-199-08	内燃机、汽车、轮船等集中拆解过程产生的废矿物油及油泥	T, I
		900-200-08	珩磨、研磨、打磨过程产生的废矿物油及油泥	T, I

续表

废物类别	行业来源	废物代码	危险废物	危险特性
HW08 废矿物油与含矿物油废物	非特定行业	900-201-08	清洗金属零部件过程中产生的废弃的煤油、柴油、汽油及其他由石油和煤炼制生产的溶剂油	T, I
		900-203-08	使用淬火油进行表面硬化处理产生的废矿物油	T
		900-204-08	使用轧制油、冷却剂及酸进行金属轧制产生的废矿物油	T
		900-205-08	镀锡及焊锡回收工艺产生的废矿物油	T
		900-209-08	金属、塑料的定型和物理机械表面处理过程中产生的废石蜡和润滑油	T, I
		900-210-08	含油废水处理中隔油、气浮、沉淀等处理过程中产生的浮油、浮渣和污泥（不包括废水生化处理污泥）	T, I
		900-213-08	废矿物油再生净化过程中产生的沉淀残渣、过滤残渣、废过滤吸附介质	T, I
		900-214-08	车辆、轮船及其它机械维修过程中产生的废发动机油、制动器油、自动变速器油、齿轮油等废润滑油	T, I
		900-215-08	废矿物油裂解再生过程中产生的裂解残渣	T, I
		900-216-08	使用防锈油进行铸件表面防锈处理过程中产生的废防锈油	T, I
		900-217-08	使用工业齿轮油进行机械设备润滑过程中产生的废润滑油	T, I
		900-218-08	液压设备维护、更换和拆解过程中产生的废液压油	T, I
		900-219-08	冷冻压缩设备维护、更换和拆解过程中产生的废冷冻机油	T, I
		900-220-08	变压器维护、更换和拆解过程中产生的废变压器油	T, I

续表

废物类别	行业来源	废物代码	危险废物	危险特性
HW08 废矿物油与含矿物油废物	非特定行业	900-221-08	废燃料油及燃料油储存过程中产生的油泥	T, I
		900-249-08	其他生产、销售、使用过程中产生的废矿物油及沾染矿物油的废弃包装物	T, I
HW09 油/水、烃/水混合物或者乳化液	非特定行业	900-005-09	水压机维护、更换和拆解过程中产生的油/水、烃/水混合物或者乳化液	T
		900-006-09	使用切削油或者切削液进行机械加工过程中产生的油/水、烃/水混合物或者乳化液	T
		900-007-09	其他工艺过程中产生的废弃的油/水、烃/水混合物或者乳化液	T
HW10 多氯（溴）联苯类废物	非特定行业	900-008-10	含有多氯联苯（PCBs）、多氯三联苯（PCTs）和多溴联苯（PBBs）的废弃的电容器、变压器	T
		900-009-10	含有 PCBs、PCTs 和 PBBs 的电力设备的清洗液	T
		900-010-10	含有 PCBs、PCTs 和 PBBs 的电力设备中废弃的介质油、绝缘油、冷却油及导热油	T
		900-011-10	含有或者沾染 PCBs、PCTs 和 PBBs 的废弃的包装物及容器	T
HW11 精（蒸）馏残渣	精炼石油产品制造	251-013-11	石油精炼过程中产生的酸焦油和其他焦油	T
	煤炭加工	252-001-11	炼焦过程中蒸氨塔残渣和洗油再生残渣	T
		252-002-11	煤气净化过程氨水分离设施底部的废焦油和焦油渣	T
		252-003-11	炼焦副产品回收过程中萘精制产生的残渣	T
		252-004-11	炼焦过程中焦油储存设施中的焦油渣	T

续表

废物类别	行业来源	废物代码	危险废物	危险特性
HW11 精（蒸）馏残渣	煤炭加工	252-005-11	煤焦油加工过程中焦油储存设施中的焦油渣	T
		252-007-11	炼焦及煤焦油加工过程中的废水池残渣	T
		252-009-11	轻油回收过程中的废水池残渣	T
		252-010-11	炼焦、煤焦油加工和苯精制过程中产生的废水处理污泥（不包括废水生化处理污泥）	T
		252-011-11	焦炭生产过程中硫铵工段煤气除酸净化产生的酸焦油	T
		252-012-11	焦化粗苯酸洗法精制过程产生的酸焦油及其他精制过程产生的蒸馏残渣	T
		252-013-11	焦炭生产过程中产生的脱硫废液	T
		252-016-11	煤沥青改质过程中产生的闪蒸油	T
		252-017-11	固定床气化技术生产化工合成原料气、燃料油合成原料气过程中粗煤气冷凝产生的废焦油和焦油渣	T
	燃气生产和供应业	451-001-11	煤气生产行业煤气净化过程中产生的煤焦油渣	T
		451-002-11	固定床气化技术制煤气过程中产生的废水处理污泥（不包括废水生化处理污泥）	T
		451-003-11	煤气生产过程中煤气冷凝产生的废煤焦油	T
	基础化学原料制造	261-007-11	乙烯法制乙醛生产过程中产生的蒸馏残渣	T
		261-008-11	乙烯法制乙醛生产过程中产生的蒸馏次要馏分	T
		261-009-11	苄基氯生产过程中苄基氯蒸馏产生的蒸馏残渣	T

417

续表

废物类别	行业来源	废物代码	危险废物	危险特性
HW11 精（蒸）馏残渣	基础化学原料制造	261-010-11	四氯化碳生产过程中产生的蒸馏残渣和重馏分	T
		261-011-11	表氯醇生产过程中精制塔产生的蒸馏残渣	T
		261-012-11	异丙苯生产过程中精馏塔产生的重馏分	T
		261-013-11	萘法生产邻苯二甲酸酐过程中产生的蒸馏残渣和轻馏分	T
		261-014-11	邻二甲苯法生产邻苯二甲酸酐过程中产生的蒸馏残渣和轻馏分	T
		261-015-11	苯硝化法生产硝基苯过程中产生的蒸馏残渣	T
		261-016-11	甲苯二异氰酸酯生产过程中产生的蒸馏残渣和离心分离残渣	T
		261-017-11	1,1,1-三氯乙烷生产过程中产生的蒸馏残渣	T
		261-018-11	三氯乙烯和四氯乙烯联合生产过程中产生的蒸馏残渣	T
		261-019-11	苯胺生产过程中产生的蒸馏残渣	T
		261-020-11	苯胺生产过程中苯胺萃取工序产生的蒸馏残渣	T
		261-021-11	二硝基甲苯加氢法生产甲苯二胺过程中干燥塔产生的反应残余物	T
		261-022-11	二硝基甲苯加氢法生产甲苯二胺过程中产品精制产生的轻馏分	T
		261-023-11	二硝基甲苯加氢法生产甲苯二胺过程中产品精制产生的废液	T
		261-024-11	二硝基甲苯加氢法生产甲苯二胺过程中产品精制产生的重馏分	T

续表

废物类别	行业来源	废物代码	危险废物	危险特性
HW11 精（蒸）馏残渣	基础化学原料制造	261-025-11	甲苯二胺光气化法生产甲苯二异氰酸酯过程中溶剂回收塔产生的有机冷凝物	T
		261-026-11	氯苯、二氯苯生产过程中的蒸馏及分馏残渣	T
		261-027-11	使用羧酸肼生产1,1-二甲基肼过程中产品分离产生的残渣	T
		261-028-11	乙烯溴化法生产二溴乙烷过程中产品精制产生的蒸馏残渣	T
		261-029-11	α-氯甲苯、苯甲酰氯和含此类官能团的化学品生产过程中产生的蒸馏残渣	T
		261-030-11	四氯化碳生产过程中的重馏分	T
		261-031-11	二氯乙烯单体生产过程中蒸馏产生的重馏分	T
		261-032-11	氯乙烯单体生产过程中蒸馏产生的重馏分	T
		261-033-11	1,1,1-三氯乙烷生产过程中蒸汽汽提塔产生的残余物	T
		261-034-11	1,1,1-三氯乙烷生产过程中蒸馏产生的重馏分	T
		261-035-11	三氯乙烯和四氯乙烯联合生产过程中产生的重馏分	T
		261-101-11	苯泵式硝化生产硝基苯过程中产生的重馏分	T, R
		261-102-11	铁粉还原硝基苯生产苯胺过程中产生的重馏分	T
		261-103-11	以苯胺、乙酸酐或者乙酰苯胺为原料生产对硝基苯胺过程中产生的重馏分	T
		261-104-11	对硝基氯苯氨解生产对硝基苯胺过程中产生的重馏分	T, R

续表

废物类别	行业来源	废物代码	危险废物	危险特性
HW11 精（蒸）馏残渣	基础化学原料制造	261-105-11	氨化法、还原法生产邻苯二胺过程中产生的重馏分	T
		261-106-11	苯和乙烯直接催化、乙苯和丙烯共氧化、乙苯催化脱氢生产苯乙烯过程中产生的重馏分	T
		261-107-11	二硝基甲苯还原催化生产甲苯二胺过程中产生的重馏分	T
		261-108-11	对苯二酚氧化生产二甲氧基苯胺过程中产生的重馏分	T
		261-109-11	萘磺化生产萘酚过程中产生的重馏分	T
		261-110-11	苯酚、三甲苯水解生产 4,4'-二羟基二苯砜过程中产生的重馏分	T
		261-111-11	甲苯硝基化合物羰基化法、甲苯碳酸二甲酯法生产甲苯二异氰酸酯过程中产生的重馏分	T
		261-113-11	乙烯直接氯化生产二氯乙烷过程中产生的重馏分	T
		261-114-11	甲烷氯化生产甲烷氯化物过程中产生的重馏分	T
		261-115-11	甲醇氯化生产甲烷氯化物过程中产生的釜底残液	T
		261-116-11	乙烯氯醇法、氧化法生产环氧乙烷过程中产生的重馏分	T
		261-117-11	乙炔气相合成、氧氯化生产氯乙烯过程中产生的重馏分	T
		261-118-11	乙烯直接氯化生产三氯乙烯、四氯乙烯过程中产生的重馏分	T
		261-119-11	乙烯氧氯化法生产三氯乙烯、四氯乙烯过程中产生的重馏分	T
		261-120-11	甲苯光气法生产苯甲酰氯产品精制过程中产生的重馏分	T

续表

废物类别	行业来源	废物代码	危险废物	危险特性
HW11 精（蒸）馏残渣	基础化学原料制造	261-121-11	甲苯苯甲酸法生产苯甲酰氯产品精制过程中产生的重馏分	T
		261-122-11	甲苯连续光氯化法、无光热氯化法生产氯化苄过程中产生的重馏分	T
		261-123-11	偏二氯乙烯氢氯化法生产1,1,1-三氯乙烷过程中产生的重馏分	T
		261-124-11	醋酸丙烯酯法生产环氧氯丙烷过程中产生的重馏分	T
		261-125-11	异戊烷（异戊烯）脱氢法生产异戊二烯过程中产生的重馏分	T
		261-126-11	化学合成法生产异戊二烯过程中产生的重馏分	T
		261-127-11	碳五馏分分离生产异戊二烯过程中产生的重馏分	T
		261-128-11	合成气加压催化生产甲醇过程中产生的重馏分	T
		261-129-11	水合法、发酵法生产乙醇过程中产生的重馏分	T
		261-130-11	环氧乙烷直接水合生产乙二醇过程中产生的重馏分	T
		261-131-11	乙醛缩合加氢生产丁二醇过程中产生的重馏分	T
		261-132-11	乙醛氧化生产醋酸蒸馏过程中产生的重馏分	T
		261-133-11	丁烷液相氧化生产醋酸过程中产生的重馏分	T
		261-134-11	电石乙炔法生产醋酸乙烯酯过程中产生的重馏分	T
		261-135-11	氢氰酸法生产原甲酸三甲酯过程中产生的重馏分	T

续表

废物类别	行业来源	废物代码	危险废物	危险特性
HW11 精（蒸）馏残渣	基础化学原料制造	261-136-11	β-苯胺乙醇法生产靛蓝过程中产生的重馏分	T
	石墨及其他非金属矿物制品制造	309-001-11	电解铝及其他有色金属电解精炼过程中预焙阳极、碳块及其它碳素制品制造过程烟气处理所产生的含焦油废物	T
	环境治理业	772-001-11	废矿物油再生过程中产生的酸焦油	T
	非特定行业	900-013-11	其他化工生产过程（不包括以生物质为主要原料的加工过程）中精馏、蒸馏和热解工艺产生的高沸点釜底残余物	T
HW12 染料、涂料废物	涂料、油墨、颜料及类似产品制造	264-002-12	铬黄和铬橙颜料生产过程中产生的废水处理污泥	T
		264-003-12	钼酸橙颜料生产过程中产生的废水处理污泥	T
		264-004-12	锌黄颜料生产过程中产生的废水处理污泥	T
		264-005-12	铬绿颜料生产过程中产生的废水处理污泥	T
		264-006-12	氧化铬绿颜料生产过程中产生的废水处理污泥	T
		264-007-12	氧化铬绿颜料生产过程中烘干产生的残渣	T
		264-008-12	铁蓝颜料生产过程中产生的废水处理污泥	T
		264-009-12	使用含铬、铅的稳定剂配制油墨过程中，设备清洗产生的洗涤废液和废水处理污泥	T
		264-010-12	油墨生产、配制过程中产生的废蚀刻液	T

续表

废物类别	行业来源	废物代码	危险废物	危险特性
HW12 染料、涂料废物	涂料、油墨、颜料及类似产品制造	264-011-12	染料、颜料及中间体生产过程中产生的废母液、残渣、废吸附剂和中间体	T
		264-012-12	其他油墨、染料、颜料、油漆（不包括水性漆）生产过程中产生的废水处理污泥和蒸发处理残渣（液）	T
		264-013-12	油漆、油墨生产、配制和使用过程中产生的含颜料、油墨的废有机溶剂	T
	非特定行业	900-250-12	使用有机溶剂、光漆进行光漆涂布、喷漆工艺过程中产生的废物	T, I
		900-251-12	使用油漆（不包括水性漆）、有机溶剂进行阻挡层涂敷过程中产生的废物	T, I
		900-252-12	使用油漆（不包括水性漆）、有机溶剂进行喷漆、上漆过程中过喷漆雾湿法捕集产生的漆渣、以及喷涂工位和管道清理过程产生的落地漆渣	T, I
		900-253-12	使用油墨和有机溶剂进行印刷、涂布过程中产生的废物	T, I
		900-254-12	使用遮盖油、有机溶剂进行遮盖油的涂敷过程中产生的废物	T, I
		900-255-12	使用各种颜料进行着色过程中产生的废颜料	T
		900-256-12	使用酸、碱或者有机溶剂清洗容器设备过程中剥离下的废油漆、废染料、废涂料	T, I, C
		900-299-12	生产、销售及使用过程中产生的失效、变质、不合格、淘汰、伪劣的油墨、染料、颜料、油漆（不包括水性漆）	T

续表

废物类别	行业来源	废物代码	危险废物	危险特性
HW13 有机树脂类废物	合成材料制造	265-101-13	树脂、合成乳胶、增塑剂、胶水/胶合剂合成过程产生的不合格产品（不包括热塑型树脂生产过程中聚合产物经脱除单体、低聚物、溶剂及其他助剂后产生的废料，以及热固型树脂固化后的固化体）	T
		265-102-13	树脂、合成乳胶、增塑剂、胶水/胶合剂生产过程中合成、酯化、缩合等工序产生的废母液	T
		265-103-13	树脂（不包括水性聚氨酯乳液、水性丙烯酸乳液、水性聚氨酯丙烯酸复合乳液）、合成乳胶、增塑剂、胶水/胶合剂生产过程中精馏、分离、精制等工序产生的釜底残液、废过滤介质和残渣	T
		265-104-13	树脂（不包括水性聚氨酯乳液、水性丙烯酸乳液、水性聚氨酯丙烯酸复合乳液）、合成乳胶、增塑剂、胶水/胶合剂合成过程中产生的废水处理污泥（不包括废水生化处理污泥）	T
	非特定行业	900-014-13	废弃的粘合剂和密封剂（不包括水基型和热熔型粘合剂和密封剂）	T
		900-015-13	湿法冶金、表面处理和制药行业重金属、抗生素提取、分离过程产生的废弃离子交换树脂，以及工业废水处理过程产生的废弃离子交换树脂	T
		900-016-13	使用酸、碱或者有机溶剂清洗容器设备剥离下的树脂状、粘稠杂物	T
		900-451-13	废覆铜板、印刷线路板、电路板破碎分选回收金属后产生的废树脂粉	T
HW14 新化学物质废物	非特定行业	900-017-14	研究、开发和教学活动中产生的对人类或者环境影响不明的化学物质废物	T/C/I/R

续表

废物类别	行业来源	废物代码	危险废物	危险特性
HW15 爆炸性废物	炸药、火工及焰火产品制造	267-001-15	炸药生产和加工过程中产生的废水处理污泥	R, T
		267-002-15	含爆炸品废水处理过程中产生的废活性炭	R, T
		267-003-15	生产、配制和装填铅基起爆药剂过程中产生的废水处理污泥	R, T
		267-004-15	三硝基甲苯生产过程中产生的粉红水、红水,以及废水处理污泥	T, R
HW16 感光材料废物	专用化学产品制造	266-009-16	显(定)影剂、正负胶片、像纸、感光材料生产过程中产生的不合格产品和过期产品	T
		266-010-16	显(定)影剂、正负胶片、像纸、感光材料生产过程中产生的残渣和废水处理污泥	T
	印刷	231-001-16	使用显影剂进行胶卷显影,使用定影剂进行胶卷定影,以及使用铁氰化钾、硫代硫酸盐进行影像减薄(漂白)产生的废显(定)影剂、胶片和废像纸	T
		231-002-16	使用显影剂进行印刷显影、抗蚀图形显影,以及凸版印刷产生的废显(定)影剂、胶片和废像纸	T
	电子元件及电子专用材料制造	398-001-16	使用显影剂、氢氧化物、偏亚硫酸氢盐、醋酸进行胶卷显影产生的废显(定)影剂、胶片和废像纸	T
	影视节目制作	873-001-16	电影厂产生的废显(定)影剂、胶片及废像纸	T
	摄影扩印服务	806-001-16	摄影扩印服务行业产生的废显(定)影剂、胶片和废像纸	T
	非特定行业	900-019-16	其他行业产生的废显(定)影剂、胶片和废像纸	T

续表

废物类别	行业来源	废物代码	危险废物	危险特性
HW17 表面处理废物	金属表面处理及热处理加工	336-050-17	使用氯化亚锡进行敏化处理产生的废渣和废水处理污泥	T
		336-051-17	使用氯化锌、氯化铵进行敏化处理产生的废渣和废水处理污泥	T
		336-052-17	使用锌和电镀化学品进行镀锌产生的废槽液、槽渣和废水处理污泥	T
		336-053-17	使用镉和电镀化学品进行镀镉产生的废槽液、槽渣和废水处理污泥	T
		336-054-17	使用镍和电镀化学品进行镀镍产生的废槽液、槽渣和废水处理污泥	T
		336-055-17	使用镀镍液进行镀镍产生的废槽液、槽渣和废水处理污泥	T
		336-056-17	使用硝酸银、碱、甲醛进行敷金属法镀银产生的废槽液、槽渣和废水处理污泥	T
		336-057-17	使用金和电镀化学品进行镀金产生的废槽液、槽渣和废水处理污泥	T
		336-058-17	使用镀铜液进行化学镀铜产生的废槽液、槽渣和废水处理污泥	T
		336-059-17	使用钯和锡盐进行活化处理产生的废渣和废水处理污泥	T
		336-060-17	使用铬和电镀化学品进行镀黑铬产生的废槽液、槽渣和废水处理污泥	T
		336-061-17	使用高锰酸钾进行钻孔除胶处理产生的废渣和废水处理污泥	T
		336-062-17	使用铜和电镀化学品进行镀铜产生的废槽液、槽渣和废水处理污泥	T
		336-063-17	其他电镀工艺产生的废槽液、槽渣和废水处理污泥	T

续表

废物类别	行业来源	废物代码	危险废物	危险特性
HW17 表面处理废物	金属表面处理及热处理加工	336-064-17	金属或者塑料表面酸（碱）洗、除油、除锈（不包括喷砂除锈）、洗涤、磷化、出光、化抛工艺产生的废腐蚀液、废洗涤液、废槽液、槽渣和废水处理污泥（不包括：铝、镁材（板）表面酸（碱）洗、粗化、硫酸阳极处理、磷酸化学抛光废水处理污泥，铝电解电容器用铝电极箔化学腐蚀、非硼酸系化成液化成废水处理污泥，铝材挤压加工模具碱洗（煲模）废水处理污泥，碳钢酸洗除锈废水处理污泥）	T/C
		336-066-17	镀层剥除过程中产生的废槽液、槽渣和废水处理污泥	T
		336-067-17	使用含重铬酸盐的胶体、有机溶剂、黏合剂进行漩流式抗蚀涂布产生的废渣和废水处理污泥	T
		336-068-17	使用铬化合物进行抗蚀层化学硬化产生的废渣和废水处理污泥	T
		336-069-17	使用铬酸镀铬产生的废槽液、槽渣和废水处理污泥	T
		336-100-17	使用铬酸进行阳极氧化产生的废槽液、槽渣和废水处理污泥	T
		336-101-17	使用铬酸进行塑料表面粗化产生的废槽液、槽渣和废水处理污泥	T
HW18 焚烧处置残渣	环境治理业	772-002-18	生活垃圾焚烧飞灰	T
		772-003-18	具有毒性、感染性中一种或者两种危险特性的危险废物焚烧、热解等处置过程产生的飞灰、废水处理污泥和底渣（不包括生活垃圾焚烧炉协同处置感染性医疗废物产生的底渣）	T/In
		772-004-18	危险废物等离子体、高温熔融等处置过程产生的非玻璃态物质和飞灰	T

续表

废物类别	行业来源	废物代码	危险废物	危险特性
HW18 焚烧处置残渣	环境治理业	772-005-18	固体废物焚烧处置过程中废气处理产生的废活性炭	T
HW19 含金属羰基化合物废物	非特定行业	900-020-19	金属羰基化合物生产、使用过程中产生的含有羰基化合物成分的废物	T
HW20 含铍废物	基础化学原料制造	261-040-20	铍及其化合物生产过程中产生的熔渣、集（除）尘装置收集的粉尘和废水处理污泥	T
HW21 含铬废物	毛皮鞣制及制品加工	193-001-21	使用铬鞣剂进行铬鞣、复鞣工艺产生的废水处理污泥和残渣	T
HW21 含铬废物	毛皮鞣制及制品加工	193-002-21	皮革、毛皮鞣制及切削过程产生的含铬废碎料	T
HW21 含铬废物	基础化学原料制造	261-041-21	铬铁矿生产铬盐过程中产生的铬渣	T
HW21 含铬废物	基础化学原料制造	261-042-21	铬铁矿生产铬盐过程中产生的铝泥	T
HW21 含铬废物	基础化学原料制造	261-043-21	铬铁矿生产铬盐过程中产生的芒硝	T
HW21 含铬废物	基础化学原料制造	261-044-21	铬铁矿生产铬盐过程中产生的废水处理污泥	T
HW21 含铬废物	基础化学原料制造	261-137-21	铬铁矿生产铬盐过程中产生的其他废物	T
HW21 含铬废物	基础化学原料制造	261-138-21	以重铬酸钠和浓硫酸为原料生产铬酸酐过程中产生的含铬废液	T
HW21 含铬废物	铁合金冶炼	314-001-21	铬铁硅合金生产过程中集（除）尘装置收集的粉尘	T
HW21 含铬废物	铁合金冶炼	314-002-21	铁铬合金生产过程中集（除）尘装置收集的粉尘	T
HW21 含铬废物	铁合金冶炼	314-003-21	铁铬合金生产过程中金属铬铝热法冶炼产生的冶炼渣	T

续表

废物类别	行业来源	废物代码	危险废物	危险特性
HW21 含铬废物	电子元件及电子专用材料制造	398-002-21	使用铬酸进行钻孔除胶处理产生的废渣和废水处理污泥	T
HW22 含铜废物	玻璃制造	304-001-22	使用硫酸铜进行敷金属法镀铜产生的废槽液、槽渣和废水处理污泥	T
	电子元件及电子专用材料制造	398-004-22	线路板生产过程中产生的废蚀铜液	T
		398-005-22	使用酸进行铜氧化处理产生的废液和废水处理污泥	T
		398-051-22	铜板蚀刻过程中产生的废蚀刻液和废水处理污泥	T
HW23 含锌废物	金属表面处理及热处理加工	336-103-23	热镀锌过程中产生的废助镀熔(溶)剂和集(除)尘装置收集的粉尘	T
	电池制造	384-001-23	碱性锌锰电池、锌氧化银电池、锌空气电池生产过程中产生的废锌浆	T
	炼钢	312-001-23	废钢电炉炼钢过程中集(除)尘装置收集的粉尘和废水处理污泥	T
	非特定行业	900-021-23	使用氢氧化钠、锌粉进行贵金属沉淀过程中产生的废液和废水处理污泥	T
HW24 含砷废物	基础化学原料制造	261-139-24	硫铁矿制酸过程中烟气净化产生的酸泥	T
HW25 含硒废物	基础化学原料制造	261-045-25	硒及其化合物生产过程中产生的熔渣、集(除)尘装置收集的粉尘和废水处理污泥	T
HW26 含镉废物	电池制造	384-002-26	镍镉电池生产过程中产生的废渣和废水处理污泥	T
HW27 含锑废物	基础化学原料制造	261-046-27	锑金属及粗氧化锑生产过程中产生的熔渣和集(除)尘装置收集的粉尘	T
		261-048-27	氧化锑生产过程中产生的熔渣	T

续表

废物类别	行业来源	废物代码	危险废物	危险特性
HW28 含硒废物	基础化学原料制造	261-050-28	硒及其化合物生产过程中产生的熔渣、集（除）尘装置收集的粉尘和废水处理污泥	T
HW29 含汞废物	天然气开采	072-002-29	天然气除汞净化过程中产生的含汞废物	T
	常用有色金属矿采选	091-003-29	汞矿采选过程中产生的尾砂和集（除）尘装置收集的粉尘	T
	贵金属冶炼	322-002-29	混汞法提金工艺产生的含汞粉尘、残渣	T
	印刷	231-007-29	使用显影剂、汞化合物进行影像加厚（物理沉淀）以及使用显影剂、氨氯化汞进行影像加厚（氧化）产生的废液和残渣	T
	基础化学原料制造	261-051-29	水银电解槽法生产氯气过程中盐水精制产生的盐水提纯污泥	T
		261-052-29	水银电解槽法生产氯气过程中产生的废水处理污泥	T
		261-053-29	水银电解槽法生产氯气过程中产生的废活性炭	T
		261-054-29	卤素和卤素化学品生产过程中产生的含汞硫酸钡污泥	T
	合成材料制造	265-001-29	氯乙烯生产过程中含汞废水处理产生的废活性炭	T，C
		265-002-29	氯乙烯生产过程中吸附汞产生的废活性炭	T，C
		265-003-29	电石乙炔法生产氯乙烯单体过程中产生的废酸	T，C
		265-004-29	电石乙炔法生产氯乙烯单体过程中产生的废水处理污泥	T

续表

废物类别	行业来源	废物代码	危险废物	危险特性
HW29 含汞废物	常用有色金属冶炼	321-030-29	汞再生过程中集（除）尘装置收集的粉尘，汞再生工艺产生的废水处理污泥	T
		321-033-29	铅锌冶炼烟气净化产生的酸泥	T
		321-103-29	铜、锌、铅冶炼过程中烟气氯化汞法脱汞工艺产生的废甘汞	T
	电池制造	384-003-29	含汞电池生产过程中产生的含汞废浆层纸、含汞废锌膏、含汞废活性炭和废水处理污泥	T
	照明器具制造	387-001-29	电光源用固汞及含汞电光源生产过程中产生的废活性炭和废水处理污泥	T
	通用仪器仪表制造	401-001-29	含汞温度计生产过程中产生的废渣	T
	非特定行业	900-022-29	废弃的含汞催化剂	T
		900-023-29	生产、销售及使用过程中产生的废含汞荧光灯管及其他废含汞电光源，及废弃含汞电光源处理处置过程中产生的废荧光粉、废活性炭和废水处理污泥	T
		900-024-29	生产、销售及使用过程中产生的废含汞温度计、废含汞血压计、废含汞真空表、废含汞压力计、废氧化汞电池和废汞开关，以及《关于汞的水俣公约》管控的其他废含汞非电子测量仪器	T
		900-054-29	已禁止使用的，所有者申报废弃的，以及有关部门依法收缴或者接收且需要销毁的《关于汞的水俣公约》管控的汞和汞化合物	T
		900-452-29	含汞废水处理过程中产生的废树脂、废活性炭和污泥	T

续表

废物类别	行业来源	废物代码	危险废物	危险特性
HW30 含铊废物	基础化学原料制造	261-055-30	铊及其化合物生产过程中产生的熔渣、集（除）尘装置收集的粉尘和废水处理污泥	T
HW31 含铅废物	玻璃制造	304-002-31	使用铅盐和铅氧化物进行显像管玻璃熔炼过程中产生的废渣	T
	电子元件及电子专用材料制造	398-052-31	线路板制造过程中电镀铅锡合金产生的废液	T
	电池制造	384-004-31	铅蓄电池生产过程中产生的废渣、集（除）尘装置收集的粉尘和废水处理污泥	T
	工艺美术及礼仪用品制造	243-001-31	使用铅箔进行烤钵试金法工艺产生的废烤钵	T
	非特定行业	900-052-31	废铅蓄电池及废铅蓄电池拆解过程中产生的废铅板、废铅膏和酸液	T，C
		900-025-31	使用硬脂酸铅进行抗黏涂层过程中产生的废物	T
HW32 无机氟化物废物	非特定行业	900-026-32	使用氢氟酸进行蚀刻产生的废蚀刻液	T，C
HW33 无机氰化物废物	贵金属矿采选	092-003-33	采用氰化物进行黄金选矿过程中产生的含氰废水处理污泥和金精矿氰化尾渣	T
	金属表面处理及热处理加工	336-104-33	使用氰化物进行浸洗过程中产生的废液	T，R
	非特定行业	900-027-33	使用氰化物进行表面硬化、碱性除油、电解除油产生的废物	T，R
		900-028-33	使用氰化物剥落金属镀层产生的废物	T，R

续表

废物类别	行业来源	废物代码	危险废物	危险特性
HW33 无机氰化物废物	非特定行业	900-029-33	使用氰化物和双氧水进行化学抛光产生的废物	T，R
HW34 废酸	精炼石油产品制造	251-014-34	石油炼制过程产生的废酸及酸泥	C，T
	涂料、油墨、颜料及类似产品制造	264-013-34	硫酸法生产钛白粉（二氧化钛）过程中产生的废酸	C，T
	基础化学原料制造	261-057-34	硫酸和亚硫酸、盐酸、氢氟酸、磷酸和亚磷酸、硝酸和亚硝酸等的生产、配制过程中产生的废酸及酸渣	C，T
		261-058-34	卤素和卤素化学品生产过程中产生的废酸	C，T
	钢压延加工	313-001-34	钢的精加工过程中产生的废酸性洗液	C，T
	金属表面处理及热处理加工	336-105-34	青铜生产过程中浸酸工序产生的废酸液	C，T
	电子元件及电子专用材料制造	398-005-34	使用酸进行电解除油、酸蚀、活化前表面敏化、催化、浸亮产生的废酸液	C，T
		398-006-34	使用硝酸进行钻孔蚀胶处理产生的废酸液	C，T
		398-007-34	液晶显示板或者集成电路板的生产过程中使用酸浸蚀剂进行氧化物浸蚀产生的废酸液	C，T
	非特定行业	900-300-34	使用酸进行清洗产生的废酸液	C，T
		900-301-34	使用硫酸进行酸性碳化产生的废酸液	C，T
		900-302-34	使用硫酸进行酸蚀产生的废酸液	C，T
		900-303-34	使用磷酸进行磷化产生的废酸液	C，T

续表

废物类别	行业来源	废物代码	危险废物	危险特性
HW34 废酸	非特定行业	900-304-34	使用酸进行电解除油、金属表面敏化产生的废酸液	C, T
		900-305-34	使用硝酸剥落不合格镀层及挂架金属镀层产生的废酸液	C, T
		900-306-34	使用硝酸进行钝化产生的废酸液	C, T
		900-307-34	使用酸进行电解抛光处理产生的废酸液	C, T
		900-308-34	使用酸进行催化（化学镀）产生的废酸液	C, T
		900-349-34	生产、销售及使用过程中产生的失效、变质、不合格、淘汰、伪劣的强酸性擦洗粉、清洁剂、污迹去除剂以及其他强酸性废酸液和酸渣	C, T
HW35 废碱	精炼石油产品制造	251-015-35	石油炼制过程产生的废碱液和碱渣	C, T
	基础化学原料制造	261-059-35	氢氧化钙、氨水、氢氧化钠、氢氧化钾等的生产、配制中产生的废碱液、固态碱和碱渣	C
	毛皮鞣制及制品加工	193-003-35	使用氢氧化钙、硫化钠进行浸灰产生的废碱液	C, R
	纸浆制造	221-002-35	碱法制浆过程中蒸煮制浆产生的废碱液	C, T
	非特定行业	900-350-35	使用氢氧化钠进行煮炼过程中产生的废碱液	C
		900-351-35	使用氢氧化钠进行丝光处理过程中产生的废碱液	C
		900-352-35	使用碱进行清洗产生的废碱液	C, T
		900-353-35	使用碱进行清洗除蜡、碱性除油、电解除油产生的废碱液	C, T

续表

废物类别	行业来源	废物代码	危险废物	危险特性
HW35 废碱	非特定行业	900-354-35	使用碱进行电镀阻挡层或者抗蚀层的脱除产生的废碱液	C, T
		900-355-35	使用碱进行氧化膜浸蚀产生的废碱液	C, T
		900-356-35	使用碱溶液进行碱性清洗、图形显影产生的废碱液	C, T
		900-399-35	生产、销售及使用过程中产生的失效、变质、不合格、淘汰、伪劣的强碱性擦洗粉、清洁剂、污迹去除剂以及其他强碱性废碱液、固态碱和碱渣	C, T
HW36 石棉废物	石棉及其他非金属矿采选	109-001-36	石棉矿选矿过程中产生的废渣	T
	基础化学原料制造	261-060-36	卤素和卤素化学品生产过程中电解装置拆换产生的含石棉废物	T
	石膏、水泥制品及类似制品制造	302-001-36	石棉建材生产过程中产生的石棉尘、废石棉	T
	耐火材料制品制造	308-001-36	石棉制品生产过程中产生的石棉尘、废石棉	T
	汽车零部件及配件制造	367-001-36	车辆制动器衬片生产过程中产生的石棉废物	T
	船舶及相关装置制造	373-002-36	拆船过程中产生的石棉废物	T
	非特定行业	900-030-36	其他生产过程中产生的石棉废物	T
		900-031-36	废石棉建材、废石棉绝缘材料	T
		900-032-36	含有隔膜、热绝缘体等石棉材料的设施保养拆换及车辆制动器衬片的更换产生的石棉废物	T

续表

废物类别	行业来源	废物代码	危险废物	危险特性
HW37 有机磷化合物废物	基础化学原料制造	261-061-37	除农药以外其他有机磷化合物生产、配制过程中产生的反应残余物	T
		261-062-37	除农药以外其他有机磷化合物生产、配制过程中产生的废过滤吸附介质	T
		261-063-37	除农药以外其他有机磷化合物生产过程中产生的废水处理污泥	T
	非特定行业	900-033-37	生产、销售及使用过程中产生的废弃磷酸酯抗燃油	T
HW38 有机氰化物废物	基础化学原料制造	261-064-38	丙烯腈生产过程中废水汽提器塔底的残余物	T, R
		261-065-38	丙烯腈生产过程中乙腈蒸馏塔底的残余物	T, R
		261-066-38	丙烯腈生产过程中乙腈精制塔底的残余物	T
		261-067-38	有机氰化物生产过程中产生的废母液和反应残余物	T
		261-068-38	有机氰化物生产过程中催化、精馏和过滤工序产生的废催化剂、釜底残余物和过滤介质	T
	基础化学原料制造	261-069-38	有机氰化物生产过程中产生的废水处理污泥	T
		261-140-38	废腈纶高温高压水解生产聚丙烯腈－铵盐过程中产生的过滤残渣	T
HW39 含酚废物	基础化学原料制造	261-070-39	酚及酚类化合物生产过程中产生的废母液和反应残余物	T
		261-071-39	酚及酚类化合物生产过程中产生的废过滤吸附介质、废催化剂、精馏残余物	T

续表

废物类别	行业来源	废物代码	危险废物	危险特性
HW40 含醚废物	基础化学原料制造	261-072-40	醚及醚类化合物生产过程（不包括成醚反应之前的合成过程）中产生的醚类残液、反应残余物、废水处理污泥（不包括废水生化处理污泥）	T
HW45 含有机卤化物废物	基础化学原料制造	261-078-45	乙烯溴化法生产二溴乙烯过程中废气净化产生的废液	T
		261-079-45	乙烯溴化法生产二溴乙烯过程中产品精制产生的废吸附剂	T
		261-080-45	芳烃及其衍生物氯代反应过程中氯气和盐酸回收工艺产生的废液和废吸附剂	T
		261-081-45	芳烃及其衍生物氯代反应过程中产生的废水处理污泥	T
		261-082-45	氯乙烷生产过程中的塔底残余物	T
		261-084-45	其他有机卤化物的生产过程（不包括卤化前的生产工段）中产生的残液、废过滤吸附介质、反应残余物、废水处理污泥（不包括环氧氯丙烷皂化液处理产生的石灰渣）、废催化剂（不包括本名录HW04、HW06、HW11、HW12、HW13、HW39类别的危险废物）	T
		261-085-45	其他有机卤化物的生产过程中产生的不合格、淘汰、废弃的产品（不包括本名录HW06、HW39类别的危险废物）	T
		261-086-45	石墨作阳极隔膜法生产氯气和烧碱过程中产生的废水处理污泥	T
HW46 含镍废物	基础化学原料制造	261-087-46	镍化合物生产过程中产生的反应残余物及不合格、淘汰、废弃的产品	T
	电池制造	384-005-46	镍氢电池生产过程中产生的废渣和废水处理污泥	T

续表

废物类别	行业来源	废物代码	危险废物	危险特性
HW46 含镍废物	非特定行业	900-037-46	废弃的镍催化剂	T, I
HW47 含钡废物	基础化学原料制造	261-088-47	钡化合物（不包括硫酸钡）生产过程中产生的熔渣、集（除）尘装置收集的粉尘、反应残余物、废水处理污泥	T
	金属表面处理及热处理加工	336-106-47	热处理工艺中产生的含钡盐浴渣	T
HW48 有色金属采选和冶炼废物	常用有色金属矿采选	091-001-48	硫化铜矿、氧化铜矿等铜矿物采选过程中集（除）尘装置收集的粉尘	T
		091-002-48	硫砷化合物（雌黄、雄黄及硫砷铁矿）或者其他含砷化合物的金属矿石采选过程中集（除）尘装置收集的粉尘	T
	常用有色金属冶炼	321-002-48	铜火法冶炼过程中烟气处理集（除）尘装置收集的粉尘	T
		321-031-48	铜火法冶炼烟气净化产生的酸泥（铅滤饼）	T
		321-032-48	铜火法冶炼烟气净化产生的污酸处理过程产生的砷渣	T
		321-003-48	粗锌精炼加工过程中湿法除尘产生的废水处理污泥	T
		321-004-48	铅锌冶炼过程中，锌焙烧矿、锌氧化矿常规浸出法产生的浸出渣	T
		321-005-48	铅锌冶炼过程中，锌焙烧矿热酸浸出黄钾铁矾法产生的铁矾渣	T
		321-006-48	硫化锌矿常压氧浸或者加压氧浸产生的硫渣（浸出渣）	T
		321-007-48	铅锌冶炼过程中，锌焙烧矿热酸浸出针铁矿法产生的针铁矿渣	T

续表

废物类别	行业来源	废物代码	危险废物	危险特性
HW48 有色金属采选和冶炼废物	常用有色金属冶炼	321-008-48	铅锌冶炼过程中，锌浸出液净化产生的净化渣，包括锌粉－黄药法、砷盐法、反向锑盐法、铅锑合金锌粉法等工艺除铜、锑、镉、钴、镍等杂质过程中产生的废渣	T
		321-009-48	铅锌冶炼过程中，阴极锌熔铸产生的熔铸浮渣	T
		321-010-48	铅锌冶炼过程中，氧化锌浸出处理产生的氧化锌浸出渣	T
		321-011-48	铅锌冶炼过程中，鼓风炉炼锌锌蒸气冷凝分离系统产生的鼓风炉浮渣	T
		321-012-48	铅锌冶炼过程中，锌精馏炉产生的锌渣	T
		321-013-48	铅锌冶炼过程中，提取金、银、铋、镉、钴、铟、锗、铊、碲等金属过程中产生的废渣	T
		321-014-48	铅锌冶炼过程中，集（除）尘装置收集的粉尘	T
		321-016-48	粗铅精炼过程中产生的浮渣和底渣	T
		321-017-48	铅锌冶炼过程中，炼铅鼓风炉产生的黄渣	T
		321-018-48	铅锌冶炼过程中，粗铅火法精炼产生的精炼渣	T
		321-019-48	铅锌冶炼过程中，铅电解产生的阳极泥及阳极泥处理后产生的含铅废渣和废水处理污泥	T
		321-020-48	铅锌冶炼过程中，阴极铅精炼产生的氧化铅渣及碱渣	T
		321-021-48	铅锌冶炼过程中，锌焙烧矿热酸浸出黄钾铁矾法、热酸浸出针铁矿法产生的铅银渣	T

续表

废物类别	行业来源	废物代码	危险废物	危险特性
HW48 有色金属采选和冶炼废物	常用有色金属冶炼	321-022-48	铅锌冶炼烟气净化产生的污酸除砷处理过程产生的砷渣	T
		321-023-48	电解铝生产过程电解槽阴极内衬维修、更换产生的废渣（大修渣）	T
		321-024-48	电解铝铝液转移、精炼、合金化、铸造过程熔体表面产生的铝灰渣，以及回收铝过程产生的盐渣和二次铝灰	R, T
		321-025-48	电解铝生产过程产生的炭渣	T
		321-026-48	再生铝和铝材加工过程中，废铝及铝锭重熔、精炼、合金化、铸造熔体表面产生的铝灰渣，及其回收铝过程产生的盐渣和二次铝灰	R
		321-034-48	铝灰热回收铝过程烟气处理集（除）尘装置收集的粉尘，铝冶炼和再生过程烟气（包括：再生铝熔炼烟气、铝液熔体净化、除杂、合金化、铸造烟气）处理集（除）尘装置收集的粉尘	T, R
		321-027-48	铜再生过程中集（除）尘装置收集的粉尘和湿法除尘产生的废水处理污泥	T
		321-028-48	锌再生过程中集（除）尘装置收集的粉尘和湿法除尘产生的废水处理污泥	T
		321-029-48	铅再生过程中集（除）尘装置收集的粉尘和湿法除尘产生的废水处理污泥	T
		321-035-48	锡火法冶炼过程中烟气处理集（除）尘装置收集的粉尘	T
		321-036-48	锡火法冶炼烟气净化产生的酸泥	T
		321-037-48	锡火法冶炼烟气净化产生的污酸处理过程产生的砷渣	T
		321-038-48	锡再生过程中集（除）尘装置收集的粉尘和湿法除尘产生的废水处理污泥	T

续表

废物类别	行业来源	废物代码	危险废物	危险特性
HW48 有色金属采选和冶炼废物	稀有稀土金属冶炼	323-001-48	以钨精矿为原料生产仲钨酸铵过程中碱分解产生的碱煮渣（钨渣）、除钼过程中产生的除钼渣和废水处理污泥	T
HW49 其他废物	石墨及其他非金属矿物制品制造	309-001-49	多晶硅生产过程中废弃的三氯化硅及四氯化硅	R，C
	环境治理	772-006-49	采用物理、化学、物理化学或者生物方法处理或者处置毒性或者感染性危险废物过程中产生的废水处理污泥和废水处理残渣（液）	T/In
	非特定行业	900-039-49	烟气、VOCs 治理过程（不包括餐饮行业油烟治理过程）产生的废活性炭，化学原料和化学制品脱色（不包括有机合成食品添加剂脱色）、除杂、净化过程产生的废活性炭（不包括 900-405-06、772-005-18、261-053-29、265-002-29、384-003-29、387-001-29 类危险废物）	T
		900-041-49	含有或者沾染毒性、感染性危险废物的废弃的包装物、容器、过滤吸附介质	T/In
		900-042-49	环境事件及其处理过程中产生的沾染危险化学品、危险废物的废物	T/C/I/R/In
		900-044-49	废弃的镉镍电池、荧光粉和阴极射线管	T
		900-045-49	废电路板（包括已拆除或者未拆除元器件的废弃电路板），及废电路板拆解过程产生的废弃的 CPU、显卡、声卡、内存、含电解液的电容器、含金等贵金属的连接件	T

续表

废物类别	行业来源	废物代码	危险废物	危险特性
HW49 其他废物	非特定行业	900-046-49	离子交换装置（不包括饮用水、工业纯水和锅炉软化水制备装置以及废水处理成套工艺中的离子交换装置）再生过程中产生的废水处理污泥	T
		900-047-49	生产、研究、开发、教学、环境检测（监测）活动中，化学和生物实验室（不包含感染性医学实验室及医疗机构化验室）产生的含氰、氟、重金属无机废液及无机废液处理产生的残渣、残液，含矿物油、有机溶剂、甲醛有机废液，废酸、废碱，具有危险特性的残留样品，以及沾染上述物质的一次性实验用品（不包括按实验室管理要求进行清洗后的废弃的烧杯、量器、漏斗等实验室用品）、包装物（不包括按实验室管理要求进行清洗后的试剂包装物、容器）、过滤吸附介质等	T/C/I/R
		900-053-49	已禁止使用的，所有者申报废弃的，以及有关部门依法收缴或者接收且需要销毁的《关于持久性有机污染物的斯德哥尔摩公约》管控的化学物质（不包括本名录HW04、HW05、HW10类别的危险废物）	T
		900-999-49	被所有者申报废弃的，或者未申报废弃但被非法排放、倾倒、利用、处置的，以及有关部门依法收缴或者接收且需要销毁的列入《危险化学品目录》的危险化学品（不含该目录中仅具有"加压气体"物理危险性的危险化学品）	T/C/I/R
HW50 废催化剂	精炼石油产品制造	251-016-50	石油产品加氢精制过程中产生的废催化剂	T

续表

废物类别	行业来源	废物代码	危险废物	危险特性
HW50 废催化剂	精炼石油产品制造	251-017-50	石油炼制中采用钝镍剂进行催化裂化产生的废催化剂	T
		251-018-50	石油产品加氢裂化过程中产生的废催化剂	T
		251-019-50	石油产品催化重整过程中产生的废催化剂	T
	基础化学原料制造	261-151-50	树脂、乳胶、增塑剂、胶水/胶合剂生产过程中合成、酯化、缩合等工序产生的废催化剂	T
		261-152-50	有机溶剂生产过程中产生的废催化剂	T
		261-153-50	丙烯腈合成过程中产生的废催化剂	T
		261-154-50	聚乙烯合成过程中产生的废催化剂	T
		261-155-50	聚丙烯合成过程中产生的废催化剂	T
		261-156-50	烷烃脱氢过程中产生的废催化剂	T
		261-157-50	乙苯脱氢生产苯乙烯过程中产生的废催化剂	T
		261-158-50	采用烷基化反应（歧化）生产苯、二甲苯过程中产生的废催化剂	T
		261-159-50	二甲苯临氢异构化反应过程中产生的废催化剂	T
		261-160-50	乙烯氧化生产环氧乙烷过程中产生的废催化剂	T
		261-161-50	硝基苯催化加氢法制备苯胺过程中产生的废催化剂	T
		261-162-50	以乙烯和丙烯为原料，采用茂金属催化体系生产乙丙橡胶过程中产生的废催化剂	T
		261-163-50	乙炔法生产醋酸乙烯酯过程中产生的废催化剂	T

续表

废物类别	行业来源	废物代码	危险废物	危险特性
HW50 废催化剂	基础化学原料制造	261-164-50	甲醇和氨气催化合成、蒸馏制备甲胺过程中产生的废催化剂	T
		261-165-50	催化重整生产高辛烷值汽油和轻芳烃过程中产生的废催化剂	T
		261-166-50	采用碳酸二甲酯法生产甲苯二异氰酸酯过程中产生的废催化剂	T
		261-167-50	合成气合成、甲烷氧化和液化石油气氧化生产甲醇过程中产生的废催化剂	T
		261-168-50	甲苯氯化水解生产邻甲酚过程中产生的废催化剂	T
		261-169-50	异丙苯催化脱氢生产 α-甲基苯乙烯过程中产生的废催化剂	T
		261-170-50	异丁烯和甲醇催化生产甲基叔丁基醚过程中产生的废催化剂	T
		261-171-50	以甲醇为原料采用铁钼法生产甲醛过程中产生的废铁钼催化剂	T
		261-172-50	邻二甲苯氧化法生产邻苯二甲酸酐过程中产生的废催化剂	T
		261-173-50	二氧化硫氧化生产硫酸过程中产生的废催化剂	T
		261-174-50	四氯乙烷催化脱氯化氢生产三氯乙烯过程中产生的废催化剂	T
		261-175-50	苯氧化法生产顺丁烯二酸酐过程中产生的废催化剂	T
		261-176-50	甲苯空气氧化生产苯甲酸过程中产生的废催化剂	T
		261-177-50	羟丙腈氨化、加氢生产3-氨基-1-丙醇过程中产生的废催化剂	T
		261-178-50	β-羟基丙腈催化加氢生产3-氨基-1-丙醇过程中产生的废催化剂	T

续表

废物类别	行业来源	废物代码	危险废物	危险特性
HW50 废催化剂	基础化学原料制造	261-179-50	甲乙酮与氨催化加氢生产2-氨基丁烷过程中产生的废催化剂	T
		261-180-50	苯酚和甲醇合成2,6-二甲基苯酚过程中产生的废催化剂	T
		261-181-50	糠醛脱羰制备呋喃过程中产生的废催化剂	T
		261-182-50	过氧化法生产环氧丙烷过程中产生的废催化剂	T
		261-183-50	除农药以外其他有机磷化合物生产过程中产生的废催化剂	T
	农药制造	263-013-50	化学合成农药生产过程中产生的废催化剂	T
	化学药品原料药制造	271-006-50	化学合成原料药生产过程中产生的废催化剂	T
	兽用药品制造	275-009-50	兽药生产过程中产生的废催化剂	T
	生物药品制品制造	276-006-50	生物药品生产过程中产生的废催化剂	T
	环境治理业	772-007-50	烟气脱硝过程中产生的废钒钛系催化剂	T
	非特定行业	900-048-50	废液体催化剂	T
		900-049-50	机动车和非道路移动机械尾气净化废催化剂	T

注：1. 本附表"危险废物"列中表述的"废XX"或者"废弃的XX"，其中"XX"是指依据我国固体废物鉴别相关标准确定的固体废物。

2. 本附表所列危险特性为危险废物的主要危险特性，不排除该危险废物可能具有其他危险特性；","分隔的多个危险特性代码，表示该种危险废物具有列在第一位代码所代表的危险特性，且可能具有所列其他代码代表的危险特性；"/"分隔的多个危险特性代码，表示该种危险废物具有所列代码所代表的一种或者多种危险特性。

3. 医疗废物分类按照《医疗废物分类目录》执行。

4. 如无特殊说明，本附表危险废物表述中的矿物油，以及其他未指明原料来源的油，指石油炼制产生的矿物油、煤直接液化油，不包括动植物油脂、酯基生物柴油、烃基生物柴油以及采用烯烃聚合、合成气制烃工艺生产的合成油。

5. 如无特殊说明，HW02和HW03类危险废物表述中的化学药品、生物制品、药物、原料药不包括调节水、电解质、酸碱平衡药以及氨基酸、维生素、矿物质类药。

6. 如无特殊说明，HW12类危险废物表述中的颜料不包括钛白颜料。

7. 如无特殊说明，HW40类危险废物表述中的醚和醚类化合物不包括醚类物质聚合形成的聚合物。

8. 如无特殊说明，HW45类危险废物表述中的有机卤化物不包括含卤素有机高分子化合物。

附录

危险废物豁免管理清单

本清单各栏目说明：

1. "序号"指列入本目录危险废物的顺序编号；
2. "废物类别/代码"指列入本目录危险废物的类别或者代码；
3. "危险废物"指列入本目录危险废物的名称；
4. "豁免环节"指可不按危险废物管理的环节；
5. "豁免条件"指可不按危险废物管理应具备的条件，但仍应符合固体废物管理等生态环境相关法律法规和标准要求；
6. "豁免内容"指可不按危险废物管理的内容；
7.《医疗废物分类目录》对医疗废物有其他豁免管理内容的，按照该目录有关规定执行；
8. 本清单引用文件中，凡是未注明日期的引用文件，其最新版本适用于本清单。

序号	废物类别/代码	危险废物	豁免环节	豁免条件	豁免内容
1	生活垃圾中的危险废物	家庭日常生活或者为日常生活提供服务的活动中产生的废药品、废杀虫剂和消毒剂及其包装物、废油漆和溶剂及其包装物、废矿物油及其包装物、废胶片及废像纸、废荧光灯管、废含汞温度计、废含汞血压计、废铅蓄电池、废镍镉电池和氧化汞电池以及电子类危险废物等	全部环节	未集中收集的家庭日常生活中产生的生活垃圾中的危险废物。	全过程不按危险废物管理。

续表

序号	废物类别/代码	危险废物	豁免环节	豁免条件	豁免内容
1	生活垃圾中的危险废物	家庭日常生活或者为日常生活提供服务的活动中产生的废药品、废杀虫剂和消毒剂及其包装物、废油漆和溶剂及其包装物、废矿物油及其包装物、废胶片及废像纸、废荧光灯管、废含汞温度计、废含汞血压计、废铅蓄电池、废镍镉电池和氧化汞电池以及电子类危险废物等	收集	按照各市、县生活垃圾分类要求，纳入生活垃圾分类收集体系进行分类收集，且运输工具和暂存场所满足分类收集体系要求。	从分类投放点收集转移到所设定的集中贮存点的收集过程不按危险废物管理。
2	HW01	床位总数在19张以下（含19张）的医疗机构产生的医疗废物（重大传染病疫情期间产生的医疗废物除外）	收集	按《医疗卫生机构医疗废物管理办法》等规定进行消毒和收集。	收集过程不按危险废物管理。
			运输	转运车辆符合《医疗废物转运车技术要求（试行）》（GB 19217）要求。	不按危险废物进行运输。
		不具备集中处置医疗废物条件的农村的医疗机构产生的医疗废物	全部环节	按照地方卫生健康部门、生态环境部门确定的方案进行医疗废物的处理处置。	全过程不按危险废物管理。
		重大传染病疫情期间产生的医疗废物	运输	按事发地的县级以上人民政府确定的处置方案进行运输。	不按危险废物进行运输。
		重大传染病疫情期间产生的医疗废物	处置	按事发地的县级以上人民政府确定的处置方案进行处置。	处置过程不按危险废物管理。

续表

序号	废物类别/代码	危险废物	豁免环节	豁免条件	豁免内容
3	841-001-01	感染性废物	运输	按照《医疗废物处理处置污染控制标准》（GB 39707）以及《医疗废物高温蒸汽消毒集中处理工程技术规范》（HJ 276）或者《医疗废物化学消毒集中处理工程技术规范》（HJ 228）或者《医疗废物微波消毒集中处理工程技术规范》（HJ 229）进行处理后按生活垃圾运输。	不按危险废物进行运输。
3	841-001-01	感染性废物	处置	按照《医疗废物处理处置污染控制标准》（GB 39707）以及《医疗废物高温蒸汽消毒集中处理工程技术规范》（HJ 276）或者《医疗废物化学消毒集中处理工程技术规范》（HJ 228）或者《医疗废物微波消毒集中处理工程技术规范》（HJ 229）进行处理后进入生活垃圾填埋场填埋或者进入生活垃圾焚烧厂焚烧。	处置过程不按危险废物管理。
4	841-002-01	损伤性废物	运输	按照《医疗废物处理处置污染控制标准》（GB 39707）以及《医疗废物高温蒸汽消毒集中处理工程技术规范》（HJ 276）或者《医疗废物化学消毒集中处理工程技术规范》（HJ 228）或者《医疗废物微波消毒集中处理工程技术规范》（HJ 229）进行处理后按生活垃圾运输。	不按危险废物进行运输。

续表

序号	废物类别/代码	危险废物	豁免环节	豁免条件	豁免内容
4	841-002-01	损伤性废物	处置	按照《医疗废物处理处置污染控制标准》（GB 39707）以及《医疗废物高温蒸汽消毒集中处理工程技术规范》（HJ 276）或者《医疗废物化学消毒集中处理工程技术规范》（HJ 228）或者《医疗废物微波消毒集中处理工程技术规范》（HJ 229）进行处理后进入生活垃圾填埋场填埋或者进入生活垃圾焚烧厂焚烧。	处置过程不按危险废物管理。
5	841-003-01	病理性废物（人体器官除外）	运输	按照《医疗废物处理处置污染控制标准》（GB 39707）以及《医疗废物高温蒸汽消毒集中处理工程技术规范》（HJ 276）或者《医疗废物化学消毒集中处理工程技术规范》（HJ 228）或者《医疗废物微波消毒集中处理工程技术规范》（HJ 229）进行处理后按生活垃圾运输。	不按危险废物进行运输。
			处置	按照《医疗废物处理处置污染控制标准》（GB 39707）以及《医疗废物高温蒸汽消毒集中处理工程技术规范》（HJ 276）或者《医疗废物化学消毒集中处理工程技术规范》（HJ228）或者《医疗废物微波消毒集中处理工程技术规范》（HJ229）进行处理后进入生活垃圾焚烧厂焚烧。	处置过程不按危险废物管理。

续表

序号	废物类别/代码	危险废物	豁免环节	豁免条件	豁免内容
6	900-003-04	农药使用后被废弃的与农药直接接触或者含有农药残余物的包装物	收集	依据《农药包装废弃物回收处理管理办法》收集农药包装废弃物并转移到所设定的集中贮存点。	收集过程不按危险废物管理。
			运输	符合《农药包装废弃物回收处理管理办法》中的运输要求。	不按危险废物进行运输。
			利用	进入依据《农药包装废弃物回收处理管理办法》确定的资源化利用单位进行资源化利用。	利用过程不按危险废物管理。
			处置	符合《生活垃圾填埋场污染控制标准》(GB 16889)或者《生活垃圾焚烧污染控制标准》(GB18485)要求，进入生活垃圾填埋场填埋或者进入生活垃圾焚烧厂焚烧。	处置过程不按危险废物管理。
7	900-210-08	船舶含油污水及残油经船上或者港口配套设施预处理后产生的需通过船舶转移的废矿物油与含矿物油废物	运输	按照水运污染危害性货物实施管理。	不按危险废物进行运输。
8	900-249-08	废铁质油桶（不包括900-041-49类）	利用	封口处于打开状态、静置无滴漏且经打包压块后，符合生态环境相关标准要求，作为生产原料用于金属冶炼。	利用过程不按危险废物管理。

续表

序号	废物类别/代码	危险废物	豁免环节	豁免条件	豁免内容
9	900-200-08 900-006-09	金属制品机械加工行业珩磨、研磨、打磨过程，以及使用切削油或者切削液进行机械加工过程中产生的属于危险废物的含油金属屑	利用	经压榨、压滤、过滤或者离心等除油达到静置无滴漏后打包或者压块，符合生态环境相关标准要求，作为生产原料用于金属冶炼。	利用过程不按危险废物管理。
10	252-002-11 252-017-11 451-003-11	煤炭焦化、气化及生产燃气过程中产生的废高温煤焦油	利用	符合生态环境相关标准要求，作为粘合剂生产煤质活性炭、活性焦、碳块衬层、自焙阴极、预焙阳极、石墨碳块、石墨电极、电极糊、冷捣糊。	利用过程不按危险废物管理。
		煤炭焦化、气化及生产燃气过程中产生的废中低温煤焦油	利用	符合生态环境相关标准要求，作为煤焦油加氢装置原料生产煤基氢化油，且生产的煤基氢化油符合《煤基氢化油》（HG/T5146）技术要求。	利用过程不按危险废物管理。
		煤炭焦化、气化及生产燃气过程中产生的废煤焦油	利用	符合生态环境相关标准要求，作为生产原料生产炭黑。	利用过程不按危险废物管理。
11	900-451-13	采用破碎分选方式回收废覆铜板、线路板、电路板中金属后的废树脂粉	运输	运输工具满足防雨、防渗漏、防遗撒要求。	不按危险废物进行运输。

续表

序号	废物类别/代码	危险废物	豁免环节	豁免条件	豁免内容
11	900-451-13	采用破碎分选方式回收废覆铜板、线路板、电路板中金属后的废树脂粉	处置	符合《生活垃圾填埋场污染控制标准》（GB 16889）要求进入生活垃圾填埋场填埋，或者符合《一般工业固体废物贮存、处置场污染控制标准》（GB18599）要求进入一般工业固体废物处置场处置。	填埋处置过程不按危险废物管理。
12	772-002-18	生活垃圾焚烧飞灰	运输	经处理后符合《生活垃圾填埋场污染控制标准》（GB 16889）要求，且运输工具满足防雨、防渗漏、防遗撒要求。	不按危险废物进行运输。
12	772-002-18	生活垃圾焚烧飞灰	处置	符合《生活垃圾填埋场污染控制标准》（GB 16889）要求进入生活垃圾填埋场填埋。	填埋处置过程不按危险废物管理。
12	772-002-18	生活垃圾焚烧飞灰	处置	符合《水泥窑协同处置固体废物污染控制标准》（GB 30485）和《水泥窑协同处置固体废物环境保护技术规范》（HJ 662）要求进入水泥窑协同处置。	水泥窑协同处置过程不按危险废物管理。
13	772-003-18	医疗废物焚烧飞灰	处置	符合《生活垃圾填埋场污染控制标准》（GB 16889）要求进入生活垃圾填埋场填埋。	填埋处置过程不按危险废物管理。
13	772-003-18	医疗废物焚烧处置产生的底渣	全部环节	符合《生活垃圾填埋场污染控制标准》（GB 16889）要求进入生活垃圾填埋场填埋。	全过程不按危险废物管理。

续表

序号	废物类别/代码	危险废物	豁免环节	豁免条件	豁免内容
14	772-003-18	危险废物焚烧处置过程产生的废金属	利用	符合生态环境相关标准要求，作为生产原料用于金属冶炼。	利用过程不按危险废物管理。
15	772-003-18	生物制药产生的培养基废物经生活垃圾焚烧厂焚烧处置产生的焚烧炉底渣、经水煤浆气化炉协同处置产生的气化炉渣、经燃煤电厂燃煤锅炉和生物质发电厂焚烧炉协同处置以及培养基废物专用焚烧炉焚烧处置产生的炉渣和飞灰	全部环节	生物制药产生的培养基废物焚烧处置或者协同处置过程不应混入其他危险废物。	全过程不按危险废物管理。
16	193-002-21	含铬皮革废碎料（不包括鞣制工段修边、削匀过程产生的革屑和边角料）	处置	符合《生活垃圾填埋场污染控制标准》（GB 16889）要求进入生活垃圾填埋场填埋，或者符合《一般工业固体废物贮存、处置场污染控制标准》（GB18599）要求进入一般工业固体废物处置场处置。	填埋处置过程不按危险废物管理。
		含铬皮革废碎料	运输	符合《含铬皮革废料污染控制技术规范》（HJ 1274）运输工具要求。	不按危险废物进行运输。
			利用	符合生态环境相关标准要求，作为生产原料用于生产皮件、再生革或者静电植绒。	利用过程不按危险废物管理。

续表

序号	废物类别/代码	危险废物	豁免环节	豁免条件	豁免内容
17	261-041-21	铬渣	利用	符合《铬渣污染治理环境保护技术规范（暂行）》（HJ/T301）要求用于烧结炼铁。	利用过程不按危险废物管理。
18	900-052-31	未破损的废铅蓄电池	运输	运输工具满足防雨、防渗漏、防遗撒要求。	不按危险废物进行运输。
19	092-003-33	采用氰化物进行黄金选矿过程中产生的金精矿氰化尾渣	处置	符合《黄金行业氰渣污染控制技术规范》（HJ 943）要求进入尾矿库处置或者进入水泥窑协同处置。	处置过程不按危险废物管理。
20	HW34	仅具有腐蚀性危险特性的废酸	利用	符合生态环境相关标准要求，作为生产原料综合利用。	利用过程不按危险废物管理。
			利用	作为工业污水处理厂污水处理中和剂利用，且满足以下条件：废酸中第一类污染物含量低于该污水处理厂排放标准，其他《危险废物鉴别标准浸出毒性》（GB 5085.3）所列特征污染物含量低于GB 5085.3限值的1/10。	利用过程不按危险废物管理。
21	HW35	仅具有腐蚀性危险特性的废碱	利用	符合生态环境相关标准要求，作为生产原料综合利用。	利用过程不按危险废物管理。

续表

序号	废物类别/代码	危险废物	豁免环节	豁免条件	豁免内容
21	HW35	仅具有腐蚀性危险特性的废碱	利用	作为工业污水处理厂污水处理中和剂利用，且满足以下条件：液态碱或者固态碱按 HJ/T 299 方法制取的浸出液中第一类污染物含量低于该污水处理厂排放标准，其他《危险废物鉴别标准浸出毒性》（GB 5085.3）所列特征污染物低于 GB 5085.3 限值的 1/10。	利用过程不按危险废物管理。
22	323-001-48	仲钨酸铵生产过程中碱分解产生的碱煮渣（钨渣）和废水处理污泥	处置	符合《水泥窑协同处置固体废物污染控制标准》（GB 30485）和《水泥窑协同处置固体废物环境保护技术规范》（HJ 662）要求进入水泥窑协同处置。	处置过程不按危险废物管理。
23	900-041-49	废弃的含油抹布、劳保用品	全部环节	未分类收集。	全过程不按危险废物管理。
24	突发环境事件产生的危险废物	突发环境事件及其处理过程中产生的 HW900-042-49 类危险废物和其他需要按危险废物进行处理处置的固体废物，以及事件现场遗留的其他危险废物和废弃危险化学品	运输	按事发地的县级以上人民政府确定的处置方案进行运输。	不按危险废物进行运输。
			利用、处置	按事发地的县级以上人民政府确定的处置方案进行利用或者处置。	利用或者处置过程不按危险废物管理。
25	历史遗留危险废物	历史填埋场地清理，以及水体环境治理过程产生的需要按危险废物进行处理处置的固体废物	运输	按事发地的设区市级以上生态环境部门同意的处置方案进行运输。	不按危险废物进行运输。

续表

序号	废物类别/代码	危险废物	豁免环节	豁免条件	豁免内容
25	历史遗留危险废物	历史填埋场地清理，以及水体环境治理过程产生的需要按危险废物进行处理处置的固体废物	利用、处置	按事发地的设区市级以上生态环境部门同意的处置方案进行利用或者处置。	利用或者处置过程不按危险废物管理。
		实施土壤污染风险管控、修复活动中，属于危险废物的污染土壤	运输	修复施工单位制定转运计划，依法提前报所在地和接收地的设区市级以上生态环境部门。	不按危险废物进行运输。
			处置	符合《水泥窑协同处置固体废物污染控制标准》（GB 30485）和《水泥窑处置固体废物环境保护技术规范》（HJ 662）要求进入水泥窑协同处置。	处置过程不按危险废物管理。
26	900-044-49	阴极射线管含铅玻璃	运输	运输工具满足防雨、防渗漏、防遗撒要求。	不按危险废物进行运输。
27	900-045-49	废弃电路板	运输	运输工具满足防雨、防渗漏、防遗撒要求。	不按危险废物进行运输。
28	772-007-50	烟气脱硝过程中产生的废钒钛系催化剂	运输	运输工具满足防雨、防渗漏、防遗撒要求。	不按危险废物进行运输。
29	251-017-50	催化裂化废催化剂	运输	采用密闭罐车运输。	不按危险废物进行运输。
30	900-049-50	机动车和非道路移动机械尾气净化废催化剂	运输	运输工具满足防雨、防渗漏、防遗撒要求。	不按危险废物进行运输。

续表

序号	废物类别/代码	危险废物	豁免环节	豁免条件	豁免内容
31	—	未列入本《危险废物豁免管理清单》中的危险废物或者利用过程不满足本《危险废物豁免管理清单》所列豁免条件的危险废物	利用	在环境风险可控的前提下，根据省级生态环境部门确定的方案，实行危险废物"点对点"定向利用，即：一家单位产生的一种危险废物，可作为另外一家单位环境治理或者工业原料生产的替代原料进行使用。	利用过程不按危险废物管理。

附 录

附录一 生态环境和资源保护检察白皮书（2018—2022）

（2023年6月5日最高人民检察院发布）

前　言

生态兴则文明兴。生态文明建设是关系中华民族永续发展的根本大计。保护好生态环境，功在当代、利在千秋、泽被天下，对实现"两个一百年"奋斗目标、实现中华民族伟大复兴的中国梦具有重大而深远的意义。党的十八大以来，以习近平同志为核心的党中央把生态文明建设作为关系人民福祉、关乎民族未来的大计，载入党章和宪法，以前所未有的力度抓生态文明建设，开展了一系列根本性、开创性、长远性工作，推动我国生态环境保护发生了历史性、转折性、全局性变化。党的十九大将"美丽中国"作为建成社会主义现代化强国的奋斗目标之一，并作出具体部署，明确到2035年美丽中国建设目标基本实现。党的二十大报告以"推动绿色发展，促进人与自然和谐共生"为题，为当前和今后一段时间我国生态文明建设擘画了宏伟蓝图、指明了前进方向。

生态环境是关系党的使命宗旨的重大政治问题，也是关系民生的重大社会问题。检察机关作为党领导下的司法机关，履行法律监督职责，更应在生态环境和资源保护大格局中肩负重要责任。2021年6月，党中央制发《中共中央关于加强新时代检察机关法律监督工作的意见》，明确要求检察机关坚持以人民为中心的发展思想，顺应新时代人民对美好生活的新需求，依法从严惩治污染环境等犯罪，切实保障民生福祉。

五年来，全国检察机关坚持以习近平新时代中国特色社会主义思想为指导，全面贯彻习近平生态文明思想和习近平法治思想，秉持"绿水青山就是金山银山"的理念，站位国家治理全局，充分发挥"四大检察"融合履职职能作用，驰而不息，久久为功，努力做到惩治犯罪与修复生态、纠正违法与源头治理、维护公益与促进发展有机统一，为实现人与自然和谐共生，中华民族永续发展提供坚强法治保障。

一、生态环境和资源保护检察工作的总体情况

2018年至2022年，全国检察机关共受理提请批准逮捕破坏环境资源保护犯罪案件65432件109848人，批准逮捕40548件65716人；受理审查起诉破坏环境资源保护犯罪案件209957件353223人，提起公诉138285件229751人；共办理生态环境和资源保护领域民事检察监督案件498件；行政检察监督案件62875件，其中行政裁判监督案件4112件，非诉执行检察监督案件58763件；共立案办理生态环境和资源保护领域公益诉讼案件394894件，其中行政公益诉讼343394件、民事公益诉讼51500件，提出检察建议和发布公告333823件，提起诉讼24202件。

（一）刑事检察方面

1. 受理审查逮捕数总体呈上升趋势。2018年至2022年，全国检察机关受理审查逮捕破坏环境资源保护犯罪案件65432件109848人，比前五年件数和人数分别上升55.66%和74.14%。其中，2018年至2022年批准逮捕人数分别为15095人、19462人、12106人、12865人、6188人（图1）。

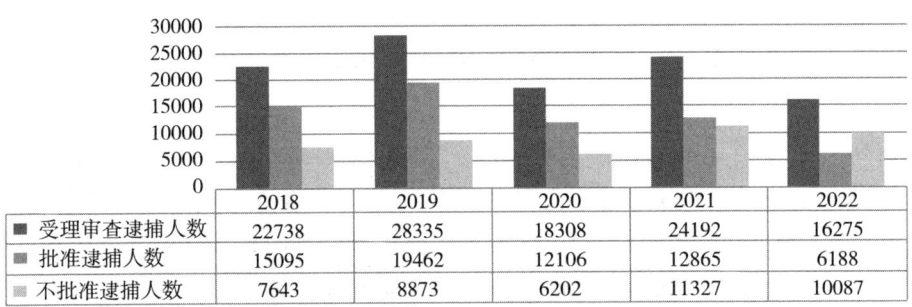

图1 2018—2022年破坏环境资源保护犯罪案件审查逮捕情况

2.受理审查起诉数总体呈上升趋势。2018年至2022年，受理审查起诉破坏环境资源保护犯罪案件209957件353223人，比前五年件数和人数分别上升112.75%和92.66%。其中，2018年至2022年受理审查起诉人数分别为57991人、68546人、70201人、78240人、78245人，2022年较2018年上升34.93%（图2）。

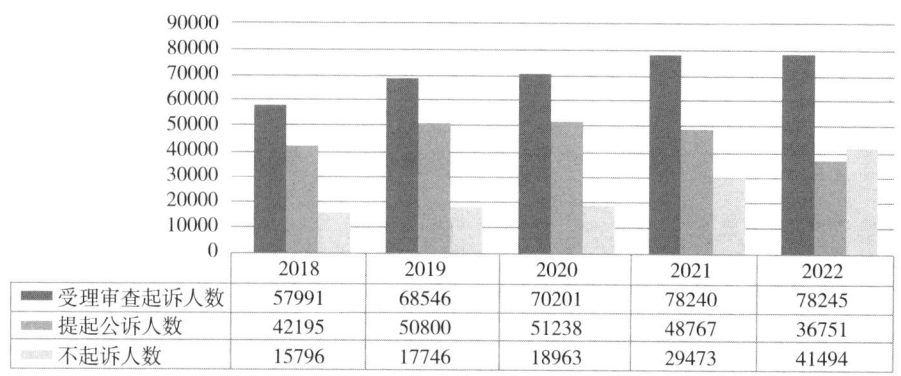

图2 2018—2022年破坏环境资源保护犯罪案件审查起诉情况

3.罪名分布相对集中。破坏环境资源保护犯罪的涉案罪名主要集中在污染环境罪、非法捕捞水产品罪、非法采矿罪、非法占用农用地罪、非法狩猎罪、滥伐林木罪等六个罪名。五年来，受理审查起诉这六个罪名案件共171013件291981人，分别占受理破坏环境资源保护犯罪案件总件数和人数的81.66%和82.88%。值得注意的是，非法处置进口的固体废物罪、破坏性采矿罪案件零星散发，每年只有个位数，无擅自进口固体废物罪案件（图3）。

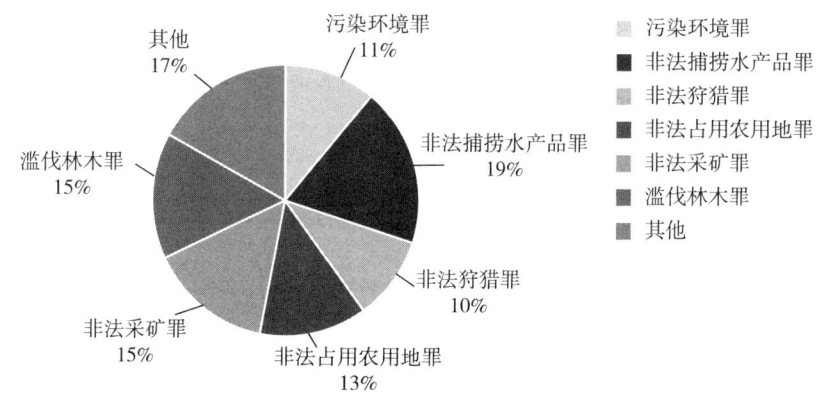

图3 2018—2022年破坏环境资源保护犯罪重点罪名占比情况

4. 案件处理类差明显。在受理审查起诉的破坏环境资源保护犯罪案件中，涉嫌非法捕捞水产品罪、非法狩猎罪和危害珍贵、濒危野生动物罪等动物资源类犯罪的人数占比最大、不诉率最高，说明这几类案件中犯罪情节轻微或者显著轻微的情形占比较高；滥伐林木罪、盗伐林木罪和危害国家重点保护植物罪等植物资源类犯罪不诉率最低（图4）。

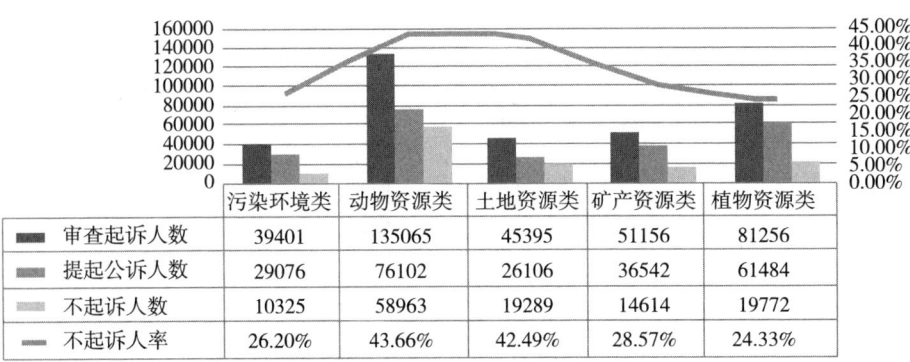

图4 2018—2022年破坏环境资源保护犯罪案件审查起诉分类统计情况

5. 破坏生态环境类案件受理审查起诉数总体下降，破坏资源保护类案件受理审查起诉数总体上升。2022年受理审查起诉生态环境犯罪案件2343件6315人，比2018年分别下降37.37%和31.72%。2022年受理审查起诉资源保护犯罪案件43850件71307人，比2018年分别上升41.87%和46.30%。其中，非法捕捞水产品罪、非法狩猎罪和危害珍贵、濒危野生动物类罪等动物资源类犯罪案件上升幅度最大。如2022年受理审查起诉动物资源类犯罪案件23604件36985人，较2018年分别上升228.88%和183.67%（图5）。

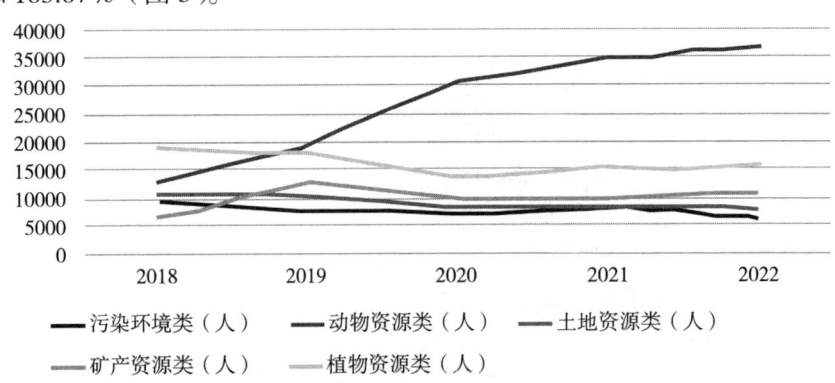

图5 2018—2022年破坏环境资源保护犯罪案件审查起诉分类变化情况

6. 不同罪名呈地域性分布。如非法捕捞水产品案件，江苏、重庆、河南、湖南、浙江、四川等长江流域省份相对多发；非法狩猎案件，广西、河南、云南、贵州等野生动物资源丰富的省份相对多发；非法占用农用地案件，内蒙古、云南、黑龙江、吉林、河南等土地资源丰富的省份相对多发；污染环境罪案件，广东、河北、江苏、山东、浙江等省份相对多发。

7. 共同犯罪居多。破坏环境资源犯罪各罪名受理审查起诉和提起公诉的案均犯罪嫌疑人、被告人均超过 1 人，其中污染环境罪和非法采矿罪案均涉案人员比最大。五年来，污染环境罪受理审查起诉犯罪嫌疑人案均 2.55 人，提起公诉被告人案均 2.38 人；非法采矿罪受理审查起诉犯罪嫌疑人案均 2.55 人，提起公诉被告人案均 2.41 人。一方面体现出该两类案件多为多人犯罪，另一方面体现出该两类案件呈全链条打击态势。

（二）民事检察方面

1. 案件极具地域性特点。因地理位置、自然环境等客观原因，生态环境和资源保护领域民事检察监督案件凸显地域特色。案件受理数居前三位的分别为山东、湖南、广西，占到全部案件数的41%。案件涉及土地、矿产、渔业、水资源等领域，有进一步扩展趋势。

2. 案件类型多样。生态环境和资源保护领域民事案件基数少，经过一审、二审、再审程序，直至民事检察监督程序的案件数量不多。案件监督类型仍以生效裁判结果监督为主，占到全部案件类型的46%。除此之外，还包括执行监督、审判人员违法行为监督、虚假诉讼监督、支持起诉、社会治理类检察建议等。办理案件类型全面，职能履行方式多样，覆盖面广。

3. 案由相对集中。生效裁判结果监督案件主要涉及农村土地承包合同纠纷、种植养殖回收合同纠纷、采矿权转让合同纠纷、环境污染责任纠纷等案由。申请监督主体不仅包括侵权人、排污者还包括受害方，监督理由主要集中于因果关系、损失计算方面。

4. 监督方式多样。抗诉、再审检察建议、检察建议、支持起诉等多种手段相结合，助推生态环境资源保护。

(三)行政检察方面

1. 案件领域与类型主要集中于土地执法查处领域行政非诉执行监督,且数量呈逐年增长态势。2018年至2022年,全国检察机关办理生态环境和资源保护领域行政检察案件6.3万件,其中土地执法查处领域行政非诉执行案件4.5万件,占71.4%。2022年土地执法查处领域行政非诉执行案件受理13209件,相较于2018年上升648.9%,年均增长129.8%。

2. 案件涉及的行政行为或违法行为具有多样性。2018年至2022年,全国检察机关办理涉环境污染处罚、占地规划许可、矿产资源勘查登记与开采审批、土地征收、林权登记、行政赔偿、行政协议等行政裁判监督案件4112件,依法提出监督意见879件,依法作出不支持监督申请或终结审查3385件。针对停止污染物排放、环境处罚款缴纳、水土补偿费缴纳、违法占地建筑物拆除、矿山生态修复、固体废物处置等行政处罚、行政强制执行不到位问题,共办理行政非诉执行检察监督案件58763件,提出检察建议50157件。

3. 案件分布相对集中,具有一定地域特色。因林地、草地、水资源等自然资源地理分布原因,2018年至2022年受理案件数排名前五的省份分别为广东、内蒙古、云南、贵州、吉林,占51%。如云南、贵州、吉林三地因森林资源比较丰富,涉林权纠纷案件较多。

(四)公益诉讼检察方面

1. 生态环境领域公益诉讼案件规模逐年递增。2018年至2022年生态环境和资源保护领域公益诉讼办案数分别为59312件、69236件、83744件、87679件、94923件,呈逐年递增趋势,2022年较2018年上升超过60%。2018年至2022年生态环境和资源保护领域公益诉讼办案数占全部公益诉讼办案数的比重分别为52.41%、54.55%、55.36%、51.64%、48.59%,始终保持在50%左右(图6)。

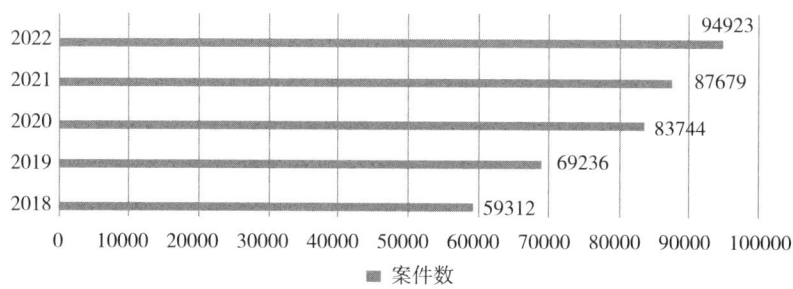

图6　2018—2022年生态环境和资源保护领域公益诉讼办案数

2. 案件类型不断丰富拓展。检察机关办理生态环境和资源保护领域案件的监督类型，除传统的大气、水、土壤等环境要素外，还涉及森林病虫害、珍稀鸟类、濒危植物、湿地、自然保护区、文物、自然遗迹等，呈现出多样化的特点。

3. 绝大多数案件诉前实现保护公益目的。以磋商、诉前检察建议、提起诉讼等方式督促行政机关依法全面履行生态环境监管职责，93.9%的案件在诉前环节得以解决。在2018年至2022年全国检察机关办理的394894件生态环境和资源保护领域公益诉讼案件中，提起诉讼24202件，其中提起行政公益诉讼2236件，提起民事公益诉讼21966件。

二、服务大局"强办案"，加大生态环境和资源保护司法力度

全国检察机关始终围绕国家重大战略实施，紧盯生态环境和资源保护重点流域、区域、行业加大检察办案力度，综合运用刑事、民事、行政、公益诉讼检察职能，守护国家利益和社会公共利益，保障国家法律统一正确实施。

（一）持续打好污染防治攻坚战

贯彻落实《中共中央、国务院关于深入打好污染防治攻坚战的意见》，用最严格制度最严密法治保护生态环境。最高检连续三年与公安部、生态环境部联合开展打击危险废物环境违法犯罪和重点排污单位自动监测数据弄虚作假违法犯罪专项行动，助力打好污染防治攻坚战。专项行

动期间，紧盯污染环境犯罪案件的重点难点，共批准逮捕涉嫌污染环境罪2250余件4210余人，起诉3068件7270人，对山东省刘某强、安徽省王某山等3件跨省跨区域重大污染环境案及时挂牌督办。最高检联合最高法、公安部、司法部、生态环境部印发《关于办理环境污染刑事案件有关问题座谈会纪要》，发布最高检服务保障打好污染防治攻坚战典型案例两批9件，联合公安部、生态环境部发布依法严惩危险废物污染环境犯罪典型案例7件，指导破解专项行动难题，坚决遏制危险废物案件多发势头。最高检联合生态环境部、水利部等九部委印发《关于在检察公益诉讼中加强协作配合依法打好污染防治攻坚战的意见》，部署开展为期三年的"公益诉讼守护美好生活"专项监督活动，聚焦包括水体污染违法、固体废物违法、尾矿污染违法、野生动物保护违法在内的七个方面重点问题，集中力量打好重点领域损害公益问题的攻坚战、持久战。浙江省台州市蔡某喜利用某货运平台发布非法运输危险废物铝灰的货运消息，导致近2000吨的铝灰被非法倾倒、处置，造成经济损失3000余万元，检察机关会同公安机关从严打击犯罪，追回1800余万元经济损失，并且推动当地建立了年处理4.5万吨铝灰能力的危险废物集中处置中心。河南省汤阴县检察院办理的某化工公司污染环境支持起诉案，侵权人造成土壤污染影响周围人民群众生产生活，且拒不处理因泄漏导致污染的土壤。检察机关支持该县环保局提起民事诉讼，监督判决执行到位，使受损的社会公共利益得到有效维护。湖南省桂阳县白水瑶族乡濂溪村与清溪村山林权属行政争议一案，经最高检抗诉后，最高法采纳抗诉意见并指令再审，湖南省高级法院再审判决责令政府重新确权，持续多年的山林权属争议得以解决，维护了权利人的林地权益，推动区域内的山地林木得到有效保护和利用。山西省检察机关立足山西煤炭大省、农业大省实际，紧盯大气、水、耕地污染等重点问题。针对煤矸石污染周边环境问题，山西各产煤地市全面开展"聚焦煤矸石治理、服务高标准保护"等公益诉讼专项行动，突出办理了一批有影响、有成效的案件。

（二）积极推进长江流域生态保护

贯彻党中央关于长江"十年禁渔"的重大战略部署，依法严厉惩治破坏长江流域生态环境犯罪。最高检联合公安部、农业农村部等10部门共同部署开展为期三年的"打击长江流域非法捕捞专项整治行动",助力长江流域生态环境保护。设立并连续举办四届服务保障长江经济带发展检察论坛,制定实施《关于长江经济带检察机关办理长江流域生态环境资源案件加强协作配合的意见》,推动形成长江保护检察"一盘棋"局面,以长江生态保护修复为重点,"量身定制"检察方案。印发《检察机关办理长江流域非法捕捞水产品案件刑事检察工作座谈会纪要》《检察机关办理长江流域非法捕捞案件有关法律政策问题的解答》,联合最高法、公安部、农业农村部发布《依法惩治长江流域非法捕捞等违法犯罪的意见》,发布5件检察机关依法惩治长江流域非法捕捞水产品犯罪典型案例、发布四批44件检察机关服务保障长江经济带典型案例,有效指导案件办理。印发《关于推动建立长江流域省界断面跨行政区划管辖行政公益诉讼协作机制的通知》,推动长江流域19个省级检察机关及相关地市级检察机关出台21个协作机制。对长江经济带生态环境警示片反映问题线索集中研判交办,部署沿江检察机关发挥检察职能作用,协同推进问题整改。针对长江沿线港口众多、船舶流动性大,反映多年的船舶污染问题,最高检直接以公益诉讼立案,采取最高检负责主案、沿江11省市检察机关同步办理关联的案件"1+N"模式,上下一体、分层监督,立案办理公益诉讼案件450余件,有效推动解决一批长江船舶污染治理难点、堵点问题。五年间,共办理长江流域污染环境犯罪案件3900余件10400余人,非法捕捞水产品犯罪案件16200余件26600余人,长江流域违法捕捞、污染环境、非法采砂违法犯罪的态势得到明显遏制。安徽省检察机关与省水利厅、公安厅联合制定《安徽省河道非法采砂涉嫌犯罪案件移送程序规定》,形成打击非法采砂违法犯罪合力。湖北省葛洲坝市检察院办理龚某某等人以码头疏浚名义,在长江干流枝江段盗采江砂非法获利4300余万元案,检察机关积极开展追赃挽损1200余万元。重庆市检察院第五分院对非法捕捞、贩卖、食用国家一级保护野生动物长江鲟9尾的8名被告人提起刑事附带民事公益诉讼,赔偿生态损害损失和承担惩罚性赔偿金共计144万余元。江苏省镇江市检察院办理的唐某某与扬中市兴隆街道福源村村民委员会租赁合同纠纷案,案涉合同约定出租长江干线防洪堤外江滩地,并允许承租人在江滩地上建设房屋,对长江防洪安全构成威胁。检察机关经综合研判,对案件进行争议实质性化解的同时,依法移送公益诉讼监督线索,保护长江岸线生态环境。

(三) 服务保障黄河流域高质量发展

贯彻落实党中央关于黄河流域生态保护和高质量发展的重大国家战略,依法惩治破坏黄河流域生态环境犯罪。最高检出台《关于充分发挥检察职能服务保障黄河流域生态保护和高质量发展的意见》,紧紧围绕"安全黄河、生态黄河、发展黄河和文化黄河"目标,发布12件检察机关服务保障黄河流域生态保护和高质量发展典型案例,引领全社会共抓大保护,守护黄河安澜。联合水利部举办首届服务保障黄河国家战略检察论坛,部署开展"携手清四乱、保护母亲河""黄河流域水资源保护"等工作,集中整治乱占、乱采、乱堆、乱建损害黄河生态环境、威胁河道行洪安全、黄河流域违法取水等问题。联合发布11件检察监督与水行政执法协同保护黄河水安全典型案例,发布7件行政检察守护长江黄河长久安澜典型案例,凝聚黄河保护治理合力。沿黄九市联合会签《黄河流域(山东)生态保护检察协作框架协议》等跨区域协作配合意见,强化流域司法保护。五年来,共办理黄河流域污染环境犯罪案件2900余件7800余人,非法捕捞水产品犯罪案件5000余件8100余人,有力打击黄河流域生态环境犯罪。河南省灵宝市姚某强组织他人在黄河支流西闫乡沙河盗采黄砂对外销售,案发后拒不供述盗采及销售行为。洛阳铁路运输检察院引导公安机关走访证人、查询姚某强及其家属案发时间段全部银行交易明细、向购砂人逐一核实,查清姚某强盗采河砂的全部销售数额为390余万元,有效打击了黄河流域盗采犯罪。四川省阿坝州若尔盖县检察院办理杨某某、扎某甲等人在黄河上游水源涵养地若尔盖、红原高寒沼泽湿地盗挖泥炭1600多立方米、非法获利21万余元一案,推动行政执法机关开展专项打击行动,深入藏区、牧区开展资源保护宣传活动,实现治罪与治理有机统一。陕西省检察机关在办理王某龙确认合同无效监督案中,以合同无效提出民事抗诉,对于违法转让砂场行为作出否定性司法评价,维护了黄河干流及主要支流治理秩序。甘肃省检察机关多措并举积极开展"水治理"行政检察监督专项行动,针对黄河流域沿岸附近水体污染、水域侵占、污水排放等问题向辖区水务局等相关行政机关提出检察建议21件,推动黄河沿岸水污染问题得到有效整治。

(四) 不断强化生物多样性保护

认真贯彻落实《中共中央办公厅、国务院办公厅关于进一步加强生物多样性保护的意见》，切实推进生物多样性保护工作。最高检联合最高法、公安部、司法部印发《关于依法惩治非法野生动物交易犯罪的指导意见》，发布14件生物多样性保护公益诉讼典型案例。最高检高度关注近年来部分涉人工繁育野生动物案件的处理与人民群众的公平正义观念有所偏离的问题，积极回应人民群众关切，加强调查研究，会同最高法发布《关于办理破坏野生动物资源刑事案件适用法律若干问题的解释》，明确危害野生动物犯罪定罪量刑标准，解决涉人工繁育野生动物案件的处罚规则等重大实践争议问题，更好体现罪责刑相适应原则的要求。自该司法解释施行后，2022年5月至12月，共受理审查逮捕涉嫌危害珍贵、濒危野生动物罪和非法狩猎罪案件1026件1643人，同比下降44.09%和37.93%；批准逮捕133件190人，同比下降81.93%和82.41%；受理审查起诉6367件9864人，同比下降21.78%和20.90%；提起公诉2476件3882人，同比下降47.16%和46.15%；不起诉6243人，同比上升47.21%。江苏省徐州铁路运输检察院在省检察院指导下，深入审查分析、客观评价非法交易人工繁育野生动物的性质和情节，对一起涉非法交易人工繁育费氏牡丹鹦鹉案犯罪嫌疑人以不构成犯罪作出不起诉决定，助推司法解释修改完善。

为加强对珍贵树木或者国家重点保护的其他植物的保护，最高检会同最高法，在公安部、农业农村部、国家林业和草原局等有关部门的大力支持下，联合发布《关于适用〈中华人民共和国刑法〉第三百四十四条有关问题的批复》，规定"古树名木以及列入《国家重点保护野生植物名录》的野生植物"纳入刑法保护范围，明确"非法移栽"野生植物的行为性质及处罚原则，确保危害国家重点保护植物罪的准确、统一适用，依法惩治破坏野生植物资源犯罪。五年来，共提起公诉危害国家重点保护植物犯罪案件3894件5535人。贵州省陆某某等人为获取经济利益，盗割2600年树龄的古楠木王，非法获利31万余元，剑河县检察院提起刑事附带民事公益诉讼，四被告人认购98万余元碳汇，承担修复救助费用29万余元，并由涉案15人共同承担惩罚性赔偿金15万元。

（五）积极助力矿产资源保护

贯彻落实习近平总书记对加强矿产资源保护的批示精神，积极履职打击盗采矿产资源犯罪。最高检联合公安部、中国海警局部署沿海各级检察机关、公安机关和海警机构开展打击整治盗采海砂违法犯罪专项行动，惩治涉砂违法犯罪活动，保障海洋生态安全。联合最高法发布《关于办理海洋自然资源与生态环境公益诉讼案件若干问题的规定》，为依法办理相关案件提供指引。发布14件"守护海洋"检察公益诉讼专项监督活动典型案例。发布4件依法惩治盗采矿产资源犯罪典型案例，进一步明确工程施工过程中附随采挖行为的定性处理标准，有效指导案件办理。各地检察机关整治矿产资源领域违法犯罪与扫黑除恶专项斗争同谋划、同推进、同落实。五年来，全国检察机关共批准逮捕非法采矿、破坏性采矿犯罪案件11627件22050人，提起公诉15164件36549人。江西省水利厅在十大重点行业领域专项整治中，主动加强与检察机关的合作，对全省涉砂石犯罪线索由省水利厅审核把关后，统一移送省检察院，解决"涉砂"犯罪线索移送不通畅的问题。山西、山东、四川、青海、西藏等地检察机关办理多起以"沙霸""矿霸"为代表的自然资源领域涉黑恶案件。贵州省册亨县翁某某等人在仅有探矿权，没有采矿权的情况下，采用"以采代探"的方式盗采煤炭矿产资源29万余吨，销售得款10408万余元，获利4634万余元，检察机关提前介入提出百余条取证意见，夯实证据体系，后在被告人零口供的情况下，指控有理有据有力，最终翁某某等人被判有期徒刑四年，罚金200万元。河北省检察机关组织开展"违法违规矿山采砂场治理专项活动"，公益诉讼部门立案321件，关停不符合条件的矿山企业102家，强制拆除非法洗砂场16个，督促23家有主体责任的矿山、采砂场投入资金638.91万元，治理修复受损矿山生态环境面积268.89亩。

（六）坚决守护农用地保护红线

全面落实党中央关于严格保护耕地的重大决策部署，从严打击非法占用农用地犯罪，守护粮食生产的命根子。最高检发布4件检察机关依法保护黑土地典型案例，切实把黑土地这个"耕地中的大熊猫"保护好。五年来，共批准逮捕非法占用农用地案件4266件5674人，提起公诉20137

件 26106 人。黑龙江省检察院与省政府开展严厉打击盗采泥炭黑土行为专项整治百日行动，工作中发现王某从村民处租用农用地采挖泥炭土晾晒后出售，销售价值共计 320 余万元，致使 90 余亩永久基本农田种植条件遭受严重毁坏，检察机关依法以非法采矿罪对王某提起公诉，王某被判处有期徒刑七年，并处罚金 50 万元。辽宁省检察机关开展"保护黑土地、守护大粮仓"专项活动，公益诉讼部门立案 1422 件，推动保护和恢复黑土地 9000 余亩，追偿、补偿损失 700 余万元。贵州省台江县检察院在开展政法大走访时，针对群众反映的被流转的土地长期闲置以及拖欠土地流转费用等问题，向相关单位发出社会治理检察建议，村民被拖欠的土地流转费得以兑现，被闲置的土地在政府的指导下逐步开展农业产业发展利用。内蒙古自治区检察机关在办理破坏草原林地刑事犯罪案件的同时，将刑事惩罚与认罪认罚、生态修复相结合，破解了公益损害"轻刑化"与损害修复"高成本"之间的矛盾。

（七）全面加强法律监督

党的二十大报告提出，加强检察机关法律监督工作，完善公益诉讼制度。最高检连续四年部署开展破坏环境资源犯罪专项立案监督活动。五年来，全国检察机关共立案监督 10020 件，撤案监督 8049 件，建议行政机关移送 9177 件，追捕 2771 人，追诉 7130 人，向侦查机关发出书面纠正违法通知书 11358 份，纠正审判活动违法 1601 件，切实防止和纠正有案不立、有罪不究、以罚代刑、降格处理等问题。同时，用好侦查监督与协作配合办公室，对重大疑难复杂破坏环境资源保护犯罪案件落实介入侦查引导取证机制，五年来共提前介入 1899 件，实现监督端口前移，从源头上规范执法办案，提高办案质效。河北省任丘市检察院在办理一起非法占用农用地案件时发现两个犯罪嫌疑人所占农用地相邻，但无共同占地故意，各人所占农用地数量均未达到入罪标准，遂监督撤案，取得了良好的效果。江苏省宜兴市检察院在办理陈某某等人污染环境案件时，发现范某某等 4 人跨区域倾倒危险废物 1920 吨的案件线索，遂移送生态环境部门开展调查、公安机关立案侦查，并在审查起诉阶段通过自行补充侦查依法追诉一家涉案企业，4 名被告人及涉案企业均获法院有罪判决，附带民事公益诉讼被告共同承担生态环境损害赔偿费用 470 余万元。江西省宜丰县检察院依法追捕涉嫌非法采伐国家重点保护植物罪（危害国家重点保护植物罪）的袁某某，在袁某某潜逃7年归案后，又依法追诉11名同案犯，全部被法院判处刑罚。河南省宝丰县检察院在办理王某某污染环境案中，历时5年，持续监督、追捕追诉26名同案犯，全部被法院判处有期徒刑。吉林省白城市检察院针对生态环境案件量刑轻缓化、量刑或附加刑适用明显不当等问题重点开展监督，依法提出抗诉6件，纠正法院审判活动违法23件次。

三、深化共识"强协作"，构建生态检察一体化保护新格局

坚持山水林田湖草沙系统治理，认真落实"双赢多赢共赢"的检察监督理念，强化检察一体上下联动，深化跨系统、跨区域、跨部门协作，推动形成生态环境保护治理新格局。

（一）强化检察一体上下联动

坚持以人民为中心，坚持问题导向，聚焦国家战略部署，回应人民群众关切，各级检察机关上下一体共同推进生态环境资源保护。最高检联合公安部、生态环境部、农业农村部等部门开展三大攻坚战、打击长江流域非法捕捞专项整治行动、打击危险废物环境违法犯罪专项行动、第三方环保服务机构弄虚作假问题专项整治、依法严惩盗采矿产资源犯罪专项整治等专项行动，对重大疑难复杂破坏环境资源保护犯罪案件挂牌督办9批30件，确保违法犯罪案件惩处到位，行业监管漏洞治理到位，形成上级检察机关牵头推进、区域分类实施、各地因城施策的生态检察格局。公益诉讼部门充分发挥检察一体化优势，形成公益诉讼上下一体、指挥有力、协作密切、运转高效的一体化办案机制。最高检对全国人大常委会审议的水污染防治法执法检查报告中51件线索挂牌督办，相关地方检察机关全部立案，有效解决一批"老大难"问题。最高检对南四湖水域污染问题直接立案，调用四省检察官办案，助力地方政府携手治理，统一污水排放标准及保护区煤矿退出方案，清理固体废物垃圾、拆除违章建筑、取缔违法养殖，历时10个月初现一湖碧水。江苏省检察院下发《关于建立重大环境资源类案件三级把关制度的通知》，针对重大疑难复杂和跨区域危险废

物环境污染案件，实行省市县三级检察机关上下联动，增强办案合力，严把事实关、证据关和法律适用关。安徽、四川、江西、福建等多地检察机关成立公益诉讼办案指挥中心，加强办案指导，提升办案质效。

（二）强化跨部门协作

各级检察机关不断加强与公安机关、审判机关以及司法行政部门的沟通协作，形成监督、协作的纵横向网络，增强服务保障环境资源保护的聚合效应。最高检单独或联合有关部门出台《环境保护行政执法与刑事司法衔接工作办法》《关于推进行政执法与刑事司法衔接工作的规定》等文件，着力强化对重大案件的会商督办，畅通案情通报、信息共享渠道，不断完善行刑衔接制度机制，实现对破坏环境资源保护犯罪"全方位打击、全链条发力、全过程监督"。制定《中央生态环境保护督察公益诉讼案件线索交办督办工作办法》，最大限度地发挥公益诉讼监督支持补位作用，助推督察整改和生态环境修复。联合水利部印发《关于建立健全水行政执法与检察公益诉讼协作机制的意见》，构建会商研判、专项行动、线索移送等机制，共护美丽河湖、绿水青山；联合召开"加强水行政执法与检察公益诉讼协作，依法维护国家水安全"新闻发布会，发布协作意见和涉水领域公益诉讼典型案例。截至目前，全国90%以上省级检察机关及80%以上市级、县（区）级检察机关积极探索联合生态环境、自然资源等主管部门会签协作配合机制，建立"河（湖、林）长+检察长"协作治理机制，强化"司法+行政"履职合力。福建省检察院制定《关于依法能动履职服务保障海洋强省建设的意见》，联合省海洋与渔业局、海事局等6家单位会签《关于在涉海洋公益诉讼和生态检察工作中加强协作配合的意见》，组织全省沿海七地检察机关制定《守护福建海岸线生态检察协作机制》，积极参与省委、省政府牵头的打击非法采捕红珊瑚、常态化整治非法采运海砂等专项工作。重庆市检察院与市高级法院多次召开工作联席会，围绕破坏环境资源保护犯罪刑事案件管辖、公益诉讼、信息共享等工作深入交流，达成共识。四川省雅安市检察院与市公安局、大熊猫国家公园雅安管理分局等部门会签《大熊猫国家公园雅安片区跨部门执法协作机制》，着力解决大熊猫国家公园成立后在执法协作上存在的问题和困难。贵州省检察院与国家矿山安监局贵州局、省应急厅等八家单位共同印发《贵州省矿山领域安全生产行政执法与刑事司法衔接工作实施办法》，依法惩治矿山领域安全生产违法犯罪行为，保障人民生命财产安全。新疆生产建设兵团检察机关13个师分院均与自然资源主管部门签订了信息共享、案情通报、工作联系、案件移送等关于加强检察监督与行政执法工作的衔接机制，加快形成对自然资源保护的合力。内蒙古自治区检察机关联合相关厅局会签《内蒙古自治区破坏草原林地违规违法问题专项整治中行政执法与刑事司法衔接实施意见》《关于破坏草原林地鉴定有关事宜的通知》等，强化行刑衔接，破解破坏环境资源保护犯罪案件办理中专门性问题认定难题。上海、广西等11个省级检察机关以及杭州、郑州等29个市级检察机关单独或者联合其他部门专门出台了检察公益诉讼与生态环境损害赔偿衔接工作机制，各级检察机关依托相关工作机制，支持、配合政府部门办理生态环境损害赔偿磋商、诉讼1056件，涉及生态环境损害赔偿金额达12亿余元。

（三）强化跨区域协作

保护自然，必须顺应自然。江海奔流不息，物种迁徙生存，广袤的自然并不以固有行政区划为界。最高检制定《检察公益诉讼跨行政区划管辖指导意见（试行）》，推动建立跨省办案协作机制，着力推动解决分头治理、联动性不足等问题。各地检察机关根据环境地域、流域特点，纷纷探索建立跨区域协作机制，全国区域覆盖率90%以上，改变了以往"头痛医头、脚痛医脚"的单兵作战模式，从流域治理的高度探索生态环境保护治理新模式，提高执法精准度又增强了协同统一性。沪苏浙皖四地省级检察院联合会签《关于建立长三角区域生态环境保护司法协作机制的意见》，渝川黔滇藏青六省市区检察机关联合会签《关于建立长江上游生态环境保护跨区域检察协作机制的意见》，川甘青三地检察院、法院联合签署《黄河上游川甘青水源涵养区生态环境资源保护司法协作框架协议》，落实党中央关于长江经济带发展、黄河流域生态保护和高质量发展的战略部署；甘肃省检察院组织召开西北五地六方检察机关"服务保障'丝绸之路经济带'（国内西北段）建设，加强区域检察协作联席会议"，与四川、云南、青海、新疆及兵团检察机关签订青藏高原、黄河上游等生态区域协作机制，共同解决"上下游不同步、左右岸不同行"的问题，推进区域系统治理。

(四) 强化内部协作配合

生态环境和资源保护领域"四大检察"紧密关联,刑事检察与民事、行政、公益诉讼检察需紧密配合、共同发力、齐抓共管,不断扩大"刑事+公益诉讼等"多重监督的叠加效应。各级检察机关积极探索,着力增强部门合力,加快形成整体优化、协同集成的检察工作新格局。新疆维吾尔自治区检察机关在开展的《"乌—昌—石"区域大气污染公益诉讼专项监督活动》中,加强与公益诉讼部门的协作配合,在此类案件执行监督中持续发力,确保专项活动取得更好的成效。陕西省渭南市检察院成立生态环境检察专业化办案团队,抽调刑事、民事、行政、公益诉讼、控申、检察技术为主要办案力量,集中指导和办理生态环境和资源保护领域"四大检察"监督案件。黑龙江省检察院林区分院民事检察部门与公益诉讼检察部门密切配合,与中国龙江森林工业集团有限公司协同联动,共同制定《关于建立"森工企业林长+检察长"工作机制的意见》,建立管林治林责任与民事检察衔接机制,形成保护林业资源的合力。河北省邢台市开发区检察院创新民事、公益诉讼"一条龙"工作法,办理的岳某某等人不履行倾倒危险废物处置费执行检察建议案,促使法院强制划扣岳某某名下 30 余万元存款,顺利推动该案执行,弥补生态环境损失。

四、聚焦源头"强治理",推动生态环境和资源保护可持续发展

从个案办理到类案监督,进而促进源头治理达到标本兼治,是法治中国建设的更高要求。全国检察机关自觉融入国家治理、生态环境治理,敏于发现典型个案、类案背后反映的行业管理、社会治理问题,多措并举,促进各类问题标本兼治,助推提升治理效能。

(一) 强化源头治理

各地检察机关依法履职,对于办理生态环境和资源保护案件过程中发现的普遍性、倾向性、苗头性问题,开展调研分析,积极发出社会治理

类检察建议，并向地方党委报告，向上推动解决，通过"督"和"帮"的形式，与政府和行业主管部门形成工作合力，从源头上堵塞管理漏洞和社会治理薄弱点。重庆市检察院针对武陵山区群众因保护庄稼、人身安全引发的非法狩猎案件高发问题，向市林业局制发检察建议，促成启动《重庆市陆生野生动物造成人身伤害和财产损失补偿办法》修订，促进人与自然和谐共处。贵州省遵义市汇川区检察院针对辖区普遍存在非法销售禁渔工具的现象，向区农业农村局、区综合行政执法局制发检察建议，推动两部门联合开展专项执法检查，从源头上预防非法捕捞水产品犯罪。上海市检察院第二分院在办理一起由当事人申请监督的民事裁判案件中，发现案中涉及的河道污染的线索，在实质性化解当事人争议纠纷的同时，对河道、水源等情况进行深入细致的调查核实，向水资源保护职能部门制发检察建议并得到采纳，涉案河道的水质污染情况得到及时有效治理。江苏省灌南县检察院针对盗采海砂违法犯罪猖獗，严重破坏海洋生态环境问题撰写调研报告，推动住建部等15家部委联合发文，开展海砂整治行动，建立海砂开采管理长效机制。

（二）强化大数据赋能检察办案工作

创新检察技术应用，依托行政执法与刑事司法信息共享平台、政法大数据平台、三维全景影像技术等现代化科学技术，不断增强现代化办案手段在生态环境领域案件中的应用。最高检与中科院空天信息创新研究院和中国环境检测总站加强协作，推进卫星遥感和技术检测手段在办案中的运用。各地检察机关将大数据信息平台、无人机、快速检测设备等运用到办案中。上海市检察院开发"沪渔一网通"长江流域非法捕捞水产品案件大数据法律监督模型，打通行政、公安、检察三方数据共享通道，实现以数字检察监督促进社会治理的良好效果。四川省天全县检察院利用移动互联网、云计算技术，对全县生态资源、动植物保护案件数量、地域分布等进行划分，打造野生动植物一体化保护协作中心，实时进行野生动植物监测、森林防灭火预警等，有效解决线索发现难题。北京市密云区检察院探索引入北斗导航科技赋能生态检察工作，利用大数据、人工智能等信息化手段，通过对密云水库周边生态环境的异常影像变化和异常数据发现捕获的方式，识别发现违法犯罪线索，提升破坏生态环境风险隐患发现能力。

安徽省 16 个市级院快速检测实验室全部建成并投入使用。广东省检察院研发全国首个省级无人机管控平台和无人机取证管理系统。

（三）全面贯彻宽严相济刑事政策推动恢复性司法

在坚持从严打击破坏环境资源保护犯罪的同时，要充分考虑到个案的特点，将从严打击与贯彻落实宽严相济刑事政策相融相通。根据破坏环境资源保护犯罪案件具体情况，在全链条打击的基础上，分层次分责任处理涉案人员，对犯罪的源头企业及主管人员、中间链条经营者、组织者和主要获利人员应依法重点打击，对于提供运输工具、起辅助作用，参与程度较轻的人员，结合相关情节，可依法从宽处理。在破坏环境资源保护类案件中，实现"办理一起案件、扶助一批企业、规范一个行业"。将认罪认罚从宽制度和生态环境损害赔偿金、环境修复深度融合，促进认罪认罚从宽制度落实，共同为生态修复开出"良方"。江苏省徐州铁路运输检察院在办理江苏某上市集团子公司污染环境案过程中，对主要负责人员以污染环境罪提起公诉，督促涉案公司缴纳 54 万余元生态环境损害赔偿金，并指导企业开展自上而下、自内向外的整改，推动企业可持续发展。西藏自治区昂某等人盗伐国有川西云杉 216 株，立木蓄积 356 立方米，昌都市卡若区检察院提起刑事附带民事公益诉讼，昂某等人被判处补种川西云杉树苗 2160 株，恢复了受损的生态环境。新疆生产建设兵团检察机关在办理新湖农场系列毁林开荒案件中，确立"统一标准、考虑情节、依法处理"工作原则，依法妥当处理涉案的 170 余人，同时将恢复性司法理念引入公益林保护实践，确保补植复绿成活率达 80% 以上。

（四）做实行政检察助推社会治理

各级检察机关在办理行政检察案件中，通过调查核实、释法说理、公开听证、检察建议、促成和解等多元措施，五年来，共化解生态环境和资源保护领域行政争议 1933 件，促使行政相对人主动履行缴纳罚款、退还土地、恢复土地原状、补植复绿等义务。敏于发现生态环境和资源保护领域执法司法的共性问题，制发行政类案检察建议 494 件，推动源头治理。云南省普洱市检察院针对墨江县龙马电站库区非法网箱养殖破坏水生态、水环境的情况，组织召开公开听证，为行政机关与行政相对人搭建磋商平台，推动双方对网箱拆除问题达成一致意见，利用行政争议化解的方式，保护了水库水生态和水环境。广东省中山市第一市区检察院在开展行政非诉执行监督过程中，分析、总结出行政执法部门在环保行政处罚中存在的违法情形，从消除违法状态、规范查处行为等方面向市生态环境局制发检察建议并获采纳整改，有力推动环保执法落实落细。

（五）加强生态环境和资源保护法治宣传

坚持司法与普法相结合。抓好主流媒体阵地的"正能量"输出，同时依托电视、报刊、网络等平台，创新普法宣传方式；通过在"世界环境日"等重大生态环境和资源保护领域节日节点召开新闻发布会，发布典型案例、白皮书等方式，扩大宣传效果，增强群众法治观念和生态保护意识。充分发挥指导性案例、典型案例的指导、示范、引领作用，将案例编选和发布作为生态环境法治宣传的重要载体。五年来，最高检共发布生态环境资源指导性案例44件，典型案例52批307件。各级检察机关通过在12309检察服务中心开设公益诉讼线索专栏，研发"随手拍"在线举报平台，鼓励群众积极举报，探索与社会公益组织在案件线索移送、专业领域研究、专家资源共享等方面开展协作。云南省检察院一部检察官在COP15（《生物多样性公约》缔约方大会第十五次会议）国家网络视频演讲大赛上生动讲述了检察机关救助西黑冠长臂猿"小平安"的故事，荣获决赛一等奖。重庆市检察院第五分院全面推行长江生态法治志愿者服务承诺机制，引导犯罪嫌疑人从生态环境破坏者转变为生态环境保护志愿者，登记在册志愿者260余人。新疆维吾尔自治区检察机关针对在办理危害国家重点保护植物罪中的难点痛点堵点问题，编写《新疆国家重点保护植物图解》，收录在新疆常见的国家一级、二级保护植物53种，详细介绍植物形态特征、生态习性、保护价值以及图片，实现普法可视可感。湖南省检察机关在全省引领打造汨罗市矿山治理法治教育基地、汉寿县西洞庭湖生态环境资源保护法治教育基地和资兴市东江湖区替代性修复法治教育基地，充分发挥"教育、警示、预防"功能。

五、夯实基础"强能力",促进生态检察履职能力现代化

生态环境检察涉及面广、专业性强,对检察人员业务技能和综合素能要求很高,必须持续深化生态检察办案专业化建设。

(一)统一执法司法标准

最高检组织编写了《环境卫生犯罪办案指引》,指导破坏环境资源案件的办理;联合最高法颁布相关破坏环境资源保护犯罪司法解释及规范性文件,共同发布海洋生态环境公益诉讼的首个司法解释《关于依法办理海洋自然资源与生态环境损害公益诉讼案件若干问题的规定》,为强化海洋环境司法保护提供了法律保障。制发最高检督促整治万峰湖流域生态环境受损公益诉讼案等生态环境公益诉讼指导性案例2批5件,为基层办案提供指引。会同生态环境部等13个部门联合印发《生态环境损害赔偿管理规定》,进一步规范生态损害赔偿工作。各地检察机关加强调研和分析,制定办案工作指引,会签联席会议纪要,开展法院、检察院、公安、行政执法机关的同堂培训,进一步明确破坏环境资源保护犯罪案件证据标准,统一执法司法理念。湖南省检察院、宁夏回族自治区检察院与省高级法院联合制定非法采矿、破坏性采矿刑事案件执行具体数额标准的规定,明确采矿类犯罪入罪标准;天津市检察院与市高级法院、市公安局、市生态环境局等单位会签《关于办理环境污染犯罪案件若干问题的意见》,统一法律适用;海南省检察院与省高级法院、海警局联合印发《关于办理海上案件有关问题的通知》,进一步形成工作合力,加强海洋生态环境保护;上海、浙江、江苏、福建、重庆、四川、安徽等地检察机关制定了污染环境、非法捕捞水产品、非法采砂等多个破坏环境资源保护罪名的证据指引、"办案大全",提升办案质效。

(二)加强生态检察专业化队伍建设

最高检连续3年评选110个单位和220人为打击危险废物先进集体和个人,积极发挥先进集体和先进个人的引领、带动作用。各地检察机关积极探索建立生态环境和资源保护案件专业化集中办案模式,建立专门的环境资源办案检察院和环境资源办案团队。青海省在西宁铁路运输检察院

的基础上成立三江源地区人民检察院，集中管辖全省破坏环境资源保护犯罪刑事案件；上海铁路运输检察院集中管辖上海全市破坏环境资源保护犯罪刑事案件，全市17个基层检察院全部单设公益检察室，实现三级检察院公益诉讼机构单列；江苏省徐州铁路运输检察院集中管辖徐州全市破坏环境资源保护犯罪刑事案件；河南省涉黄河流域内破坏环境资源保护犯罪案件集中由郑州铁路运输检察院、洛阳铁路运输检察院受理；重庆市三级检察院设立44个长江生态检察官办公室，配备140余名长江生态检察官。湖南省检察机关设立湘江流域、环洞庭湖、环东江湖等专业化检察办案机构和办案组织62个。陕西省潼关县检察院设立生态环境检察部，并分别成立秦岭、黄河两个生态环境治理办案团队。

（三）完善环境资源领域智慧借助工作机制

最高检研发"益心为公"志愿者检察云平台，借助"外脑"智慧更好地保护国家利益和社会公共利益。截至2022年底，平台共录入志愿者2.7万余名，完成注册志愿者1.9万余名，提报案件线索3000余件，向办案系统正式推送有效案件线索1700余件，发起案件咨询240余件。组建全国检察机关环境公益诉讼技术专家库，入库技术专家832名。协调司法部公布58家检察公益诉讼中"不预先收取鉴定费用"的环境损害司法鉴定机构名单。全国检察机关特邀检察官助理在行政检察部门履职共5746人次，其中来自自然资源部门721人，占11.81%；生态环境部门647人，占10.60%，充分发挥特邀检察官助理参与检察听证、参加案件讨论、提供专业咨询意见等助力行政检察履职。浙江省杭州市检察院与浙江大学、浙江省农业科学院水生生物研究所、杭州市农业科学院水产研究所等专业机构达成合作，建立非法捕捞等案件专门性问题鉴定评估机制和专家智库。四川省检察机关依托成渝双城经济圈建设，联合重庆市检察院经征求两地省级渔业行政主管部门和公安机关意见，确定四川大学、西南大学等8家单位及其12名专家在内的白名单，两地检察机关对上述专业机构和人员意见互认，专家资源共享。北京市密云区检察院针对破坏环境资源犯罪发现难、认定难、打击难等特点，成立全市首家生态检察"专家咨询委员会"，聘任2名全国人大代表，1名全国政协常委、国务院参事室参事在内的8名知名专家学者作为首批委员。内蒙古自治区检察机关自

2021 年以来行政检察部门从自然资源、生态环境部门聘任特邀检察官助理 47 人。

六、生态环境和资源保护检察工作面临的新形势、新任务、新挑战

近年来，生态环境和资源保护检察工作取得了显著成效，但与党中央和人民群众更高要求、党的二十大提出的加强检察机关法律监督工作、建设人与自然和谐共生的中国式现代化更重任务相比，检察履职还存在一些差距。

（一）办案质效仍有待提升

破坏环境资源保护罪名适用不均衡，如非法处置进口的固体废物罪、擅自进口固体废物罪、破坏性采矿罪等罪名适用基本上处于空白状态；破坏环境资源保护犯罪案件立案监督、侦查活动监督工作还比较薄弱，监督空间还有待挖掘；在践行恢复性司法理念方面，还需要与相关行政主管部门进一步达成共识，共建的生态环境修复基地尚未完全发挥作用；追缴的生态环境损害赔偿金如何支出和使用还有待统一规范。

（二）内外部协作配合机制仍有待健全

生态环境和资源保护领域刑事检察与公益诉讼检察等部门之间的内部配合仍需加强，"四大检察"工作合力有待提升；跨区域协作机制有待深化落实，特别是跨区域的大江大河大湖在干支流、上下游、左右岸和联合执法司法等方面协调联动不足；"行刑衔接"信息共享平台发展不均衡，各地建立的行刑衔接机制还需进一步深化，机制实际运行不够顺畅，信息共享、案件移送、备案通报、不起诉后反向衔接等方面均存在一定程度的障碍，机制的效能仍未完全发挥；环境资源大数据共享、分析和应用机制尚未建立，影响跨区划案件办理质效。

（三）法律适用等司法实务问题有待进一步解决

关于涉野生动植物、非法占用农用地等犯罪中犯罪嫌疑人、被告人

主观故意的认定、污染环境罪中非法处置行为的认定、涉案动物的保护问题、涉植物案件的定罪量刑以及损害价值评估等问题还不够明确;"两高"层面尚未出台破坏环境资源保护刑事案件相关量刑指导意见,检察机关量刑建议精准度仍有待提高。

(四)办案素质能力仍有待加强

生态环境和资源保护领域案件涉及环境、生物、化学、矿产等众多领域的专业背景知识,"四大检察"办案难度较大。相比之下,检察队伍知识结构难以全面满足生态检察专业化的办案要求,实践中过于依赖行政执法机关出具的认定意见、鉴定机构出具的鉴定意见,对相关证据的实质性审查、引导侦查取证、开展法律监督等方面的能力还需进一步提升。

七、对策和展望

党的二十大对全面依法治国和生态文明建设作出重要部署,为今后检察工作发展指明了方向,必须牢牢把握中国式现代化的本质要求,正确认识检察工作现代化的深刻内涵,积极推进生态检察理论创新、制度机制创新和实践创新。

(一)深化开展专项行动,以最严密法治持续打好污染防治攻坚战

生态环境保护只有进行时,没有完成时,必须持续深化。继续组织开展打击重点领域、重点区域破坏生态环境资源保护犯罪专项行动,以"重拳"出击方式,对一些行业系统、重点领域存在的"顽瘴痼疾",像"外科手术"一样予以清除;对重大疑难复杂案件由最高检联合公安部等部门挂牌督办,加强对下指导,严格把关案件质量;加强对公安机关、行政执法机关以及审判机关的法律监督,有力提升监督能力和水平。

(二)提高办案质效,以创新型履职实现人与自然和谐共生

向大数据借力,探索构建生态环境和资源保护领域数字检察模型,有效服务生态检察办案;坚持打击与修复并重、治罪与治理并重,对每一

起破坏环境资源保护犯罪案件开展修复必要性审查,以提起刑事附带民事公益诉讼、支持行政机关开展生态环境损害赔偿等方式,丰富恢复性司法方式方法,确保赔偿到位、修复到位;建立健全生态环境损害赔偿金缴纳、提取、使用、监督机制,让赔偿金真正用于环境修复;配合有关部门完善生态环境和资源保护领域举报奖励制度,对举报查实的予以一定金额奖励并对举报人身份保密,激发社会公众共同参与打击破坏环境资源保护犯罪的动力,营造全民群防群管的社会氛围。

(三)强化协作配合,以实质化运行确保行刑衔接机制落地落实

促进联动机制创新,进一步完善"行刑衔接",充分发挥行政执法与刑事司法的优势互补,做好部门联动、地区联动的执法办案工作,特别是注重发挥侦查监督与协作配合办公室的职能作用,重点解决案件信息不对称、移送周期长、立案监督工作开展较为滞后等突出问题;持续做好案件的介入侦查引导取证工作,以更好固定、完善证据,不断强化刑事责任追究,形成打击合力;强化办案协作,推动建立刑事、公益诉讼交叉案件的专业化办案团队,形成既有专业分工,又有配合协作的良性机制;完善检察公益诉讼与行政执法衔接制度,推动信息资源共享、案件线索移送、配合调查取证等工作机制落实落地。

(四)内外兼修,以专业化标准夯实生态检察工作基层基础

继续探索生态检察专业化发展模式;进一步健全公检法司等部门同堂培训机制;联合最高法出台破坏环境资源保护案件量刑指导意见,明确相关罪名的量刑标准,提升量刑建议精准度;推动完善生态环境和资源保护领域的法律法规,及时出台相关司法解释和办案指导意见,为基层一线提供办案指引;充分发挥案例指导作用,以优秀案事例"点"的选拔带动生态检察工作"面"的提升;培养生态检察领军人才,充分发挥领军人才和专业团队的示范带动作用,全面提升检察履职能力水平。推进省、地市级公益诉讼检察指挥中心建设,上下联动办理生态环境公益诉讼重大案件;持续健全技术支持机制,深化卫星遥感技术、大数据信息平台、无人机、快速检测技术在办案中的应用;全面推广"益心为公"志愿者平台,

探索建立公益志愿者、观察员线上线索举报与评估、专业建言等机制，动员和鼓励社会公众参与。

结　语

对生态负责，就是对人民负责。新时代，在实现中华民族伟大复兴的历史进程中，推进生态文明建设的使命更加光荣、责任更加重大、任务更加艰巨。新征程上，检察机关将深入贯彻党的二十大精神，认真贯彻习近平生态文明思想、习近平法治思想，持续深入打好蓝天、碧水、净土保卫战，助力山水林田湖草沙一体化保护和系统治理，守护"国之大者"，强化时代使命，做"法治＋生态"的坚定信仰者、忠实践行者、持续奋斗者，以高度的政治自觉、法治自觉和检察自觉，为美丽中国建设提供有力检察保障。

附录二　刑事检察工作白皮书（2023）（节选）

（2024年3月9日最高人民检察院发布）

三、充分运用法治力量服务高质量发展

全国检察机关完整、准确、全面贯彻新发展理念，紧紧围绕高质量发展这个新时代的硬道理，强化能动履职，坚持以高质量司法推动高质量发展。

（四）依法惩处破坏环境资源保护犯罪

1. 依法从严惩处破坏环境资源保护犯罪。共办理破坏环境资源保护犯罪审查起诉案件84251人，同比上升7.7%。检察机关坚持依法严惩破坏环境资源保护犯罪，守护绿水青山蓝天净土，自2020年以来受理审查起诉人数基本保持在年均7万人以上。对盗采锂矿乱象、盗采海砂犯罪问题、长江支流非法采砂、黄河流域非法采砂，未批先建违法占地、南海非法捕捞等生态环境资源保护和开发利用问题，最高检会同相关部门开展8个专项行动，挂牌督办江西锂矿系列案件3批22件。会同公安部、中国海警局印发《办理海上涉砂刑事案件证据指引》，发布典型案例5批22件，不断强化指导。

2. 助力深入打好污染防治攻坚战。联合生态环境部、公安部连续四年开展严厉打击危险废物环境违法犯罪和重点排污单位自动监测数据弄虚作假违法犯罪专项行动。会同开展第三方环保服务机构弄虚作假专项整治，办理首例提供虚假证明文件案即山东某环保科技有限公司涉嫌提供虚假证明文件案，取得良好办案效果。

3.强化耕地保护力度。起诉非法占用农用地犯罪2883人。针对非法占用农用地犯罪屡禁不止等问题,组织犯罪高发地区的11个省级院开展违法占地专项监督活动,并与自然资源部等15家单位会签加强耕地保护有关意见,坚决遏制新增乱占耕地建房违法犯罪行为。

4.扎实做好最高检向全国人大常委会专项报告生态环境和资源保护领域检察工作。系统总结汇报五年来检察机关助力国家生态环境和资源保护工作,以"生态检察助力美丽中国建设"为主题召开新闻发布会,通报生态环境和资源保护检察工作情况,发布《生态环境和资源保护检察白皮书(2018-2022)》,发布10件检察机关服务保障碳达峰碳中和典型案例。

附录三 刑事检察工作白皮书（2024）（节选）

（2025年3月9日最高人民检察院发布）

四、服务保障经济社会高质量发展

（四）加强生态环境司法保护

1. 助力打好污染防治攻坚战。最高检连续五年与公安部、生态环境部联合开展打击危险废物环境违法犯罪和重点排污单位自动监测数据弄虚作假违法犯罪专项行动。针对办理污染环境犯罪证据收集、证据采信等问题，联合印发《办理污染环境犯罪案件证据指引》。部署开展第三方环保服务机构弄虚作假问题专项整治行动，对3起中央生态环境保护督察集中通报线索案件挂牌督办，发布检察机关依法惩治第三方环保服务机构弄虚作假犯罪典型案例。

2. 助力守护农用地保护红线。针对盗挖黑土行为罪责刑不相适应的问题，在与最高法院、公安部、自然资源部联合调研基础上，推动"两高"共同研究起草司法解释。结合办案实践推动制定耕地破坏程度认定鉴定规范性文件。最高检牵头对山东青岛太平山公墓非法占用农用地案挂牌督办。

3. 加强长江、黄河流域生态环境司法保护。起诉长江流域破坏环境资源保护犯罪17977人，起诉黄河流域破坏环境资源保护犯罪9488人。最高检联合生态环境部举办检察机关服务保障长江经济带高质量发展研讨会，编发检察监督与生态环境执法协同推进长江保护修复典型案例。调研黄河流域九省近年来办理环境资源刑事案件情况，强化办案协作，守护大江大河安澜。指导江西省检察机关办理彭某德等11人污染环境犯罪案件，对危险废物生产者、中间转包商、实际倾倒人及其他帮助者实施全链条惩治。依托行刑衔接机制和检察一体化办案机制，跨地区推动有关部门及时清运处置废铝灰957.77吨，有效遏制污染源扩散。